Ellen Gould White

Bewusst ESSEN LEBEN

EINE ZUSAMMENSTELLUNG ALLER TEXTE
ZU DEM THEMA GESUNDHEIT

Gihon Publishing

BEWUSST ESSEN – BEWUSST LEBEN
ELLEN GOULD WHITE

TITEL DER ENGLISCHEN ORIGINALAUSGABE:
„COUNSELS ON DIET AND FOOD"

HERAUSGEBER:
© GIHON PUBLISHING
AUSGABE 2023

BILDER: @fotolia

PRINTED IN GERMANY

ISBN: 978-3-939979-02-9

INHALTSVERZEICHNIS

ABKÜRZUNGEN 4
VORWORT 5
1 Gründe für eine Gesundheitsreform 9
2 Ernährung und geistliches Leben 33
3 Gesundheitsreform und die 3. Engelsbotschaft 53
4 Verschiedene Ernährungsformen 61
5 Die Physiologie der Verdauung 75
6 Falsches Essen als Krankheitsursache 87
7 Überessen und die Folgen 97
8 Die Beherrschung der Esslust 107
9 Regelmäßigkeit im Essen 131
10 Das Fasten 141
11 Übertreibung in der Ernährung 147
12 Ernährung während der Schwangerschaft 165
13 Ernährung in der Kindheit 171
14 Gesundes Kochen 193
15 Gesunde Ernährung und Gesundkost-Restaurants 205
16 Die Ernährung in Heileinrichtungen 215
17 Die Ernährung – ein natürliches Heilmittel 231
18 Früchte, Getreide und Gemüse 237
19 Der Nachtisch 251
20 Gewürze, Würzmittel 261
21 Pflanzliche und tierische Fette 269
22 Eiweißhaltige Lebensmittel 281
23 Fleisch in der Ernährung 289
24 Getränke und reines Wasser 331
25 Erziehung zur Gesundheitsreform 349

ANHANG
1 Ellen G. Whites persönliche Erfahrungen 383
2 James White und die Gesundheitsreform 397
3 Begriffserklärungen 401
4 Alternativer Lebensstil 403
5 Rezept-Ideen 407

ABKÜRZUNGEN

CH	Counsels on Health
COL	Christ's Object Lessons (Die neue Welt in Gleichnissen; Christi Gleichnisse)
CT	Counsels to Parents, Teachers and Students
CTBH	Christian Temperance and Bible Hygiene
DA	The Desire of Ages (Der Messias; Das Leben Jesu)
Ed	Education (Erziehung)
FE	Fundamentals of Christian Education
GCB	General Conference Bulletin
GH	Good Health
GW	Gospel Workers (Diener des Evangeliums)
HL	How to Live
HR	Health Reformer
Ms	Manuscript
MM	Medical Ministry
MH	Ministry of Healing (Der Weg zur Gesundheit)
RH	Review & Herald
SG	Spiritual Gifts Vol. 1-4
SpT	Special Testimonies
ST	Signs of the Times
T1-9	Testimonies 1-9 (Zeugnisse für die Gemeinde 1-9)
TM	Testimonies to Ministers and Gospel Workers
PUR	Pacific Union Recorder
UCR	Union Conference Recorder
UT	Unpublished Testimonies in „Regard to Flesh Foods"
PP	Patriarchs and Prophets (Die Patriarchen; Patriarchen und Propheten)
YI	Youth's Instructor

Bibel Wenn nicht anders vermerkt, Schlachter 2000

VORWORT

Im Allgemeinen schenkt man der Erhaltung der Gesundheit zu wenig Aufmerksamkeit, denn sie wird im Großen und Ganzen als selbstverständlich angesehen. Der Zusammenhang zwischen Krankheiten und Fehlernährung wird oft nicht in seinem Ausmaß wahrgenommen, weil die Zeitspanne zwischen einer Fehlernährung und dem Auftreten der Erkrankung durchschnittlich zwischen 10 und 15 Jahren beträgt. Gesundheit umfasst immer den ganzen Menschen und bezieht sich auf die Einheit von Körper, Seele und Geist. Der menschliche Organismus wird durch die Speise aufgebaut, die er zu sich nimmt. Eine falsche Ernährung beeinträchtigt die körperliche Gesundheit und wirkt sich gleichzeitig ungünstig auf die Gesundheit von Seele und Geist aus. *Der Körper ist das einzige Mittel, wodurch Geist und Seele für den Aufbau des Charakters entwickelt werden.* Es ist viel weiser, Krankheit zu vermeiden, als zu wissen, wie man sie behandeln soll, wenn sie da ist. Es ist die Pflicht eines jeden Menschen um seinetwillen und um der Menschheit willen, sich in Bezug auf die Gesetze des Lebens zu informieren, um sie gewissenhaft zu befolgen. Wir können nicht oft genug daran erinnert werden, dass die Gesundheit nicht vom Zufall abhängt, denn sie ist eine Folge des Einhaltens von bestimmten Gesetzen. Der italienische Naturforscher Galileo Galilei 1564-1642 machte diesbezüglich eine bedeutende Aussage: *„Die Natur ist unerbittlich und unveränderlich, und es ist ihr gleichgültig, ob die verborgenen Gründe und Arten ihres Handels dem Menschen verständlich sind oder nicht!"* Das ist wahr – die Natur nimmt ihren Gang und nimmt keine Rücksicht darauf, ob wir mit den Naturgesetzen vertraut sind oder nicht.

Ohne Zweifel: Ernährungstipps und Diätratgeber liegen im Trend und überschwemmen uns regelrecht mit ihren Vorschlägen aller Art. Worte gibt es genug – *„fit", „vital", „gesund"* und alle denkbaren Sprachfacetten begegnen uns täglich in der Medienlandschaft. So kann dem aufmerksamen Beobachter des Zeitgeschehens nicht entgehen, dass in den letzten Jahren und Jahrzehnten das Thema *„Ernährung"* mehr und mehr in den Blickpunkt der Öffentlichkeit gerückt ist. Die Auswahl an Philosophien ist mittlerweile groß und mit der Vielzahl steigt auch die Verwirrung. Beispielsweise wird behauptet, dass besseres Essen längeres Leben bewirkt, falsches Essen aber zur Lebensverkürzung führt, weil es den Körper krank macht. Was ist aber besseres oder falsches Essen? Darüber möchte dieses Buch Grundlagen liefern, die uns zum kritischen Nachdenken über unsere augenblickliche Ernährungssituation bringen. Um nachfolgendes Schriftwerk zu verstehen, muss man kein Fachmann in Bezug auf Ernährungswissenschaft sein – doch wird dem Laien eine Grundlage vermittelt, die bereits auf den ersten Seiten der Heiligen Schrift zu finden ist – nämlich die von Gott uns ursprünglich zugedachte pflanzliche Nahrung. Die Art der Ernährung betrachten wir deshalb als die bekömmlichste und unserer Gesundheit am besten zuträgliche, schließlich ist die Zubereitung von gesunden Speisen in Wirklichkeit eine Wissenschaft, deren Wert über dem aller Wissenschaften steht, denn die Gesundheit und Leistungsfähigkeit jedes einzelnen Menschen hängt davon ab. Was wir heute benötigen, ist eine ausgewogene Lebensphilosophie.

Der berühmte Arzt Hippokrates von Kos 460-375 v. Chr. lebte nach folgenden Grundsätzen: *„Die Natur ist der Arzt der Krankheit."* und *„Eure Lebensmittel sollen eure Heilmittel und eure Heilmittel sollen eure Lebensmittel sein."*

Gesunde Ernährungsgewohnheiten sind keine absolute Garantie für Gesundheit, aber sie können sicherlich den entscheidenden Ausschlag geben, denn neben einer gesunden Ernährung spielen auch weitere Faktoren für unser Wohlergeben eine Rolle: Mangel an Bewegung, unzureichende Freizeit und fehlende Ruhe, Stress und emotionale Belastungen, zu wenig Sonnenlicht und frische Luft als auch der Konsum schädlicher Drogen Alkohol, Zigaretten u.a. können uns ebenso schaden.

Viele übertreten die Gesundheitsgesetze aus Unwissenheit und benötigen Aufklärung. Eine Erziehung in den Grundsätzen der Gesundheit war niemals notwendiger als jetzt. Obwohl man so viele Fortschritte macht in allen Richtungen und besonders, wie man angenehm und bequem leben und die Gesundheit bewahren kann und wie Krankheiten zu behandeln sind, so wirkt doch die Abnahme an Körperkraft und Ausdauer geradezu beängstigend.

Unsere erkünstelte Zivilisation nährt Übel, die gesunde Grundsätze untergraben. Gewohnheit steht im Kampf mit den Naturgesetzen. Sie erliegt den Bräuchen und frönenden Genüssen, die beständig die körperliche und geistige Kraft verringern und den Menschen eine unerträgliche Last aufladen. Die guten Entschlüsse, die jemand in eigener Kraft fasst, helfen nichts. Alle Gelübde der Welt werden die Macht böser Gewohnheiten nicht brechen, denn eine wahre Reformation beginnt mit der inneren Einstellung.

Ob Sie krank sind oder gesund – dieses Werk wird Ihnen wertvollste Einsichten vermitteln, damit Sie gesund werden oder gesund bleiben. Es schöpft aus tiefen und lebenspendenden Quellen, die heute – wenn auch oft belächelt – aktueller sind denn je. Blicken Sie also nicht auf die Umstände, nicht auf Ihre eigene Schwäche und auch nicht auf die Macht der Gewohnheit oder Versuchung, sondern allein auf die Macht des göttlichen Rates. All seine Kraft gehört uns.

Möge jeder Leser dieses Buches reichlich gesegnet werden und die Kraft verspüren, die nicht nur heilt, sondern auch befreit – das ist der Wunsch des Verlegers.

1 GRÜNDE FÜR EINE GESUNDHEITSREFORM

Zur Ehre Gottes
1 Nur *eine* Lebensspanne ist uns geschenkt, und jeder von uns sollte sich fragen: Wie kann ich meine Kräfte so einsetzen, dass sie von größtem Nutzen sind? Wie kann ich am besten zur Ehre Gottes leben und meinem Nächsten eine Hilfe sein? Denn das Leben ist nur dann wertvoll, wenn es dazu dient, diese Ziele zu erreichen.

Unser erster Auftrag, Gott und unseren Mitmenschen gegenüber, ist unsere eigene Entwicklung. Jede Fähigkeit, die wir von unserem Schöpfer erhalten haben, sollten wir weiterbilden, damit wir dadurch soviel Gutes tun können, wie uns nur möglich ist. Daher ist die Zeit gut eingesetzt, die zum Aufbau und zur Bewahrung körperlicher und geistiger Gesundheit verwendet wird. Wir können es uns nicht leisten, irgendeine Funktion des Körpers oder des Geistes in der Entwicklung zu behindern oder verkümmern zu lassen. Tun wir es dennoch, werden wir gewiss die Folgen zu tragen haben.

Die Wahl von Leben oder Tod
Jeder Mensch hat durchaus die Möglichkeit, das aus sich zu machen, was er werden möchte. Die Segnungen dieses Lebens und auch des zukünftigen sind für ihn erreichbar. Er kann einen festen Charakter formen und Schritt für Schritt neue Kraft gewinnen. Er kann täglich an Erkenntnis und Weisheit zunehmen.

Seine Gaben werden sich mit der Anwendung weiterentwickeln, und je mehr er an Weisheit zunimmt, desto größer wird seine Aufnahmefähigkeit. Sein Verstand, seine Kenntnisse und seine moralischen Kräfte nehmen zu und werden so vollkommen ausgeglichen sein.

Andererseits kann er seine Kräfte ungenutzt lassen, weil er sie nicht anwendet oder durch schlechte Gewohnheiten und fehlende Selbstbeherrschung seine sittlichen und religiösen Kräfte zugrunde richtet. Sein Weg führt dann abwärts. Er ist dem Gesetz Gottes und den Gesundheitsgesetzen gegenüber ungehorsam. Die Esslust besiegt ihn. Seine Neigungen reißen ihn mit sich fort. Es fällt ihm leichter, zuzulassen, dass die Mächte des Bösen, die immer aktiv sind, ihn abwärts ziehen, statt gegen sie anzukämpfen und voranzugehen. Ein ausschweifendes Leben, Krankheit und Tod sind die Folgen.

Dies ist die Lebensgeschichte vieler Menschen, die der Sache Gottes und der Menschheit hätten nützen können. *CH 107.108; 1890*

Wir gehören Gott durch Schöpfung und Erlösung
2 Gott wünscht, dass wir den Stand der Vollkommenheit erreichen, der uns durch die Gabe Christi ermöglicht wird. Er fordert uns auf, uns für die richtige Seite zu entscheiden, und mit den himmlischen Kräften zu verbinden. Wenn wir diese Grundsätze annehmen, wird das göttliche Ebenbild in uns wiederhergestellt.

Gott hat in seinem geschriebenen Wort und in dem großen Buch der Natur die Grundsätze des Lebens offenbart. Es ist uns überlassen, uns Kenntnisse dieser Grundsätze anzueignen und gehorsam seine Mitarbeiter zu sein, um die Gesundheit des Körpers und der Seele wiederherzustellen. *MH 114.115; 1905*

3 Unser Körper ist Gottes Eigentum. Er gehört ihm durch Schöpfung und Erlösung. Wenn wir unsere Kräfte in irgendeiner Form missbrauchen, entehren wir Gott. *Letter 73a; 1896*

Eine Frage des Gehorsams
4 Wir sind vor Gott verpflichtet, einen reinen, gesunden Körper zu haben. Das wird nicht ausreichend verstanden. *Ms 49; 1897*

5 Es zu versäumen, sich um das *„lebendige Kunstwerk"* zu kümmern, verunehrt den Schöpfer. Es gibt göttlich festgelegte Regeln. Wird das durch den Menschen beachtet, bewahrt ihn das vor Krankheit und frühzeitigem Tod. *Letter 120; 1901*

6 Ein Grund, weshalb wir Gottes Geist nicht in Fülle erhalten, liegt darin, dass wir die Erkenntnis nicht beachten, die er uns bezüglich der Gesetze des Lebens und der Gesundheit gegeben hat. *RH 8.5.1883*

1 • GRÜNDE FÜR EINE GESUNDHEITSREFORM

7 Gott schuf genauso die Naturgesetze wie das Sittengesetz. Er hat sein Gesetz mit eigenem Finger auf jeden Nerv, jeden Muskel und jede Gabe geschrieben, die er dem Menschen anvertraut hat. COL 347.348

8 Der Schöpfer bildete den Körper des Menschen wie ein lebendiges Kunstwerk. Er funktioniert wunderbar und es ist alles weise angeordnet. Gott ist deshalb auch bereit, dieses menschliche Kunstwerk in gesundem Zustand zu erhalten, wenn der Mensch seine Gesetze befolgt und mit Gott zusammenarbeitet. Jedes Gesetz, das den menschlichen Organismus steuert, soll vom Grundsatz, im Wesen und in seiner Bedeutung – als genauso mit göttlicher Autorität belegt – beachtet werden wie das Wort Gottes. Jede leichtfertige, unbedachte Handlungsweise und jeder Missbrauch und jede Missachtung der genauen Gesetze des „*Wunderwerkes*" des Herrn, ist eine Übertretung des Gesetzes Gottes. Wir können Gottes Wort in der Natur betrachten und bewundern, aber das wunderbarste ist der Mensch. Ms 3; 1897

9 Es ist genauso Sünde, die Gesetze unseres Körpers zu verletzen, wie die Zehn Gebote zu übertreten. In beiden Fällen ist das eine Übertretung der Gesetze Gottes. Wer das Gesetz Gottes in Bezug auf seinen Körper verletzt, wird auch eher dazu tendieren, das vom Sinai gesprochene Gesetz Gottes zu übertreten. CTBH 53; 1890

➤ Siehe auch – 63

Unser Heiland warnte seine Jünger davor, dass unmittelbar vor seiner Wiederkunft eine Situation wie vor der Sintflut sein würde. Man würde beim Essen und Trinken keine Grenzen kennen, und die Welt würde nur fürs Vergnügen leben. Diesen Zustand haben wir zur Zeit tatsächlich. Die Welt hat größtenteils nur ein Thema: Essen, und der Wunsch, nach weltlichen Maßstäben zu leben, macht uns zu Sklaven verkehrter Gewohnheiten – Gewohnheiten, durch die wir den Einwohnern Sodoms vor ihrem Untergang immer ähnlicher werden. Ich wundere mich darüber, dass die Bewohner der Erde noch nicht wie die Menschen von Sodom und Gomorrha vernichtet worden sind. Ich sehe genügend Gründe für den jetzigen Zustand der Degeneration und für die hohe Sterberate in der Welt. Blinde Leidenschaft beherrscht den Verstand, und viele opfern der Lust jede weitere Überlegung.

Die Erhaltung unseres Körpers in einem gesunden Zustand, damit alle Organe harmonisch funktionieren können, sollte ein Thema unseres ständigen Studiums sein. Gottes Kinder können ihn nicht mit einem kränklichen Körper und einem verkümmerten Geist ehren. Wer in irgendeiner Art unmäßig ist, sei es im Essen oder im Trinken, verschwendet die Energie seines Körpers und schwächt seine sittliche Kraft. *CTBH 53; 1890*

10 Da die Naturgesetze Gebote Gottes sind, ist es offenkundig unsere Pflicht, diese Gesetze sorgfältig zu studieren. Wir sollten ihre Forderungen in Bezug auf unseren Körper kennenlernen und uns nach ihnen richten. Unwissenheit in diesen Dingen ist Sünde. *6T 369.370; 1900*

➤ *Siehe auch: 53*

„Oder wisst ihr nicht, dass euer Leib ein Tempel des in euch wohnenden Heiligen Geistes ist, den ihr von Gott empfangen habt, und dass ihr nicht euch selbst gehört? Denn ihr seid teuer erkauft; darum verherrlicht Gott in eurem Leib und in eurem Geist, die Gott gehören!" 1.Kor. 6,19.20

Unser Körper ist durch die Erlösung von Gott erkauft, und wir sind nicht frei, damit umzugehen, wie es uns gefällt. Die Menschen haben das aber getan. Sie haben ihren Körper behandelt, als wäre eine Übertretung seiner Gesetze ohne Folgen. Durch verderbte Esslust sind die Organe und Kräfte geschwächt, krank und verkümmert. Dieses Ergebnis, das Satan selbst durch seine Verführungskunst zustande gebracht hat, benutzt er auch noch, um Gott zu verspotten. Er zeigt auf den menschlichen Körper, den Christus zu seinem Eigentum erkauft hat; und wie weit entfernt von dem, was sein Schöpfer wollte, ist der Mensch nun. Der Mensch hat gegen seinen Körper gesündigt und seine Lebensweise verderbt. Dadurch wird Gott verunehrt.

Sind die Menschen wirklich bekehrt, dann werden sie die Gebote des Lebens, die Gott in sie hineingelegt hat, gewissenhaft beachten. Sie werden sich darum kümmern, körperliche, geistige und sittliche Schwäche zu vermeiden. Gehorsam diesen Gesetzen gegenüber sollte zum persönlichen Grundsatz gemacht werden.

Wir selbst haben doch die unangenehmen Folgen der Gesetzesübertretung zu erleiden. So sollten wir für unseren Lebensstil vor Gott Rechenschaft ablegen. Deshalb geht es nicht um die Frage: *„Was wird die Welt sagen?",* sondern *„Wie soll ich als bekennender Christ, den mir von Gott geschenkten Körper behandeln? Soll ich mich um mein höchstes zeitliches und geistliches Wohlergehen kümmern, indem ich meinen Körper als Tempel des heiligen Geistes bewahre, oder die Gedanken und Gewohnheiten der Welt annehme?"* *6T 369.370, 1900*

1 • GRÜNDE FÜR EINE GESUNDHEITSREFORM

Mehrzahl der Krankheiten durch Unwissenheit verursacht

11 Die meisten Krankheiten, an denen die Menschen gelitten haben und noch leiden, sind durch fehlende Kenntnis der Gesetze des eigenen Körpers verursacht. Gott schuf Gesetze, die unseren körperlichen Zustand regeln. Und diese Gesetze, die er in uns gelegt hat, sind göttlich. Jede Übertretung wird bestraft – früher oder später. Der Mensch mag gegenüber Fragen der Gesundheit gleichgültig sein und arbeitet so schrittweise daran, sich selbst zu demontieren. Ist er dann an Körper und Geist geschwächt und zusammengebrochen, dann ruft er eine Arzt und der behandelt ihn mit Arzneimitteln, bis er tot ist. *HR Okt. 1866*

Wir wissen sehr viel mehr als wir tun

12 Wenn Menschen zu Fragen der Gesundheit angesprochen werden, sagen sie oft: *„Wir wissen schon einiges mehr, als wir ausleben!"* Ihnen ist nicht bewusst, dass sie für jedes Wissen verantwortlich sind, was ihr persönliches Wohlbefinden angeht, und dass jede Gewohnheit vor Gott sichtbar ist. Unser Körper darf nicht so behandelt werden, wie es uns passt. Jedes Organ, jede Faser unseres Körpers muss von schädlichen Gewohnheiten freigehalten werden. *6T 372; 1900*

13 Zu der Zeit, als wir die Bedeutung der Gesundheitsreform verstanden haben, und seither, sollten wir uns täglich fragen: *„Bin ich wirklich mäßig in allen Punkten?"* *„Werde ich durch meine Ernährung in der Lage sein, soviel Gutes wie möglich zu bewirken?"* Können wir diese Fragen nicht positiv beantworten, stehen wir als Verurteilte vor Gott; denn er wird uns alle für Erkenntnisse, die wir bekommen haben, verantwortlich machen.

Die Zeit der Unwissenheit hat Gott übersehen, aber sobald wir erkennen, um was es geht, möchte er, dass wir unsere gesundheitszerstörenden Gewohnheiten aufgeben und eine positive Einstellung zu den Gesetzen unseres Körpers haben. *GH Nov. 1880*

14 Die Gesundheit ist sehr wertvoll. Von allem, was wir besitzen ist sie das kostbarste. Reichtum, Wissen und Ehre sind mit dem Verlust von Vitalität und Gesundheit teuer erkauft. Nichts davon kann Zufriedenheit und Glück sichern, wenn die Gesundheit fehlt. Es ist eine große Sünde, die uns von Gott gegebene Gesundheit zu missbrauchen. Das schwächt uns für das tägliche Leben und macht uns zu Verlierern, selbst wenn wir uns dadurch sehr viel Wissen aneignen. *CTBH 150; 1890*

15 Gott sorgte ausreichend für die Gesundheit und das Wohlbefinden aller seiner Geschöpfe. Hätten die Menschen seine Gesetze niemals übertreten und hätten sie alle übereinstimmend nach dem Willen Gottes gehandelt, dann wären anstelle von Elend und fortdauerndem Übel, Gesundheit, Friede und Glück die Folge. *CTBH 151; 1890*

16 Beachten wir genau die Gesetze Gottes, nach denen wir ausgerichtet sind, dann ist das eine Garantie für unsere Gesundheit. So werden wir nicht körperlich leiden. *HR August 1866*

Ein makelloses Opfer

17 Im alten jüdischen Opferdienst wurde verlangt, dass jedes Opfer ohne Fehler sein sollte. In dem Bibelvers werden wir aufgefordert, unseren Körper als Opfer zu geben, *„das da lebendig, heilig und Gott wohlgefällig sei, welches sei euer vernünftiger Gottesdienst."* Wir sind Gottes Werk. Als der Psalmist über das Wunderwerk Gottes, den menschlichen Körper, nachdachte, rief er aus: *„Ich danke dir dafür, dass ich wunderbar gemacht bin."*

Viele haben eine wissenschaftliche Ausbildung hinter sich und sind mit der Theorie dieser Wahrheit bekannt; doch die Gesetze, die ihr eigenes Wesen bestimmt, verstehen sie nicht. Gott hat uns Fähigkeiten und Gaben geschenkt. Als seine Söhne und Töchter ist es wichtig, sie bestmöglich zu nutzen. Wenn wir aber diese Geistes- oder Körperkräfte durch falsche Gewohnheiten oder für die Befriedigung einer verdorbenen Esslust schwächen, wird es uns unmöglich sein, Gott so zu ehren, wie wir es sollten. *CTBH 15; 1890*

18 Gott möchte, dass wir ihm unseren Körper als ein lebendiges Opfer bringen, nicht als ein totes oder sterbendes Opfer. Die Opfer der Israeliten früher mussten ohne Fehler sein. ... Alle sollten sehr sorgfältig darauf achten, ihren Körper im Zustand bester Gesundheit zu erhalten, damit sie Gott sehr gut dienen und ihre Aufgaben in Familie und Gesellschaft ausführen können. *CH 121; 1890*

Ein armseliges Opfer

19 Es will gelernt sein, wie man zur Erhaltung der Gesundheit essen, trinken und sich kleiden soll. Krankheit entsteht durch Übertretung der Gesundheitsgesetze; sie ist die Folge der Verletzung der Naturgesetze. Unsere wichtigste Aufgabe, die wir Gott, uns selbst und unseren Mitmenschen schuldig sind, besteht darin, Gottes Gesetzen zu gehorchen. Da sind auch die Gesundheitsgesetze mit eingeschlossen. Wenn wir krank sind, belasten wir unsere Freunde und werden selbst unfähig, unseren Pflichten in unseren Familien und bei unseren Nachbarn zu erfüllen. Ist ein früher Tod das Ergebnis der verletzten Naturgesetze, dann bringen wir Kummer und Leiden über andere. Wir können unseren Nachbarn nicht helfen, was wir sonst tun könnten, und unseren Familien fehlt der Trost und die Unterstützung, die wir ihnen sonst geben könnten. Und zudem ist es nicht möglich, Gott zu dienen, was er von uns erwartet, damit sein Ruhm vermehrt werden kann. Sind wir dann nicht besonders schwere Übertreter von Gottes Gesetz? Aber Gott erbarmt sich, er ist gnädig und mitfühlend. Wenn solche, die ihre Gesundheit durch sündige Gewohnheiten geschädigt haben, Erkenntnis erhalten und ihnen ihr sündhaftes Verhalten bewusst wird, sie dann bereuen und um Vergebung bitten, dann nimmt er das armselige Opfer an, das ihm dargebracht wird.

Welch zartes Erbarmen, dass er nicht die Scherben des missbrauchten Lebens eines leidenden, reuigen Sünders zurückweist! 3T 164.165; 1872

Unmäßigkeit verhindert christliche Vollkommenheit

20 Der Herr hat sein Licht in diesen Tagen über uns scheinen lassen, damit die düstere Finsternis, die sich während vergangener Generationen durch sündige Gewohnheiten angehäuft hat, zu einem gewissen Grad vertrieben werden kann und damit die üblen Folgen unmäßigen Essens und Trinkens gemindert werden können.

Gott wollte in seiner Weisheit sein Volk in eine Lage bringen, wo es geistlich und praktisch von der Welt getrennt ist, damit ihre Kinder nicht so leicht zum Götzendienst verführt und von der allgemeinen Entartung dieses Zeitalters angesteckt werden können. Er wünscht, dass gläubige Eltern und ihre Kinder als sichtbare Vertreter Christi, als Kandidaten für das ewige Leben, auftreten sollen. Alle, die mit Gott verbunden sind, werden vor der Verderbtheit fliehen, die in der Welt durch Begierden hervorgerufen wird. Für alle, die sich der Esslust verschrieben haben, ist es unmöglich, christliche Vollkommenheit zu erlangen. 2T 399.400; 1870

21 Gott hat zugelassen, dass wir in den letzten Tagen Erkenntnisse über die Gesundheitsreform erhalten haben. Wenn wir entsprechend leben, können wir vielen Gefahren aus dem Weg gehen, die uns sonst belasten werden. Satan arbeitet sehr entschlossen, die Menschen dahin zu bringen, dass sie ihrer Esslust frönen, ihre Wünsche befriedigen und ihr Leben mit leichtsinnigem Vergnügen zubringen. Er lässt ein

Leben selbstsüchtigen Vergnügens und sinnlicher Befriedigung anziehend erscheinen. Unmäßigkeit unterhöhlt die Kräfte des Geistes wie auch des Körpers. Wer so besiegt wird, hat sich auf Satans Grund und Boden begeben. Da kann ihn der Feind aller Gerechtigkeit verführen, belästigen und schließlich beliebig beherrschen. *CTBH 75; 1890*

22 Um seine Gesundheit zu erhalten, ist Mäßigkeit in Allem notwendig – Mäßigkeit in der Arbeit, Mäßigkeit im Essen und im Trinken. Unser himmlischer Vater hat uns das Licht der Gesundheitsreform gesandt, um uns gegen die schlimmen Folgen einer entarteten Esslust zu schützen. So können alle, denen Reinheit und Heiligkeit etwas bedeutet, die guten Gaben, die er für sie vorbereitet hat, wohlüberlegt verwenden. Sind sie mäßig im täglichen Leben, dann können sie durch die Wahrheit geheiligt werden. *CH 120.121; 1890*

23 Man sollte sich immer bewusst sein, dass das große Ziel der Gesundheitsreform darin besteht, die größtmögliche Entwicklung von Geist, Seele und Leib zu erreichen. Alle Gesetze der Natur, die Gesetze Gottes sind, haben unser Wohlergehen im Auge. Die Beachtung wird uns glücklicher in diesem Leben sein lassen und uns bei der Vorbereitung auf das zukünftige Leben helfen. *CTBH 120; 1890*

Die Wichtigkeit der Gesundheitsgrundsätze

24 Mir ist gezeigt worden, dass die uns damals gegebenen Gesundheitsgrundsätze heute genauso wichtig sind und genauso gewissenhaft gehalten werden sollten wie früher. Es gibt einige, die nie diese Botschaft über das Thema Ernährung angenommen haben, die uns gegeben wurde. Nun ist es aber Zeit, das *„Licht unter dem Scheffel"* hervorzuholen und es in klaren, hellen Strahlen leuchten zu lassen.

Die Grundsätze einer gesunden Lebensweise haben eine hohe Bedeutung, sowohl für uns persönlich wie auch für uns als Volk. ...

Jetzt werden alle geprüft und geläutert. Wir sind in Christus getauft. Wenn wir unseren Teil tun, indem wir uns von allem trennen, was uns nach unten zieht und zu dem macht, was wir nicht sein sollten, dann werden wir auch die Kraft erhalten, zu Christus als Vorbild zu wachsen, und wir werden den Segen Gottes erhalten.

Erst wenn wir einsichtig sind und die Grundsätze einer gesunden Lebensweise beachten, kann uns der Blick geöffnet werden um die Schäden zu erkennen, die aus einer ungeeigneten Ernährung resultieren. Wer seine Fehler eingesehen hat und mutig ist, seine Gewohnheiten zu ändern, wird feststellen, dass die Durchführung der Reform einen heftigen Kampf und große Ausdauer erfordern.

Hat sich erst einmal der richtige Geschmack herausgebildet, so wird man auch erkennen, dass der Verzehr solcher Nahrung, die man früher für unschädlich hielt, langsam aber sicher der Grund für Verdauungsstörungen und anderen Krankheiten war. *9T 158-160; 1909*

STA sollen die ersten in der Gesundheitsreform sein
25 Wir Siebenten-Tags-Adventisten befassen uns mit bedeutenden Wahrheiten. Vor mehr als 40 Jahren gab der Herr uns besondere Erkenntnis über die Gesundheitsreform. Leben wir danach? Wie viele haben sich geweigert, in Übereinstimmung mit Gottes Ratschlägen zu leben. Unser Volk sollte entsprechend dem erhaltenen Licht vorangehen. Wir sollten die Grundsätze der Gesundheitsreform verstehen und auch beachten.

Auf dem Gebiet der Gesundheitsvorsorge sollen wir allen anderen Menschen voraus sein. Trotzdem gibt es unter uns gut informierte Gemeindeglieder, ja sogar Prediger des Evangeliums, die das Licht nicht schätzen, das Gott über diese Themen gegeben hat. Sie essen und arbeiten, wie es ihnen gefällt. Die Lehrer und Leiter in unserem Werk sollten sich – was die Gesundheitsreform betrifft – entschieden auf den Boden der Bibel stellen und ein klares Zeugnis ablegen als solche, die glauben, dass wir in den letzten Tagen der Geschichte dieser Erde leben. Es muss eine Trennlinie gezogen werden zwischen denen, die Gott dienen und denen, die sich selbst dienen. *9T 158; 1909*

26 Alle, die *„warten auf die selige Hoffnung und Erscheinung der Herrlichkeit des großen Gottes und unseres Heilandes, Jesu Christi, der sich selbst für uns gegeben hat, auf dass er uns erlöste von aller Ungerechtigkeit und reinigte sich selbst ein Volk zum Eigentum, das fleißig wäre zu guten Werken"*, werden sie hinter den religiösen Schwärmern stehen, die nicht an die baldige Erscheinung unseres Heilandes glauben? Dieses Volk des Eigentums, das er sich selbst reinigt, damit es in den Himmel aufgenommen werden kann, ohne den Tod zu sehen, sollte an guten Werken nicht hinter anderen zurückstehen.

In ihrem Bemühen, sich von aller Befleckung des Fleisches und des Geistes zu reinigen und fortzufahren mit der Heiligung in der Furcht Gottes, sollten sie jeder anderen Menschengruppe auf der Erde so weit voraus sein, wie ihr Bekenntnis erhabener ist. *1T 487; 1867*

Gesundheitsreform und das Gebet für die Kranken

27 Um gereinigt zu werden und rein zu bleiben, müssen die Siebenten-Tags-Adventisten den heiligen Geist in ihre Herzen und in ihre Heime aufnehmen. Der Herr hat mir gezeigt, dass Er ihre Gebete für die Kranken erhören und sie bei der Verwendung seiner Heilmittel gegen Krankheiten segnen würde, wenn sich das Israel von heute vor ihm demütigte und den Seelentempel von aller Befleckung reinigte. Wenn der Mensch im Glauben alles täte, was er zur Bekämpfung von Krankheiten tun könnte, und sich dabei der einfachen Behandlungsmethoden bediente, die Gott vorgesehen hat, so würden seine Bemühungen von Gott unterstützt werden.

Wenn nun Gottes Kinder weiterhin falsche Gewohnheiten beibehalten, nachdem ihnen so viel Erkenntnis geschenkt worden ist und das Ego befriedigen und eine Reform ablehnen, dann werden sie die unausbleiblichen Folgen ihrer Übertretung zu tragen haben. Sind sie weiter entschlossen, ihrem verdorbenen Geschmack um jeden Preis zu huldigen, wird Gott sie auch nicht auf wunderbare Weise vor den Folgen der Befriedigung ihrer Esslust bewahren. Sie werden *„in Schmerzen ... liegen."* Jesaja 50,11

Wer dazu noch anmaßend ist, indem er sagt: *„Der Herr hat mich gesund gemacht, darum brauche ich auf meine Ernährung nicht zu achten. Ich kann essen und trinken, wie es mir gefällt"*, wird innerhalb kurzer Zeit die heilende Kraft Gottes an Körper und Seele brauchen. Hat der Herr euch auch gnädig geheilt, dann dürft ihr deshalb nicht denken, dass ihr die ungezügelten Gewohnheiten der Welt mitmachen könnt. Tut vielmehr, was Christus nach vollbrachter Heilung befahl: *„Gehe hin und sündige hinfort nicht mehr!"* Johannes 1,8.11 Die Esslust darf nicht euer Gott sein. 9T 164.165; 1909

28 Die Gesundheitsreform ist eine Abteilung des besonderen Werkes Gottes zum Wohlergehen seines Volkes ...

Ich sah den Grund, warum Gott die Gebete seiner Diener für die Kranken unter uns nicht vermehrt erhörte. Es hätte ihn nicht geehrt, während sie doch die Gesundheitsgesetze übertraten. Ich sah auch, dass die Gesundheitsreform und die Gesundheitseinrichtungen nach seinem Plan den Weg dafür vorbereiten sollten, dass das Gebet des Glaubens völlige Erhörung finden kann.

Glaube und gute Werke sollten sich ergänzen, um die Betrübten unter uns zu trösten. So können sie schon hier Gott preisen und beim Kommen Christi unter den Erlösten sein. *1T 560.561; 1867*

29 Viele haben erwartet, dass Gott sie vor Krankheiten bewahrt, nur weil sie ihn darum gebeten haben. Gott hat jedoch ihre Gebete nicht beachtet, weil ihr Glaube nicht durch Werke ergänzt wurde. Gott wird kein Wunder tun, um solche Menschen vor Leid zu bewahren, die für sich selbst nicht verantwortlich sind, sondern ständig die Gesundheitsgesetze übertreten und sich gar nicht bemühen, Krankheiten vorzubeugen. Wenn wir von uns aus alles tun, was in unserer Macht steht, um gesund zu bleiben, dann können wir erwarten, dass die Segnungen folgen werden, und wir können Gott im Glauben bitten, unsere Bemühungen zur Erhaltung der Gesundheit zu segnen. Er wird unser Gebet erhören, wenn das Jesu Name verherrlicht. Wir sollten jedoch alle erkennen, dass wir eine Aufgabe haben. Gott wird kein Wunder tun, um die Gesundheit derer zu erhalten, die auf dem besten Weg sind, sich selbst krank zu machen, weil sie die Gesundheitsgesetze nicht beachten.

Wer seiner Esslust nachgibt und aufgrund seiner Unmäßigkeit Schmerzen ertragen muss, dann Medikamente zur Linderung einnimmt, der kann sicher sein, dass Gott nicht eingreifen wird, um Leben und Gesundheit zu retten. Diese wurden so leichtsinnig aufs Spiel gesetzt. Die Ursache hat ihre Wirkung nicht verfehlt. Viele befolgen die Anweisungen im Wort Gottes als letzten Ausweg. Sie bitten um die Gebete der Ältesten in der Gemeinde, damit ihre Gesundheit wiederhergestellt werde. Gott hält es nicht für richtig, Gebete solcher Menschen zu beantworten; denn er weiß, dass sie, würden sie wieder gesund werden, ihre Lebenskraft erneut auf dem Altar eines ungesunden Appetits opfern würden. *4SG 144.145; 1864*

Israels Erfahrung – uns zur Lehre

30 Der Herr verhieß den Israeliten, dass er sie vor allen Krankheiten bewahren wollte, die er auf die Ägypter gelegt hatte, wenn sie sich fest zu ihm halten und allen seinen Geboten gehorchen würden. Diese Verheißung war jedoch an die Bedingung des Gehorsams geknüpft. Hätten die Israeliten die Hinweise an sie befolgt und sich die Vorteile genutzt, so hätten sie für die Welt ein Beispiel für Gesundheit und Wohlergehen sein können. Die Israeliten jedoch erfüllten Gottes Absichten nicht und ihnen entging dadurch der Segen, den sie sonst erhalten hätten.

Joseph und Daniel, Mose und Elia sowie viele andere sind edle Vorbilder, die zeigen, wie man richtig lebt. Die gleiche Treue wird heute noch die gleichen Folgen haben. Es steht auch für uns geschrieben:

„Ihr aber seid das auserwählte Geschlecht, das königliche Priestertum, das heilige Volk, das Volk des Eigentums, dass ihr verkündigen sollt die Tugenden des, der euch berufen hat von der Finsternis zu seinem wunderbaren Licht!" 1.Petrus 2,9; 9T 165; 1909

31 Hätten die Israeliten die erhaltenen Anweisungen beachtet und für sich genutzt, dann wären sie für die Welt beispielhaft für Gesundheit und Wohlergehen gewesen. Wenn sie als Volk nach Gottes Plan gelebt hätten, wären sie vor den Krankheiten, die andere Nationen heimsuchten, bewahrt worden. Mehr als alle anderen Völker hätten sie körperliche Stärke und Verstandeskraft besessen. MH 283; 1905

Der christliche Wettkampf

32 *„Wisst ihr nicht, dass die, welche in der Rennbahn laufen, zwar alle laufen, aber nur einer den Preis erlangt? Lauft so, dass ihr ihn erlangt! Jeder aber, der sich am Wettkampf beteiligt, ist enthaltsam in allem – jene, um einen vergänglichen Siegeskranz zu empfangen, wir aber einen unvergänglichen."* 1.Korinther 9,24.25

Hier werden die guten Ergebnisse der Selbstbeherrschung und Enthaltsamkeit aufgezeigt. Der Apostel Paulus weist auf die verschiedenen Spiele hin, die unter den alten Griechen zur Ehre ihrer Götter eingerichtet waren, um den geistlichen Kampf und seine Belohnung zu verdeutlichen. Die Teilnehmer an diesen Spielen hatten strengste Regeln zu beachten. Jeder Genuss, der die Körperkräfte schwächen konnte, war untersagt. Schlemmereien und Wein wurden verboten, um Körperkraft, Mut und Standhaftigkeit zu fördern.

Den erstrebten Preis zu gewinnen, einen Kranz aus vergänglichem Laub, verliehen unter dem Beifall der Menge – das wurde als höchste Ehre angesehen. Wenn die Kämpfer so viel einsetzten um einen so wertlosen Preis zu gewinnen, und den dazu höchstens *einer* bekommen konnte, wie viel größer sollte die Opferbereitschaft sein und wie viel bereitwilliger die Selbstverleugnung, um eine unverwelkliche Krone und das ewige Leben zu erhalten! Es gilt eine Arbeit zu tun. Sie ist hart und ernst.

Alle unsere Gewohnheiten, unser Geschmack und unsere Neigungen müssen übereinstimmend mit den Gesetzen des Lebens und der Gesundheit gebildet werden. So können wir uns die beste körperliche Verfassung aneignen und geistige Klarheit gewinnen und zwischen Gut und Böse unterscheiden. CTBH 25; 1890

Daniels Beispiel

33 Um die Bedeutung von Mäßigkeit richtig zu verstehen, müssen wir das vom biblischen Standpunkt aus betrachten. Nirgends sonst wird uns umfassender und überzeugender die eigentliche Mäßigkeit vorgeführt und auf den damit verbundenen Segen hingewiesen, als in der Geschichte des Propheten Daniel und seiner hebräischen Freunde am babylonischen Hof. ... Gott ehrt stets diejenigen, die richtig handeln. Die am meisten erfolgversprechenden jungen Leute aus allen Ländern, die der große Eroberer besiegt hatte, waren in Babylon versammelt. Doch unter diesen allen waren die hebräischen Gefangenen unerreicht. Die aufrechte Haltung, der feste elastische Schritt, das schöne Gesicht, die ungetrübten Sinne, der unverdorbene Atem – dies alles bezeugte ihre guten Gewohnheiten. Es sind Zeichen des Adels, mit denen die Natur diejenigen ehrt, die ihren Gesetzen treu sind.

Die Geschichte von Daniel und seinen Freunden wurde im biblischen Bericht zum Nutzen der Jugend aller nachfolgenden Zeitalter aufgezeichnet. Was einige Menschen erreicht haben, ist auch anderen möglich. Waren diese jugendlichen Hebräer inmitten großer Versuchungen standhaft? Legten sie ein gutes Beispiel für wahre Mäßigkeit ab? Die Jugend von heute kann das auch tun. Es wäre wichtig für uns, darüber nachzudenken.

Uns bedroht keine Lebensmittelknappheit, sondern der Überfluss. Laufend werden wir zur Unmäßigkeit verführt. Wer seine Kräfte vollständig zum Dienst für Gott erhalten will, muss strenge Mäßigkeit im Einsatz seiner Gaben an den Tag legen, sowie sich ganz von jeder schädigenden oder entwürdigenden Befriedigung enthalten. Die heranwachsende Generation wird von Verlockungen bedrängt, die es auf die Verführung zur Esslust abgesehen haben. Besonders in unseren großen Städten wird jede Art von Befriedigung leicht und anziehend gemacht. Alle, die sich wie Daniel nicht verunreinigen wollen, werden die Vorteile ihrer guten Gewohnheiten schätzen. Mit ihrer besseren Gesundheit und der damit verbundenen Leistung, haben sie Reserven, auf die sie im Notfall zugreifen können.

Durch richtige körperliche Gewohnheiten haben wir viele Vorteile. Geistige Kraft, körperliche Stärke und langes Leben hängen von unveränderlichen Gesetzen ab und nicht von Zufällen. Der Gott der Natur wird nicht eingreifen, um die Menschheit vor den Folgen ihrer Übertretung der Naturgesetze zu bewahren. In dem Sprichwort *„Jeder ist seines Glückes Schmied"* liegt viel Wahrheit. Während Eltern für die charakterliche Entwicklung ihrer Kinder verantwortlich sind sowie für die Erziehung und Ausbildung, ist es auch so, dass unsere Stellung und Brauchbarkeit in der Welt größtenteils von unserer eigenen Handlungsweise abhängt. Daniel und seine Freunde hatten in jungen Jahren den Vorteil einer gründlichen Ausbildung und Erziehung. Doch diese Vorteile allein hätten sie nicht zu dem gemacht, was sie waren. Die Zeit kam, wo sie für sich selbst entscheiden mussten – und wo ihre Zukunft von ihrer eigenen Handlungsweise abhing. Sie beschlossen, die Unterweisungen, die sie in der Kindheit erhalten hatten, zu beachten. Die Furcht Gottes, die der Weisheit Anfang ist, war die Grundlage für ihre Größe. Sein Geist stärkte jeden ehrlichen Vorsatz, jeden edlen Entschluss. CTBH 25-28; 1890

34 Durch diese Ausbildung hatten die Jugendlichen *(Daniel, Hananja, Misael und Asarja)* nicht nur Zutritt zum Königspalast, sondern es war auch eine Verpflegung vorgesehen, Fleisch zu essen und Wein zu trinken, die auch der König zu sich nahm. Für den König war das alles nicht nur eine große Ehrenbezeugung, sondern auch eine Garantie für bestmögliche körperliche und geistige Entwicklung. Unter den Speisen, die dem König vorgesetzt wurden, waren Schweinefleisch und andere Fleischsorten, die das mosaische Gesetz für unrein erklärte und deren Verzehr den Hebräern ausdrücklich verboten war. Hier wurde Daniel ernsthaft geprüft. Sollte er an den Lehren seiner Väter bezüglich Essen und Trinken festhalten und den König beleidigen? Dabei ging es nicht nur um seine Stellung, sondern vermutlich auch um sein Leben. Sollte er also die Anweisung des Herrn missachten, um das Wohlwollen des Königs zu behalten und dadurch große intellektuelle Vorteile und die aussichtsreichsten Möglichkeiten in der Welt sichern?

Daniel zögerte nicht lange. Er beschloss, fest und rechtschaffen zu bleiben, komme, was da will. Er *„nahm sich vor in seinem Herzen, dass er sich mit des Königs Speise und mit dem Wein, den er selbst trank, nicht verunreinigen wollte."*

Es gibt heute viele unter den bekennenden Christen, die Daniel für zu genau halten und ihn als engstirnig und fanatisch bezeichnen würden. Für sie ist die Frage des Essens und Trinkens von untergeordneter Bedeutung, und für eine derart entschiedene Haltung nicht notwendig – noch dazu, wenn damit wahrscheinlich der Verzicht jeden irdischen Vorteils verbunden ist. Aber alle, die so denken, werden am Tag des Gerichts feststellen, dass sie von Gottes ausdrücklichen Forderungen abgewichen sind und sich ihre eigene Meinung als Maßstab für Recht und Unrecht gebildet haben. Sie werden dann erkennen, dass Gott das, was sie als unwichtig ansahen, nicht so sieht. Seine Anforderungen sollten ernsthaft beachtet werden. Wer eine seiner Vorschriften annimmt und befolgt, weil es ihm gerade passt, während er eine andere ablehnt, weil das ein Opfer von ihm erfordern würde, verändert den Maßstab des Rechts. Durch sein Beispiel bringt er auch andere dazu, Gottes heiliges Gesetz gering zu achten. In allem sollte ein „*So spricht der Herr*" unser Grundsatz sein. ...

Daniels Charakter wird der Welt als ein treffendes Beispiel vorgeführt. Es zeigt, was Gottes Gnade aus einem Menschen machen kann, der von Natur aus gefallen und in Sünde gebunden ist. Der Bericht über Daniels edles, selbstverleugnendes Leben ist eine Ermutigung für alle Menschen. Das gibt uns Kraft, den Anfechtungen fest zu widerstehen und selbst in der schwersten Prüfung unbeirrt und demütig für das Rechte einzustehen.

Daniel hätte eine plausible Entschuldigung finden können, von seinen strengen Gewohnheiten der Mäßigkeit abzuweichen. Aber Gottes Wohlgefallen war ihm mehr wert als die Anerkennung des mächtigsten irdischen Herrschers – mehr sogar als das Leben selbst. Nachdem Daniel mit seinem höflichen Benehmen bei dem Aufseher Beachtung fand, der für die hebräischen Jünglinge zuständig war, bat er darum, dass sie nicht von dem Fleisch essen und von dem Wein trinken müssten, das der König zu sich nahm. Der Aufseher befürchtete, dass er beim König in ein schlechtes Licht geraten könnte, wenn er diese Bitten respektieren würde. Damit wäre sein eigenes Leben bedroht. Wie viele Menschen heutzutage, so dachte auch er, dass diese jungen Männer durch eine gesunde Kost blass, kränklich und ohne Muskelkraft sein würden, während die üppigen Speisen vom Tisch des Königs sie gut genährt und schön machen und ihnen zu höchster körperlicher Leistungsfähigkeit verhelfen würden.

Daniel bat darum, das für zehn Tage probieren zu dürfen. Die hebräischen jungen Männer sollten in dieser kurzen Zeit die Erlaubnis erhalten, einfache Nahrung zu essen, während ihre Gefährten von der Speise des Königs nehmen würden. Die Bitte wurde schließlich gewährt. Daniel war sich sicher, dass der Sieg auf seiner Seite war. Obwohl er noch Jugendlicher war, so hatte er doch die schädigende Wirkung von Wein und ausschweifendem Leben auf das körperliche und geistige Wohlbefinden erkannt. Nach den zehn Tagen, stellte sich entgegen den Erwartungen des Aufsehers heraus, dass diejenigen, die sich an die einfachen Richtlinien hielten, nicht nur in ihrem persönlichen Aussehen, sondern auch in ihrer körperlichen Leistungsfähigkeit und geistigen Frische ihren Gefährten, die alles gegessen hatten, deutlich überlegen waren. Dieser Versuch hatte zur Folge, dass Daniel und seinen Freunden erlaubt wurde, während der gesamten Zeit ihrer Ausbildung als Staatsdiener ihre einfache Kost beizubehalten.

Gottes Zustimmung erlangt
Der Herr betrachtete die Entschlossenheit und Selbstverleugnung dieser hebräischen jungen Männer positiv, und so war ihnen sein Segen sicher. Er gab ihnen *„Kunst und Verstand in allerlei Schrift und Weisheit; Daniel aber gab er Verstand in allen Gesichten und Träumen."*

Nach Ablauf der 3-jährigen Ausbildung, als ihre Fertigkeiten und Kenntnisse vom König geprüft wurden, *„war unter allen niemand gefunden, der Daniel, Hananja, Misael und Asarja gleich wäre; und sie wurden des Königs Diener. Und der König fand sie in allen Sachen, die er sie fragte, zehnmal klüger und verständiger als alle Sternseher und Weisen in seinem ganzen Reich."*

Hierin liegt eine Lehre für alle Menschen, besonders aber für die Jugendlichen. Beachten wir genau die Anforderungen Gottes, ist das hilfreich für die Gesundheit von Körper und Geist. Um ein Höchstmaß an sittlichen und geistigen Kenntnissen zu erhalten, ist es nötig, von Gott Weisheit und Kraft zu erbitten und in allen Lebensgewohnheiten strenge Mäßigkeit zu üben. Die Erfahrung Daniels und seiner Freunde ist ein Beispiel dafür, wie Grundsatztreue die Versuchung besiegt, die Esslust zu befriedigen. Es zeigt uns auch, dass junge Menschen durch religiöse Grundsätze über die fleischlichen Lüste Sieger werden und Gottes Anforderungen treu bleiben können, selbst wenn es für sie ein großes Opfer bedeutet. *RH 25.01.1881*

Ein Teil der dreifachen Engelsbotschaft
35 Die Gesundheitsreform ist, wie mir gezeigt wurde, ein Teil der dreifachen Engelsbotschaft und ist mit ihr genauso eng verbunden, wie der Arm und die Hand mit dem menschlichen Körper. Ich sah, dass wir als Volk in diesem großen Werk vorangehen müssen. Prediger und Gemeinde sollen miteinander arbeiten. Gottes Volk ist für den lauten Ruf des dritten Engels nicht vorbereitet. Die Gemeindeglieder haben eine Aufgabe für sich selbst zu tun, die sie nicht Gott überlassen sollten. Er hat ihnen diesen Dienst übertragen. Es ist eine persönliche Aufgabe, die keiner für einen anderen tun kann. *„Weil wir nun diese Verheißungen haben, Geliebte, so wollen wir uns reinigen von aller Befleckung des Fleisches und des Geistes zur Vollendung der Heiligkeit in Gottesfurcht!"*

2.Korinther 7,1 Schlemmerei ist die vorherrschende Sünde dieses Zeitalters. Ungezügelte Esslust macht die Menschen zu Sklaven, benebelt ihren Verstand und stumpft ihre sittlichen Empfindungen so sehr ab, dass die heiligen, erhabenen Wahrheiten des Wortes Gottes nicht geschätzt werden. Die niederen Neigungen beherrschen die Menschen. *1T 486.487; 1867*

Vorbereitung auf die Erquickung

36 Gott fordert von seinem Volk, sich von aller Verunreinigung des Fleisches und des Geistes zu reinigen und sich in der Furcht Gottes zu heiligen. Alle, die gleichgültig sind und sich für diese Aufgabe entschuldigen, während sie erwarten, dass der Herr für sie das tut, was er von ihnen selbst verlangt, werden zu leicht befunden; auch die auf Erden, die seine Gerichte herausgefordert haben, während die Sanftmütigen am Tag des Zorns des Herrn verborgen werden. Mir wurde gezeigt, dass Gottes Kinder zu leicht befunden werden, wenn sie ihrerseits keine Anstrengungen machen, sondern darauf warten, dass die Erquickung über sie kommt, ihre Sünden wegnimmt und ihre Fehler korrigiert. Sie werden zu leicht befunden, wenn sie sich darauf verlassen, dass sie durch das machtvolle Geistwirken von ihrer Verunreinigung des Fleisches und des Geistes gereinigt werden und dann befähigt sind, am lauten Ruf des dritten Engels teilzuhaben.

Die Erquickung oder Kraft Gottes kommt nur über solche, die sich darauf vorbereitet haben. Sie haben die ihnen von Gott geforderte Aufgabe getan, die darin besteht, sich von aller Befleckung des Fleisches und des Geistes zu reinigen und voranzugehen mit der Heiligung in der Furcht Gottes. *1T 619; 1867*

Ein Aufruf an die Zaghaften

37 Die Nichtbefolgung gesunder Lebensgrundsätze hat auf die Geschichte des Volkes Gottes einen Schatten geworfen. In der Frage der Gesundheitsreform bewegt man sich ständig rückwärts. Durch einen großen Mangel an geistlichem Leben wird Gott verunehrt. Trennwände sind errichtet worden, die nie existiert hätten, wenn Gottes Volk entsprechend ihrer Erkenntnis gelebt hätte. Sollen wir, obwohl wir so große Gelegenheiten hatten, es zulassen, dass die Menschen in der Welt uns bezüglich der Gesundheitsreform voraus sind? Sollen wir durch falsche Ernährung unseren Geist erniedrigen und unsere Gaben missbrauchen? Sollen wir Gottes heiliges Gesetz übertreten, indem wir selbstsüchtige Gewohnheiten beibehalten? Soll unsere Inkonsequenz sprichwörtlich werden? Wollen wir ein so Christus unähnliches Leben führen, dass der Heiland sich schämen muss, uns seine Brüder zu nennen? Sollen wir nicht vielmehr solch eine ärztliche Missionsarbeit tun, die praktisches Evangelium ist, und so leben, dass der Friede Gottes in unseren Herzen regieren kann? Sollen wir nicht den Ungläubigen jeden Stein des Anstoßes aus dem Weg räumen und immer daran denken, was gelebtes Christentum bedeutet?

Es wäre viel besser, sich nicht Christ zu nennen, als sich zum Christentum zu bekennen und gleichzeitig Gelüsten nachzugeben, die unheilige Leidenschaften stärken. Gott ruft jedes Gemeindeglied auf, sein Leben ohne Kompromisse für den Dienst des Herrn zu weihen. Er ruft zu einer entschiedenen Reform auf. Die ganze Schöpfung seufzt unter dem Fluch. Gotteskinder sollten jede Gelegenheit wahrnehmen, in der Gnade zu wachsen und durch die Wahrheit an Körper, Seele und Geist geheiligt zu werden. Wenn sie alles aufgeben, was die Gesundheit zerstört, werden sie klarer verstehen, worin sich eigentliche Frömmigkeit ausdrückt. Eine wunderbare Veränderung wird sich in ihrer religiösen Erfahrung zeigen. *CH 578.579; 1902*

Alle werden geprüft

38 Niemand sollte meinen, dass er in Fragen der Ernährung handeln kann, wie es ihm gefällt. Lass es für alle, die mit dir zu Tisch sitzen, sichtbar sein, dass du in der Essensfrage wie auch in allen anderen Fragen nach Grundsätzen handelst, die Gott ehren. Du kannst es dir nicht leisten, anders zu handeln, denn du musst für das zukünftige, unsterbliche Leben einen Charakter gestalten. Große Verantwortung ruht auf jedem Menschen. Lasst uns diese Verantwortung übernehmen und im Namen des Herrn würdig tragen.

Der versucht ist, seiner Esslust nachzugeben, dem möchte ich sagen: *Gib der Versuchung nicht nach, sondern beschränke dich auf die Verwendung gesunder Nahrungsmittel. Du kannst dich dazu erziehen, dass dir eine gesunde Kost schmeckt.*

Der Herr hilft denen, die sich bemühen, sich selbst zu helfen. Aber wenn die Menschen keine besonderen Anstrengungen machen, nach Gottes Absicht und Willen zu leben, wie kann er dann mit ihnen zusammenarbeiten? Lasst uns unser Teil tun, indem wir unser Heil mit Furcht und Zittern wirken *Philipper 2,12* – mit Furcht und Zittern, damit wir unseren Körper nicht falsch behandeln, denn wir sind vor Gott dazu verpflichtet, unseren Körper im bestmöglichen Gesundheitszustand zu erhalten. *RH 10.2.1910*

Wahre Reform ist Herzensreform

39 Die Menschen, die für Gott arbeiten möchten, dürfen nicht nach weltlichen Genüssen und selbstsüchtiger Befriedigung streben. Die Ärzte in unseren Einrichtungen müssen von den lebendigen Grundsätzen der Gesundheitsreform erfüllt sein. Menschen werden niemals wirklich mäßig sein, solange die Gnade Christi nicht ein bleibender Grundsatz in ihren Herzen geworden ist. Alle Gelübde der Welt werden dich oder deine Frau nicht zu Gesundheitsreformern machen. Lediglich die Nahrung einzuschränken, wird euch nicht von eurer krankhaften Essgier heilen. Brd. und Schw. Y. werden keine Mäßigkeit in allen Dingen üben können, solange ihre Herzen nicht durch die Gnade Gottes umgewandelt sind.

Umstände können keine Reform bewirken. Die Lehre Christi beabsichtigt eine Reformation des Herzens. Was Christus da bewirkt, äußert sich durch einen bekehrten Verstand. Der Plan, von außen her zu beginnen und dann zu versuchen, nach innen zu arbeiten, ist stets fehlgeschlagen. Das wird auch immer so bleiben.

Gottes Plan mit euch besteht darin, gerade am Kern aller Schwierigkeiten – dem Herzen – zu beginnen und dann vom Herzen aus die Grundsätze der Gerechtigkeit umzusetzen. Dann wird die Reformation außen wie auch innen stattfinden. *SpT A, Nr. 9, 54; 1896*

40 Gott hat ihnen durch sein Wort und die Zeugnisse seines Geistes einen Maßstab gegeben. Alle, die sich soweit wie möglich nach Gottes Ordnung richten, werden ihre Handlungsweise nicht ändern, um auf die Wünsche ihrer Freunde oder Verwandten einzugehen, die im Gegensatz zu Gottes weiser Ordnung leben – mögen es ein, zwei oder ganz viele Menschen sein.

Wenn wir uns dabei von Grundsätzen leiten lassen, wenn wir im Essen strenge Regeln beachten, wenn wir als Christen unseren Geschmack nach Gottes Plan erziehen, dann werden wir einen Einfluss ausüben, der mit der Absicht Gottes übereinstimmt. Die Frage ist nur: „Wollen wir treue Gesundheitsreformer sein?" *Letter 3; 1884*

Wie bewahre ich meine Gesundheit?

41 Ich bin angewiesen worden, unseren Geschwistern eine Botschaft über die Gesundheitsreform zu übermitteln, denn viele haben die Grundsätze dieser Reform wieder aufgegeben.

Gott möchte, dass seine Kinder zur höchsten Stufe von Männern und Frauen in Christus wachsen. Um dies zu erreichen, müssen sie jede Fähigkeit des Geistes, der Seele und des Körpers in der rechten Weise nutzen. Sie können es sich nicht leisten, ihre geistigen und körperlichen Kräfte zu vergeuden.

Die Frage, wie wir gesund bleiben können, ist sehr wichtig. Wenn wir darüber ernstlich nachdenken, dann erkennen wir, dass einfache Kost das Beste für unser körperliches und geistliches Wohlergehen ist. Wir wollen diese Frage sorgfältig prüfen. Wir brauchen Erkenntnis und Urteilsfähigkeit, um uns in dieser Sache weise verhalten zu können. Den Gesetzen der Natur sollte man nicht zuwiderhandeln, sondern ihnen gehorchen.

Alle sind über die schädlichen Wirkungen von Fleischspeisen, Tee, Bohnenkaffee, sehr süßen oder fetten und anderen ungesunden Speisen unterrichtet worden. Die sich nun entschließen, mit Gott ein Bündnis einzugehen und ein Opfer zu bringen, werden nicht weiter bewusst ungesund leben. Gott möchte, dass wir falsches weglassen und uns selbst verleugnen in Bezug auf Dinge, die nicht gut sind. Dies muss noch durchgeführt werden, ehe Gottes Volk als vollkommenes Volk vor ihm stehen kann. *9T 153-156, 1909*

Die Gemeinde der Übrigen muss bekehrt sein. Durch die Verkündigung dieser Botschaft sollen Menschen bekehrt und geheiligt werden. Wir sollen die Kraft des Geistes Gottes in dieser Bewegung spüren, denn wir haben eine wunderbare, klare Botschaft. Sie bedeutet alles für den, der sie erhält und sie soll mit einem lauten Ruf verkündigt werden. Wir müssen fest daran glauben, dass diese Botschaft bis ans Ende der Zeit zunehmend verkündigt wird.

Es gibt einige sogenannte Gläubige, die bestimmte Teile der Zeugnisse als Botschaft von Gott annehmen, andere aber, die ihre Lieblingssünden verdammen, verwerfen sie. Sie tun damit sich selbst und der Gemeinde keinen Gefallen. Es kommt darauf an, dass wir nach der Erkenntnis leben, solange wir sie haben.

Wer sich zur Gesundheitsreform bekennt, aber in seinem Verhalten im täglichen Leben nicht nach den Grundsätzen lebt, schadet sich selbst und hinterlässt einen schlechten Eindruck bei Gläubigen und Ungläubigen. Alle, die die Wahrheit kennen, haben die besondere Pflicht, danach zu streben, dass ihr Tun mit ihrem Glauben übereinstimmt. Ihr Leben soll veredelt und geheiligt werden und sie sollen zu dem Dienst vorbereitet werden, der in dieser letzten Zeit schnell getan werden muss. Sie haben weder Zeit noch Kraft für die Befriedigung der Esslust zu verschwenden. Folgende Worte sollten uns jetzt ernstlich zu Herzen gehen: *„So tut nun Buße und bekehrt euch, dass eure*

Sünden ausgetilgt werden, damit Zeiten der Erquickung vom Angesicht des Herrn kommen und er den sende, der euch zuvor verkündigt wurde, Jesus Christus" Apg. 3,19.20

Viele unter uns haben keine geistliche Gesinnung. Wenn sie sich nicht vollständig bekehren, werden sie bestimmt verloren gehen. Könnt ihr dieses Risiko eingehen? ...

Nur die Kraft Christi kann Herz und Gemüt verändern. Diese Veränderung braucht jeder, der im neuen Leben mit Jesus im Himmel leben möchte. *„Jesus antwortete und sprach zu ihm: Wahrlich, wahrlich, ich sage dir: Wenn jemand nicht von neuem geboren wird, so kann er das Reich Gottes nicht sehen!"* Johannes 3,3

Die Religion, die von Gott kommt, ist die einzige, die auch zu Gott führt. Um ihm richtig dienen zu können, müssen wir aus Gottes Geist geboren werden. Das führt zu Wachsamkeit, reinigt das Herz, erneuert das Gemüt und gibt uns neue Fähigkeit, Gott zu erkennen und zu lieben. Es verleiht uns auch willigen Gehorsam gegenüber allen seinen Geboten. Das ist wahre Anbetung. 9T 153-156; 1909

Eine vereinte Front

42 Uns wurde die Aufgabe der modernen Gesundheitsreform anvertraut. Der Herr wünscht, dass seine Kinder miteinander harmonisch umgehen. Es soll euch klar sein, dass wir den Standpunkt nicht aufgeben werden. Der Herr hat uns dazu schon 35 Jahre lang aufgefordert. Hütet euch davor, gegen den Dienst der Gesundheitsreform zu stehen, denn er geht weiter.

Es ist das Mittel in der Hand des Herrn, durch das das Leid in unserer Welt gelindert werden soll und auch sein Volk gereinigt wird. So seid vorsichtig, welche Einstellung ihr habt, damit ihr nicht spaltet. Mein Bruder, selbst wenn du es versäumst, dass dein Leben und das deiner Familie die Segnungen erhalten, die aus der Beachtung der Gesundheitsgrundsätze kommen, schade doch nicht noch anderen, indem du das bekämpfst, was Gott darüber mitgeteilt hat. Letter 48; 1902

Außer den gesundheitlichen Vorteilen mögen auch andere Erwägungen eine Person dazu führen, eine vegetarische Ernährungsweise anzustreben, z.B. Umwelt, Ökologie und das Welthungerproblem. Vegetarier zitieren auch ökonomische, ethische und religiöse Gründe. Zeitschrift der amerikanischen Diät-Vereinigung, November 1997; 97

43 Der Herr hat seinem Volk durch die Gesundheitsreform eine Botschaft gegeben. Diese Erkenntnis haben wir seit 30 Jahren. Und der Herr kann seine Mitarbeiter nicht unterstützen, wenn sie dagegen handeln. Es gefällt ihm nicht, wenn sie die ihnen anvertraute Botschaft ablehnen, anstatt sie an andere weiterzugeben. Wie kann er zufrieden sein, wenn die Mitarbeiter an einem Ort geteilte Auffassungen haben. Auf der einen Seite wird verkündigt, dass die Grundsätze der Gesundheitsreform so eng mit der dritten Engelsbotschaft verbunden sind wie der Arm mit dem Körper, während andere Mitarbeiter durch ihre Praxis genau das Gegenteil davon lehren?

In Gottes Augen ist das Sünde. ... Nichts entmutigt die Diener des Herrn so sehr, als mit solchen Leuten verbunden zu sein, die geistige Fähigkeiten besitzen und die Gründe unseres Glaubens verstehen, aber in Lehre und Beispiel gleichgültig sind gegenüber moralischen Verpflichtungen.

Wir dürfen nicht leichtfertig mit dem Licht umgehen, das Gott über die Gesundheitsreform geschenkt hat. Wer das versucht, der schädigt sich selbst. Keiner kann hoffen, im Werk Gottes erfolgreich zu sein, während er in Lehre und Beispiel dem von Gott gesandten Licht entgegen handelt. *SpT A, Nr. 7, 40; CH 561.562*

44 Es ist wichtig, dass Prediger über das Thema Mäßigkeit unterweisen. Sie sollten zeigen, welcher Zusammenhang zwischen Essen, Arbeiten, Ruhen und Kleidung einerseits und der Gesundheit andererseits besteht. Alle, die an die Botschaft für diese letzten Tage glauben, sind aufgefordert, in dieser Sache etwas zu unternehmen. Es betrifft sie, und Gott verlangt, dass sie aufwachen und sich selbst für diese Reform interessieren. Er wird sehr unzufrieden sein, wenn sie diese Frage gleichgültig behandeln. *1T 618; 1867*

Ein Hindernis für den Segen

45 Der Engel sagte: *„Enthaltet euch von fleischlichen Lüsten, die wider die Seele streiten."* Ihr habt euch an der Gesundheitsreform gestoßen. Sie erscheint euch als ein nutzloses Anhängsel an die Wahrheit. Das ist nicht so. Sie ist ein Teil der Wahrheit. Hier liegt eine Aufgabe vor euch, die euch berühren wird, und die mehr von euch fordern wird als alles, was ihr bisher auf euch genommen habt.

Solange ihr zögert, zurück bleibt und es versäumt, den Segen als euer Vorrecht zu ergreifen, wird das Verlust bedeuten. Gerade der Segen, vom Himmel auf eurem Weg gegeben, um den Fortschritt weniger schwierig zu machen, ist euch zum Stein des Anstoßes geworden. Satan stellt euch das absichtlich in so negativer Weise vor, damit ihr das bekämpft, was euer größter Nutzen sein könnte und für eure körperliche und geistige Gesundheit so wichtig wäre. *1T 546; 1867*

Denk an das Gericht

46 Gott ruft nach Freiwilligen, die seine Mitarbeiter sein wollen. Kränkliche Menschen sollten die Gesundheitsreform annehmen und ausleben. Gott wird mit seinen Kindern zusammenarbeiten, um ihre Gesundheit zu erhalten, wenn sie in ihrer Ernährung sorgfältig sind und es ablehnen, den Magen unnötig zu belasten. Er hat uns in seiner Gnade einen sicheren Weg geöffnet, der für alle, die darauf gehen, breit genug ist. Er hat uns für die Erhaltung unseres Lebens die vollwertigen und gesundheitsfördernden Erzeugnisse der Erde gegeben.

Wer die Unterweisungen nicht beachtet, die Gott in seinem Wort und in seinen Werken gegeben hat und die göttlichen Anordnungen ablehnt, der hat nur eine mangelhafte Erfahrung. Er ist ein kränklicher Christ. Sein geistliches Leben ist schwach. Er lebt zwar, aber in seinem Leben fehlt der Wohlgeruch. Dadurch vergeudet er wertvolle Augenblicke der Gnade.

Viele haben ihren Körper durch Missachtung der Gesundheitsgesetze geschadet und werden sich vielleicht nie von den Nachwirkungen dieser Versäumnisse erholen, aber auch jetzt noch können sie ihre Gesinnung ändern und sich bekehren. Der Mensch hat versucht, weiser als Gott zu sein. Er ist sich selbst zu einem Gesetz geworden.

Gott aber ruft uns auf, seine Forderungen zu beachten und ihn nicht länger zu entehren, indem wir unsere körperlichen, geistigen und geistlichen Fähigkeiten verkümmern lassen. Frühzeitiger Verfall und Tod sind das Ergebnis, wenn wir uns von Gott abwenden und die Gewohnheiten der Welt annehmen. Wer seinem eigenen *Ich* nachgibt, muss die Strafe tragen.

Am Tag des Gerichts werden wir einmal erkennen, wie ernst Gott die Übertretung der Gesundheitsgesetze nimmt. Wenn wir dann auf unser Handeln zurückschauen, werden wir sehen, welche Erkenntnis wir von Gott hätten haben können und was wir für einen edlen Charakter hätten bilden können, wenn wir die Bibel zu unserem Ratgeber gemacht hätten.

Der Herr wartet darauf, dass seine Gemeinde in Weisheit und Verständnis wächst. Wenn wir das Elend, die Missbildungen und Krankheiten sehen, die als Ergebnis der Unwissenheit in richtiger Pflege des

Körpers in die Welt gekommen sind – wie können wir dann schweigen und die Welt nicht warnen?

Christus erklärte: So, wie es in den Tagen Noahs war, als die Erdbewohner gewalttätig waren und aufgrund zahlloser Verbrechen verkommen sind, so wird es auch gehen an dem Tag, wenn der Menschensohn offenbart werden wird. Gott hat uns großes Licht geschenkt, und wenn wir in diesem Licht leben, werden wir sein Heil sehen.

Entschiedene Veränderungen müssen eintreten. Es ist an der Zeit, dass wir unsere stolzen, eigenwilligen Herzen demütigen und den Herrn suchen, solange er zu finden ist. Als Volk müssen wir unsere Herzen vor Gott demütigen, denn die Narben der Inkonsequenz kennzeichnen unsere Lebensführung.

Der Tag ist vorgerückt, die Nacht aber nahe herbeigekommen. Zu Lande und zu Wasser kann man Gottes Gerichte verfolgen. Eine zweite Gnadenzeit wird uns nicht gewährt werden. Jetzt ist nicht die Zeit, um falsche Schritte zu gehen. Jeder sollte Gott dafür danken, dass wir immer noch eine Gelegenheit haben, Charaktere für das künftige ewige Leben zu bilden. *Letter 135; 1902*

2 ERNÄHRUNG UND GEISTLICHES LEBEN

Unmäßigkeit, eine Sünde

47 Keiner, der sich zu Gott bekennt, sollte gegenüber der körperlichen Gesundheit gleichgültig sein und sich einbilden, Unmäßigkeit sei keine Sünde und beeinträchtigt seine geistliche Gesinnung nicht. Denn zwischen der körperlichen und sittlichen Natur besteht eine enge Wechselbeziehung. *RH 25.1.1881*

48 Bei unseren ersten Eltern führte unbeherrschte Begierde zum Verlust von Eden. Mäßigkeit in allen Dingen hat mit unserer Rückkehr nach Eden viel mehr zu tun, als man sich vorstellt. *MH 129; 1905*

49 Die Übertretung der Naturgesetze bedeutet auch die Übertretung des Gesetzes Gottes. Unser Schöpfer ist Jesus Christus. Er ist der Urheber unseres Seins. Er hat das menschliche Gebilde geschaffen. Er als der Verfasser des Sittengesetzes ist auch der Geber der Naturgesetze. Und wer gegenüber seinen Gewohnheiten und Handlungen gleichgültig und rücksichtslos ist, die doch sein physisches Leben und seine körperliche Gesundheit betreffen, sündigt gegen Gott.

Viele sagen, sie lieben Jesus, zeigen aber keine besondere Achtung und Ehrfurcht vor ihm. Er hat sein Leben geopfert, um sie vom ewigen Tod zu erretten. Sie ehren ihn nicht, sie achten ihn nicht, sie beachten ihn nicht einmal. Dies wird an dem Schaden sichtbar, den sie durch Übertretung der Gesetze ihres Lebens sich selbst zufügen. *MS 49; 1897*

50 Dauernde Übertretung der Naturgesetze ist ständige Übertretung des Gesetzes Gottes. Die Zunahme von Leid und Schmerz, die wir zur

Zeit überall sehen, die Missbildungen, die Gebrechlichkeit, die Krankheiten und geistigen Behinderungen, die die Welt zur Zeit überfluten, machen sie – im Vergleich zu dem, was sein könnte und was Gott geplant hatte – zu einem riesigen Krankenhaus.

Der heutigen Generation fehlt es an geistiger, sittlicher und körperlicher Kraft. Dieses ganze Elend hat von einer Generation zur nächsten zugenommen, weil der gefallene Mensch Gottes Gesetz brechen will. Durch die Befriedigung des unnatürlichen Appetits werden Sünden größten Ausmaßes begangen. *4T 30; 1876*

51 Zu viel essen, unmäßig trinken, verkehrte Schlafgewohnheiten pflegen und falsche Dinge anschauen – das ist Sünde. Wahres Glück besteht im harmonischen, gesunden Zusammenspiel aller Körper- und Geisteskräfte. Und je edler und erhabener diese sind, desto reiner und ungetrübter wird das Glück sein. *4T 417; 1880*

Wenn Heiligung nicht möglich ist

52 Ein großer Teil aller Krankheiten die die menschliche Familie belasten, resultieren aus ihren eigenen falschen Gewohnheiten. Sie bleiben bewusst unwissend über Erkenntnisse, die Gott in die Gesetze ihres Lebens hineingelegt hat oder missachten sie. Es ist uns nicht möglich, Gott zu verherrlichen, während wir die Lebensgesetze übertreten. Das Herz kann einfach nicht Gott geweiht sein, während man den lüsternen Gaumen befriedigt. Ein durch andauerndes Schwelgen in schädlichen Gelüsten kranker Körper und gestörtem Verstand machen die Heiligung von Körper und Geist unmöglich. Der Apostel verstand, wie wichtig der körperliche Gesundheitszustand für die Vervollkommnung eines christlichen Charakters ist. Er sagt: *„sondern ich betäube meinen Leib und zähme ihn, dass ich nicht den andern predige, und selbst verwerflich werde."* Er erwähnt die Mäßigkeit als eine Geistesfrucht. *„Welche aber Christus angehören, die kreuzigen ihr Fleisch samt den Lüsten und Begierden."* *HR März 1878*

Willentliche Unwissenheit vergrößert die Sünde

53 Es ist unsere Pflicht zu erkennen, wie man den Körper bei optimaler Gesundheit erhalten kann; und es ist auch sehr wichtig, das auszuleben, was Gott uns gnädig an Erkenntnissen gegeben hat. Wenn wir unsere Augen verschließen, weil wir uns fürchten, unsere Fehler zu erkennen die wir nicht bereit sind zu lassen, dann werden unsere Sünden nicht weniger, sondern mehr. Wenn man in einem Fall von der Erkenntnis abweicht, wird man es auch in einem anderen Fall tun. Es ist genauso Sünde, die Gesetze unseres Körpers zu übertreten, wie eines der Zehn Gebote, denn wir können nicht den Herrn von ganzem Herzen, von ganzem Gemüt, von ganzer Seele und von allen Kräften lieb haben, während wir unsere Esslust, unsere Neigungen, weit mehr lieben als unseren Herrn. Täglich nimmt unsere Kraft zur Verherrlichung Gottes ab, während er doch alle unsere Kräfte und unseren Verstand fordert.

Durch falsche Gewohnheiten verkürzen wir unsere Lebenszeit. Trotzdem nennen wir uns Christi Nachfolger, die sich auf die Verwandlung zur Unsterblichkeit vorbereiten. Mein Bruder, meine Schwester, ihr habt einen Dienst zu tun, den niemand für euch ausführen kann. Erwacht aus eurer Trägheit, und Christus wird euch Leben schenken. Verändert eure Lebensweise, euer Essen, euer Trinken und euer Arbeiten. Während ihr den Weg weitergeht, den ihr vor Jahren eingeschlagen habt, könnt ihr heilige und ewige Dinge nicht klar erkennen. Euer Feingefühl ist abgestumpft, euer Verstand umwölkt. Ihr habt die Gelegenheit nicht genutzt, in der Gnade und Erkenntnis der Wahrheit zu wachsen. Ihr seid in eurem geistlichen Leben nicht vorangekommen, sondern in immer größere Finsternis geraten. *2T 70.71; 1868*

54 Der Mensch war die Krone der Schöpfung Gottes. Er wurde nach dem Bild Gottes geschaffen und dazu bestimmt, sein Ebenbild zu sein ... Er ist für Gott sehr wertvoll, weil er ihn nach seinem eigenen Bild formte. Dies sollte uns zeigen, wie wichtig es ist, in Wort und Tat die Sünde der Verunreinigung des Körpers durch Befriedigung der Esslust oder anderer sündhafter Gewohnheiten tadeln, soll doch durch unseren Körper Gott vor der Welt dargestellt werden. *RH 18.6.1895*

Wie sich Ungehorsam gegen das Naturgesetz auf den Geist auswirkt

55 Gott fordert, dass sein Volk ständig Fortschritte macht. Wir sollten erkennen, dass Esslust, der man nachgibt, das größte Hindernis für die Entwicklung des Geistes und die Heiligung des Menschen ist. Bei all unserem Bekenntnis zur Gesundheitsreform ernähren sich viele von uns nicht richtig. *9T 156; 1909*

56 Wir sollten am Sabbat nicht größere Mengen und vielerlei Speisen auftischen als an anderen Tagen. Dafür sollte das Essen einfacher sein. Man sollte weniger essen, damit der Geist klar ist und geistliche Dinge besser aufnehmen kann. Ein belasteter Magen bedeutet ein belastetes

Gehirn. Die wertvollsten Worte mögen zwar gehört, aber nicht wahrgenommen werden, weil der Geist durch ungeeignete Nahrung nicht klar ist. Wer am Sabbat zu viel zu sich nimmt, ist mehr als er denkt, unfähig, das zu erfassen, was für ihn vorbereitet ist. *MH 307; 1905*

57 Mir wurde gezeigt, dass auf einigen unseren Konferenz-Versammlungen Gottes Plan weit von dem entfernt ist, was er damit beabsichtigte. Die Geschwister sind nicht für den Empfang des heiligen Geistes Gottes vorbereitet.

Vor der Versammlung nehmen sich die Schwestern allgemein viel Zeit für das Vorbereiten von Kleidern, die ja nur das Äußere schmücken. Darüber vergessen sie ganz den inneren Schmuck, der vor Gott so wertvoll ist. Viel Zeit wird auch für unnötiges Kochen eingesetzt, mit der Zubereitung von Cremetorten und Kuchen und anderer Speisen, die denen absolut schaden, die davon essen. Würden unsere Schwestern gutes Brot backen und andere gesunde Nahrung zubereiten, so wären sie wie auch ihre Familien besser darauf vorbereitet, die Worte des Lebens zu schätzen. Das würde sie auch empfänglicher machen für den Einfluss des Heiligen Geistes.

Der Magen wird oft mit Nahrung überlastet, die selten so schlicht und einfach ist wie zu Hause, wo man sich zwei- oder dreimal so viel körperlich bewegt. Das bewirkt, dass der Geist so träge ist, dass er die ewige Dinge nur schwer aufnehmen kann. Am Ende der Versammlung sind sie dann enttäuscht, dass sie nicht mehr das Wirken des Geistes Gottes verspüren konnten. ...

Die Vorbereitung von Essen und Kleidung sollte zweitrangig sein. Fangt mit der Herzensprüfung schon zu Hause an. *5T 162-164; 1882*

Wenn die Wahrheit geschätzt wird

58 Ihr benötigt einen klaren, scharfen Verstand, um die Bedeutung der Wahrheit zu erkennen, die Versöhnung zu würdigen und den ewigen Dingen den richtigen Stellenwert zu geben. Wenn ihr einen falschen Weg einschlagt und falsche Essgewohnheiten übt, schwächt ihr eure Verstandeskräfte. Ihr werdet dann die Erlösung und das ewige Leben nicht so schätzen, dass ihr die Notwendigkeit verspürt, euer Leben dem Leben Christi anzupassen. Ihr werdet nicht solche ernsten, selbstaufopfernden Anstrengungen machen, dem Willen Gottes vollkommen zu gehorchen, die aber in seinem Wort gefordert werden. Sie sind notwendig, um euch die moralische Eignung für die Verwandlung zur Unsterblichkeit zu verleihen. *2T 66; 1868*

59 Selbst wenn ihr genau seid, was die Qualität eurer Nahrung angeht, wie könnt ihr Gott mit eurem Körper und Geist, die ihm gehören, verherrlichen, wenn ihr so große Mengen an Nahrung zu euch nehmt? Wer den Magen so anfüllt und dadurch den Körper belastet, kann den Wert der Wahrheit nicht schätzen, auch wenn er sie hört. Er kann das abgestumpfte Empfindungsvermögen des Gehirns nicht beleben, um den Wert der Versöhnung und das große Opfer, das für Menschen gebracht wurde zu erfassen, die in Sünde gefallen sind. Solche Menschen können nicht die große, wertvolle und äußerst reiche Belohnung schätzen, die für die treuen Überwinder bereitgehalten wird. Der fleischliche Teil unserer Natur sollte niemals den moralischen und geistigen Teil beherrschen dürfen. *2T 364; 1870*

60 Für einige ist die Esslust, die gegen die Seele streitet, ein ständiges Hindernis für ihr geistliches Wachstum. Ihr Gewissen verklagt sie ständig, und wenn Wahrheiten deutlich ausgesprochen werden, fühlen sie sich persönlich angesprochen. Ihre Handlungsweise verurteilt sie, und sie haben das Empfinden, dass Themen ausgewählt wurden, um ihre Situation erwähnen zu können. Sie fühlen sich gekränkt und verletzt und ziehen sich von den Versammlungen der Gemeinde zurück. Sie tun das, damit ihr Gewissen nicht so stark beunruhigt wird. Bald verlieren sie das Interesse an den Versammlungen und ihre Liebe zur Wahrheit, und wenn sie sich nicht völlig ändern, werden sie sich wieder auf die Seite der widerspenstigen Schar stellen, die unter dem schwarzen Banner Satans steht.

Sind sie jedoch bereit, ihre fleischlichen Lüste zu kreuzigen, werden sie den verkehrten Weg verlassen, und die Pfeile der Wahrheit werden an ihnen vorbeifliegen. Wenn sie aber der Esslust nachgeben und somit ihren Götzen huldigen, machen sie sich selbst zur Zielscheibe für die Pfeile der Wahrheit. Werden sie überhaupt von der Wahrheit angesprochen, müssen sie verwundet werden. …

Auch die Verwendung von unnatürlichen Reizmitteln zerstört die Gesundheit und übt einen betäubenden Einfluss auf das Gehirn aus. Es ist dann unmöglich, ewige Dinge zu bewerten. Wer an diesen Götzen festhält, kann die Erlösung nicht richtig schätzen, die Christus durch ein Leben der Selbstverleugnung, beständiger Leiden und Schmach und schließlich durch die Hingabe seines eigenen sündlosen Lebens für sie vollbracht hat, um den zugrunde gehenden Menschen vom Tod zu erretten. *1T 548.549; 1867*

61 Butter und Fleisch sind Reizmittel. Das schädigt den Magen und der Geschmackssinn wird verdorben. Die empfindlichen Nerven des Gehirns sind gelähmt, und der erniedrigte Appetit ist auf Kosten der moralischen und geistigen Fähigkeiten erstarkt. Die höheren Kräfte, die herrschen sollten, sind geschwächt, sodass ewiges nicht mehr erkannt wird. Es fehlt an geistlicher Gesinnung und Frömmigkeit.

Satan triumphiert, weil er sieht, wie leicht er durch die Esslust Eingang findet und über intelligente Männer und Frauen herrschen kann, die vom Schöpfer dazu auserwählt waren, ein gutes und großes Werk zu tun. *2T 486; 1870*

Wirkung auf Urteil und Entscheidungsvermögen

62 Alles, was unsere Körperkräfte lähmt, schwächt auch unseren Geist und seine Fähigkeit, zwischen Recht und Unrecht zu unterscheiden. Wir sind dann weniger fähig, das Gute zu wählen, und haben weniger Kraft und Willen, das zu tun, was wir als richtig erkannt haben. Der Missbrauch der Körperkräfte verkürzt unsere Lebenszeit, die wir sonst zur Verherrlichung Gottes nutzen könnten. Das macht uns ungeeignet, Gottes Auftrag auszuführen. *COL 346; 1900*

63 Wer darüber Bescheid weiß, dass man dem Sitten- und Naturgesetz gehorchen soll und erkennt, wie man sich einfach ernähren und kleiden soll, aber sich dennoch abwendet, wird auch in anderen Dingen seiner Pflicht ausweichen. Wer dem Kreuz ausweicht, das er auf sich nehmen sollte, um mit den Naturgesetzen in Übereinstimmung zu sein, dämpft das Gewissen und wird – um Vorwürfe zu vermeiden – die Zehn Gebote übertreten. Bei einigen herrscht ein entschiedener Unwille, Kreuz und Elend zu ertragen. *CTBH 159; 1890*

64 Diejenigen, die durch Selbstbefriedigung Krankheiten über sich bringen, haben keinen gesunden Körper und Geist. Sie können die Argumente der Wahrheit nicht abwägen noch die Anforderungen Gottes verstehen. Unser Heiland wird seinen Arm nicht weit genug herab reichen können, um ihnen aus ihrem heruntergekommenen Zustand herauszuhelfen, während sie auf einem Kurs beharren, der sie immer tiefer sinken lässt.

Jeder ist aufgerufen, alles zu tun, um Körper und Geist gesund zu erhalten. Wenn sie ihren maßlosen Appetit befriedigen und damit ihr Empfindungsvermögen abstumpfen und ihre Auffassungsgabe umwölken wollen, so dass sie weder den erhabenen Charakter Gottes schätzen noch sich am Studium seines Wortes erfreuen können, dann dürfen sie sicher sein, dass Gott ihr wertloses Opfer ebenso wenig annehmen wird wie das Opfer Kains. Gott verlangt von ihnen, dass sie sich von aller Befleckung des Fleisches und des Geistes reinigen und in der Furcht Gottes fortfahren mit der Heiligung. Der Mensch hat durch Zügelung des Appetits und schlimmer Leidenschaften alles von sich aus getan, um seine Gesundheit zu erhalten, so kann er mit einem gesunden Geist und geheiligtem Urteilsvermögen Gott ein rechtschaffenes Opfer bringen. So wird er allein durch ein Wunder von Gottes Gnade gerettet, so wie die Arche aus den stürmischen Wogen. Noah hatte alles getan, was Gott von ihm verlangte, um der Arche Sicherheit zu geben. Dann tat Gott das, wozu der Mensch nicht imstande war: Er bewahrte die Arche durch seine wunderbare Macht. *4SG 148.149; 1864*

65 Der Missbrauch des Magens durch Befriedigung der Esslust ist eine ständige Ursache für die meisten Gemeindeprobleme. Wer unmäßig und ohne Verstand isst und arbeitet, der redet und handelt auch nicht vernünftig. Ein unmäßiger Mensch kann nicht geduldig sein. ...

Unmäßig im Essen, zu häufig und zu reichlich, und die Verwendung von sehr süßen, fetten oder anderen ungesunden Speisen beeinträchtigt die reibungslose Funktion der Verdauungsorgane. Das wirkt sich schädlich auf Gehirn und Urteilskraft aus und verhindert vernünftiges, ruhiges, gesundes Denken und Handeln.

Wenn das Volk Gottes vor ihm bestehen will, um ihn mit ihrem Körper und ihrem Geist preisen zu können, dann müssen sie sich von ganzem Herzen und Eifer ihrer Esslust entsagen und in allen Dingen mäßig sein. Dann können sie die Wahrheit in ihrer Schönheit und Klarheit begreifen und ausleben. Durch ihren vernünftigen, klugen, redlichen Wandel haben die Feinde unseres Glaubens keine Möglichkeit, die Wahrheit zu verspotten. *1T 618.619; 1867*

66 Bruder und Schwester G., bitte wacht doch auf! Ihr habt die Botschaft der Gesundheitsreform nicht angenommen und nicht danach gehandelt. Wenn ihr eure Esslust besiegt hättet, wäre euch viel zusätzliche Mühe und manche Ausgaben erspart geblieben.

Was noch weitaus schwerer wiegt, ihr würdet gesünder sein und hättet mehr Verständnis, um ewige Wahrheiten zu schätzen. Ihr würdet klarer sehen, um die Beweise der Wahrheit zu bewerten und könntet euch besser vor jedermann verantworten, der Grund fordert der Hoffnung, die in euch ist. *2T 404; 1870*

67 Manche haben über dieses Werk der Reform gespottet und es für ganz unnötig erklärt und sagen, es lenkt die Gedanken der Menschen nur von der Wahrheit für diese Zeit ab. Sie haben behauptet, man sei dadurch extrem geworden. Sie wissen nicht, wovon sie reden. Solche Menschen behaupten gläubig zu sein und sind dabei von Kopf bis Fuß krank. Ihre körperlichen, geistlichen und sittlichen Kräfte sind durch die Befriedigung einer verdorbenen Esslust und durch übermäßige Arbeit geschwächt. Wie können sie die Beweise für die Wahrheit beurteilen und die Forderungen Gottes erfassen? Wenn ihre sittlichen und geistlichen Fähigkeiten umnebelt sind, können sie weder den Wert der Versöhnung, noch das besondere Werk Gottes schätzen. Sie haben auch keine Freude am Studium seines Wortes. Wie kann ein nervöser und magenkranker Mensch jederzeit bereit sein zur Verantwortung vor jedermann, der von ihm den Grund der Hoffnung fordert, die in ihm ist, und das mit Sanftmut und Gottesfurcht? Wie schnell würde so jemand mit unvernünftigen Menschen diskutieren und dadurch irritiert und aufgeregt werden? Seine kranke Vorstellung führt dazu, die Dinge falsch zu sehen. Und weil ihm jene Sanftmut und Gemütsruhe fehlt, die für das Leben Christi bezeichnend war, widerspricht er seinem Bekenntnis. Von religiöser Seite aus betrachtet müssen wir gründliche Reformer sein, um Christus ähnlich zu sein.

Ich sah, dass unser himmlischer Vater uns die Erkenntnisse über die Gesundheitsreform als großen Segen geschenkt hat. Dadurch können wir die Ansprüche, die er an uns stellt, erfüllen und Gott wird durch unseren Körper und unseren Geist, die sein sind, verherrlicht. Am Ende stehen wir ohne Fehler vor dem Thron Gottes. Unser Glaube erfordert höhere Maßstäbe, um das auszuleben. Während viele den von anderen Gesundheitsreformern eingeschlagenen Weg infrage stellen, sollten sie als vernünftige Menschen selbst etwas tun. Die heutige Menschheit befindet sich in einem bedauernswerten Zustand. Sie leidet an Krankheiten aller Art. Viele haben Krankheiten geerbt. Nun leiden sie schwer aufgrund der falschen Gewohnheiten ihrer Eltern. Trotzdem gehen sie selbst und ihre Kinder denselben falschen Weg wie schon ihre Eltern. Sie sind in Bezug auf sich selbst unwissend. Sie sind krank und verstehen nicht, dass sie durch ihre eigenen falschen Gewohnheiten unendlich leiden müssen.

Bis jetzt ist erst wenigen klar, wie viel ihre Essgewohnheiten mit ihrer Gesundheit zu tun haben, mit ihrem Charakter, ihrer Brauchbarkeit in dieser Welt und ihrem ewigen Schicksal. Ich sah, dass diejenigen, die das Verständnis dafür von Gott erhalten haben und um den Segen wissen, wenn man das befolgt, verpflichtet sind, mehr Interesse für die zu haben, die noch immer aus Unkenntnis leiden. Die Siebenten-Tags-Adventisten, die auf das baldige Kommen ihres Erlösers warten, sollten die Letzten sein, die fehlendes Interesse an diesem großen Reformwerk zeigen. Die Menschen müssen unterrichtet werden, und die Prediger und die Gemeinde sollten sich bewusst sein, dass auf ihnen die Verantwortung liegt, dieses Thema zu besprechen und den anderen dringend ans Herz zu legen. *1T 487-489; 1867*

68 Die täglichen Gewohnheiten haben viel mit dem Erfolg jedes einzelnen Menschen zu tun. Je sorgfältiger du in deiner Ernährung bist, je einfacher und freier von Reizmitteln die Nahrung ist, die den Körper harmonisch funktionieren lässt, desto klarer wird dein Verantwortungsbewusstsein sein. Jede Angewohnheit, jede Handlungsweise sollte sorgfältig überprüft werden, damit nicht ein kranker Körper auf alles einen Schatten wirft. *Letter 93; 1898*

69 Unsere körperliche Gesundheit wird durch das, was wir essen, erhalten. Wenn die Esslust nicht unter der Herrschaft eines geheiligten Verstandes steht, wenn wir nicht beim Essen und Trinken mäßig sind, werden wir geistig und körperlich nicht so gesund sein, dass wir das Wort in der richtigen Weise studieren. Wir werden nicht herausfinden, was die Schrift sagt und uns fragen: *„Was muss ich tun, um das ewige Leben zu ererben?"* Jede ungesunde Gewohnheit wird einen kranken Körperzustand hervorrufen. Der empfindliche Verdauungsmechanismus wird gestört und daran gehindert, seine Aufgabe richtig zu erfüllen. Die Ernährung hat viel damit zu tun, in Versuchung zu geraten und in Sünde zu fallen. *Ms 129; 1901*

70 Der Erlöser der Menschheit, voll göttlicher Kraft, hielt das Gebet für sehr wichtig. Wie viel mehr sollten wir schwache, sündhafte Sterbliche es für nötig ansehen, zu beten, ernsthaft und beständig! Christus aß nichts, sobald eine Versuchung an ihn herantrat. Er vertraute sich Gott an, und durch ernstes Gebet und völlige Unterordnung unter den Willen des Vaters siegte er. Alle, die sich zur Wahrheit für diese letzten Tage bekennen, sollten mehr als alle anderen Christen dem beispielhaften Gebetsleben Jesu folgen. *„Es ist dem Jünger genug, dass er sei wie sein Meister und der Knecht wie sein Herr."*

Unsere Tische sind oft genug mit Leckerbissen gedeckt, die weder gesund noch notwendig sind. Wir ziehen diese Dinge der Selbstbeherrschung und der Gesundheit von Körper und Seele vor. Jesus erbat ernstlich Kraft von seinem Vater. Dies bewertete der Gottessohn für sich selbst höher, als am reich gedeckten Tisch Platz zu nehmen. Er hat uns damit gezeigt, dass das Gebet unentbehrlich ist, um für den Kampf mit den Mächten der Finsternis Kraft zu empfangen und die aufgetragene Aufgabe zu erfüllen. Unsere eigene Kraft reicht dazu nicht aus, doch die Kraft, die Gott verleiht, ist gewaltig und lässt jeden siegreich bleiben, der sie empfängt. *2T 202.203; 1869*

Die negativen Folgen eines überladenen Magens

71 Wenn man sich am meisten selbstverleugnen sollte, belastet man den Magen mit einer Menge ungesunder Nahrung – wie schade. Die liegt dann stundenlang dort und zersetzt sich. Die Magenverstimmung beeinflusst auch das Gehirn.

Wer so unklug isst, ist sich darüber nicht klar, dass er sich untauglich macht, weise Ratschläge zu geben und erfolgreichste Pläne für den Fortschritt des Werkes Gottes zu fassen. Aber es ist so. Er kann geistliche Dinge nicht genau unterscheiden. Und im Gemeinderat sagt er nein, wenn er ja und Amen sagen sollte. Er macht Vorschläge, die weitab vom Ziel liegen. Die Nahrung, die er zu sich genommen hat, beeinträchtigen seine Geisteskräfte. Selbstbefriedigung hindert das menschliche Werkzeug, die Wahrheit zu bezeugen. Ob wir dankbar für Gottes Segnungen sind, hängt ganz von der Nahrung ab, die in den Magen gelangt. Der Esslust nachzugeben ist die Ursache für Zank, Streit, Uneinigkeit und viele andere Sünden. Es werden ungeduldige Worte gesprochen und lieblos gehandelt. Falsche Gewohnheiten folgen und Leidenschaft breitet sich aus, und das nur, weil die Gehirnnerven durch den missbrauchten Magen erkrankt sind. *Ms 93; 1901*

72 Manch ein Mensch will nicht einsehen, dass er zu Gottes Ehre essen und trinken soll. Die Befriedigung der Esslust beeinträchtigt ihn in allen Lebenslagen. Man merkt das in den Familien, in der Gemeinde, in der Gebetsversammlung und auch am Benehmen der Kinder. Die Esslust ist zum Fluch des Lebens geworden. Es ist unmöglich, ihnen die Wahrheiten für diese letzten Tage verständlich zu machen.

Gott hat für alle Bedürfnisse und das Glück seiner Geschöpfe ausreichend vorgesorgt. Wenn sie seine Gebote nie übertreten hätten und alle in Übereinstimmung mit dem Willen Gottes lebten, würden sie anstatt Elend und dauerndem Übel dafür Gesundheit, Frieden und Glück erleben. *2T 386; 1870*

73 Der Heiland der Welt wusste, dass der Esslust nachzugeben, körperliche Entartung bedeutet. Die empfindlichen Organe werden derart in Mitleidenschaft gezogen, dass heilige und ewige Dinge nicht erkannt werden können. Christus wusste, dass sich die Welt der Genusssucht ergeben hat und dass diese Schwäche ihre sittlichen Kräfte ruinieren würde. Die Befriedigung der Esslust lastete so stark auf den Menschen, dass vom Sohn Gottes um des Menschen willen verlangt wurde, nahezu sechs Wochen zu fasten, um deren Macht zu brechen. Was für eine Aufgabe erwartet dann den Christen – so zu überwinden, wie Christus es tat! Wie stark die Versuchung ist, die unnatürliche Esslust zu befriedigen, kann nur mit der unbeschreiblichen Qual Christi verglichen werden, während er so lange in der Wüste fastete.

Wenn Christus den Erlösungsplan erfolgreich durchführen wollte, war ihm klar, dass er mit dem Rettungswerk für die Menschen gerade dort anfangen musste, wo dieser fiel. Adam unterlag durch die Befriedigung der Esslust. Dem Menschen musste seine Pflicht klar gemacht werden, dem Gesetz Gottes zu gehorchen. So begann Christus sein Erlösungswerk mit der Änderung der natürlichen menschlichen Lebensgewohnheiten. Die Befriedigung der unnatürlichen Esslust ist hauptsächlich die Ursache für den Verfall der Reinheit und die Entartung der Menschheit.

Besondere Verantwortung und Anfechtungen der Prediger
Alle Gläubigen, besonders Prediger der Wahrheit, sind verpflichtet, ihre Esslust zu überwinden. Sie wären wesentlich effektiver, würden sie ihre Gelüste und Leidenschaften beherrschen. Ihre geistigen und sittlichen Kräfte könnten kräftiger sein, würden sie sich neben ihrer geistigen Arbeit auch körperlich betätigten. Konsequent durchgeführte Mäßigkeit, verbunden mit geistiger und körperlicher Arbeit, erhöhte ihre Arbeitsleistung und bewahrte ihre geistige Klarheit. Verfolgten sie diesen Weg, ihre Gedanken und Worte wären flüssiger, ihre Gottesdienste lebendiger, und ihre Hörer wären nachhaltiger beeindruckt. Unmäßigkeit im Essen, selbst wenn es sich dabei um qualitativ akzeptable Nahrungsmittel handelt, wirkt zerstörend auf den Organismus. Die feineren und reineren Gemütsbewegungen stumpfen ab. *3T 486; 1875*

74 Manche Geschwister bringen zu den Lagerversammlungen Speisen mit, die für solche Treffen vollkommen ungeeignet sind. Vor allem kalorienreiche Kuchen und Torten und die verschiedenartigsten Gerichte, die selbst die Verdauung eines gesunden Arbeiters durcheinander bringen würde. In der Meinung, das Beste sei gerade gut genug für den Prediger, werden ihm diese Sachen serviert oder man lädt ihn zu sich ein. So sind die Prediger versucht, zu viel zu essen – noch dazu von Speisen, die ihrer Gesundheit schaden. Während der Predigt sind sie dann beeinträchtigt, und viele werden zudem noch magenkrank. Der Prediger sollte diese wohlgemeinte, aber unkluge Gastfreundschaft ablehnen, selbst auf das Risiko hin, unhöflich zu erscheinen. Die Geschwister sollten echte Freundlichkeit üben, und ihm so etwas nicht aufdrängen. Sie machen einen Fehler, wenn sie den Prediger mit ungesunder Nahrung verführen. Auf diese Weise sind kostbare Talente für die Sache Gottes verlorengegangen. Viele leben zwar noch, aber nur noch mit halber Kraft und Stärke. Prediger sollten vor allen anderen mit ihrer Verstandes- und Nervenkraft haushalten und nichts essen oder trinken, was die Nerven reizt oder aufputscht; danach folgt dann Niedergeschlagenheit. Genuss ohne Maß wird den Verstand verdüstern und das Denken erschweren und einengen.

Kein Mensch kann erfolgreich in geistlichen Dingen werden, wenn er nicht strenge Mäßigkeit in seinen Essgewohnheiten übt. Gott kann seinen heiligen Geist nicht denen geben, die auf einem Weg beharren, der Körper und Geist schwächt, während sie wissen, wie sie sich gesund ernähren könnten. *MS 88; undatiert*

Tut alles zur Ehre Gottes

75 Unter dem Eindruck des Geistes Gottes schreibt der Apostel Paulus: *„Ob ihr nun esst oder trinkt oder sonst etwas tut – tut alles zur Ehre Gottes!"* 1.Korinther 10,31 Man sollte auf den gesamten Menschen achten. Wir sollen uns davor hüten, dass das, was wir in den Magen aufnehmen, nicht etwa hohe und heilige Gedanken aus unserem Geist vertreibt. *„Kann ich nicht tun, was mir gefällt?"*, fragen einige. Es scheint so, als ob wir versuchten, ihnen etwas Gutes wegzunehmen, wenn wir ihnen verdeutlichen, mit Verstand zu essen und alle Gewohnheiten an den von Gott gegebenen Gesetzen zu messen.

Es gibt Dinge, über die jeder einzelne Mensch selbst entscheidet. Wir haben eine eigene Persönlichkeit und Identität. Niemand kann sie in der eines anderen aufgehen lassen. Jeder sollte in Übereinstimmung mit den Geboten seines eigenen Gewissens selbständig handeln. Wir sind Gott Rechenschaft schuldig für unsere Verantwortung und unseren Einfluss, da wir unser Leben von ihm erhalten haben, und nicht von Menschen. Durch Schöpfung und Erlösung gehören wir ihm; das schließt unseren Körper mit ein, so dass wir nicht mit ihm umgehen können, wie es uns gefällt. Durch Gewohnheiten, die uns verfallen und verkümmern lassen, ist es dadurch unmöglich, Gott vollkommen zu dienen. Unser Leben und alle unsere Fähigkeiten gehören ihm. Er sorgt jeden Augenblick für uns und hält den Organismus in Funktion. Müssten wir ihn auch nur einen Augenblick in Gang halten, würden wir sterben. Wir sind vollkommen abhängig von Gott.

Man hat etwas Wesentliches gelernt, wenn man seine Beziehung zu Gott und Gottes Beziehung zu uns versteht. Wir sollten immer an die Worte denken: *„Ihr seid nicht euer eigen, ihr seid teuer erkauft"*, damit wir immer Gottes Besitzrecht auf unsere Gaben, unseren Besitz, unseren Einfluss und auf unser eigenes *Ich* anerkennen. Lernen wir deshalb, wie man mit diesen Gaben Gottes, nämlich Geist, Seele und Körper, umgeht. Dann können wir ihm als Christi erkauftes Eigentum, gesund und in passender weise dienen. *SpT A, Nr. 9, 58; 1896*

76 Ihr habt die Erkenntnis über die Gesundheitsreform erhalten. In dieser letzten Zeit ist Gottes Volk dazu verpflichtet, in allem mäßig zu sein. Mir wurde gezeigt, dass ihr zu denen gehört, die nur langsam zur vollen Erkenntnis gelangen und deshalb ebenso langsam eure Lebensweise im Essen, Trinken und Arbeiten umstellt. Wird diese Wahrheit angenommen und ausgelebt, bewirkt das eine völlige Umgestaltung im Leben und Charakter all derer, die dadurch verändert sind. *2T 60; 1868*

Essen, Trinken, Kleiden beeinflusst den geistlichen Fortschritt

77 Essen, Trinken und Kleidung – alles hat eine direkte Wirkung auf unser geistliches Wachstum. *YI 31.5.1894*

78 Viele Nahrungsmittel, die von den Heiden um sie herum reichlich gegessen wurden, waren den Israeliten verboten. Es ist keine willkürliche Grenze dabei gezogen worden. Das Verbotene war ungesund. Und die Tatsache, dass sie für unrein erklärt wurden, zeigt uns, dass die Verwendung von schädlicher Nahrung verunreinigend ist. Das, was dem Körper schadet, verdirbt auch leicht die Seele. Der das verwendet, macht sich ungeeignet für die Gemeinschaft mit Gott und unfähig für einen hohen und heiligen Dienst. *MH 280; 1905*

79 Der Geist Gottes kann uns nicht helfen und uns bei der Bildung eines christlichen Charakters unterstützen, während wir gegen unsere Gesundheit handeln, unserer Esslust nachgeben und das ausschweifende Leben uns gefangen nimmt. *HR Sept. 1871*

80 Alle, die an der göttlichen Natur Anteil haben, werden dem Verderben entkommen, das durch sündige Begierden in der Welt herrscht. Es ist unmöglich, dass jemand, der der Esslust nachgibt, christliche Vollkommenheit erreicht. *2T 400; 1870*

81 Echte Heilung bedeutet folgendes: Sie ist nicht nur Theorie, ein Gefühl oder Worte, sondern ein lebendiges, wirksames Prinzip, dass das tägliche Leben beeinflusst. Unsere Gewohnheiten im Essen, Trinken und in der Kleidung dienen dazu, die körperliche, geistige und sittliche Gesundheit zu bewahren. Dann können wir dem Herrn unseren Körper übergeben – nicht als ein Opfer, das durch falsche Gewohnheit verdorben ist, sondern als ein *„Opfer, das da lebendig, heilig und Gott wohlgefällig sei." RH 25.1.1881*

82 Wie wir essen und trinken zeigt, ob wir von der Welt sind oder zu denen gehören, die der Herr mit seinem mächtigen Meißel der Wahrheit von der Welt abgesondert hat. *6T 372; 1900*

83 Unmäßigkeit im Essen ist der Grund, dass so viele Menschen zu Invaliden werden. Dem Herrn wird so die ihm zukommende Ehre weggenommen. Es fehlt an Selbstverleugnung; und so sind viele unter Gottes Volk nicht in der Lage, die hohe geistliche Gesinnung zu erreichen, die er ihnen zugedacht hat.

Obwohl sie bereuen und bekehrt sind, wird in der Ewigkeit einmal sichtbar werden, was sie verloren haben, weil sie nicht bereit waren, ihre Selbstsucht zu überwinden. *Letter 135; 1902*

84 Wie viele verlieren den größten Segen, den Gott in Form von Gesundheit und geistlichen Gaben für sie bereithält! Es gibt viele Menschen, die um besondere Siege und Segnungen ringen, um irgend etwas Großes tun zu können. Sie empfinden, dass sie in Seelenangst unter Gebet und Tränen kämpfen müssten. Studieren solche Menschen unter Gebet die Schrift, um den ausdrücklichen Willen Gottes kennen zu lernen und seinen Willen dann von Herzen ohne jeden Vorbehalt oder selbstsüchtige Genusssucht zu tun, dann werden sie Ruhe finden. Alles ängstliche Suchen, alles Weinen und Ringen wird ihnen nicht den Segen einbringen, nach dem sie suchen.

Das *Ich* muss vollständig übergeben werden, und sie sollen die Arbeit tun, die gerade vor ihnen ist. Sie sollen die Fülle der Gnade Gottes ergreifen, die denen verheißen ist, die im Glauben darum bitten. *„Wenn*

jemand mir nachkommen will", sagt Jesus, „so verleugne er sich selbst und nehme sein Kreuz auf sich täglich und folge mir nach." Lukas 9,23
Folgt dem Heiland in seiner Einfachheit und Selbstverleugnung und erhöht den Mann von Golgatha durch eure Worte und einen heiligen Wandel. Der Heiland kommt denen sehr nahe, die sich Gott weihen. Wenn es je eine Zeit gab, in der wir das Wirken des Geistes Gottes an unseren Herzen und in unserem Leben nötig haben, dann ist das heute. Nehmt diese göttliche Kraft, um stark genug zu sein, ein Leben der Heiligkeit und der Hingabe an Gott zu führen! 9T 165.166; 1909

85 Weil unsere Ureltern Eden durch die Befriedigung ihrer Esslust verloren haben, besteht unsere einzige Hoffnung, Eden durch die entschiedene Absage an alle Esslust und Begierden zurückzugewinnen. Mäßigkeit in der Ernährung und Beherrschung aller Leidenschaften erhält den Verstand, verleiht geistige und sittliche Spannkraft und befähigt die Menschen, ihre natürlichen Neigungen der Leitung höherer Mächte anzuvertrauen. Und es wird möglich, zwischen Recht und Unrecht, zwischen heilig und unheilig zu unterscheiden.

Alle, die das von Christus dargebrachte Opfer recht begreifen, werden freudig dem *Ich* entsagen und mit Christus an dessen Leiden teilhaben wollen. Christus verließ seine himmlische Heimat und kam in diese Welt, um dem Menschen durch sein Leben zu zeigen, wie man der Versuchung widersteht.

Die Furcht des Herrn ist der Weisheit Anfang. Wer so überwindet, wie Christus es tat, der muss ständig vor den Versuchungen Satans auf der Hut sein. Esslust und Leidenschaften sollten eingedämmt und von einem erleuchteten Gewissen beherrscht werden, damit klares Denken und ungeschwächte Aufnahmefähigkeit erhalten bleibt. Dann kann Satans Wirken und seine Schlingen nicht als Gottes Fügung gedeutet werden.

Viele sehnen sich nach dem endgültigen Lohn und Sieg, die den Überwindern gehören werden. Doch sie sind nicht bereit, wie ihr Erlöser Entbehrung auf sich zu nehmen, sich zu mühen und sich selbst zu verleugnen. Nur durch Gehorsam und unaufhörliche Anstrengungen können wir so überwinden, wie Christus überwand.

Die versklavende Macht der Esslust wird für den Untergang Tausender verantwortlich sein. Wären sie jedoch auf diesem Gebiet erfolgreich geblieben, hätten sie die sittliche Kraft erhalten, über jede andere Versuchung Satans zu siegen. Wer jedoch von seiner Essgier beherrscht ist, wird keinen christlichen Charakter entfalten können. Die ständige, mehr als 6000 Jahre dauernde Übertretung der Gesetze Gottes brachte Krankheit, Schmerz und Tod über die Menschen. Je mehr wir uns dem Ende der Zeit nähern, desto stärker werden Satans Versuchungen werden, uns zur Esslust zu verführen. So wird es auch immer schwieriger sein, sie zu überwinden. *3T 491.492; 1875*

86 Wer nach der Erkenntnis lebt, die Gott über die Gesundheitsreform gegeben hat, für den ist das eine bedeutende Stütze in seiner Lebensaufgabe. So wird er durch die Wahrheit geheiligt und für die Ewigkeit vorbereitet werden. *CH 22; 1890*

Das Verhältnis von Ernährung und Moral

87 Die Menschen vor der Sintflut aßen tierische Nahrung und befriedigten ihre Begierden, bis das Maß ihrer Bosheit voll war und Gott durch eine Flut die Erde von ihrer sittlichen Verdorbenheit reinigte. ... Seit Adams Fall hat die Sünde immer mehr zugenommen. Einige wenige blieben Gott treu, doch hat die große Mehrheit andere Wege eingeschlagen. Sodom und Gomorrha wurden wegen ihrer großen Gottlosigkeit zerstört. Sie ließen ihrer ungezügelten Esslust und ihren verdorbenen Leidenschaften freien Lauf, bis sie so niedrig gesinnt und ihre Sünden so schlimm waren, dass das Maß ihrer Bosheit voll war und sie durch Feuer vom Himmel verzehrt wurden. *4SG 121; 1864*

88 Die gleichen Sünden, die zur Zeit Noahs den Zorn Gottes über diese Welt brachten, gibt es auch heute. Die Menschen lassen auch heute ihr Essen und Trinken in Schwelgerei und Trunkenheit ausarten. Diese weitverbreitete Sünde, die Befriedigung eines verdorbenen Appetits, vermehrte die Begierden der Menschen in den Tagen Noahs und führte zu einer allgemeinen Verdorbenheit, dass ihre Gewalttaten und Verbrechen bis an den Himmel reichten und Gott die Erde durch eine Flut von ihrer sittlichen Verschmutzung reinigte. Dieselben Sünden der Schwelgerei und Trunksucht betäubte das sittliche Empfinden der Einwohner von Sodom, so dass Verbrechen begehen das Vergnügen der Bewohner dieser bösen Stadt zu sein schien.

Jesus Christus warnt die Welt mit folgenden Worten: *„Ebenso ging es auch in den Tagen Lots zu: Sie aßen, sie tranken, sie kauften und verkauften, sie pflanzten und bauten; an dem Tag aber, als Lot aus Sodom wegging, regnete es Feuer und Schwefel vom Himmel und vertilgte alle. Gerade so wird es sein an dem Tag, da der Sohn des Menschen geoffenbart wird."* Lukas 17,28-30

Christus hat uns hier eine sehr wichtige Lehre gegeben. Er möchte nicht, dass wir untätig sind. Durch sein Beispiel zeigte er etwas anderes. Christus arbeitete gewissenhaft. Er war selbstverleugnend, fleißig, ausdauernd und sparsam. Er wollte uns zeigen, welche Gefahr darin liegt, das Essen und Trinken an die erste Stelle zu setzen und wohin es führt, wenn man sich der Befriedigung der Esslust hingibt. Die sittlichen Kräfte werden geschwächt, so dass die Sünde nicht mehr sündig erscheint. Verbrechen werden verharmlost, und die niedrigen Begierden beherrschen den Geist, bis die allgemeine Verderbtheit gute Grundsätze und Impulse auslöscht und Gott entehrt wird. Alles ist das Ergebnis von übermäßigem Essen und Trinken. Jesus sagt, dass genau diese Situation bei seiner Wiederkunft vorherrschen wird.

Lassen sich die Menschen warnen? Schätzen sie das Licht oder werden sie Sklaven ihrer Esslust und der niedrigen Begierden? Christus zeigt uns etwas Wichtigeres, wofür wir arbeiten sollten, als nur für das, was wir essen und trinken und womit wir uns kleiden sollen.

Essen, Trinken und Kleiden – wird in solch einem Übermaß betrieben, dass es zum Verbrechen wird und zu den charakteristischen Sünden der letzten Tage gehört. Es ist ein Zeichen der baldigen Wiederkunft Christi. Zeit, Geld und Kraft, die dem Herrn gehören, und die er uns anvertraut hat, werden verschwendet für unnötigen Überfluss an Kleidung und üppige Genussmittel für eine verderbte Esslust. Dies mindert die Lebenskraft und erzeugt Leid und Verfall. Es ist unmöglich, unseren Körper Gott als lebendiges Opfer darzubringen, wenn er durch eigene sündige Befriedigung degeneriert und von Krankheit gezeichnet ist. *3T 163.164; 1873*

Vorherrschende Verkommenheit durch ungezügelte Esslust

89 Viele wundern sich, dass die Menschheit körperlich, geistig und moralisch so abgebaut hat. Sie verstehen nicht, dass die Übertretung von Gottes Anordnungen und Gesetzen, wie auch die Gesundheitsgesetze, diese traurige Entartung bewirkt hat. Weil die Gebote Gottes übertreten werden, zieht sich seine segensreiche Hand zurück. Unmäßigkeit im Essen und Trinken und die Befriedigung niederer Leidenschaften haben die feinen Empfindungen betäubt, so dass Heiliges mit Weltlichem auf eine Stufe gestellt werden. *4SG 124; 1864*

90 Diejenigen, die sich dazu hergeben, Sklaven ihrer Essgier zu werden, gehen oft noch weiter und entwürdigen sich selbst durch die Befriedigung ihrer verdorbenen Leidenschaften, die durch Unmäßigkeit im Essen und Trinken begonnen hat. Sie lassen ihren entwürdigenden Leidenschaften freien Lauf, bis Gesundheit und Verstand beträchtlich leiden. Großenteils werden die Verstandeskräfte durch sündige Gewohnheiten zerstört. *4SG 131; 1864*

91 Unregelmäßigkeit im Essen und Trinken und aufreizende Kleidung ruinieren Verstand und Herz. Und die edlen Eigenschaften der Seele werden zu Sklaven tierischer Leidenschaften. *HR Okt. 1871*

92 Jedem Gläubigen wird die körperliche Gesundheit nicht gleichgültig sein. Er darf nicht denken, dass Unmäßigkeit keine Sünde ist und sich nicht auf sein geistliches Leben auswirken wird. Zwischen Körper und Seele des Menschen besteht eine enge Beziehung. Die körperlichen Gewohnheiten sind verbunden mit unserem sittlichen Stand. Übermäßiges Essen, auch von bester Nahrung, versetzt die sittlichen Empfindungen in einen krankhaften Zustand. Und wenn die Nahrung nicht gesund ist, sind die Auswirkungen noch schlimmer. Jede Gewohnheit, die ein gesundes Funktionieren des menschlichen Organismus behindert, vermindert die höheren und edleren Fähigkeiten. Falsche Ess- und Trinkgewohnheiten führen zu irrationalen Gedanken und Handlungen. Der Esslust nachzugeben stärkt die niederen Neigungen und beherrscht die geistigen und geistlichen Kräften.

„Enthaltet euch der fleischlichen Begierden, die gegen die Seele streiten", *1.Petrus 2,11* sagt der Apostel Petrus. Viele halten diese Warnung nur für die Zügellosen als berechtigt; aber sie hat eine weitergehende Bedeutung. Sie schützt vor jeder schädlichen Befriedigung der Esslust oder der Begierden. Sie warnt auch eindringlich vor Reiz- und Betäubungsmittel wie Tee, Kaffee, Tabak, Alkohol und Drogen. Diese Genüsse kann man sehr wohl zu den Begierden zählen, die den sittlichen Charakter negativen beeinflussen. Je früher diese schädlichen Gewohnheiten geübt werden, desto fester halten sie ihr Opfer in der Versklavung der Begierde und desto sicherer wird das geistliche Leben abwärts gehen. *RH 25.1.1881*

93 Sei in allen Dingen mäßig. Beschäftige dich mit höheren geistigen Fähigkeiten, dann werden die niederen Neigungen weniger stark wachsen. Beherrschst du deine Esslust und Begierden nicht, ist es dir nicht möglich, geistig zu wachsen. Der Apostel, vom Geist geleitet, sagt: *„ich bezwinge meinen Leib und beherrsche ihn, damit ich nicht anderen verkündige und selbst verwerflich werde."* *1.Korinther 9,27*

Mein Bruder, ich bitte dich, wache auf und lass den Geist Gottes nicht nur oberflächlich, sondern tiefer wirken – bis zu den tiefsten Motiven jeder Handlung. Was du brauchst, sind feste Grundsätze und kraftvolles Handeln sowohl in geistlichen wie auch in zeitlichen Dingen. Du bemühst dich nicht ernsthaft. O, wie viele werden auf der Waagschale des geistlichen Lebens zu leicht gewogen, weil sie ihrer Esslust nicht eine Absage erteilen! Die Kraft der Gehirnnerven wird durch Überessen betäubt und beinahe gelähmt. Wenn solche Menschen am Sabbat ins Haus Gottes gehen, können sie ihre Augen nicht offen halten. Die ernstesten Aufrufe können ihren trägen, unempfänglichen Verstand nicht aufwecken. Die Wahrheit kann mit tiefem Empfinden vorgetragen werden; aber sie weckt weder das sittliche Gefühl noch erleuchtet sie das Verständnis. Haben solche Menschen sich darum bemüht, Gott in Allem zu verherrlichen? *2T 413.414; 1870*

Der Einfluss einer einfachen Ernährung

94 Würden alle, die angeblich dem Gesetz Gottes gehorchen, ohne Unrecht sein, wäre ich beruhigt; sie sind es aber nicht. Einige von denen, die behaupten, alle Gebote Gottes zu halten, brechen die Ehe. Was soll ich nur sagen, um ihr erstarrtes Empfindungsvermögen zu wecken? Strengstens ausgelebte sittliche Grundsätze sind der einzige Schutz der Seele. Wenn es je eine Zeit gab, in der die Kost so einfach wie möglich sein sollte, so ist das heute. Unseren Kindern sollten wir kein Fleisch vorsetzen. Denn das erregt und stärkt die niederen Leidenschaften und tötet sogar die sittlichen Kräfte ab.

Getreidespeisen und Früchte – ohne tierisches Fett zubereitet und in möglichst natürlichem Zustand belassen – sollten die Nahrung sein, die von denen bevorzugt wird, die sich auf die Verwandlung vorbereiten. Je weniger aufputschend die Kost ist, um so besser können die menschlichen Leidenschaften beherrscht werden. Es darf niemals dazu kommen, den Appetit ohne Rücksicht auf die körperliche, geistige und seelische Gesundheit zu befriedigen. ... Ständige Befriedigung der niederen Begierden wird viele dahin führen, ihre Augen vor der Erkenntnis zu verschließen; denn sie befürchten, Sünden zu entdecken, die sie nicht aufgeben wollen. Jeder kann Erkenntnis haben, wenn er will. Wählt er lieber die Finsternis anstatt das Licht, ist sein Unrecht nicht weniger schlimm. Warum studieren die Menschen das nicht, um diese Zusammenhänge verstehen zu können?

Das ist so entscheidend für eure körperliche, geistige und sittliche Kraft. Gott hat euch einen Körper gegeben, für den ihr sorgen sollt.

Diesen sollt ihr zu seinem Dienst und zu seiner Ehre im bestmöglichen Zustand erhalten. 2T 352; 1869

Mäßigkeit – eine Hilfe zur moralischen Beherrschung

95 Eure Nahrung ist nicht so einfach und gesund wie es sein sollte, um gesundes Blut zu bilden. Unreines Blut wird ganz sicher die moralischen Beweggründe und Verstandeskräfte schwächen und eure niederen Leidenschaften wecken und stärken. Keiner von euch kann sich eine aufputschende Nahrung leisten, denn dies geht auf Kosten eurer körperlichen und seelischen Gesundheit und die eurer Kinder.

Ihr verwendet Nahrung, welche die Verdauungsorgane belasten, die sinnlichen Leidenschaften erregen und die moralischen und geistigen Fähigkeiten schwächen. Überreichliche Nahrung und Fleischspeisen schaden nur. Um Christi willen bitte ich euch, euer Haus zu ordnen und auch eure Herzen. Möge die himmlische Wahrheit alles in euch veredeln und heiligen – Seele, Körper und Geist. „Enthaltet euch der fleischlichen Begierden, die gegen die Seele streiten."

Bruder. G., deine Ernährungsweise bewirkt, dass die niederen Leidenschaften gestärkt werden. Du beherrscht deinen Körper nicht, wie es sein sollte, um die Heiligkeit in der Furcht Gottes zu vervollkommnen. Du musst also erst mäßig im Essen werden, bevor du geduldig sein kannst. 2T 404.405; 187

96 Die Welt sollte für uns kein Maßstab sein. Es ist modern geworden, die Esslust mit exquisiten Nahrungsmitteln und unnatürlichen Reizen zu befriedigen. Dadurch werden die niederen Neigungen gestärkt und das Wachstum und die Entwicklung der sittlichen Fähigkeiten verkümmern dann. Keinem Menschen seit Adam ist verheißen worden, dass er siegreich im christlichen Kampf werden kann, es sei denn, er ist bereit, Mäßigkeit in allen Dingen zu üben. Wenn Christen sich beherrschen und ihre Esslust und Begierden unter die Herrschaft eines erleuchteten Gewissens stellen und es als Pflicht gegenüber Gott und ihren Mitmenschen ansehen, die Gesundheits- und Lebensgesetze zu befolgen, dann werden sie körperlich und geistig gesegnet.

Sie werden dann sittliche Kraft haben, den Kampf gegen Satan zu führen, und im Namen Jesu – der die Esslust für sie bezwang – können sie im eigenen Leben weit überwinden. Jedem steht es also frei, diesen Kampf aufzunehmen. 4T 35.36; 1876

3. GESUNDHEITSREFORM UND DIE 3. ENGELSBOTSCHAFT

Wie die Hand zum Körper

97 Am 10. Dezember 1871 wurde mir erneut gezeigt, dass die Gesundheitsreform ein Teil des Gesamtwerkes ist, das sein Volk auf das Kommen des Herrn vorbereiten soll. Dieser Teil ist mit der dritten Engelsbotschaft so eng verbunden, wie die Hand mit dem Körper. Die Zehn Gebote wurden von den Menschen leichtfertig behandelt, doch der Herr kommt nicht, die Übertreter dieses Gesetzes zu strafen, ohne ihnen vorher eine Warnungsbotschaft zu senden. Der dritte Engel verkündet diese Botschaft. Hätten die Menschen immer den Zehn Geboten gehorcht und sie in ihrem Leben befolgt, wäre die Welt jetzt nicht mit dem Fluch schrecklicher Krankheiten belastet.

Um ein Volk vorzubereiten

Indem die Menschen in ihrer verderblichen Esslust schwelgen und sich ihren Leidenschaften hingeben, übertreten sie nicht nur die Naturgesetze, sondern verletzen auch das Gesetz Gottes. Gott schenkte uns die Erkenntnis der Gesundheitsreform, damit wir die Übertretung der Gesetze, nach denen unser Körper funktioniert, als Sünde erkennen. All unsere Freuden oder Leiden können auf die Befolgung oder auch Übertretung der Naturgesetze zurückgeführt werden.

Unser barmherziger himmlischer Vater sieht doch die hoffnungslose Lage der Menschen, die teils wissentlich, teils unwissentlich die Gesetze übertreten, die er verordnet hat. In Liebe und Erbarmen zur Menschheit lässt Er durch sein Licht die Gesundheitsreform erhellen, ja Er macht nicht nur sein Gesetz bekannt, sondern auch die Strafe, die der Übertretung seines Gesetzes folgt. So können alle Menschen diese

Unterweisung annehmen und achtsam in Übereinstimmung mit den Naturgesetzen leben. Er verkündigt sein Gesetz so klar, geradezu in die Augen fallend, dass es einer auf einem Hügel erbauten Stadt gleicht.

Alle Menschen, die verantwortungsbewusst sind, können es verstehen, wenn sie es nur wollen. Die nicht zurechnungsfähig sind, werden nicht zur Verantwortung gezogen.

Es ist auch das Anliegen der dritten Engelsbotschaft, die Naturgesetze eindeutig herauszustellen und auf ihre Beachtung zu drängen, um Gottes Volk auf die Wiederkunft des Herrn vorzubereiten.

Adams Niederlage – Christi Sieg
Adam und Eva fielen durch ungezügelte Esslust in Sünde. Christus kam und widerstand der heftigsten Versuchung Satans. Er überwand die Esslust für den Menschen und zeigte, dass es auch ihm möglich ist, zu überwinden. So wie Adam durch die Esslust fiel und das herrliche Eden verlor, können die Kinder Adams durch Christus überwinden und durch Mäßigkeit in allen Dingen Eden zurückgewinnen.

Hilfen im Erkennen der Wahrheit
Keiner kann sich entschuldigen, wegen der Übertretung des Gesetzes unwissend zu sein. Das Licht scheint klar, denn Gott selbst unterweist den Menschen. Alle sind vor Gott heilig verpflichtet, auf die begründete Weisheit und echte Erfahrung zu achten, die er ihnen heute durch die Gesundheitsreform gibt. Er beabsichtigt, dass das große Thema der Gesundheitsreform bekanntgemacht wird und die Gesellschaft den Anstoß bekommt, sich damit zu befassen. Es ist für Menschen, die sündige Gewohnheiten pflegen, die die Gesundheit zerstören und den Verstand schwächen, unmöglich, jene Wahrheiten zu erkennen, durch die sie geheiligt, geläutert, veredelt und für die Gemeinschaft mit heiligen Engel im Reich der Herrlichkeit vorbereitet werden. ...

Heilung oder Strafe
Der Apostel Paulus rät der Gemeinde: *„Ich ermahne euch nun, ihr Brüder, angesichts der Barmherzigkeit Gottes, dass ihr eure Leiber darbringt als ein lebendiges, heiliges, Gott wohlgefälliges Opfer: das sei euer vernünftiger Gottesdienst!"* Römer 12,1 Folglich können die Menschen ihren Körper durch sündige Gewohnheiten entweihen. Als ungeheiligte Wesen können sie Gott nicht im Geist anbeten und so können sie nicht in den Himmel einziehen. Wer das Licht beachtet, das Gott über die Gesundheitsreform gegeben hat, kann durch die Wahrheit

geheiligt und für die Ewigkeit vorbereitet werden. Wer dieses Licht jedoch missachtet und das Naturgesetz weiter übertritt, muss die Strafe erleiden. 3T 161.162; 1873

Das Werk des Elia und Johannes als Vorbild

98 Schon seit Jahren weist der Herr sein Volk auf die Gesundheitsreform hin. Sie ist eine der großen Arbeitsbereiche zur Vorbereitung auf das Kommen Jesu. Johannes der Täufer begann im Geist und in der Kraft des Elia, dem Herrn den Weg zu bereiten und die Herzen des Volks auf die Weisheit der Gerechten zu lenken. Er stellt jene dar, die in den letzten Tagen leben. Ihnen hat Gott Wahrheiten anvertraut, um sie den Menschen bekanntzumachen und so den Weg für die Wiederkunft Christi vorzubereiten. Johannes war ein Reformer. Der Engel Gabriel kam direkt vom Himmel, um seinen Eltern Anweisungen über die Gesundheitsreform zu geben. Er soll keinen Wein oder starkes Getränk trinken und wird von Geburt an mit dem heiligen Geist erfüllt sein.

Johannes trennte sich von seinen Freunden und von den Annehmlichkeiten des Lebens. Die einfache Kleidung, ein aus Kamelhaaren gewebtes Gewand, klagte die Verschwendungssucht und den Prunk der jüdischen Priester und des Volkes an. Seine rein vegetarische Nahrung bestand aus Johannisbrot und wildem Honig. Das war ein Vorwurf gegen die Genusssucht und die überall herrschende Schwelgerei.

Der Prophet Maleachi erklärt: *„Siehe, ich sende euch den Propheten Elia, ehe der große und furchtbare Tag des Herrn kommt; und er wird das Herz der Väter den Kindern und das Herz der Kinder wieder ihren Vätern zuwenden"* Maleachi 3,23.24 Hier beschreibt der Prophet das Wesen der Aufgabe. Alle, die den Weg für das zweite Kommen Christi vorbereiten sollen, werden durch den treuen Elia dargestellt, so wie Johannes im Geist des Elia auftrat, und den Weg für Christi erstes Kommen vorbereitete.

Das wichtige Thema der Reform soll diskutiert und die Gesellschaft aufgerüttelt werden. Mäßigkeit in allen Dingen soll mit der Botschaft vom Evangelium verbunden werden. Das Volk Gottes soll vom Götzendienst, der Schwelgerei und Verschwendungssucht in der Kleidung und anderen Dingen weggeführt werden. 3T 61-64; 1872

Ein ausgeprägter Gegensatz

Die Selbstverleugnung, Demut und Mäßigkeit, die Gott von denen erwartet, die er besonders führt und segnet, soll den Menschen vorgeführt werden. Im Gegensatz dazu stehen die extravaganten, gesundheitsschädlichen Gewohnheiten derer, die in diesem Zeitalter des Zerfalls leben. Gott hat gezeigt, dass die Gesundheitsreform so eng mit der dreifachen Engelsbotschaft verbunden ist, wie die Hand mit dem Körper. Nirgends gibt es eine so deutliche Ursache für den körperlichen und sittlichen Verfall als in der Vernachlässigung dieses wichtigen Punktes. Wer sich seiner Esslust und seiner Leidenschaft hingibt und seine Augen der Erkenntnis verschließt aus Angst, sündige Gewohnheiten zu erkennen, die er nicht aufgeben will, ist vor Gott schuldig.

Wer in einer Sache die Erkenntnis ablehnt, verhärtet sein Herz und missachtet sie auch bei anderem. Wer sittliche Pflichten beim Essen und in der Mode verletzt, ist auch schnell bereit, Ansprüche Gottes bei Ewigem abzulehnen. Das Volk, das von Gott geführt wird, ist ein besonderes Volk. Es ist nicht angepasst an die Welt. Wenn es der Führung Gottes folgt, wird es seine Absichten ausführen und den eigenen Willen dem Willen Gottes unterordnen. Christus wird in ihren Herzen wohnen. Der Tempel Gottes wird heilig sein. Euer Leib, sagt der Apostel, ist der Tempel des heiligen Geistes.

Gott verlangt nicht, dass seine Kinder auf etwas verzichten, das ihnen schadet. Sie mögen den Naturgesetzen gehorchen und so zu körperlicher Gesundheit finden. Der Weg ist einfach und breit genug für jeden Christen. Gott hat uns in Fülle mit kostbaren und verschiedenen Gaben für unseren Bedarf zum Leben und dem unserer Freunde versorgt. Damit wir uns aber am natürlichen Appetit freuen, der die Gesundheit erhält und das Leben verlängert, begrenzt er die Esslust. Er sagt: *„Gib acht, zügele die unnatürliche Esslust und entsage ihr."* Geben wir einer verdorbenen Esslust nach, übertreten wir die Gesetze unseres Lebens und tragen die Verantwortung für den Missbrauch unseres Körpers und die darauf folgenden Krankheiten. 3T 61-64; 1872

Dem Gesundheitswerk den richtigen Platz geben

99 Wie gleichgültig viele die Gesundheitsbücher behandelt haben, ist eine Beleidigung Gottes. Er wollte das Gesundheitswerk nicht vom großen Gesamtwerk getrennt sehen. Die Gesundheitsreform enthält genauso aktuelle Wahrheit wie andere Teile des Evangeliumswerkes. Davon getrennt, kann es kein vollständig Ganzes bilden.

Das Gesundheitsevangelium wird von befähigten Mitarbeitern weitergegeben, aber ihre Arbeit ist sehr erschwert worden, weil so viele Prediger, Vorsteher und andere in verantwortungsvoller Stelle es versäumt haben, das Thema Gesundheitsreform gebührend zu beachten. Sie haben sie nicht in Bezug zur Botschaft als rechten Arm des Körpers verstanden. Während ein großer Teil in unserer Gemeinde und auch einige Prediger diese Abteilung sehr wenig beachtet haben, hat der Herr sich darum gekümmert, indem er ihr großen Erfolg verlieh.

Wenn die Gesundheitsabteilung richtig geführt wird, stellt sie einen Keil dar, der den Weg für andere Wahrheiten bahnt, um die Herzen erreichen zu können. Wenn die dreifache Engelsbotschaft vollständig angenommen wird, dann wird man der Gesundheitsreform ihren Platz in den Ausschüssen, in der Gemeindearbeit, im Heim, am Esstisch und in allen Haushaltsangelegenheiten geben. Dann wird der rechte Arm dem Körper dienen und ihn beschützen. Hat das Gesundheitswerk nun seinen Platz in der Verkündigung der dreifachen Engelsbotschaft eingenommen, so dürfen die Mitarbeiter es aber nicht an die Stelle der Botschaft selbst setzen. *6T 327; 1900*

Die Notwendigkeit der Selbstbeherrschung

100 Eine der traurigen Folgen des ersten Abfalls war, dass der Mensch die Selbstbeherrschung verlor. Nur wenn er diese Fähigkeit wieder gewinnt, kann er wirklich erfolgreich sein.

Nur durch den Körper können Geist und Seele zur Entwicklung des Charakters gelangen. Deshalb versucht der Feind, die körperlichen Kräfte zu schwächen und zu verunreinigen. Ist er darin erfolgreich, dann hat er den ganzen Menschen im Griff. Die Neigungen unserer fleischlichen Natur führen ganz gewiss zum Verderben und Tod, wenn sie nicht von einer höheren Macht beherrscht werden.

Der Körper muss bezwungen werden. Die höheren Kräfte des Wesens sollen die Herrschaft übernehmen. Und die wiederum müssen unter der Leitung Gottes stehen. Die königliche Macht des Verstandes durch göttliche Gnade geheiligt, soll die Herrschaft in unserem Leben haben. Die Forderungen Gottes müssen dem Gewissen eingeprägt werden. Die Menschen müssen zur Selbstherrschaft zurückfinden, zur notwendigen Reinheit und Freiheit von jedem verdorbenen Appetit und unreinen Gewohnheiten. Es sollte ihnen eingeprägt werden, dass ihre Kräfte des Körpers und der Seele Gaben Gottes sind und im besten Zustand für seinen Dienst erhalten werden müssen. *MH 132.133; 1905*

Prediger und Gemeinde müssen zusammenarbeiten

101 Ein wichtiger Teil der Arbeit der Predigerschaft besteht darin, den Menschen die Gesundheitsreform unverändert vorzustellen, nämlich so, wie sie mit der dritten Engelsbotschaft als bedeutender Teil des gleichen Werkes verbunden ist. Sie sollten aber nicht vergessen, sie selbst anzunehmen. Sie sollten sie allen dringend ans Herz legen, die sich zur Wahrheit bekennen. *1T 469.470; 1867*

102 Mir wurde gezeigt, dass die Gesundheitsreform ein Teil der dreifachen Engelsbotschaft ist. Sie ist so eng mit ihr verbunden wie der Arm und die Hand mit dem menschlichen Körper. Ich sah, dass wir als Volk in diesem bedeutenden Werk vorpreschen müssen. Prediger und Gemeindeglieder sollen übereinstimmend arbeiten. Gottes Gemeinde ist nicht auf den lauten Ruf des dritten Engels vorbereitet. Sie haben eine Aufgabe für sich selbst zu tun, die sie nicht Gott überlassen sollten. Er hat sie ihnen übertragen. Es ist eine persönliche Aufgabe. Keiner kann sie für einen anderen erfüllen. *1T 486; 1867*

Ein Teil, aber nicht die ganze Botschaft
103 Die Gesundheitsreform ist mit dem Werk der dreifachen Engelsbotschaft eng verbunden, doch ist sie nicht die Botschaft selbst. Unsere Prediger sollten die Gesundheitsreform zwar lehren, aber sie nicht zum Hauptthema machen oder sie an die Stelle der Botschaft setzen. Es ist ein Thema unter anderen, die zur Vorbereitung auf die Ereignisse dienen, die durch die Botschaft selbst verkündet werden. Unter diesen Themen steht sie an herausragender Stelle. Wir sollten jede Reform mit Eifer durchführen, doch es vermeiden, den Eindruck zu erwecken, als seien wir schwankend und fanatisch. *1T 559; 1867*

104 Die Gesundheitsreform ist mit der dritten Engelsbotschaft so eng verbunden wie der Arm mit dem Körper. Der Arm kann jedoch nicht die Stelle des Körpers einnehmen. Unsere Aufgabe ist es, die dritte Engelsbotschaft, die Gebote Gottes und das Zeugnis von Jesus zu verkündigen. Diese Botschaft soll mit einem lauten Ruf weltweit verbreitet werden. Sie soll mit der Verkündigung von gesundheitlichen Grundsätzen verbunden werden – jedoch keinesfalls unabhängig von ihr oder irgendwie ihre Stelle einnehmend. *Letter 57; 1896*

Das Verhältnis zu den medizinischen Instituten
105 Die Heileinrichtungen, die gegründet werden, sollen untrennbar mit der Evangeliumsverkündigung verbunden sein. Der Herr hat die Anweisung gegeben, das Evangelium weiterzutragen; Das schließt alle Aspekte der Gesundheitsreform mit ein. Unsere Aufgabe ist es, die Welt aufzuklären; denn sie ist blind gegenüber den sich abspielenden Ereignissen. Sie gehen den Plagen voraus, die Gott über die Erde kom-

men lassen wird. Gottes treue Wächter müssen die Warnung ausrufen. ... Die Gesundheitsreform soll in der Verkündigung der dreifachen Engelsbotschaft stärker zum Ausdruck kommen. Die Grundsätze dieser Reform finden wir in Gottes Wort. Das Gesundheitsevangelium soll mit dem Dienst am Wort fest verbunden sein. Gott beabsichtigt, dass der heilende Einfluss der Gesundheitsreform ein Teil der letzten großen Bemühung sein soll, die Evangeliumsbotschaft zu verkünden.

Unsere Ärzte sollen Gottes Mitarbeiter sein, deren Fähigkeiten durch die Gnade Christi geheiligt und umgewandelt worden sind. Ihr Einfluss soll mit der Wahrheit, die der Welt verkündigt werden, fest verbunden sein. Ist das der Fall, wird das Werk der Gesundheitsreform seine von Gott erhaltene Kraft erkennbar werden lassen. Unter dem Einfluss des Evangeliums wird das ärztliche Missionswerk bedeutende Reformen durchführen. Aber wenn man das ärztliche Missionswerk vom Evangelium trennt, wird es unbedeutend. *Ms 23; 1901*

106 Unsere ärztlichen Einrichtungen und die Gemeinden können einen besseren Stand erreichen. Unser Volk soll die Gesundheitsreform vertreten. Der Herr ruft zu einer Erweckung auf bezüglich der Grundsätze der Gesundheitsreform. Die Siebenten-Tags-Adventisten haben als Botschafter eine besondere Aufgabe zu erfüllen, indem sie für den Körper und die Seele der Menschen tätig sind.

Christus sagte zu seinem Volk: „*Ihr seid das Licht der Welt!*" *Matthäus 5,14* Wir sind das vom Herrn auserwählte Volk, die vom Himmel kommenden Wahrheiten zu verkündigen. Die feierlichste, heiligste Aufgabe, die jemals Sterblichen übertragen wurde, ist die Verkündigung der ersten, zweiten und dritten Engelsbotschaft an unsere Welt.

In unseren großen Städten sollte es Gesundheitszentren geben, in denen für Kranke gesorgt wird und die wichtigen Grundsätze der Gesundheitsreform gelehrt werden. *Letter 146; 1909*

Ein wegbereitender Keil

107 Ich bin unterwiesen worden, dass wir es nicht versäumen dürfen, die Aufgabe zu tun, die bezüglich der Gesundheitsreform nötig ist. Dadurch können wir Menschen „*an den Landstraßen und Zäunen*" erreichen. *Letter 203; 1905*

108 Gott hat es so vorgesehen, dass die ärztliche Missionsarbeit ein großer wegbereitender Keil ist, durch den der kranke Mensch erreicht werden kann. *CH 535; 1893*

Wird viel Vorurteil beseitigt, will der Herr Leiden lindern

109 Man könnte die Vorurteile bei der Verkündigung der dreifachen Engelsbotschaft enorm abbauen, die ja hinderlich sind, Menschenherzen zu erreichen, wenn man die Gesundheitsreform mehr beachtet. Wenn Menschen anfangen, sich für dieses Thema zu interessieren, wird der Weg dafür vorbereitet, dass sie weitere Wahrheiten annehmen. Wenn sie sehen, dass wir in Gesundheitsfragen vernünftig handeln, werden sie eher glauben, dass auch unsere biblischen Lehren ausgewogen sind.

Diesem Teil des Wortes Gottes ist nicht genügend Aufmerksamkeit geschenkt worden. Dadurch haben wir viel verloren. Würde die Gemeinde größeres Interesse an den Reformen zeigen, wäre ihr Einfluss viel größer als er jetzt ist. Dadurch versucht Gott, sie selbst auf sein Kommen vorzubereiten. Er hat zu seiner Gemeinde gesprochen, und erwartet, dass sie auf ihn hören und ihm gehorchen.

Die Gesundheitsreform ist nicht die dreifache Engelsbotschaft, doch sie ist fest mit ihr verbunden. Alle, die diese Botschaft verkündigen, sollten auch die Gesundheitsreform lehren. Diesen Bereich müssen wir verstehen, damit wir auf die Ereignisse vorbereitet sind, die nahe bevorstehen. Satan und seine Helfer sind bemüht, dieses Werk der Reform zu behindern. Sie tun alles nur Mögliche, um die zu bedrängen und zu belasten, die sich von Herzen dafür einsetzen. Trotzdem sollte sich niemand dadurch entmutigen lassen, noch seine Bemühungen deswegen aufgeben. Der Prophet Jesaja spricht von einer charakteristischen Eigenschaft Christi: *„Er wird nicht ermatten und nicht zusammenbrechen, bis er auf Erden das Recht gegründet hat"* Jesaja 42,4

Deshalb sollten auch seine Nachfolger nicht von Versagen oder Entmutigung reden, sondern daran denken, was zur Errettung des Menschen bezahlt wurde, damit er nicht verloren geht, sondern das ewige Leben hat. CTBH 121.122; 1890

110 Die Gesundheitsreform ist Gottes Werkzeug, die Leiden in unserer Welt zu lindern und seine Gemeinde zu reinigen. Zeigt den Menschen, dass sie als Helfer Gottes tätig sein können, indem sie bei der Wiederherstellung körperlicher und geistiger Gesundheit mit dem göttlichen Meister zusammenarbeiten. Dieses Werk trägt das Siegel des Himmels und wird für den Eingang weiterer köstlicher Wahrheiten Türen öffnen. Es gibt Platz für alle, die dieses Werk mit Verstand anpacken wollen. 9T 112.113; 1090

4 VERSCHIEDENE ERNÄHRUNGSFORMEN

1. DIE URSPRÜNGLICHE ERNÄHRUNG

Vom Schöpfer bestimmt

111 Damit wir wissen, was die beste Nahrung für uns ist, müssen wir Gottes ursprünglichen Ernährungsplan für die Menschen studieren. Der Schöpfer des Menschen weiß, was seine Geschöpfe brauchen. Er gab Adam seine Nahrung: *„Das Land lasse junges Grün wachsen, alle Arten von Pflanzen, die Samen tragen, und von Bäumen, die auf der Erde Früchte bringen mit ihrem Samen darin."* 1.Mose 1,11; EÜ Als der Mensch das Paradies verließ, erhielt er die Erlaubnis, auch *„das Kraut auf dem Feld"* zu essen, um seinen Lebensunterhalt durch Landbau unter dem Fluch der Sünde zu bestreiten.

Getreide, Früchte, Nüsse und Gemüse bilden die von unserem Schöpfer für uns festgelegte Ernährung. Diese Speisen – einfach und natürlich zubereitet – sind die gesündesten und nahrhaftesten. Sie vermitteln Kraft, Ausdauer und Verstandesschärfe, die durch eine unnatürliche und aufputschende Ernährungsform dagegen nicht erreicht wird. *MH 295.296; 1905*

112 Gott gab Adam und Eva die Nahrung, die er für alle Menschen vorgesehen hatte. Es war nicht in seinem Plan, dass irgendein Geschöpf getötet werden sollte. Es sollte in Eden keinen Tod geben. Die Früchte der Bäume im Garten waren die Nahrung, die der Mensch brauchte. *4SG 120; 1864*

Ein Aufruf zur Umkehr

113 Der Herr will sein Volk dahin zurückführen, dass es von einfachen Früchten, Gemüse und Getreide lebt. ... Gott versorgte unsere ersten Eltern mit Früchten in natürlichem Zustand. *UT 5.6; 1890*

114 Gott umsorgt seine Kinder. Er möchte sie nicht ohne Hilfe lassen. Er führt sie zu der Nahrung zurück, die er den Menschen ursprünglich gegeben hat. Sie soll aus den Rohstoffen bestehen, die er dafür vorgesehen hat. Diese Nahrungsmittel sind Früchte, Getreide und Nüsse, aber auch verschiedene Gemüsesorten. *7T 125.126; 1902*

115 Immer wieder ist mir gezeigt worden, dass Gott sein Volk zu seinem ursprünglichen Plan zurückführen will, das heißt, dass sie nicht vom Fleisch toter Tiere leben sollen. Er möchte, dass wir den Menschen einen besseren Weg zeigen. ...

Wenn man Fleisch aufgibt und den Gaumen nicht in diese Richtung erzieht, sondern den Geschmack für Obst und Getreide fördert, wird es bald so sein, wie Gott es am Anfang vorgesehen hatte. Sein Volk wird kein Fleisch mehr verwenden. *Letter 3, 1884*

➤ *Siehe auch: 641, 643, 644*

2. EINFACHE ERNÄHRUNG

Eine Hilfe zu schneller Erkenntnis

116 Wenn es je eine Zeit gab, in der die Nahrung sehr einfach beschaffen sein sollte, dann ist es jetzt. *2T 352; 1869*

117 Gott möchte, dass die Menschen charakterlich wachsen. Wer sein Mäntelchen nach dem Wind hängt, wird zuletzt keine Belohnung erhalten. Er möchte auch, dass alle, die für ihn arbeiten, von klarem Empfinden und rascher Auffassung sind. Sie sollten im Essen mäßig sein. Üppige und aufwändige Speisen sollten sie nicht verwenden. Wenn das Gehirn ständig belastet wird und körperliche Bewegung fehlt, sollte auch von einfacher Nahrung nur wenig gegessen werden. Daniels geistige Klarheit und Willensfestigkeit, seine Verstandeskräfte beim Studium, sind größtenteils auf die Einfachheit seiner Kost in Verbindung mit seinem Gebetsleben zurückzuführen. *4T 515.516; 1880*

➤ *Siehe auch: 33, 34, 241, 242*

118 Meine lieben Freunde, anstatt die Krankheit zu bekämpfen, hegt und pflegt ihr sie und unterwerft euch ihrer Macht. Ihr solltet Medikamente meiden und die Gesetze der Gesundheit sorgfältig beachten. Wenn euch euer Leben etwas wert ist, solltet ihr einfache Nahrung verwenden, ganz einfach zubereitet, und euch mehr körperlich bewegen. Jeder in der Familie hat die Vorteile der Gesundheitsreform nötig. Das Einnehmen von Medikamenten sollte für immer aufgegeben werden. Sie heilen die Krankheiten nicht, sondern schwächen den Organismus und machen ihn für andere Krankheiten anfälliger. 5T 311; 1885

Viel Leid ersparen
119 Ihr solltet genau nach der Gesundheitsreform leben, euch selbst verleugnen und zur Ehre Gottes essen und trinken. Verzichtet auf alle fleischlichen Lüste, die wider die Seele streiten. Es ist für euch notwendig, in Allem mäßig zu sein. Hier ist ein Kreuz, dem ihr bis jetzt ausgewichen seid. Eure Aufgabe besteht darin, euch auf eine einfache Nahrung zu beschränken, die zu eurer Gesundheit dient. Hättet ihr euch nach dem Licht des Himmels gerichtet, das auf euren Weg schien, wäre eurer Familie viel Leiden erspart geblieben. Eure eigene Handlungsweise ist dafür verantwortlich. Wenn ihr so weiterlebt, könnt ihr nicht mit Gottes Segen rechnen. Er wird auch kein Wunder tun, um eure Familie vor Leiden zu bewahren. Eine einfache Ernährung, frei von Gewürzen, Fleischnahrung und Fetten aller Art, würde für euch segensreich sein und euch viel Leid, Kummer und Verzweiflung ersparen.

Anstoß zu einer einfachen Lebensweise
Um Gott am besten dienen zu können, muss euch klar sein, was er erwartet. Ihr solltet die einfachste Nahrung verwenden, auf einfachste Art zubereitet, damit die feinen Nerven des Gehirns nicht geschwächt, betäubt oder gelähmt werden. Sonst wird es euch nicht möglich sein, heilige Dinge von Anderem zu unterscheiden und die Versöhnung, das reinigende Blut Christi in seinem unermesslichen Wert, richtig zu schätzen. „*Wisst ihr nicht, dass die, welche in der Rennbahn laufen, zwar alle laufen, aber nur einer den Preis erlangt? Lauft so, dass ihr ihn erlangt! Jeder aber, der sich am Wettkampf beteiligt, ist enthaltsam in allem – jene, um einen vergänglichen Siegeskranz zu empfangen, wir aber einen unvergänglichen. So laufe ich nun nicht wie aufs Ungewisse; ich führe meinen Faustkampf nicht mit bloßen Luftstreichen, sondern ich bezwinge meinen Leib und beherrsche ihn, damit ich nicht anderen verkündige und selbst verwerflich werde.*" 1.Korinther 9,24-27

Wenn Menschen nur um ihren Ehrgeiz zu befriedigen und einen Kranz oder eine vergängliche Krone zu erwerben, sich an strikte Mäßigkeit in allen Dingen halten, sollten dann nicht die bereit sein, sich selbst zu verleugnen, die nicht nur nach einer unvergänglichen Krone, sondern ein Leben wünschen, das ewig, wie Gottes Thron besteht, die nach unvergänglichen Reichtümern, nicht verblassenden Ehren und ewiger Herrlichkeit streben?

Ist dieser Wettlauf des Christen nicht ein Anstoß, Selbstverleugnung und Mäßigkeit in allen Dingen zu üben, dass sie ihre tierischen Neigungen unterwerfen, den Körper „zähmen" und die Esslust und die sinnlichen Leidenschaften beherrschen können? Dann können sie Anteil an der himmlischen Natur haben, während sie die Verderbtheit, die durch weltliche Lüste herrscht, hinter sich lassen. 2T 45.46; 1868

Der Lohn der Beharrlichkeit
120 Menschen, die sich an eine übermäßige und aufputschende Kost gewöhnt haben, besitzen einen unnatürlichen Geschmack und ihnen schmeckt nicht gleich einfache Nahrung. Es erfordert Zeit, den Geschmack wieder zu verändern und dem Magen, sich von dem erlittenen Missbrauch zu erholen. Aber diejenigen, die in der Verwendung gesunder Nahrung ausdauernd sind, wird ihnen nach einiger Zeit schmecken. Der feine und köstliche Duft wird geschätzt und lieber gegessen, als die ungesunden Leckereien vorher. Der Magen kann dann, nicht erregt und überladen, richtig seine Arbeit tun. MH 298,299; 1905

Lasst uns vorangehen
121 Eine Änderung im Essen würde Kosten sparen und weniger Arbeit bedeuten. Was eine Familie braucht, die mit einfacher, gesunder Kost zufrieden ist, kann leicht erfüllt werden. Üppige Speisen führen zum Zusammenbruch der gesunden Organe des Körpers und des Geistes. 4SG 132; 1864

122 Wir sollten alle beachten, nichts zu übertreiben und mit reiner, einfacher Nahrung, auf einfache Art zubereitet, zufrieden sein. Diese Nahrung sollten Reiche und Arme verwenden. Verfälschte Zusatzstoffe sollten wir meiden. Wir bereiten uns auf das zukünftige, unsterbliche Leben im Himmel vor. Unsere Arbeit sollen wir selbstaufopfernd im Licht und Kraft des großen Arztes verrichten. Letter 309; 1905

123 Viele haben mich gefragt: *„Wie kann ich meine Gesundheit am besten zu erhalten?"* Meine Antwort lautet: *„Hört auf, die Gesetze eures Lebens zu übertreten. Hört auf, die verderbte Esslust zu befriedigen, esst einfache Nahrung, kleidet euch gesund in bescheidener Einfachheit, arbeitet gesundheitsgemäß, und ihr werdet nicht krank sein."* HR Aug. 1866

Speiseplan für Konferenzen

124 Nur gesündeste Nahrungsmittel, auf einfache Art, frei von allen Gewürzen und tierischen Fetten zubereitet, sollte auf eine Konferenz mitgenommen werden. Ich bin davon überzeugt, dass sich niemand durch die Vorbereitung für eine Konferenz krank machen muss, wenn er die Gesundheitsgesetze schon beim Kochen beachtet.

Es sollten keine Kuchen oder Pasteten zubereitet werden, sondern man sollte sich mit einfachem Vollkornbrot und Früchten begnügen – getrocknet oder eingemacht. So wird niemand durch die Vorbereitung für eine Versammlung überfordert. Es sollte aber niemand während der ganzen Versammlung auf warmes Essen verzichten. Auf dem Gelände gibt es immer Kochgelegenheiten.

Die Teilnehmer brauchen während des Zeltlagers nicht krank zu sein. Wenn sie sich in der Kühle am Morgen und in der Nacht richtig anziehen und darauf achten, ihre Kleidung entsprechend dem Wetter zu wechseln, damit der Kreislauf stabil bleibt. Wenn sie im Schlafen und Essen strenge Mäßigkeit beachten und nichts zwischen den Mahlzeiten zu sich nehmen, können sie sich während der Versammlung wohl fühlen. Ihr Verstand wird klar und fähig sein, die Wahrheit zu verstehen, und sie können an Körper und Geist erfrischt nach Hause zurückkehren. Jene, die täglich schwer arbeiten, haben nun keine körperliche Bewegung. Deshalb sollten sie nicht ihre übliche Menge an Nahrung verzehren, damit ihr Magen nicht überlastet wird.

Wir möchten, dass die Verstandeskraft auf diesen Versammlungen geschärft und im bestmöglichen gesunden Zustand ist, damit die Wahrheit gehört, geschätzt, im Gedächtnis behalten und nach der Rückkehr von der Versammlung ausgelebt werden kann. Wird der Magen mit zu viel Essen, auch von einfacher Art belastet, so werden die Kräfte des Gehirns von den Verdauungsorganen beansprucht. Das Gehirn ist gewissermaßen betäubt. Es ist beinahe unmöglich, die Augen offen zu halten. Gerade die Wahrheiten, die gehört, verstanden und praktiziert werden sollten, gehen durch Unwohlsein oder weil das Gehirn durch das Übermaß an Essen gelähmt ist, vollkommen verloren.

Ich rate jedem, etwas Warmes zu sich zu nehmen, zumindest jeden Morgen. Das ist ohne große Mühe möglich. Ihr könnt einen Getreidebrei zubereiten. Wenn das Vollkornmehl zu grob ist, siebt es durch, und während der Brei noch heiß ist, könnt ihr Milch hinzufügen. Dies wird ein äußerst schmackhaftes und gesundes Gericht für die Tage sein, die ihr im Zeltlager verbringt. Und wenn euer Brot trocken ist, dann zerkrümelt es in den Brei, und es wird euch schmecken.

Viel kalte Speisen empfehle ich nicht, und zwar deshalb, weil der Organismus dann alle Kräfte mobilisieren muss, um das Essen zu erwärmen, bis es dieselbe Temperatur wie der Magen hat, bevor der Verdauungsprozess weitergehen kann. Ein anderes, sehr einfaches aber gesundes Gericht sind gekochte oder gebackene Bohnen. Verdünnt eine Portion davon, mit Wasser, fügt Milch oder Rahm hinzu und macht eine Brühe. Das Brot kann genauso wie im Getreidebrei verwendet werden. *2T 602.603; 1870*

Mahlzeiten im Grünen

125 Mehrere Familien, die in einer Stadt oder einem Dorf wohnen, sollten sich zusammentun. Sie sollten die Beschäftigungen, die sie körperlich und geistig belastet haben, zurück lassen und einen Ausflug aufs Land machen. Zum Ufer eines schönen Sees oder in ein hübsches Wäldchen, wo die Gegend landschaftlich reizvoll ist. Sie sollten einfache, gesunde Kost mitnehmen, nur bestes Obst und Getreide, und ihren Tisch unter dem Schatten eines Baumes oder unter freiem Himmel decken. Die Fahrt, die Bewegung und die landschaftliche Umgebung werden den Appetit fördern, und sie können eine Mahlzeit genießen, um die sie Könige beneiden würden. *1T 514; 1867*

126 Alle, die der Gesundheitsreform zustimmen, sollten ernstlich danach streben, sie in ihrem Alltag zur Realität werden zu lassen. Gebt alles auf, was für die Gesundheit nachteilig ist. Esst einfache, gesunde Nahrung. Früchte sind ausgezeichnet und ersparen das viele Kochen. Gebt kalorienreiches Gebäck, Kuchen, Süßspeisen und andere Gerichte auf, die nur zubereitet werden, um die Esslust anzuregen.

Und verwendet nicht zu vielerlei Speisen zu einer Mahlzeit und esst alles mit dankbarem Herzen. *Letter 135; 1902*

Gastfrei, aber einfach

127 Während seines Lebens auf Erden gab Christus ein Beispiel für Gastfreundschaft. Als er von der hungrigen Menge am See Tiberias umgeben war, sandte er sie nicht nach Hause, ohne ihnen vorher zu essen zu geben. Er sprach zu seinen Jüngern: „*Gebt ihr ihnen zu essen.*" *Matthäus 14,16* Durch seine Schöpferkraft sorgte er für genügend Nahrung, um ihren Hunger zu stillen. Aber wie einfach war das Essen! Es gab keine Delikatessen. Er, dem alle Hilfsquellen des Himmels zur Verfügung standen, hätte für die Menschen ein reichhaltiges Mahl auftragen können. Aber Er beschaffte nur das, was sie brauchten, was die tägliche Nahrung der Fischer um den See herum war.

Hätten die Menschen heute einfache Ansprüche und lebten sie in Übereinstimmung mit den Naturgesetzen, dann wäre ausreichend für alle Menschen da. Auch hätten sie weniger eingebildete Bedürfnisse und mehr Gelegenheit, nach Gottes Plan zu leben. Christus wollte die Menschen nicht dadurch zu sich ziehen, dass er ihren Wunsch nach Luxus erfüllte. Die einfache Kost, die er anbot, war nicht nur eine Bestätigung seiner Macht, sondern auch seiner Liebe und barmherzigen Fürsorge in den einfachen Nöten ihres Lebens. *6T 345; 1900*

128 Männer und Frauen, die behaupten, Nachfolger Christi zu sein, sind oft Sklaven der Mode und einer unersättlichen Essgier. Bei geselligen Zusammenkünften wird Zeit und Kraft investiert, die an anderer Stelle genutzt werden sollte, um ungesunde Speisen zu bereiten. Einige sind arm und müssen täglich schwer arbeiten. Weil es üblich ist, geben viele dann Geld aus, um kalorienreiche Kuchen, Eingewecktes, Pasteten und andere ausgesuchte Leckereien den Besuchern anbieten zu können. Und zudem sind diese Dinge auch noch gesundheitsschädlich. Eigentlich aber brauchen sie das so ausgegebene Geld, um Kleidung für sich selbst und ihre Kinder zu kaufen. Die Zeit, die mit der Zubereitung von Essen verbracht wurde, um den Gaumen auf Kosten des Magens zu befriedigen, sollte man besser zur moralischen und religiösen Unterweisung ihrer Kinder einsetzen.

Gegenseitige Besuche sind heute zur Gelegenheit der Schwelgerei ausgeartet. Es wird so viel gegessen und getrunken, dass die Verdauungsorgane sehr belastet werden. Das erfordert dann alle Lebenskraft, um diese Last zu verarbeiten. Dadurch ist man erschöpft, der Blutkreislauf ist erheblich gestört und der gesamte Organismus lahmgelegt. Der Segen von geselligem Beisammensein geht oft deshalb verloren, weil der Gastgeber sich am Kochherd abrackert und zu viele Speisen vorbereitet, dass daraus ein Festmahl gehalten werden könnte, anstatt auf die Unterhaltung wert zu legen. Christen sollten so etwas nie unterstützen, indem sie die ihnen vorgesetzten Leckereien essen.

Macht euren Gastgebern klar, dass ihr sie nicht besucht, um die Esslust zu befriedigen, sondern dass euer geselliges Beisammensein und der Gedankenaustausch gegenseitig zum Segen sein soll. Die Unterhaltung sollte ein hohes Niveau haben, das zur Veränderung des Charakter beiträgt. Später wird man sich gerne daran erinnern. *1HL 54.55; 1865*

129 Wer Gäste einlädt, sollte gesunde, nahrhafte Kost anbieten. Einfach und wohlschmeckend zubereitet, aus Obst, Getreide und Gemüse. Das erfordert nur wenig zusätzliche Arbeit oder Ausgaben. Und wenn nicht zu viel gegessen wird, schadet das keinem. Wenn Weltmenschen Zeit, Geld und Gesundheit opfern, um die Esslust zu befriedigen, sollen sie es tun. Die Strafe für die Übertretung der Gesundheitsgesetze müssen sie tragen. Aber Christen sollten darin einen festen Standpunkt einnehmen und einen guten Eindruck hinterlassen. Sie können viel dazu beitragen, diese weitverbreitete Gewohnheit zu reformieren, sonst ruiniert es die Gesundheit und zerstört die Seele. *1HL 55.56; 1865*

Vorbereitet auf unerwartete Gäste
130 Einige Hausfrauen sparen an der Kost für die Familie, um Besucher aufwändig bewirten zu können. Dies ist nicht klug. Gäste sollten einfacher bedient werden. Die Bedürfnisse der Familie sollten an erster Stelle stehen. Falsche Sparsamkeit und ausgeübte Bräuche behindern oft das Pflegen von Gastfreundschaft, wo es nötigt ist und zum Segen wäre. Wir sollten es uns angewöhnen, soviel auf den Tisch zu bringen, dass wir unerwartete Gäste begrüßen können, ohne die Hausfrau mit zusätzlichen Vorbereitungen zu belasten. *MH 322; 1905*

Denkt weniger an zeitliche Nahrung
131 Wir müssen ständig über das Wort Gottes nachdenken, es in uns aufnehmen, es verdauen und durch praktische Anwendung zu eigen machen, so dass es in den Lebensstrom gelangt. Wer täglich von Christus nimmt, wird durch sein Beispiel andere unterweisen, weniger ans Essen zu denken, sondern sich mehr um die Nahrung zu sorgen, die sie der Seele geben. Das eigentliche Fasten, das allen empfohlen werden soll, ist die Enthaltsamkeit von allen aufputschenden Speisen und dafür gesunde, einfache Nahrung richtig zubereiten, die Gott reichlich zur Verfügung gestellt hat. Die Menschen sollten viel weniger ans Essen und Trinken – an zeitliche Nahrung – denken, als an die Speise vom Himmel, die der gesamten religiösen Erfahrung Farbe und Lebenskraft verleihen wird. *Letter 73; 1896*

Einfachheit in Essen und Kleidung zeigt die Kraft der Wahrheit

132 Wir sollten uns einfach und bescheiden kleiden, ohne von der Mode abhängig zu sein. Zuhause sollte es jederzeit einfache, gesunde Nahrung geben, ohne all den Luxus und die Übertreibung. Dann würden auch unsere Häuser einfacher gebaut und entsprechend eingerichtet. Das würde die heiligende Macht der Wahrheit bezeugen und einen wirkungsvollen Eindruck auf Nichtgläubige machen. Doch wir passen uns in diesen Dingen der Welt an und in einigen Fällen versuchen wir sogar, die Weltmenschen darin zu übertreffen. So wird das Predigen der Wahrheit nur wenig oder gar keine Wirkung haben. Wer wird die ernste Wahrheit für diese Zeit annehmen, wenn doch jene, die behaupten zu glauben, durch ihre Taten dem widersprechen? Nicht Gott hat uns die Himmelsfenster verschlossen, sondern es ist unsere eigene Anpassung an die Gewohnheiten und Bräuche der Welt. *5T 206; 1882*

133 Durch ein göttliches Wunder speiste Christus die Menschenmenge; wie einfach aber war diese Kost! Aus Fischen und Gerstenbroten bestand die tägliche Nahrung der Fischer von Galiläa.

Christus hätte ihnen eine reichhaltige Mahlzeit vorsetzen können, doch was nur der Befriedigung der Esslust dient, da wären sie schlecht beraten. Christus wollte durch dieses Wunder eine Lehre über Einfachheit erteilen. Wenn Menschen heute einfache Gewohnheiten hätten und in Übereinstimmung mit den Naturgesetzen lebten, wie Adam und Eva am Anfang, dann könnten die Bedürfnisse der menschlichen Familie ausreichend erfüllt werden. Doch die Selbstsucht und die Befriedigung des Appetits haben Sünde und Elend gebracht – Unmäßigkeit auf der einen Seite und Mangel auf der anderen. *MH 47; 1905*

134 Wenn Menschen, die sich Christen nennen, ihren Reichtum weniger für übertriebene Ausschmückung ihres Körpers und für die Verschönerung ihrer Häuser sowie für übermäßige gesundheitsschädliche Leckereien ausgäben, dann könnten sie größere Summen für das Werk Gottes erübrigen. Sie folgten dann dem Beispiel ihres Erlösers, der den Himmel, seine Reichtümer und seine Herrlichkeit verließ und um unsertwillen arm wurde, damit wir unvergänglichen Reichtum bekommen können. *1T 348; 1875*

3. DIE ALTERNATIVE ERNÄHRUNGSFORM

Eine wichtige Angelegenheit
135 Es ist falsch, nur zu essen, um den verdorbenen Geschmack zu befriedigen. Das heißt aber nicht, dass wir gegenüber unserer Nahrung gleichgültig sein sollten, denn sie ist sehr wichtig. Keiner sollte sich eintönig ernähren. Viele sind durch Krankheiten geschwächt und brauchen nahrhaftes, gut zubereitetes Essen.
Gesundheitsreformer sollten besonders darauf achten, Extreme zu vermeiden. Der Körper muss genügend Nahrung haben. Der Gott, der seinen Geschöpfen Schlaf gibt, hat für sie auch geeignete Nahrung vorgesehen, damit der Organismus in gesundem Zustand erhalten werden kann. *CH 118; 1890*

136 Um gesund zu sein, brauchen wir gutes Blut; denn das Blut ist der Lebensstrom. Es entfernt Abfallstoffe und ernährt den Körper. Ist es mit den richtigen Nährstoffen versehen und durch frische Luft gereinigt und belebt, dann bringt es dem ganzen Organismus Leben und Kraft. Umso besser der Blutkreislauf funktioniert, desto gründlicher wird diese Arbeit ausgeführt werden. *MH 271; 1905*

Gott hat ausreichend vorgesorgt
137 Gott hat den Menschen ausreichend versorgt, um den natürlichen Appetit befriedigen zu können. Er hat die Erzeugnisse aus der Erde vor ihm ausgebreitet – eine reiche Auswahl an Nahrung, die dem Geschmack angenehm ist und den Körper ernährt. Unser gütiger himmlischer Vater hat uns geboten, frei davon zu essen.
Früchte, Getreide und Gemüse, auf einfache Weise und frei von Gewürzen und Fetten jeder Art, jedoch mit Milch oder Rahm zubereitet, stellen die gesündeste Nahrung dar. Sie ernähren den Körper und verleihen Ausdauer und eine Verstandeskraft, was durch eine aufputschende Kost nicht erreicht werden kann. *CH 114.115; 1890*

138 In Getreide, Früchte, Gemüse und Nüsse sind alle Nahrungselemente enthalten, die wir brauchen. Wenn wir in einfachem Sinn zu Gott kommen, wird er uns lehren, wie gesunde Nahrung frei von verunreinigender Fleischspeise zubereitet werden kann. *Ms 527; 1906*

Eine mangelhafte Ernährung schadet der Gesundheitsreform

139 Einige Gemeindemitglieder verzichten gewissenhaft auf ungeeignete Speisen, doch sie versäumen es zugleich, Speisen zu essen, die für die Versorgung des Körpers notwendigen Wertstoffe enthalten. Macht die Gesundheitsreform nicht schlecht, indem ihr es versäumt, gesunde, wohlschmeckende Nahrung zu verwenden, anstelle der schädlichen Speisen, die ihr früher gegessen habt. Feinfühlig und umsichtig sollte man bei der Zubereitung nahrhafter Kost sein, die die bisherige Kost vieler Familien ersetzen soll. Das erfordert Glauben an Gott, ernsthafte Vorsätze und die Bereitschaft, einander zu helfen. Eine Kost, in der die richtigen Nährstoffe fehlen, schadet der Sache der Gesundheitsreform. Wir sind sterblich und brauchen solche Nahrung, die dem Körper die erforderlichen Nährstoffe zuführt. *Letter 135; 1902*

140 Nehmt eure Essgewohnheiten unter die Lupe. Schließt von der Ursache auf die Wirkung, aber stellt die Gesundheitsreform nicht in einem falschen Licht dar, indem ihr unwissentlich einen Weg einschlagt, der dagegen spricht. Vernachlässigt oder missbraucht euren Körper nicht, denn so wird er unfähig zum Dienst für Gott. Ich weiß sicher, dass einige der erfolgreichsten Mitarbeiter in unserem Werk dadurch gestorben sind. Eine der ersten Aufgaben einer Hausfrau ist es, für ausreichend Nahrung zu sorgen, die schmackhaft und stärkend ist. Es ist viel besser, weniger kostbare Kleidung und Möbel zu besitzen, als bei notwendiger Nahrung zu sparen. *CH 155.156; 1890*

Die Nahrung auf individuelle Bedürfnisse einstellen

141 Bei der Verwendung von Nahrungsmitteln sollten wir genau nachdenken. Tut uns eine bestimmte Kost nicht gut, dann brauchen wir keine Erkundigungsbriefe zu schreiben, um die Ursache der Störung zu erfahren. Verändert die Speise; esst von manchem weniger; bereitet sie anders zu. Bald werdet ihr feststellen, wie gewisse Zusammenstellungen auf uns wirken. Als intelligente Menschen kann jeder für sich die Grundsätze herausfinden und seine persönliche Erfahrung machen. Er kann dann persönlich entscheiden, welche Nahrung die beste für ihn ist. *7T 133.134; 1902*

142 Gott gab uns eine große Auswahl an gesunder Nahrung. Jeder sollte davon das wählen, was sich für ihn selbst durch Erfahrung und gesundes Urteil am besten bewährt hat. Es gibt genügend Früchte, Nüsse und Getreide. Jährlich werden die Erzeugnisse aller Länder durch die

Zunahme an Verkehrsverbindungen immer weiter verbreitet. So sind viele Nahrungsmittel, die vor wenigen Jahren noch kostspieliger waren, nun als Nahrung für den täglichen Bedarf für alle möglich. Dies gilt besonders für getrocknete Früchte. *MH 297; 1905*

4. ERNÄHRUNG IN VERSCHIEDENEN LÄNDERN

Die Ernährung entsprechend dem Klima und der Jahreszeit
143 Die verwendeten Nahrungsmittel sollten dem Klima angepasst sein. Verschiedene Produkte, gut in einem Land, können in einem anderen ganz ungeeignet sein. *Letter 14; 1901*

144 Nicht alle Speisen, auch wenn sie gesund sind, können wir genauso und unter allen Umständen verwenden. Bei der Auswahl sollte man sorgfältig sein. Unsere Ernährung sollte der Jahreszeit, dem Klima und der Beschäftigung angepasst sein. Manche Speisen, zur Verwendung in einer Jahreszeit und in einem Klima gut geeignet, sind unpassend für andere.

So benötigen Menschen mit unterschiedlicher Tätigkeit auch andere Nahrung. Eine Gericht, das der gut verträgt, der körperlich schwer arbeitet, ist aber für den anderen ungeeignet, weil er einer sitzenden Beschäftigung oder intensiver geistiger Arbeit nachgeht. Gott hat uns eine Vielfalt an gesunden Nahrungsmitteln gegeben. Jeder sollte sich daraus das auswählen, was sich nach seiner Erfahrung und in sinnvoller Weise am besten für ihn eignet. *MH 296.297; 1905*

Nahrhafte Lebensmittel in jedem Land vorhanden
145 Lasst uns verständig vorangehen, um unsere Nahrung zu vereinfachen. Nach Gottes Plan wachsen in jedem Land Nahrungsmittel, die für den Aufbau des Organismus notwendige Nährstoffe enthalten. Diese Nahrung kann dann zu gesunden, appetitlichen Gerichten verarbeitet werden. *Letter 135; 1902*

146 Wenn wir verständig sind, können wir gesunde Nahrung in fast jedem Land erhalten. Die verschiedenen Zubereitungsarten von Reis, Weizen, Mais und Hafer wird überall hin versandt, ebenso Bohnen, Erbsen und Linsen. Diese, in Verbindung mit einheimischen und eingeführten Früchten, und verschiedenen Gemüsesorten, die überall wachsen, hilft, eine Kost zu haben, die ohne Verwendung von Fleischspeisen ausreichend ist. ... Wo getrocknete Früchte, wie Rosinen, Pflaumen, Äpfel, Birnen, Pfirsiche und Aprikosen zu günstigen Preisen zu kaufen sind, wird man entdecken, dass man sie als haltbare Nahrungsmittel viel mehr nutzen kann, als es üblich ist, denn sie sind bestens für die Gesundheit und Kraft aller Menschen geeignet. *MH 299; 1905*

Ein Vorschlag für die Tropen
147 Im warmen, heißen Klimabereich sollte der Arbeiter weniger arbeiten als in einer kühleren Gegend, egal, welche Arbeit er zu verrichten hat. Der Herr denkt daran, dass wir nur Staub sind. ...

Umso weniger Zucker dem Essen hinzugefügt wird, desto weniger Schwierigkeiten wird es in heißen Gegenden geben. *Letter 91; 1898*

Taktvoll im Lehren der Gesundheitsreform
148 Um unser Werk in rechter, einfacher Weise auszuführen, müssen wir die Verhältnisse berücksichtigen, unter denen die menschliche Familie lebt. Gott hat für alle in den verschiedenen Ländern der Welt, Vorkehrungen getroffen. Solche, die Mitarbeiter Gottes sein möchten, müssen sorgfältig beachten, wie sie die Gesundheitsreform in Gottes großem Weinberg lehren. Sie müssen vernünftig vorgehen, wenn sie angeben, welche Nahrung gegessen und welche nicht gegessen werden sollte. Der menschliche Botschafter muss sich mit dem himmlischen Helfer vereinen, um allen, die Gott retten will, die Gnadenbotschaft zu bringen. *Letter 37; 1901*

149 Wir stellen keine genauen Regeln auf, die man befolgen sollte; wir betonen aber, dass Fleischnahrung in Ländern, in denen reichlich Obst, Getreide und Nüsse vorhanden sind, nicht die rechte Nahrung für Gottes Volk ist. *9T 159; 1909*

150 Der Herr wünscht, dass die Bewohner der Länder, wo man den größten Teil des Jahres frische Früchte bekommen kann, den Segen erkennen, den sie durch diese Früchte haben. Je mehr wir von frischen, soeben vom Baum gepflückten Früchten leben, desto größer wird der Segen sein. *7T 126; 1902*

Eine Zusicherung göttlicher Führung
151 Überall auf der Welt wird der Herr vielen zeigen, wie sie Früchte, Getreide und Gemüse zu Nahrungsmitteln verarbeiten können, die

das Leben erhalten und Krankheiten vermeiden. Menschen werden Kenntnisse gewinnen, wie gesunde Lebensmittel zu verarbeiten sind, obwohl sie die Herstellungsverfahren von den zur Zeit angebotenen Reformlebensmittel nie gesehen haben. Sie werden mit den Nahrungserzeugnissen der Erde Versuche machen und Erkenntnisse über die Verwendung dieser Erzeugnisse erhalten. Der Herr wird ihnen zeigen, was sie tun sollen. Der seinem Volk in einem Teil der Erde Weisheit und Geschicklichkeit gibt, wird das auch in anderen Teilen tun.

Gottes Absicht ist, dass die Lebensmittelvorräte jedes Landes so verarbeitet werden, dass sie dort verwendet werden können, wo sie am besten geeignet sind.

So wie Gott die Kinder Israel mit Manna vom Himmel versorgte, so wird er auch heute seinen Kindern in den verschiedenen Ländern Geschicklichkeit und Weisheit geben, die Produkte dieser Länder zu nutzen, um Nahrungsmittel herzustellen, die das Fleisch ersetzen können. *7T 124.125; 1902*

152 Gott möchte, dass überall Männer und Frauen ermutigt werden, ihre Fähigkeiten einzusetzen, wie sie gesunde Nahrung aus den natürlichen Erzeugnissen ihres Landes herstellen können.

Wenn sie zu Gott aufschauen und Geschicklichkeit und Scharfsinn unter den Einfluss seines Geistes stellen, werden sie lernen, wie man natürliche Produkte zu gesunder Nahrung verarbeitet. So werden sie befähigt, die Armen zu unterweisen, wie sie sich Nahrungsmittel beschaffen können, die die Fleischkost ersetzen. Wem so geholfen wurde, der kann wieder andere unterweisen. Eine solche Aufgabe erfordert heiligen Eifer und Tatkraft. Hätte man das schon früher getan, dann gäbe es heute mehr Menschen, die die Wahrheit kennen und viel mehr, die andere unterweisen. Wir wollen darauf achten, unsere Aufgabe zu erkennen und sie dann auch tun. Wir brauchen nicht hilflos und abhängig zu sein und zu warten, bis andere die Arbeit leisten, die Gott uns übertragen hat. *7T 133; 1902*

5 DIE PHYSIOLOGIE DER VERDAUUNG

Die Beachtung der Naturgesetze wird belohnt
153 Achtet man darauf, den Magen richtig zu behandeln, wird man mit gedanklicher Klarheit und geistiger Kraft belohnt. Die Verdauungsorgane werden nicht vorzeitig erschöpft, was auf eine falsche Lebensweise hinweist. Wenn wir unseren von Gott gegebenen Verstand schätzen, werden wir weise essen, studieren und arbeiten. Wir sind verpflichtet, den Körper in solch einem Zustand zu erhalten, dass wir einen frischen, sauberen Atem haben. Wir sollten die Kenntnisse schätzen, die Gott uns über die Gesundheitsreform gegeben hat und sie durch Wort und Tat anderen weitergeben. *Letter 274; 1908*

Körperliche Auswirkungen des Überessens
154 Wie wirkt das Überessen auf den Magen? Er wird kraftlos, die Verdauungsorgane werden geschwächt, und Krankheit mit all ihren Begleiterscheinungen wird die Folge sein. Wenn Menschen vorher schon krank waren, vergrößern sie damit ihre Schwierigkeiten und vermindern mit jedem Tag ihre Lebenskraft. Sie halten ihre Kräfte unnötig in Aktion, um das Essen zu verdauen, das sie ihrem Magen zumuten. *2T 364; 1870*

155 Oft spürt man diese Unmäßigkeit gleich in Form von Kopfschmerzen, Verdauungsstörungen und Koliken. Man hat dem Magen eine Last auferlegt, die er nicht bewältigen kann, und es entsteht ein Druckgefühl. Der Kopf ist verwirrt und der Magen rebelliert. Aber das Überessen hat nicht immer solche Folgen. Manchmal wird der Magen gelähmt. Man hat kein Schmerzempfinden, aber die Verdauungsorga-

ne verlieren ihre Lebenskraft. Die Grundlage des menschlichen Organismus wird nach und nach untergraben und das Leben gestaltet sich sehr unerfreulich. *Letter 731; 1896*

156 Ich rate dir, deinen Speiseplan sorgfältig zu gestalten. Achte darauf, dass du als ein vernünftiger, christlicher Wächter deinen Magen davor bewahrst, dass nichts über deine Lippen kommt, was für dein Leben gesundheitsgefährdend ist. Gott macht dich für die Erkenntnis verantwortlich, die er dir über die Gesundheitsreform gegeben hat. Der Blutandrang zum Kopf muss überwunden werden. In den Gliedmaßen gibt es große Blutgefäße für die Verteilung des Lebensstromes in alle Körperteile. Das Feuer, das du in deinem Magen anzündest, macht dein Gehirn zu einem glühenden Ofen.

Iss viel weniger und verwende einfache Kost, ohne starke Gewürze. Lass deine niederen Neigungen verhungern; verwöhne und nähre sie nicht. Die Stauung des Blutes im Gehirn stärkt die niederen Triebe und schwächt die geistlichen Kräfte. ... Du brauchst weniger zeitliche Nahrung und viel mehr geistliche, mehr vom Brot des Lebens. Je einfacher deine Kost, desto besser für dich. *Letter 142; 1900*

Behinderung des Organismus

157 Mein Bruder, du hast viel zu lernen. Du befriedigst deine Esslust, indem du mehr Nahrung zu dir nimmst, als dein Organismus in gutes Blut umwandeln kann. Es ist Sünde, übermäßig zu essen, auch von guter Qualität. Viele denken, wenn sie kein Fleisch und andere schädliche Nahrung essen, dass sie dann von einfacher Nahrung so viel zu sich nehmen dürfen, bis sie nicht mehr weiter essen können. Das ist ein Fehler. Viele angebliche Gesundheitsreformer sind eigentlich Schlemmer. Sie belasten die Verdauungsorgane so sehr, dass die Lebenskraft darin erschöpft wird, die Nahrungsmenge zu verarbeiten. Das hat auch auf den Verstand einen depressiven Einfluss; denn der Magen wendet sich an die Nervenkraft des Gehirns, ihm in seiner Arbeit beizustehen. Übereressen – auch von der einfachsten Nahrung – betäubt die feinen Nerven des Gehirns und schwächt seine Lebenskraft. Übereressen ist schlimmer für den Organismus als Überarbeiten. Die Kräfte der Seele werden durch unmäßiges Essen wirksamer zerstört als durch unmäßiges Arbeiten.

Den Verdauungsorganen sollte niemals eine große Menge oder qualitativ minderwertige Nahrung aufgebürdet werden. Dadurch wird der Organismus bei der Verarbeitung belastet. Alles, was mehr in den

Magen gelangt, als der Organismus verarbeiten und in gutes Blut umwandeln kann, hemmt den Stoffwechsel. Es kann weder in gute Zellen noch in Blut umgewandelt werden, sondern belastet nur die Leber und macht den Organismus krank. Der Magen wird in seinem Bemühen überlastet, das wieder in Ordnung zu bringen. Stellt sich dann ein Gefühl der Schwäche ein, wird das als Hunger gewertet. Anstatt den Verdauungsorganen Ruhe zu geben, um neue Kräfte zu sammeln, wird der Magen weiter belastet, und der erschöpfte Organismus wird wieder in Bewegung gesetzt. Eine zu große Nahrungsmenge, selbst von guter Qualität, ist schlechter für den Körper als wenig Speise, aber in regelmäßigen Abständen zu sich genommen.

Verdauung durch angemessene Bewegung fördern
Mein Bruder, dein Gehirn ist gelähmt. Jemand, der so viel isst wie du, sollte sich auch körperlich betätigen. Denn ausreichend Bewegung ist verdauungsfördernd und für das Wohlbefinden von Körper und Geist notwendig.

Du brauchst körperliche Bewegung, denn du bist ganz steif. Bewegung wird den Geist beleben. Unmittelbar nach einer sättigenden Mahlzeit sollte man nicht studieren oder schwer körperlich arbeiten. Das wäre eine Übertretung der Gesetze des Organismus. Unmittelbar nach dem Essen wird die Nervenkraft stark beansprucht, denn der Magen ruft sie zu Hilfe. Darum wird der Verdauungsprozess behindert, wenn Geist oder Körper nach dem Essen schwer belastet werden. Die Vitalität des Organismus, die notwendig ist, um die Arbeit in einer Richtung weiterzuführen, wird abgerufen und in einer anderen Richtung eingesetzt. *2T 412.413; 1870*

158 Bewegung hilft bei Verdauungsstörungen, da sie den Verdauungsorganen eine gesunde Spannkraft verleiht. Intensives Studium oder starke körperliche Bewegung unmittelbar nach dem Essen behindert den Verdauungsvorgang; denn die Lebenskraft des Organismus, die Verdauungsarbeit zu tun, wird in andere Körperteile abgezogen. Aber ein kurzer Spaziergang nach einer Mahlzeit in aufrechter Haltung und mäßige Bewegungsübungen sind wohltuend. Die Gedanken werden von sich selbst weg auf die Schönheiten der Natur gelenkt. Je weniger Aufmerksamkeit man dem Magen schenkt, desto besser. Wenn du in ständiger Furcht lebst, dass deine Nahrung dir schadet, wird sie es mit größter Sicherheit auch tun. Vergiss also deine Befürchtungen und denke an etwas Frohes. *CTBH 101; 1890*

Unterstützung durch reine Luft

159 Reine, frische Luft hilft, das Blut in gesunder Weise durch den Körper strömen zu lassen. Sie erfrischt den Körper, stärkt ihn und erhält ihn gesund, und gleichzeitig beeinflusst sie die Gedanken entscheidend. Eine gewisse Gelassenheit und Heiterkeit wird ausgelöst. Auch der Appetit wird angeregt, die Verdauung wird verbessert und ein tiefer, angenehmer Schlaf ist das Resultat. *1T 702; 1868*

160 Die Lungen sollten größtmögliche Bewegungsfreiheit haben. Sie werden durch freie Bewegung noch leistungsfähiger; sie schrumpfen, wenn sie gehemmt oder zusammengepresst werden. Das sind die üblen Folgen der allgemeinen Gewohnheit, sich besonders bei sitzender Beschäftigung tief über die Arbeit zu beugen. In dieser Haltung ist es unmöglich, tief zu atmen. Und oberflächliches Atmen wird bald zur Gewohnheit. Dadurch verlieren die Lungen ihre Kraft, sich auszudehnen. Ähnliches bewirkt festes Schnüren. Dem unteren Teil der Brust wird nicht genügend Raum gewährt; die Bauchmuskeln, die die Atmung unterstützen, haben keinen Spielraum, und die Lungen werden in ihrer Tätigkeit eingeschränkt.

Auf diese Weise wird nicht genügend Sauerstoff aufgenommen. Das Blut fließt nur träge. Die verbrauchten giftigen Stoffe, die durch die Ausatmungen der Lunge entfernt werden sollten, bleiben zurück, und das Blut wird unrein. Auch andere Organe wie Magen, Leber und Gehirn werden angegriffen. Die Haut wird fahl, die Verdauung ist verzögert, das Herz beengt, die Denkkraft getrübt, die Gedanken sind verwirrt, Traurigkeit oder Niedergeschlagenheit legt sich auf den Geist; der ganze Organismus wird belastet und untätig. Dann ist er besonders für Krankheit anfällig. *MH 272.273; 1905*

Durch flüssige Nahrung gehindert

161 Wärst du gesundheitlich nicht geschwächt, dann könntest du eine überaus nützliche Frau sein. Du bist lange krank gewesen, und dies hat dein Denkvermögen so sehr beeinflusst, dass deine Gedanken sich nur um dich selbst gedreht haben, und die Einbildungskraft hat den Körper beeinflusst. Deine Gewohnheiten sind in mancherlei Hinsicht nicht gut gewesen. Deine Ernährung war zu reichhaltig und von schlechter Qualität. Du hast zu viel von falscher Nahrung gegessen, so dass die Nahrung nicht in gutes Blut umgewandelt werden konnte. Du hast den Magen dazu erzogen und dir eingebildet, dass es das Beste für dich sei, weil es am wenigsten Beschwerden bereitete. Dies war ein Trugschluss. Dein Magen hat nicht die Kraft erhalten, die er durch die Nahrung bekommen sollte. In flüssiger Form eingenommen, kann die Nahrung den Organismus nicht kräftigen. Änderst du aber diese Gewohnheit und nimmst mehr feste Nahrung und weniger Flüssiges zu dir, so wird dein Magen rebellieren. Trotzdem darfst du in diesem Punkt nicht nachgeben. Du solltest deinen Magen dazu erziehen, feste Nahrung zu vertragen. *3T 74; 1872*

162 Ich zeigte ihr, dass die Zubereitung ihrer Nahrung verkehrt ist und nicht im Sinne der Gesundheitsreform, hauptsächlich von Suppen, Kaffee und Brot zu leben und dass es nicht gesund ist, dem Magen so viel Flüssigkeit zuzumuten. Alle, die eine solche Ernährung beibehalten, belasten die Nieren; auch der Magen wird durch so viel wässrige Substanz geschwächt.

Ich wurde gründlich davon überzeugt, dass viele in der Heileinrichtung an Verdauungsstörungen litten, weil sie sich auf diese Weise ernährten. Die Verdauungsorgane waren geschwächt und das Blut verarmt. Das Frühstück bestand aus Kaffee und Brot, und als Zugabe Pflaumenkompott. Dies war nicht gesund. Der Magen wäre nach der nächtlichen Ruhepause besser in der Lage gewesen, eine kräftige Mahlzeit zu verdauen, als wenn er durch Arbeit erschöpft ist. Das Mittagessen bestand meistens aus Suppe und manchmal aus Fleisch. Der Magen ist klein; aber weil der Appetit dadurch nicht befriedigt war, wurde diese flüssige Nahrung in großer Menge gegessen, was den Magen wiederum überlastete. *Letter 9; 1887*

Die Nahrung soll warm sein, aber nicht heiß
163 Ich rate allen, wenigstens morgens etwas Warmes zu sich zu nehmen. Man kann dies ohne große Mühe tun. *2T 603; 1870*

164 Heiße Getränke sind nicht erforderlich, außer als Heilmittel. Der Magen wird durch eine große Menge heißer Speisen und heißer Getränke geschädigt. Dadurch schwächt man die Kehle und die Verdauungsorgane und durch sie wiederum die anderen Organe des Körpers. *Letter 14; 1901*

Kalte Speisen verringern die Lebenskraft erheblich
165 Die Speisen sollten weder heiß noch sehr kalt gegessen werden. Kalte Speisen belasten den Magen, indem sie erst erwärmt werden müssen, bevor sie verdaut werden kann. Kalte Getränke sind aus dem-

selben Grunde schädlich. Während der reichliche Genuss heißer Getränke schwächend wirkt. *MH 305; 1905*

166 Viele machen den Fehler, kaltes Wasser zu den Mahlzeiten zu trinken. Die Nahrung sollte nicht hinuntergespült werden. Zum Essen getrunken, vermindert das Wasser den Speichelfluss, und je kälter das Wasser ist, desto größer ist die Schädigung des Magens. Eiswasser oder Eislimonade, die man zum Essen trinkt, halten die Verdauung auf, bis der Körper dem Magen genügend Wärme zugeführt hat, so dass er seine Arbeit wieder beginnen kann. Kaut langsam und lasst den Speichel sich mit der Nahrung vermengen. Je mehr Flüssigkeit mit dem Essen in den Magen gelangt, desto schwerer wird die Nahrung verdaut; denn die Flüssigkeit muss zuerst aufgesogen werden. *CH 119.120; 1890*

Eine Warnung für Berufstätige
167 Ich bin unterwiesen worden, den Mitarbeitern in unseren Heileinrichtungen und den Lehrern und Schülern an unseren Schulen zu sagen, dass es notwendig ist, auf das Essen zu achten. Es besteht die Gefahr, in dieser Hinsicht nachlässig zu werden. Unsere verschiedenen Sorgen und Verantwortlichkeiten nehmen unsere Zeit so in Anspruch, dass wir uns nicht die notwendige Zeit zum Essen nehmen. Meine Botschaft für euch ist: Nehmt euch Zeit zum Essen und überfüllt den Magen nicht mit vielerlei Speisen zu einer Mahlzeit. Es ist ein ernsthafter Fehler, die verschiedensten Speisen zu einer Mahlzeit in Eile herunterzuschlingen. *Letter 274; 1908*

Iss langsam, kaue gründlich – es ist gut für die Verdauung
168 Möchte man eine funktionierende Verdauung haben, dann sollte man die Speisen langsam essen. Auf diese Weise können Verdauungsstörungen vermieden werden. Er soll sich bewusst machen, dass alle seine Kräfte in so einem Zustand sein sollen, der ihn befähigt, Gott den besten Dienst zu leisten.

Wenn deine Essenszeit kurz ist, dann verschlinge deine Speisen nicht hastig, sondern iss weniger und kaue langsam. Der Nutzen der Nahrung hängt nicht so sehr von der Menge ab, die man gegessen hat, sondern von ihrer gründlichen Verdauung. So hängt die Befriedigung des Geschmackssinnes nicht so sehr von der Menge der verschlungenen Nahrung ab, als davon, wie lang sie im Mund bleibt.

Wer sich in Aufregung, Angst oder Eile befindet, ist gut beraten, erst zu essen, wenn er Ruhe oder Erholung gefunden hat; denn die

Lebenskräfte, die bereits schwer belastet sind, können dann nicht die notwendigen Verdauungssäfte liefern. *CH 120; 1890*

169 Man sollte die Speise langsam essen und gründlich kauen. Dies ist notwendig, damit sich der Speichel mit der Nahrung richtig vermischt und die Verdauungssäfte tätig werden. *MH 305; 1905*

Eine Lehre, die wiederholt werden muss
170 Wenn wir wieder gesund werden wollen, ist es nötig, die Esslust zu zähmen und langsam zu essen und nur eine begrenzte Auswahl zu einer Mahlzeit. Diese Unterweisung muss oft wiederholt werden. Es passt nicht mit den Grundsätzen der Gesundheitsreform überein, zu einer Mahlzeit so viele verschiedene Gerichte zu essen. *Letter 27; 1905*

171 Wird von der Fleischnahrung zur vegetarischen Kost gewechselt, sollte man das sehr sorgfältig tun. Der Tisch sollte mit weise zubereiteten Nahrungsmitteln gedeckt werden. Es ist falsch, viel Breikost zu essen. Die trockene Nahrung, die gutes Kauen erfordert, ist dem vorzuziehen. Reformkost ist in dieser Hinsicht ein Segen. Gutes dunkles Brot und Brötchen, auf einfache Weise und doch sorgfältig zubereitet, sind gesund. Brot sollte nicht sauer sein. Es muss ganz durchgebacken sein, so dass es weder weich noch klebrig ist.

Für diejenigen, die es vertragen können, ist gutes Gemüse, auf gesunde Art zubereitet, besser als weiche Breispeisen. Früchte, zusammen mit gründlich durchgebackenem Brot verwendet, das zwei oder drei Tage alt ist, sind ein gesundes Essen. Dies ist besser als frisches Brot. Eine solche Nahrung, langsam und gründlich gekaut, wird den Organismus mit allem versorgen, was er benötigt. *Ms 3; 1897*

172 Nehmt weiches Wasser und Milch oder ein wenig Rahm, um Brötchen herzustellen. Macht einen festen Teig und knetet ihn wie für knuspriges Gebäck. Backt sie im Backofen. Sie sind süß und köstlich. Sie erfordern gründliches Kauen, das den Zähnen wie auch dem Magen hilft. Sie geben gesundes Blut und verleihen Kraft. *RH 8.5.1883*

Vermeide Überängstlichkeit
173 Man kann die Menge der Nahrung, die man essen sollte, nicht nach Gewicht bemessen. Das sollte man nicht tun; denn dadurch werden die Gedanken ichbezogen. Essen und Trinken wird zu sehr ein Thema des Nachdenkens. ...

Viele meinen festlegen zu müssen, welche Menge und Qualität der Nahrung am besten zur Ernährung geeignet sei. Besonders solche mit gestörter Verdauung, haben sich hinsichtlich ihres Speiseplanes so viele Sorgen gemacht, dass sie nicht genügend Nahrung zu sich genommen haben. Sie haben ihrem Körper sehr geschadet und – wie wir befürchten – sich für dieses Leben ruiniert. *Letter 142; 1900*

174 Manche sind ständig in Sorge darüber, dass ihre Nahrung, wie einfach und gesund sie auch ist, ihnen schaden könnte. Diesen möchte ich sagen: Denkt nicht, dass eure Nahrung euch schaden wird, denkt überhaupt nicht darüber nach. Esst nach bestem Verständnis, und wenn ihr den Herrn gebeten habt, die Speise zur Stärkung eures Körpers zu segnen, so glaubt, dass euer himmlischer Vater euer Gebet hört und seid damit zufrieden. *MH 321; 1905*

175 Ein anderes Übel ist essen zur falschen Zeit, wie nach heftiger oder anstrengender Bewegung, wenn jemand sehr erschöpft oder erhitzt ist. Unmittelbar nach dem Essen findet eine starke Anspannung der Nervenkraft statt; und wenn Körper oder Geist gerade vor oder nach dem Essen sehr angestrengt wurden, wird die Verdauung behindert. Wenn jemand aufgeregt ist, in Angst oder in Eile, so ist es besser, nicht zu essen, bis man ausgeruht oder beruhigt ist. Der Magen steht in enger Beziehung zum Gehirn; und wenn der Magen krank ist, dann wird die Nervenkraft des Gehirns für die geschwächten Verdauungsorgane zu Hilfe genommen. Finden diese Anforderungen zu häufig statt, wird das Gehirn belastet. Wird das Gehirn ständig überfordert und fehlt es an körperlicher Bewegung, so sollte selbst einfache Nahrung mäßig genossen werden. Zur Essenszeit lege man alle Sorgen und beschwerende Gedanken beiseite; man sei auch nicht in Eile, sondern esse langsam, mit Frohsinn und dankerfülltem Herzen gegen Gott für all seine Segnungen. *MH 306; 1905*

Richtige Nahrungszusammenstellung

176 Das Wissen um eine geeignete Zusammenstellungen von Nahrungsmitteln ist sehr wertvoll. Gott wird dir die nötige Weisheit dazu geben. *Letter 213; 1902*

177 Bietet keine zu große Auswahl zu einer Mahlzeit an. Drei oder vier Gerichte sind ausreichend. Zur nächsten Mahlzeit könnt ihr abwechseln. Die Köchin sollte erfinderisch sein, um die Gerichte abzuwechseln, die sie auftischt. Und andererseits sollte der Magen nicht gezwungen werden, eine Mahlzeit nach der anderen die gleichen Speisen aufnehmen zu müssen. *RH 29.7.1884*

178 Die einzelnen Mahlzeiten dürfen nicht zu kalorienreich sein. Außerdem sollten sie keinesfalls immer aus den gleichen Nahrungsmittelsorten, ohne irgendeine Abwechslung, bestehen. Die Speisen sollten einfach zubereitet werden, jedoch wohlschmeckend und appetitlich. *2T 63; 1868*

179 Es wäre viel besser, nur zwei oder drei verschiedene Speisen bei einer Mahlzeit einzunehmen, anstatt den Magen mit einer vielfältigen Auswahl an Speisen zu beladen. *Letter 73a; 1896*

180 Viele werden durch die ständige Befriedigung ihrer Esslust krank. ... So vielerlei wird dem Magen zugemutet, dass es zur Gärung kommt. Dieser Zustand ruft dann akute Krankheiten hervor und häufig folgt darauf sogar der Tod. *Ms 86, 1897*

181 Die Vielfalt von Speisen zu einer Mahlzeit verursacht Störungen und vernichtet das Gute. Jede Nahrung, allein gegessen, ist aber für den Organismus wertvoll. Dieses Verhalten verursacht ständige Leiden und oft den Tod. *Letter 54; 1896*

182 Hast du eine sitzende Tätigkeit, dann sorge täglich für körperliche Bewegung und iss zu jeder Mahlzeit nur zwei oder drei Arten von einfachen Speisen und nimm nicht mehr davon, als bis der Hunger gestillt ist. *Letter 73a, 1896*

183 Durch eine falsche Zusammenstellung der Speisen werden Verdauungsstörungen verursacht; die Speisen gären dann, das Blut wird verunreinigt und der Verstand verwirrt.

Die Gewohnheit, zu viel zu essen oder bei einer Mahlzeit vielerlei zu sich zu nehmen, verursacht häufig Magenverstimmung. Dadurch werden die feinen Verdauungsorgane ernstlich gefährdet. Umsonst meldet sich der Magen und fordert, doch von der Ursache auf die Wirkung zu schließen. Zu viel Nahrung oder eine falsche Zusammenstellung schaden den Verdauungsorganen. Werden die warnenden, unangenehmen Zeichen nicht beachtet, dann sind Leiden die unausbleibliche Folge; Krankheit tritt an die Stelle von Gesundheit. *7T 257; 1902*

Krieg im Magen

184 Eine weitere Ursache für schlechte Gesundheit und auch Unfähigkeit zur Arbeit sind Verdauungsstörungen. Es ist für das Gehirn unmöglich, beste Arbeit zu leisten, wenn die Verdauungskräfte missbraucht werden. Viele essen eilig und verschiedene Arten von Nahrungsmitteln, die im Magen einen Krieg hervorrufen und somit den Verstand verwirren. *GW 174 alte Ausgabe; 1892*

185 Es ist nicht gut, zu einer Mahlzeit eine große Auswahl von Speisen zu sich zu nehmen. Wenn der Magen mit Obst und Brot, zusammen mit einer Vielfalt anderer Nahrungsmittel, die nicht zusammenpassen, zu einer Mahlzeit gefüllt wird, was können wir dann anderes erwarten, als dass eine Störung entsteht? *Ms 3; 1897*

186 Viele Leute essen viel zu schnell. Andere wiederum essen zu einer Mahlzeit Speisen, die nicht zusammenpassen. Wenn die Menschen nur daran denken würden, wie sehr sie die Seele verletzen, wenn sie den Magen quälen, und wie sehr Christus entehrt wird, wenn der Magen missbraucht wird, dann wären sie tapfer und übten Selbstverleugnung, indem sie dem Magen die Gelegenheit gäben, seine gesunde Funktionskraft wiederzugewinnen. Während wir zu Tisch sitzen, könnten wir ärztliche Missionsarbeit tun, indem wir zur Ehre Gottes essen und trinken. *Ms 93; 1901*

Ein friedlicher Magen – ein friedlicher Mensch

187 Wir müssen die Verdauungsorgane pflegen und sie nicht mit einer Vielzahl verschiedener Speisen belasten. Wer sich mit vielerlei Speisen zu einer Mahlzeit vollstopft, schadet sich selbst. Es ist besser, das zu essen, was wir vertragen, als von jedem Gericht zu probieren, das uns vorgesetzt wird. Es gibt in unserem Magen keine Tür, durch die wir hineinschauen und sehen könnten, was darin vorgeht. Deshalb müssen wir verständig sein und von der Ursache auf die Wirkung schließen. Wenn du aufgeregt bist und alles schief zu gehen scheint, liegt es vielleicht daran, dass du die Folgen trägst, die mit einer großen Vielfalt von Speisen, die du gegessen hast, zusammenhängt.

Die Verdauungsorgane spielen eine wichtige Rolle im Glück unseres Lebens. Gott hat uns den Verstand gegeben, damit wir lernen, was wir als Nahrung verwenden sollten. Werden wir als vernünftige Menschen nicht herausfinden, ob das, was wir essen, zusammenpasst, oder ob es Störungen hervorruft?

Menschen, die einen gereizten Magen haben, haben sehr oft auch ein gereiztes Gemüt. Alles scheint sich gegen sie zu richten, und sie neigen dazu, quengelig und reizbar zu sein. Wenn wir Frieden unter uns haben wollen, sollten wir mehr als bisher überlegen, wie wir zu einem friedlichen Magen gelangen. *Ms 41; 1908*

Früchte und Gemüse
188 Man sollte keine große Auswahl zu einer Mahlzeit anbieten, denn das verleitet zum Überessen und verursacht schlechte Verdauung. Es ist nicht gut, Früchte und Gemüse zur selben Mahlzeit zu essen. Wenn die Verdauung schwach ist, wird das oft Schmerz und Unfähigkeit zu geistiger Anstrengung verursachen. Es ist besser, zu einer Mahlzeit Früchte und zu einer anderen Gemüse zu haben. Die Mahlzeiten sollten abwechslungsreich sein. Dieselben Speisen, auf die gleiche Weise zubereitet, sollten nicht zu jeder Mahlzeit und einen Tag nach dem andern auf dem Tisch erscheinen. Die Mahlzeiten werden mit größerem Appetit gegessen und der Körper wird besser versorgt, wenn die Speisen verschieden sind. *MH 299.300; 1905*

Reichhaltige Desserts und Gemüse
189 Pudding, Vanillecreme, süßer Kuchen und Gemüseprodukte – alles zu derselben Mahlzeit serviert – verursachen eine Störung im Magen. *Letter 142; 1900*

190 Es ist erforderlich, dass ihr in eurem Haus die allerbesten Helfer für die Arbeit der Speisezubereitung anstellt. In nächtlicher Vision schien es, dass Brd. V. erkrankte, und ein erfahrener Arzt sagte zu dir: *„Ich habe dein Essen beobachtet. Du isst zu viel Verschiedenes zu einer Mahlzeit. Obst und Gemüse, die zur selben Mahlzeit gegessen werden, rufen eine Übersäuerung des Magens hervor. Daraus folgt eine Unreinheit des Blutes, und der Verstand ist nicht klar, weil die Verdauung unvollständig ist!"* Du solltest begreifen, dass jedes Organ des Körpers beachtet werden muss. In Fragen der Ernährung sollst du von der Ursache auf die Wirkung schließen. *Letter 312; 1908*

Zucker und Milch
191 Normalerweise wird viel zu viel Zucker für die Speisen verwendet. Kuchen, süße Puddings, Pasteten, Gelees und Konfitüren sind echte Ursachen für Verdauungsstörungen. Besonders schädlich sind die Cremespeisen und Puddings, deren Hauptbestandteile Milch, Eier

und Zucker sind. Man sollte also die Verbindung von reichlich Milch und Zucker vermeiden. *MH 302; 1905*

192 Manche verwenden Milch und viel Zucker für ihren Brei und meinen dann, sie lebten nach der Gesundheitsreform. Aber die Kombination von Milch und Zucker führt dazu, im Magen Gärung hervorzurufen und ist daher schädlich. *CH 154; 1890*

Kalorienreiche und komplizierte Mischungen
193 Je weniger Gewürze und Nachspeisen auf unseren Tisch kommen, desto besser für alle. Diese Mixturen und komplizierten Gerichte sind für die Gesundheit menschlicher Wesen schädlich. Die Tiere würden niemals so etwas fressen, was oft in den menschlichen Magen gelangt. Kalorienreiche Speisen und komplizierte Mixturen zerstören die Gesundheit. *Letter 72; 1896*

Offizielle Todesraten durch koronare Herzkrankheiten (CHD) stehen, wie erwiesen ist, von Land zu Land in Verbindung mit dem Milchkonsum, vor allem von fettarmer Milch.
Internationale Zeitschrift der Kardiologie, Februar 2003, Band 87, Ausgabe 2/3

Mindestens 50% aller Kinder in den USA haben eine Milchallergie, viele davon unerkannt. Milchprodukte sind die Hauptursache für Nahrungsallergien, die sich oft bemerkbar machen durch Verstopfung, Durchfall und Müdigkeit. Viele Asthmafälle oder Sinusinfektionen könnten verbessert oder sogar geheilt werden, wenn Milchprodukte gemieden werden. Frank Oski, M.D., Chefpediatrik der medizinischen Schule für natürliche Gesundheit von Johns Hopkins, Juli 1994

Wissenschaftler haben einen Test über 5 Jahre mit 384 Männern durchgeführt, die Prostatakrebs hatten ... Jene, die am meisten gesättigte Fette konsumierten – die die in Fleisch und Milchprodukten am meisten vorkommt – hatten ein dreimal höheres Risiko, an dieser Krankheit zu sterben wie diejenigen, die am wenigsten gesättigte Fette verwendeten. Europäische Zeitschrift der Urologie, 1999; 388:91

6 FALSCHES ESSEN ALS KRANKHEITSURSACHE

Ein Erbe der Degeneration
<u>194</u> Gott erschuf den Menschen vollkommen und gutaussehend. Über 6000 Jahre lang hat der Mensch den ständig zunehmenden Belastungen durch Krankheit und Verbrechen standgehalten. Das beweist, wie belastbar der Mensch bei der Erschaffung war. Obwohl sich die Menschen vor der Sintflut allgemein ohne Einschränkung der Sünde hingaben, dauerte es mehr als 2000 Jahre, ehe die Verletzung der Naturgesetze deutlicher zu spüren war. Hätte Adam damals dieselbe Kraft besessen wie heutige Menschen, dann wäre die Menschheit schon längst ausgestorben. Durch die aufeinanderfolgenden Generationen seit dem Sündenfall geht es ständig abwärts. Krankheiten werden von den Eltern auf ihre Kinder übertragen – Generation auf Generation. Sogar Babys leiden unter den Schwächen, die durch die Sünden ihrer Eltern verursacht wurden.

Mose, der erste Geschichtsschreiber, gibt einen ganz genauen Bericht über das gesellschaftliche und persönliche Leben in den frühen Tagen der Weltgeschichte. Aber wir finden keinen Hinweis darauf, dass ein Kind blind, taub, verkrüppelt oder geistesschwach geboren wäre. Nicht ein Fall eines natürlichen Todes im Säuglingsalter, während der Kindheit oder des frühen Mannesalters wird berichtet. Todesnachrichten im 1. Buch Mose lauten folgendermaßen: *„Sein (Adams) ganzes Alter war 930 Jahre, und er starb. Sein (Seths) ganzes Alter war 912 Jahre, und er starb!"* 1.Mose 5,5.8 Von anderen stellt der Berichterstatter fest: *„starb in einem guten Alter, als er alt und lebenssatt war"* Abraham: 1.Mose 25,8; David: 1.Chronik 29,28 Es kam so selten vor, dass ein Sohn vor seinem Vater starb, dass solch eine Begebenheit als berichtenswert angesehen wurde: *„Haran starb vor seinem Vater Tarah!"* 1.Mose 11,28 Die Patriarchen von Adam bis Noah lebten mit wenigen Ausnahmen fast 1000 Jahre lang. Seit dieser Zeit hat die durchschnittliche Lebensdauer abgenommen. Zur Zeit von Christi erstem Kommen war die Menschheit bereits so geschwächt, dass nicht nur die Alten, sondern auch Menschen in mittleren Jahren und junge Menschen aus jeder Stadt zum Heiland gebracht wurden, damit er sie von ihrer Krankheit heile. Viele litten unter der Last unaussprechlichen Elends.

Die Übertretung der Naturgesetze mit den daraus folgenden Leiden und frühzeitigem Tod bestehen schon so lange, dass man diese Folgen als ein von Gott bestimmtes Schicksal der Menschheit ansieht. Aber Gott schuf die Menschen nicht in solch schwachem Zustand. Das ist nicht das Werk der Vorsehung, sondern des Menschen und durch falsche Gewohnheiten entstanden, durch Übertretung der Gesetze Gottes. Ständig die Naturgesetze zu übertreten, ist eine permanente Übertretung des Gesetzes Gottes. Hätten die Menschen die Zehn Gebote immer beachtet, indem sie in ihrem Leben die Grundsätze dieser Gebote umgesetzt hätten, dann existierte der Fluch der Krankheit nicht, der jetzt die Welt erfüllt.

„Oder wisst ihr nicht, dass euer Leib ein Tempel des in euch wohnenden Heiligen Geistes ist, den ihr von Gott empfangen habt, und dass ihr nicht euch selbst gehört?" 1.Korinther 6,19 Wenn die Menschen einen Weg einschlagen, der unnötig ihre Lebenskraft aufbraucht oder ihren Verstand umwölkt, sündigen sie gegen Gott. Sie ehren ihn nicht durch ihren Körper und Geist, die ja ihm gehören. Obwohl der Mensch Gott dadurch entehrt hat, bietet er den Menschen noch immer seine Liebe an. Er lässt sein Licht leuchten, das dem Menschen zeigt, dass er, um ein vollkommenes Leben zu führen, den Naturgesetzen, die sein Dasein beherrschen, gehorchen muss. Wie wichtig ist es dann, dass der Mensch nach diesem Licht handelt und all seine Fähigkeiten des Körpers als auch des Geistes zur Ehre Gottes einsetzt!

Wir leben in einer Welt, die der Gerechtigkeit oder der Reinheit des Charakters und besonders dem Wachstum in der Gnade ablehnend gegenübersteht. Wohin wir auch schauen, sehen wir Verunreinigung und Verdorbenheit, Missbildung und Sünde. Wie sehr steht das dem Werk entgegen, das in uns vollendet werden muss, unmittelbar bevor wir die Gabe der Unsterblichkeit erhalten! Die Auserwählten Gottes müssen unbefleckt dastehen inmitten der Verdorbenheit, die sie in diesen letzten Tagen umgibt. Ihr Körper muss geheiligt, ihr Geist gereinigt werden. Soll das Ziel erreicht werden, muss es sofort ernst und mit richtigem Verständnis begonnen werden. Der Geist Gottes sollte ganz die Herrschaft haben und jedes Tun beeinflussen. ...

Die Menschen haben ihren Körper verunreinigt. Und Gott ruft sie auf, zu erwachen und sich mit ganzer Kraft zu bemühen, ihre von Gott gegebene Stellung zurückzugewinnen. Nur die Gnade Gottes kann das Herz von Sünde überführen und ändern. Allein von ihm können die Sklaven der Gewohnheit Kraft bekommen, die Fesseln, die sie festhalten, zu zerreißen. Es ist unmöglich, dass ein Mensch seinen Körper als ein lebendiges, heiliges und Gott wohlgefälliges Opfer darbringt, während er weiterhin Gewohnheiten pflegt, die seine körperlichen, geistigen und sittlichen Kräfte rauben. Wieder sagt der Apostel: *„Und passt euch nicht diesem Weltlauf an, sondern lasst euch [in eurem Wesen] verwandeln durch die Erneuerung eures Sinnes, damit ihr prüfen könnt, was der gute und wohlgefällige und vollkommene Wille Gottes ist."* Römer 12,2; CH 19-23; 1890

Freiwillige Unkenntnis bezüglich der Gesetze des Lebens

195 Es ist befremdend, welcher Mangel an Grundsätzen besteht. Das charakterisiert diese Generation und das kommt in ihrer Missachtung der Gesetze des Lebens und der Gesundheit zum Ausdruck. Das ist erstaunlich. Über dieses Thema besteht große Unkenntnis, während sie genügend Erkenntnisse haben könnten.

Die meisten sorgen sich nur darum: *„Was soll ich essen?", „was soll ich trinken?"* und *„was soll ich anziehen?."* Ungeachtet allem, was über die Behandlung unseres Körpers gesagt und geschrieben wurde, – die Esslust ist das große Gesetz, das Männer und Frauen normalerweise regiert. Die moralischen Kräfte sind geschwächt, weil die Menschen den Gesundheitsgesetzen nicht gehorchen und für sie persönlich beachten wollen. Eltern übergeben dadurch der nächsten Generation ihre eigenen verkehrten Gewohnheiten. Und zudem verderben furchtbare Krankheiten das Blut und zerrütten die Nerven.

Die meisten Menschen bleiben über die Gesetze ihres Daseins unwissend und befriedigen die Esslust und Leidenschaften auf Kosten von Verstand und Moral. Es scheint, dass sie freiwillig über die Folgen ihrer Übertretung der Naturgesetze in Unkenntnis bleiben. Sie befriedigen den verdorbenen Appetit durch die Verwendung schleichender Gifte, die das Blut verunreinigen, die Nervenkräfte zerstören und dadurch Krankheit und Tod über sie bringen. Ihre Freunde betrachten dies als Schicksal. Damit beleidigen sie Gott im Himmel. Sie lehnten sich gegen die Naturgesetze auf und ernten nur, was sie gesät haben. Leid und Sterblichkeit ist nun überall auf dem Vormarsch – besonders unter Kindern. Wie groß ist der Unterschied zwischen der heutigen Generation und denen, die während der ersten zweitausend Jahre lebten! *3T 140.141; 1872*

Soziale Ergebnisse des unbeherrschten Appetits

196 Die Natur wehrt sich gegen jede Übertretung der Lebensgesetze. Solange wie möglich, erträgt sie den Missbrauch, aber schließlich folgt die Strafe. Und die erstreckt sich auf die geistigen als auch auf die körperlichen Kräfte. Und die Folgen sind auch nicht allein auf den Übertreter beschränkt.

Die Auswirkungen der Genusssucht sieht man an seinen Nachkommen. So wird das Übel über Generationen weitergereicht. Die heutige Jugend lässt uns in die Zukunft der Gesellschaft blicken, und was können wir, wenn wir sie sehen, für die Zukunft erhoffen? Die meisten lieben das Vergnügen und haben eine Abneigung gegen die Arbeit. Ihnen fehlt der sittliche Mut, dem eigenen *Ich* abzusagen und die Forderungen der Pflicht zu erfüllen. Sie haben nur wenig Selbstbeherrschung und werden bei geringstem Anlass aufgeregt und zornig.

Sehr viele Menschen aller Altersstufen und jeder Lebensstellung sind ohne Grundsätze oder Gewissen. Mit ihrer trägen Haltung und den verschwenderischen Gewohnheiten stürzen sie sich ins Laster und verderben die Gesellschaft, bis unsere Welt ein zweites Sodom wird. Wenn die Esslust und die Leidenschaften vom Verstand und Religion beherrscht wären, würde die Gesellschaft anders aussehen. Die heutigen traurigen Zustände waren nie in Gottes Plan. Sie entstanden durch die groben Verletzungen der Naturgesetze. *CH 112; 1890*

Übertretene Gesetze – die Natur- und Moralgesetze

197 Jesus sagte zu denen, die vorher verzweifelt waren und geheilt wurden: *„Sündige hinfort nicht mehr, dass dir nicht etwas Ärgeres widerfahre."* So konnte er lernen, dass Krankheit eine Folge der Übertretung des göttlichen Gesetzes ist, und zwar für die Naturgesetze wie auch für die Gesetze des geistlichen Lebens. Das viele Elend in der Welt wäre nicht da, wenn die Menschen nur in Übereinstimmung mit den Anweisungen des Schöpfers lebten. Christus war der Führer und Lehrer des alten Israel gewesen und hatte das Volk unterwiesen, dass Gesundheit die Belohnung für den Gehorsam gegen Gottes Gesetz ist. Der große Arzt, der die Kranken in Palästina heilte, hatte einst aus der Wolkensäule zu seinem Volk gesprochen und ihm erklärt, was es selbst tun müsste und was Gott vollbringen würde. So sagte er: *„Wenn du der Stimme des Herrn, deines Gottes, eifrig gehorchen wirst und tust, was vor ihm recht ist, und seine Gebote zu Ohren fasst und alle seine Satzungen hältst, so will ich keine der Krankheiten auf dich legen, die ich auf Ägypten gelegt habe; denn ich bin der Herr, dein Arzt."* 2.Mose 15,26

Gott der Herr gab den Israeliten bestimmte Anweisungen für ihre Lebensgewohnheiten und versicherte ihnen: *„Der Herr wird von dir nehmen alle Krankheit."* Solange sie die Bedingungen erfüllten, galt ihnen die Verheißung: *„es war kein Gebrechlicher unter ihren Stämmen."* Daraus sollten wir heute lernen. Wer gesund bleiben will, muss bestimmte Bedingungen erfüllen. Alle sollten diese Voraussetzungen kennen lernen. Keiner gefällt Gott, der seinem Gesetz unwissend gegenübersteht. In dem Bemühen, an Körper und Seele wieder gesund zu werden, sollten wir mit Gott zusammenarbeiten. DA 824; 1898

Selbst auferlegtes Leiden

198 Die Menschen haben durch eigene falsche Gewohnheiten die verschiedensten Krankheiten über sich gebracht. Sie haben nicht gelernt, wie man gesund lebt. Durch die Übertretung der Gesetze ihres Daseins ist ein beklagenswerter Zustand entstanden. Die Menschen haben ihre Leiden selten der wirklichen Ursache zugeschrieben – ihrer eigenen falschen Handlungsweise. Sie waren unmäßig im Essen und haben ihren Appetit zu einem Gott gemacht. In all ihren Gewohnheiten hinsichtlich der Gesundheit und des Leben sind sie gleichgültig. Wenn sie dann als Ergebnis krank geworden sind, glauben sie selbst, dass Gott dafür verantwortlich ist, während sie doch nur die Folge ihrer eigenen verkehrten Handlungsweise war. 3HL 49; 1866

199 Krankheit kommt nie ohne Grund. Das Nichtachten der Gesundheitsgesetze bereitet den Weg für die Krankheit und löst sie aus. Viele leiden infolge der Übertretung ihrer Eltern. Sie sind zwar nicht dafür verantwortlich, was ihre Eltern getan haben, aber es ist trotzdem ihre Pflicht, zu unterscheiden, was eine Übertretung der Gesundheitsgesetze sind und was nicht. Sie sollten die verkehrten Gewohnheiten ihrer Eltern meiden und versuchen, durch richtige Lebensweise in eine bessere Situation zu kommen. Die meisten Menschen jedoch leiden wegen ihrer eigenen verkehrten Handlungsweise. Sie missachten die Grundsätze der Gesundheit im Essen, Trinken, Kleiden und Arbeiten. Die Übertretung der Naturgesetze hat sichere Folgen, und wenn sie krank werden, dann murren sie deswegen gegen Gott, anstatt die wahre Ursache zu beachten. Aber Gott ist nicht dafür verantwortlich. Das ist eine Folge der Missachtung der Naturgesetze. Krankheit ist oft die Folge unregelmäßiger Essenszeiten. Da muss zuerst die Natur von der Last befreit werden, die ihr auferlegt worden ist. *MH 234.235; 1905*

Krankheit folgt der Befriedigung des Appetits
200 Viele Leute werden durch ihre Selbstbefriedigung krank. Sie haben nicht nach dem Naturgesetz oder den Grundsätzen strenger Reinheit gelebt. Andere haben die Gesundheitsgesetze beim Essen und Trinken, Kleiden oder Arbeiten missachtet. *MH 227; 1905*

201 Häufiger als Überarbeitung und anstrengendes Studium erschöpfen ungeeignete Nahrung – zum falschen Zeitpunkt verzehrt – und die Vernachlässigung der Gesundheitsgesetze den Geist und führen zu dessen Zusammenbruch. ... Fleißiges Studieren ist nicht die Hauptursache für das Versagen der geistig-seelischen Kräfte. Der Hauptgrund liegt in der falschen Ernährung, in unregelmäßigen Essenszeiten und in einem Mangel an körperlicher Bewegung. Unregelmäßigkeit im Essen und Schlafen schwächt das Gehirn. *YI 31.5.1894*

202 Viele leiden durch die Befriedigung der Esslust, und viele sterben deshalb. Sie essen, was ihrem verdorbenen Geschmack gefällt, schwächen dadurch die Verdauungsorgane und verhindern, dass die Nahrung, die zur Erhaltung des Lebens dient, aufgeschlossen wird. Dies führt zu akuten Krankheiten, und oftmals zum Tod. Der empfindsame Organismus wurde durch die selbstmörderischen Praktiken derjenigen, die es besser wissen müssten, erschöpft. Die Gemeinden sollten dem Licht, das Gott gegeben hat, treu und gewissenhaft folgen. Jeder sollte klug ans Werk gehen, um aus seiner Lebensweise jede ungesunde Essgewohnheit zu streichen. *6T 372.373; 1900*

Ich verstehe nicht, warum es als drastisch angesehen wird, Menschen zur Annahme einer ausgewogenen vegetarischen Diät zu führen. Während es doch eigentlich medizinisch gesehen konservativ ist, die Menschen aufzuschneiden oder ihnen für den Rest ihres Lebens starke Cholesterin senkende Medikamente zu verschreiben. Dean Ornish, M.D.

Eine vegetarische Ernährung reduziert das Auftreten von Diabetes. Amerikanische Zeitschrift öffentlicher Gesundheit, 75:507-512,1985

Der Trunksucht den Weg bereiten

203 Die Unmäßigkeit beginnt oft schon in der Familie. Die Verdauungsorgane werden durch den Verzehr würziger, ungesunder Speisen geschwächt und es entsteht ein Verlangen nach mehr aufputschender Nahrung. Auf diese Weise verlangt der Appetit fortgesetzt nach etwas Stärkerem. Das Verlangen nach Reizmitteln tritt immer häufiger auf und es wird immer schwerer, dem zu widerstehen. Der Organismus wird mehr oder weniger vergiftet. Und je entkräfteter er ist, desto größer wird das Verlangen nach diesen Dingen. Ein Schritt in die verkehrte Richtung bereitet den Weg für einen anderen. Viele stellen zwar nicht Wein und andere Alkoholika auf den Tisch, bieten aber Speisen an, die einen Durst nach solchen Getränken entfachen. So ist es fast unmöglich, der Versuchung zu widerstehen. Verkehrte Gewohnheiten im Essen und Trinken zerstören die Gesundheit und bereiten den Weg zur Trunksucht. *MH 334; 1905*

Eine kranke Leber durch falsche Ernährung

204 Als ich letzten Sabbat sprach, sah ich vor mir deutlich eure fahlen Gesichter, genauso wie sie mir gezeigt worden waren. Ich sah euren Gesundheitszustand und die Krankheiten, an denen ihr schon so lange leidet. Es wurde mir gezeigt, dass ihr nicht gesund gelebt habt. Eure Begierden sind ungesund; ihr habt eure Gaumenlust auf Kosten des Magens befriedigt. Ihr habt Speisen gegessen, die der Magen unmöglich in gutes Blut verwandeln konnte. Das hat die Leber schwer belastet. Deshalb funktionieren die Verdauungsorgane nicht richtig. Bei euch beiden ist die Leber angegriffen. Würdet ihr die Gesundheitsreform genau ausleben, käme das euch beiden sehr zugute. Ihr habt das aber versäumt. Euer Appetit ist verdorben. Da euch einfache Speisen aus Vollkornmehl, Gemüse und Früchte, ohne scharfe Gewürze und Fett zubereitet, nicht schmecken, übertretet ihr ständig die Gesetze, die Gott in euch hineingelegt hat. Solange ihr das tut, müsst ihr die Strafe tragen. Denn jede Übertretung zieht ihre Bestrafung nach sich. Trotzdem wundert ihr euch über euren andauernd schlechten Gesundheitszustand. Gott wird sicherlich kein Wunder tun, um euch von euren selbst verschuldeten Leiden zu erlösen. *2T 67-70; 1868*

Reichhaltige Speisen und Fieber

Es gibt keine Behandlungsart, die euch von euren gegenwärtigen Beschwerden befreien könnte, solange ihr esst und trinkt wie bisher. Ihr habt es in der Hand, für euch selbst das zu tun, was der erfahrenste

Arzt für euch nicht tun kann – eure Ernährung umzustellen. Um eure Gaumenlust zu befriedigen, belastet ihr eure Verdauungsorgane häufig schwer, indem ihr Speisen esst, die nicht gesund sind. Und das manchmal in großen Mengen! So etwas belastet den Magen und macht ihn für die Verwertung der gesündesten Speisen untauglich. Deshalb ist euer Magen ständig schwach. Eure Ernährung ist zu üppig. Die Speisen werden nicht einfach und natürlich zubereitet. Sie sind für den Magen total ungeeignet, nachdem ihr sie eurem Geschmack entsprechend zubereitet habt. Der Organismus wird belastet und wehrt sich, weil ihr ihn knebelt. Erkältungen und Fieber sind das Ergebnis solcher Versuche der Natur, sich von der Last zu befreien, die ihr ihr auferlegt. Ihr müsst die Strafe tragen, die sich aus der Missachtung der Naturgesetze ergibt. Gott hat in euren Organismus Gesetze gelegt, die ihr nicht ohne Folgen übertreten könnt. Ohne auf eure Gesundheit zu achten, habt ihr euren Gaumen zum Ratgeber gemacht. Ihr habt zwar einiges umgestellt, seid aber in der Ernährungsreform über die ersten Schritte nicht hinausgekommen. Gott erwartet von uns in allen Dingen Mäßigkeit. *„Ob ihr nun esst oder trinkt oder sonst etwas tut – tut alles zur Ehre Gottes!"* 1.Korinther 10,31; 2T, 67-70; 1868

Die Vorsehung ist schuld
Von allen Familien, die ich kenne, braucht niemand so sehr die segensreiche Wirkung der Gesundheitsreform wie gerade ihr. Ihr seufzt unter Schmerzen und Entkräftung, die ihr euch nicht erklären könnt. Ihr seid bereit, euer Schicksal anzunehmen, so gut es eben geht. Ihr meint, Leid sei euer Los und die Vorsehung habe es für euch so bestimmt. Wenn ihr eure Augen öffnen und sehen könntet, was für ein Verhalten in eurem Leben diesen jetzigen schlechten Gesundheitszustand verursacht hat, wärt ihr überrascht, wie blind ihr gegenüber dieser Sache seid. Ihr habt eine unnatürliche Esslust entwickelt. Ihr genießt eure Speisen nicht annähernd mit der Freude, die ihr empfinden könntet, wenn ihr euren Geschmack nicht verdorben hättet. Ihr habt die Natur in ihr Gegenteil verkehrt und leidet an den schmerzlichen Folgen eures Handelns. 2T 67-70; 1868

Der Preis eines „guten Essens"
Der Organismus erträgt Missbrauch ohne Gegenwehr, solange es ihm möglich ist. Dann unternimmt er eine gewaltige Anstrengung, um sich von den Belastungen und Misshandlungen, denen sie ausgesetzt wurde, zu befreien. Die Folge sind Kopfschmerzen, Erkältungen, Fieber,

Nervosität, Lähmungserscheinungen und unzählige andere Übel. Falsche Ess- und Trinkgewohnheiten zerstören die Gesundheit und damit die Vitalität des Lebens. Ach, wie oft habt ihr euch ein sogenanntes *„gutes Essen"* geleistet und habt euch dafür einen fiebrigen Körper, Appetit- und Schlaflosigkeit eingehandelt! Die Unfähigkeit, das Essen zu genießen, eine schlaflose Nacht und Stunden der Schmerzen – all das nur wegen einer Mahlzeit, mit der ihr eure Gaumenlust befriedigt habt! Tausende haben ihrer verkehrten Esslust nachgegeben, sich – wie sie es nennen – ein gutes Essen gegönnt und als Folge davon Fieber bekommen oder sich eine andere akute Krankheit zugezogen, ja sogar den Tod. Ein solcher Genuss wurde mit einem zu hohen Preis bezahlt. Dennoch haben das viele getan.

Diese Selbstmörder sind von ihren Angehörigen und dem Pfarrer noch in einem letzten Wort gelobt und bei ihrem Tod direkt in den Himmel *„befördert"* worden. Was für ein Gedanke! Schwelger im Himmel! – Nein, nein. Solche Menschen werden niemals durch die Perlentore in die goldene Stadt Gottes eintreten. Solche Menschen werden nie und nimmer zur rechten Hand Jesu erhoben werden, des teuren Erlösers, des Dulders von Golgatha, dessen Leben aus ständiger Selbstverleugnung und Opferbereitschaft bestand.

Es gibt einen Platz, der für solche Menschen bestimmt ist, nämlich bei den Unwürdigen, die am besseren Leben, am unsterblichen Erbe, keinen Anteil haben können. *2T 67-70; 1868*

Auswirkung ungeeigneten Essens auf die Geisteshaltung
205 Viele zerstören ihre Geisteshaltung durch ungeeignetes Essen. Wir sollten geradeso sorgfältig sein, die Lehren der Gesundheitsreform zu lernen, wie wir unsere biblischen Lektionen gründlich erarbeiten müssen; denn die Gewohnheiten, die wir einüben, helfen, unsere Charaktere für das zukünftige Leben zu bilden. Es ist sogar möglich, seine geistliche Erfahrung durch einen misshandelten Magen zu zerstören. *Letter 274; 1908*

Aufrufe zur Reform
206 Verkehrte Gewohnheiten in der Ernährung sollten nicht als Vorwand genutzt werden, die Lebensweise nicht verändern zu können. Wenn wegen falschem Essen die Verdauung nicht richtig funktioniert, sollte man sorgfältig darauf achten, die übrige Lebenskraft dadurch zu bewahren, dass man jede überanstrengende Last beseitigt. Es kann sein, dass der Magen nach langem Missbrauch niemals wieder ganz

gesund wird; aber eine richtige Kost wird weitere Schwächung vermeiden. Viele werden mehr oder weniger wieder ganz gesund. Es ist nicht leicht, für jeden Kranken einen Plan aufzustellen; aber wenn die richtigen Grundsätze beim Essen beachtet werden, kann viel verbessert werden. Zudem braucht die Köchin sich nicht andauernd abzumühen, den Appetit anzureizen. Zurückhaltung im Essen wird mit geistiger und moralischer Kraft belohnt; sie hilft auch die Leidenschaften zu beherrschen. *MH 308; 1905*

207 Es sollten nur Nahrungsmittel verwendet werden, die am besten zum Aufbau des Körpers geeignet sind. Der Appetit ist darin kein sicherer Führer. Er ist durch falsche Gewohnheiten im Essen verdorben worden. Oft verlangt er nach Speisen, welche die Gesundheit beeinträchtigen und statt Kraft Schwäche verursachen. Die Bräuche der Gesellschaft können uns ebenfalls nicht sicher leiten. Die überall herrschenden Krankheiten und Leiden sind zum großen Teil den allgemeinen Fehlern bei den Ernährungsformen zuzuschreiben. *MH 295; 1905*

208 Nur wenn wir auch einsichtig die Grundsätze einer gesunden Lebensweise beachten, können wir klar sehen und die Schäden erkennen, die sich aus einer ungeeigneten Ernährung ergeben. Wer den Mut hat, seine Gewohnheiten zu ändern, nachdem er seine Fehler eingesehen hat, wird feststellen, dass die Durchführung der Reform einen heftigen Kampf und große Ausdauer erfordert. Hat sich erst einmal der richtige Geschmack herausgebildet, wird man dann erkennen, dass der Genuss solcher Nahrung, die man früher für unschädlich hielt, langsam aber sicher der Grund für Verdauungsstörungen und anderen Krankheiten war. *9T 160; 1909*

209 Gott möchte, dass sein Volk ständig wächst. Wir müssen lernen, dass der Befriedigung der Esslust nachzugeben das größte Hindernis für die Vervollkommnung des Geistes und die Heiligung der Seele ist. Trotz unserem Bekenntnis zur Gesundheitsreform ernähren sich viele von uns doch falsch. Befriedigung der Esslust ist die Hauptursache aller körperlichen und geistigen Entkräftung; sie verursacht zuerst Schwäche und dann vorzeitigen Tod. Jeder, der nach bleibender geistiger Reinheit trachtet, sollte daran denken, dass in Christus Kraft zur Beherrschung der Esslust ist. *9T 156; 1905*

7 ÜBERESSEN UND DIE FOLGEN

Eine weitverbreitete, aber ernste Sünde
210 Den Magen zu sehr zu belasten, ist eine weit verbreitete Sünde. Wenn wir zu viel essen, wird der gesamte Organismus überlastet. Die Lebenskraft nimmt ab anstatt zu; das Leben wird verkürzt. Und genau das möchte Satan. Der Mensch setzt seine Lebenskräfte dafür ein, Unmengen von Nahrung zu verdauen.

Wenn wir zu viel essen, verschwenden wir leichtfertig nicht nur Gaben, die Gott uns für unsere natürlichen Bedürfnisse geschenkt hat, sondern wir schädigen den gesamten Organismus. Wir verunreinigen den Tempel Gottes. Er wird geschwächt und gelähmt. Die Natur kann ihre Aufgabe nicht gut und gründlich ausführen, wie Gott es eigentlich vorgesehen hat. Durch die selbstsüchtige Befriedigung der Esslust hat der Mensch die Kräfte der Natur behindert und sie gezwungen, eine Arbeit zu tun, die man nie von ihr verlangen sollte.

Wenn alle Menschen wüssten, wie der menschliche Körper funktioniert, würden sie nicht dagegen handeln, außer sie sind schon so süchtig, dass sie es vorziehen, so weiterzuleben und dadurch eines vorzeitigen Todes zu sterben oder jahrelang sich selbst und ihren Angehörigen zur Last zu fallen. *Letter 17; 1895*

Wenn man den menschlichen Organismus blockiert
211 Man kann auch von gesunder Nahrung unmäßig essen. Wenn jemand die Verwendung schädlicher Nahrungsmittel aufgegeben hat, heißt das nicht, dass er soviel essen kann, wie es ihm beliebt. Überessen, egal wie gut die Nahrung an sich ist, hemmt lebenswichtige Organe und behindert sie in ihrer Arbeit. *CH 119; 1890*

212 Unmäßigkeit im Essen wirkt sich auf den ganzen Organismus schädlich aus, selbst wenn es sich um gesunde Nahrung handelt. Die geistigen und moralischen Empfindungen stumpfen ab. *ST 1.9.1887*

213 Fast alle Menschen essen mehr, als der Organismus benötigt. Dieses Übermaß verwest dann und wird zu einer fauligen Masse. ...
Wenn der Magen mehr Nahrung erhält als der Körper benötigt, auch von einfachster Qualität, wird dieses Übermaß zu einer Last. Der Organismus kämpft verzweifelt dagegen an, das loszuwerden. Diese Mehrarbeit verursacht Müdigkeit und Erschöpfung. Einige, die ständig essen, nennen dieses erschöpft sein Hunger, aber es wurde durch Überanstrengung der Verdauungsorgane verursacht. *Letter 73 a; 1896*

214 Unnötige Sorgen und Belastung entsteht dadurch, dass man bei der Bewirtung von Besuchern übertreibt. Um möglichst vielerlei auf den Tisch stellen zu können, überarbeitet sich die Hausfrau. Weil so viele Gerichte angeboten werden, überessen sich die Gäste und Krankheit und Leid folgen. Einerseits von zu vieler Arbeit und andererseits von zu vielem Essen. Diese unvernünftigen Festgelage sind eine Last und ein Unrecht. *6T 343; 1900*

215 Bei Schlemmerfesten, wo zu unpassenden Zeiten gegessen wird, beeinflusst es den ganzen Organismus. Auch der Verstand wird durch das, was wir essen und trinken, ernstlich beeinträchtigt. *HR Juni 1878*

216 Schon schwere körperliche Arbeit wirkt sich auf den noch im Wachstum befindlichen Körperbau der Jugendlichen nachteilig aus. Doch wo Hunderte ihren Körperzustand allein durch Überarbeitung zerstörten, haben Tausende durch Untätigkeit, Überessen und bedenklichem Müßiggang den Organismus anfällig gemacht. Das beschleunigt den schnellen und sicheren Verfall. *4T 96; 1876*

Schwelgerei – eine besonders große Sünde

217 Manche beherrschen ihre Gelüste nicht, sondern geben dem auf Kosten der Gesundheit nach. Die Folge ist, dass die Gehirntätigkeit beeinträchtigt wird und das Denkvermögen schwerfällig ist. Solche Menschen können nicht das tun, wozu sie imstande wären, wenn sie Selbstverleugnung und Enthaltsamkeit übten. Sie berauben Gott der körperlichen und geistigen Kräfte, die sie seinem Dienst zur Verfügung stellen könnten, wenn sie sich in allem mäßig verhalten würden.

Paulus war Gesundheitsreformer. Er sagte: *„ich bezwinge meinen Leib und beherrsche ihn, damit ich nicht anderen verkündige und selbst verwerflich werde!"* 1.Korinther 9,27 Er war sich bewusst, welche Verantwortung, auf ihm ruhte, nämlich alle seine Kräfte gesund zu erhalten, um sie zur Ehre Gottes einzusetzen. Wenn Paulus in Gefahr stand, unmäßig zu sein, wie viel mehr erst wir, die wir die Notwendigkeit, Gott mit unserem Körper und Geist zu verherrlichen, nicht so fühlen und so erkennen wie er. Geist und Körper gehören Gott. Zu viel essen ist die Sünde dieses Zeitalters.

Das Wort Gottes stellt die Sünde der Schwelgerei auf dieselbe Stufe wie Trunksucht. So schlimm war diese Sünde in den Augen Gottes, dass er Mose die Anweisung gab, ein Kind, das sich von seiner Esslust nicht abbringen ließ, sondern alles verschlang, was es wollte, von den Eltern vor die Leiter Israels bringen zu lassen. Es musste gesteinigt werden. Der Zustand des Schlemmers wurde als hoffnungslos betrachtet. Er würde seinen Mitmenschen kein Segen und sich selbst nur ein Fluch sein. In keiner Sache wäre auf ihn Verlass. Sein Einfluss würde sich auf andere immer verderblich auswirken. Die Welt stünde besser ohne einen solchen Menschen da. Seine schrecklichen Charaktermängel würden sich verewigen. Niemand, der sich vor Gott verantwortlich weiß, wird es zulassen, dass seine niedrigen Neigungen die Herrschaft über den Verstand gewinnen. Wer das duldet, ist kein Christ, sei er, wer er will, und sei es, was immer er bekennt. Die Forderung Christi lautet: *„Darum sollt ihr vollkommen sein, gleichwie euer Vater im Himmel vollkommen ist!"* Matthäus 5,48 Mit diesen Worten zeigt er uns, dass wir in unserem Bereich vollkommen sein können, so wie Gott in seinem Bereich vollkommen ist. 4T 454.455; 1880

Eine Angewohnheit, die zu Schlemmerei verführt
218 Viele, die Fleischspeisen und andere fette und schädliche Kost weglassen, denken, weil nun ihre Nahrung einfach und gesund sei, könnten sie ohne Einschränkung genießen und im Übermaß essen – manchmal bis zur Schwelgerei. Dies ist ein Irrtum. Die Verdauungsorgane sollten nicht mit zu viel oder falscher Nahrung belastet werden, die für den Organismus nicht zumutbar ist.

Es ist üblich, Speisen in mehreren Gängen aufzutischen. Da man nicht weiß, was danach kommt, isst man vielleicht genug von einer Speise, die einem nicht gut bekommt. Wenn der letzte Gang serviert wird, wagt man es sogar, die Grenzen zu überschreiten und von dem verführerischen Nachtisch zu nehmen, der einfach zu viel ist. Würden alle Speisen für eine Mahlzeit gleich auf den Tisch gebracht werden, hätte man Gelegenheit, gut auszuwählen.

Manchmal spürt man die Folgen des Überessens sofort. In anderen Fällen hat man keine Schmerzen; aber die Verdauungsorgane werden kraftlos, und die Grundlage der Körperkraft wird untergraben.

Die überflüssige Nahrung belastet den Organismus. Daraus entstehen krankhafte, fiebrige Zustände. Es fließt zu viel Blut zum Magen und verursacht dadurch, dass die Beine und Gliedmaßen schnell kalt werden. So belastet man die Verdauungsorgane, und wenn sie ihre Aufgabe erfüllt haben, dann fühlt man sich schwach und matt. Alle, die ständig zu viel essen, nennen dieses Schwächegefühl dann Hunger; aber das kommt nur durch die überlasteten Verdauungsorgane. Zeitweise ist sogar das Gehirn wie betäubt, was dann geistig und körperlich zu keiner Anstrengung mehr fähig ist.

Man spürt diese unangenehmen Symptome, weil die Natur ihre Arbeit mit vermehrter Lebenskraft ausgeführt hat und vollständig erschöpft ist. Der Magen sagt: *„Gib mir Ruhe"*; aber viele halten die Schwäche für ein Verlangen nach mehr Speise, und so laden sie dem Magen eine weitere Last auf, anstatt ihm Ruhe zu gönnen. Als Folge davon sind die Verdauungsorgane oft erlahmt, wenn sie gute Arbeit leisten sollten. MH 306.307; 1905

Die Ursache körperlicher und geistiger Schwäche

219 Wir bekennen uns zwar als Volk zur Gesundheitsreform, essen aber im Allgemeinen viel zu viel. Die Befriedigung des Appetits ist die größte Ursache für eine körperliche und geistige Kraftlosigkeit. Das legt den Grund für einen großen Teil der Schwäche, die sich überall bemerkbar macht. CTBH 154; 1890

220 Viele von denen, die die Gesundheitsreform praktizieren, haben auf alles Schädliche verzichtet. Aber folgt daraus, dass sie beliebig viel essen können? Sie setzen sich an den Tisch, lassen es sich schmecken und essen im Übermaß, anstatt zu überlegen, wie viel sie eigentlich essen sollten. Der Magen ist dann für den Rest des Tages damit beschäftigt, die ihm auferlegte Last zu verarbeiten. Alle Nahrung, die der Magen aufnimmt, von der aber der Organismus keinen Nutzen hat, belastet die Natur in ihrem Ablauf. Sie hemmt den ganzen Organismus. Der wird beeinträchtigt und kann seine Arbeit nicht erfolgreich ausführen. Dadurch werden dann die lebenswichtigen Organe unnötig belastet. Die Nervenkräfte des Gehirns werden für den Magen und die

Verdauungsorgane benötigt, um die Nahrungsmenge zu verarbeiten, die dem Körper keinen Nutzen bringt. ...

Welchen Einfluss hat Überessen auf den Magen? Er wird geschwächt, die Verdauungsorgane sind schlapp, und das Ergebnis wird Krankheit mit all ihren üblen Folgen sein. Wenn Menschen schon vorher krank waren, vergrößern sie damit ihre Schwierigkeiten und vermindern jeden Tag ihres Lebens ihre Vitalität. Sie rufen ihre Lebenskräfte in unnötige Aktion, um für die Nahrung, die sie ihrem Magen zumuten, zu sorgen. Wie schrecklich, in einer solchen Situation zu leben!

Aus eigener Erfahrung wissen wir einiges über Verdauungsstörungen. Sie traten in unserer Familie auf. Wir meinten, dass sie eine Krankheit darstellen, die man sehr fürchten muss. Hat jemand einen sehr schwachen Magen, muss er körperlich und seelisch viel leiden. Ebenso leiden seine Angehörigen, wenn sie nicht gerade gefühllos sind. Und doch wollt ihr sagen: *„Es ist nicht eure Sache, was ich esse oder welchen Weg ich einschlage!"* Muss derjenige, der mit Magenkranken zu tun hat, nicht leiden? Tut etwas, das solche Menschen auf irgendeine Weise reizt; wie normal ist es für sie, ärgerlich zu werden! Sie fühlen sich schlecht und es scheint ihnen, dass ihre Kinder sehr ungezogen sind. Sie können weder besonnen mit ihnen sprechen noch wird es ihnen gelingen, ohne eine besondere Fähigkeit zu haben, ruhig mit ihrer Familie umzugehen. Alle in ihrer Umgebung sind durch ihre Krankheit in Mitleidenschaft gezogen. Alle haben unter den Folgen ihrer Schwäche zu leiden. Sie werfen einen dunklen Schatten. Haben wirklich eure Gewohnheiten im Essen und Trinken nichts mit anderen zu tun? – Doch, sicherlich! Und ihr solltet sehr sorgfältig sein, euch im besten gesundheitlichen Zustand zu erhalten, dass ihr Gott bestmöglichst dienen und eure Aufgaben in der Gesellschaft und für die Familie wahrnehmen könnt. Sogar Gesundheitsreformer können, was die Nahrungsmenge angeht, falsche Ansichten haben. Sie können von einer gesunden Nahrung zu viel verwenden. 2T 362-365; 1870

221 Der Herr hat mich wissen lassen, dass wir im Allgemeinen zu viel essen. Durch Überessen fühlen sich dann viele unwohl, und daraus entstehen oft Krankheiten. Der Herr hat sie nicht bestraft. Sie haben sich das selbst zugefügt. Gott möchte aber, dass sie erkennen, dass ihre Schmerzen die Folge einer Übertretung sind.

Viele essen zu hastig. Andere wiederum essen zur selben Mahlzeit Speisen, die sich nicht vertragen. Wenn die Menschen sich doch nur bewusst wären, wie sehr sie ihrer Seele schaden, wenn sie ihren Magen schädigen. Und wie sehr entehren sie auch Christus dadurch. Sie würden entschlossen handeln und auf Schädliches verzichten. Dann hätte der Magen Gelegenheit, sich wieder zu erholen. Bei jeder Mahlzeit können wir ärztliche Missionsarbeit verrichten, indem wir zur Ehre Gottes essen und trinken. *Ms 93; 1901*

Schläfrigkeit während des Gottesdienstes
222 Essen wir unmäßig, so schaden wir unserem eigenen Körper. Am Sabbat, im Hause Gottes, sitzen und schlafen die Schwelger, während die wichtigen Wahrheiten des Wortes Gottes weitergegeben werden. Sie sind weder in der Lage, ihre Augen offen zu halten noch die ernsten Ausführungen zu erfassen.

Glaubt ihr, dass solche Menschen Gott mit ihrem Körper und ihrem Geist verherrlichen, die doch Gott gehören? – Nein. Sie entehren ihn! Und der Magenkranke? Wodurch er krank wurde, ist ja diese Handlungsweise. Statt Regeln zu beachten, war er unbeherrscht und naschte zwischen den Mahlzeiten. Übt er eine sitzende Tätigkeit aus, hat ihm vielleicht die Wirkung der frischen Luft gefehlt, um seine Verdauung anzuregen. Vielleicht hatte er auch zu wenig Bewegung, um sich gesund zu erhalten. *2T 374; 1870*

223 Wir sollten für den Sabbat weder mehr noch zu viel verschiedene Speisen zubereiten als für andere Tage. Statt dessen sollte die Nahrung einfacher sein und es sollte weniger gegessen werden, damit der Verstand klar und frisch ist, geistige Dinge zu erfassen. Ein belasteter Magen bedeutet ein belastetes Gehirn.

Die bedeutsamen Worte mögen gehört und nicht wertgeschätzt werden, weil der Verstand durch eine falsche Kost verwirrt ist. Durch Überessen am Sabbat tragen viele mehr als sie denken dazu bei, dass sie seine heiligen Vorrechte verlieren und sich für den Empfang seines Segens untauglich machen. *MH 307; 1905*

Eine Ursache der Vergesslichkeit
224 Der Herr hat mir folgendes über dich gezeigt. Es betrifft die Mäßigkeit in allen Dingen. Du bist unmäßig im Essen. Häufig isst du doppelt soviel, wie dein Körper benötigt. Die Nahrung fängt dann an zu gären. Du bekommst einen starken Mundgeruch. Du bist schnell erkältet. Dein Magen ist überlastet. Die Lebenskräfte des Gehirns müssen mithelfen, um die Mühle in Gang zu halten, um das alles zu verarbeiten. In diesem Punkt hast du mit dir selbst wenig Erbarmen.

Bei Tisch bist du ein Schlemmer. Das ist eine der ernsten Ursachen deiner Vergesslichkeit und deines Gedächtnisschwundes.

Du sagst etwas – und ich weiß, dass du es gesagt hast –, drehst dann den Spieß um und behauptest, du habest etwas ganz anderes gesagt. Ich wusste das, überging es aber als sicheres Zeichen des Überessens. Welchen Sinn hätte es auch, darüber zu sprechen? Es würde das Übel nicht heilen. *Letter 17; 1895*

Ratschläge für geistliche Arbeiter und Prediger

225 Überessen ist für diejenigen besonders schädlich, die ein träges Temperament haben; diese sollten mäßig essen und sich viel körperlich bewegen. Es gibt Männer und Frauen mit sehr guten, natürlichen Fähigkeiten. Doch sie könnten nochmal so viel leisten, wenn sie sich selbst beherrschten und ihren Appetit im Griff hätten.

Viele Schriftsteller und Redner handeln hier falsch. Nachdem sie viel gegessen haben, arbeiten sie weiter, indem sie lesen, studieren oder schreiben und sie nehmen sich keine Zeit für körperliche Bewegung. Dadurch wird die Ausdrucksweise ihrer Gedanken und Worte gehemmt; sie können nicht mit der Kraft und Eindringlichkeit schreiben oder sprechen, die notwendig sind, um das Herz zu erreichen. Ihre Bemühungen sind schwach und erfolglos.

Menschen mit großer Verantwortung, besonders die Hüter geistiger Werte, sollten klare Gefühle und schnelles Auffassungsvermögen haben. Sie müssen mehr als andere mäßig im Essen sein. Kalorienreiche, üppige Speisen sollten auf ihrem Tisch keinen Platz haben.

Jeden Tag haben Verantwortungsträger Entscheidungen zu treffen, deren Folgen von großer Bedeutung sind. Oft müssen sie schnell denken; dies können sie nur erfolgreich tun, wenn sie strenge Mäßigkeit üben. Der Verstand wird gestärkt, wenn man mit den körperlichen und geistigen Kräften richtig umgeht.

Werden die Verstandeskräfte nicht überfordert, so erhalten sie bei jeder Nutzung auch neue Kraft. Oft wird aber die Arbeit derer, die Wichtiges planen und schwerwiegende Entscheidungen zu treffen haben, durch die Folgen einer falschen Ernährung zum Negativen beeinflusst. Durch einen belasteten Magen ist man zerstreut, unsicher; oder man ist aufgeregt, hart oder ungerecht. Mancher Plan, der für die Welt zum Segen gewesen wäre, wurde nicht umgesetzt, dafür viele ungerechte, drückende, ja selbst grausame Maßnahmen ausgeführt. Und das nur als Folge krankhafter Zustände, die durch verkehrte Essgewohnheiten entstanden waren.

Hier ein Rat an alle, die eine sitzende oder hauptsächlich geistige Arbeit haben. Habt ihr genügend moralische Stärke und könnt euch selbst beherrschen, dann solltet ihr es versuchen: Zu jeder Mahlzeit nehmt nur zwei oder drei verschiedene einfache Speisen und esst nicht mehr als notwendig, um den Hunger zu stillen. Dann sorgt für ausreichend Bewegung und seht dann, ob das nicht nützlich ist. Starke Männer, die körperlich arbeiten, müssen sich nicht so sorgfältig um die Menge oder Qualität ihrer Nahrung kümmern wie andere mit sitzender Tätigkeit; aber selbst sie würden gesünder sein, wenn sie sich im Essen und Trinken beherrschen würden.

Manche wünschen sich genaue Regeln für ihren Speiseplan. Sie überessen sich und bereuen es dann wieder, und so bleiben sie dabei, über das, was sie essen und trinken, nur nachzudenken. Dies sollte nicht so sein. Es kann niemand genaue Regeln für einen anderen aufstellen. Jeder sollte selbst vernünftig sein, Selbstbeherrschung üben und nach Grundsätzen handeln. *MH 308-310; 1095*

Magenverstimmung und Rats-Sitzungen

226 An reich gedeckten Tischen essen die Menschen oft mehr, als sie normalerweise verdauen können. Der überladene Magen kann nicht ordentlich funktionieren; die Folge ist ein unangenehmes Gefühl der Benommenheit im Kopf, und der Geist kann nicht schnell reagieren. Zudem werden durch eine falsche Zusammenstellung der Speisen Störungen verursacht; die Speisen gären dann, das Blut wird verunreinigt und der Verstand verwirrt.

Die Gewohnheit, zu viel zu essen oder bei einer Mahlzeit vielerlei zu sich zu nehmen, verursacht häufig schlechte Verdauung. Dadurch werden die feinen Verdauungsorgane ernstlich gefährdet. Umsonst protestiert der Magen und fordert dazu auf, doch die Folgen zu bedenken. Übermäßige Nahrungsaufnahme oder falsche Zusammenstellung schädigen die Verdauungsorgane. Werden die warnenden, unangenehmen Zeichen nicht beachtet, dann sind Leiden die unausbleibliche Folge; Krankheit tritt an die Stelle von Gesundheit.

Manche fragen vielleicht: Was hat denn das mit Rats-Sitzungen zu tun? – Sehr viel. Eine falsche Ernährung macht sich in den Versammlungen und Rats-Sitzungen bemerkbar. Das Denken wird vom Zustand des Magens beeinflusst. Ein belasteter Magen verursacht einen ungeordneten und unsicheren Geisteszustand.

Ein kranker Magen verursacht einen kranken Zustand des Gehirns und lässt manchen eigensinnig an einer falschen Ansicht festhalten.

Die vorgebliche Weisheit eines solchen Mannes ist Torheit vor Gott. Ich führe dies als Ursache an für viele Sitzungen, in denen man Fragen, die sorgfältigstes Studium erforderten, wenig Bedeutung beimaß und wichtigste Entscheidungen im Handumdrehen fasste. Oft ist bei erforderlicher einmütiger Gesinnung durch das ablehnende Verhalten Einzelner die ganze Atmosphäre einer Versammlung verändert worden. Diese Folgen wurden mir immer wieder gezeigt.

Ich unterbreite dies, weil ich angewiesen bin, meinen Brüdern folgendes zu sagen: Durch Unmäßigkeit im Essen macht ihr euch selbst untauglich, zwischen Heiligem und Gewöhnlichem klar zu unterscheiden. Durch Unmäßigkeit missachtet ihr die Warnungen, die der Herr euch gegeben hat. Sein Wort lautet: *„Wer unter euch fürchtet den Herrn? Wer gehorcht der Stimme seines Knechtes? Wenn er im Finstern wandelt und ihm kein Licht scheint, so vertraue er auf den Namen des Herrn und halte sich an seinen Gott!"* Jesaja 50,10 Wollen wir uns nicht fest an den Herrn halten, damit er uns von aller Unmäßigkeit im Essen und Trinken, von aller unheiligen, begehrlichen Leidenschaft und aller Bosheit befreit? Wollen wir uns nicht vor Gott demütigen und alles beseitigen, was Fleisch und Geist verdirbt, damit wir in seiner Furcht einen heiligen Charakter erreichen? 7T 257.258; 1902

Keine Empfehlung für die Gesundheitsreform

227 Unsere Prediger achten zu wenig auf ihre Ernährungsgewohnheiten. Sie essen zu große Mengen und eine zu große Vielfalt pro Mahlzeit. Einige sind nur dem Namen nach Reformer. Sie lassen sich in ihrer Ernährung von keinerlei Grundsätzen leiten, sondern gestatten sich den Genuss von Obst und Nüssen zwischen den Mahlzeiten.

Zehn gesunde Teilnehmer wurden gebeten, während zwei Wochen eine kohlenhydratarme Diät ähnlich wie Atkins zu verfolgen, danach vier Wochen lang einer angepassten kohlenhydratarmen Diät unter genauer Beobachtung. Es stellte sich heraus, dass diese fleischreiche Diät den Kalziumverlust um 55% erhöhte. Wissenschaftler folgerten, dass eine proteinreiche Ernährung eine bedeutsame Säurebelastung für die Nieren bedeutet, welche das Risiko für Nierensteine erhöht und ebenfalls das Risiko für Knochenschwund erhöhen könnte. Amerikanische Zeitschrift für Nierenkrankheiten, 2002;2:265-74

Eine Diät, reich ist an Früchten, Gemüse, Nüssen, Vollkorngetreiden und Senf- oder Sojaöl, ist verbunden mit einem deutlichen Rückgang der Erkrankungs- und Sterblichkeitsrate bei konorarer Herzkrankheit. Langzeitauswirkungen dürften noch größer sein. The Lancet 2002; 360:1455-1461

Auf diese Weise belasten sie die Verdauungsorgane sehr. Andere wiederum essen drei Mahlzeiten am Tag, obwohl zwei für ihre körperliche und geistige Gesundheit besser wären. Wenn die von Gott gegebenen Gesetze, die unseren Organismus regeln, übertreten werden, wird die Strafe mit Sicherheit folgen. Weil einige Prediger im Essen unvernünftig sind, scheinen ihre Sinne halb gelähmt zu sein. Sie selbst sind träge und schläfrig. Diese Bleichgesichter, die an den Folgen der selbstsüchtigen Befriedigung ihrer Esslust leiden, sind keine Empfehlung für die Gesundheitsreform. Sind sie überarbeitet, sollten sie besser ab und zu eine Mahlzeit auslassen. Das würde der Natur Gelegenheit geben, wieder zu Kräften zu kommen. Unsere Mitarbeiter könnten die Gesundheitsreform mehr durch ihr Beispiel fördern, als durch ihre Predigt. Wenn gut meinende Freunde besondere Speisen für sie zubereiten, sind sie sehr in Gefahr, die Grundsätze zu missachten. Würden sie jedoch die leckeren Gerichte, die üppigen Zutaten, schwarzen Tee und Bohnenkaffee ablehnen, könnten sie sich als echte Gesundheitsreformer beweisen. Einige müssen jetzt leiden, weil sie die Naturgesetze übertreten haben. Dadurch haben sie der Gesundheitsreform einen schlechten Dienst erwiesen. Maßlosigkeit im Essen, Trinken, Schlafen sowie übertriebene Erlebnissucht sind Sünde.

Die harmonische, gesunde Betätigung aller Kräfte des Geistes und des Körpers verhilft zum Glück. Und je edler und erhabener die Kräfte sind, desto reiner und echter ist das Glück. *4T 416.417; 1880*

Mit den Zähnen das eigene Grab schaufeln

228 Der Grund dafür, dass viele unserer Prediger krank sind, ist der: Sie bewegen sich zu wenig und essen zu viel. Sie erkennen nicht, dass ein solcher Weg selbst den kräftigsten Körper gefährdet.

Diejenigen, die, wie du, träge veranlagt sind, sollten sehr wenig essen und körperlicher Belastung nicht ausweichen. Viele unserer Prediger schaufeln sich mit ihren Zähnen ihr eigenes Grab. Der Organismus leidet unter der Last, die den Verdauungsorganen aufgebürdet wird, und das Gehirn wird in Mitleidenschaft gezogen. Für jede Übertretung der Naturgesetze, muss der Übertreter die Strafe am eigenen Körper tragen. *4T 408.409; 1880*

8 DIE BEHERRSCHUNG DER ESSLUST

Der Mangel an Selbstbeherrschung war die erste Sünde

229 Im Garten Eden waren Adam und Eva vollkommen in ihrer Ebenmäßigkeit und Schönheit gestaltet. Sie lebten sündlos und erfreuten sich vollkommener Gesundheit. Was für ein Gegensatz zu den Menschen heute! Die Schönheit ist dahin, die vollkommene Gesundheit unbekannt. Wohin wir schauen, sehen wir Krankheit, Entstellung und einen geschwächten Geist. Ich fragte nach der Ursache dieser erstaunlichen Entartung und wurde auf Eden verwiesen. Die schöne Eva wurde von der Schlange verführt, von der Frucht des einzigen Baumes zu essen – von dem zu essen, ja sogar den zu berühren, Gott verboten hatte, damit sie nicht sterben müssten.

Eva hatte alles, was sie brauchte, um glücklich zu sein. Sie konnte alle Früchte im Garten genießen. Doch die Frucht des verbotenen Baumes erschien ihr begehrenswerter als die Früchte aller anderen Bäume im Garten. Sie war unmäßig in ihren Wünschen. Sie aß. Und durch sie aß dann auch ihr Mann. Ein Fluch belastete beide.

Auch die Erde wurde deswegen mit dem Fluch belastet. Seit dem Sündenfall gibt es Unmäßigkeit fast jeder Art. Die Begierde beherrscht den Verstand. Die Menschen sind ungehorsam, und wie Eva werden sie von Satan verführt, die von Gott erlassenen Verbote zu missachten. Gleichzeitig bilden sich die Menschen ein, dass die Folgen schon nicht so schlimm sein würden wie befürchtet.

Die Menschen haben die Gesundheitsgesetze übertreten und fast alles ins Maßlose gesteigert. Die Krankheiten haben ständig zugenommen. Die Wirkung folgte der Ursache. *4SG 120; 1864*

Die Tage Noahs und die heutige Zeit

230 Während Jesus auf dem Ölberg saß, sprach er mit seinen Jüngern über die Zeichen, die seinem Kommen vorausgehen würden: *„Denn wie sie in den Tagen vor der Sintflut aßen und tranken, heirateten und verheirateten bis zu dem Tag, als Noah in die Arche ging, und nichts merkten, bis die Sintflut kam und sie alle dahinraffte, so wird auch die Wiederkunft des Menschensohnes sein."* Matthäus 24,38-39

Heutzutage bestehen dieselben Sünden, die in den Tagen Noahs Gerichte über die Welt gebracht haben. Männer und Frauen übertreiben heute im Essen und Trinken so, dass es in Schlemmerei und Trunkenheit ausartet. Diese weitverbreitete Sünde, die Befriedigung der Essgier, entfachte die Leidenschaften der Menschen in den Tagen Noahs und führte zu weitverbreiteter Verderbtheit, Gewalttat und Sünde, die bis zum Himmel reichte. Schließlich wurde die Erde durch die Flut von dieser moralischen Befleckung gereinigt. Dieselben Sünden der Schlemmerei und Trunkenheit betäubten die moralischen Gefühle der Einwohner Sodoms, sodass Verbrechen das Vergnügen der Männer und Frauen dieser verdorbenen Stadt zu sein schienen. Christus mahnt daher die Welt: *„Ebenso ging es auch in den Tagen Lots zu: Sie aßen, sie tranken, sie kauften und verkauften, sie pflanzten und bauten; an dem Tag aber, als Lot aus Sodom wegging, regnete es Feuer und Schwefel vom Himmel und vertilgte alle. Gerade so wird es sein an dem Tag, da der Sohn des Menschen geoffenbart wird."* Lukas 17,28-30

Christus hat uns hier eine der wichtigsten Lehren erteilt. Er wollte uns zeigen, wie gefährlich es ist, Essen und Trinken an die erste Stelle zu setzen. Er stellt uns die Folgen vor Augen, wenn die Esslust uneingeschränkt befriedigt wird. Die moralischen Kräfte sind geschwächt, sodass Sünde nicht sündig erscheint. Verbrechen werden leicht genommen, und Leidenschaft steuert den Verstand, bis gute Grundsätze und Impulse ausgerottet sind; und Gott wird gelästert. Dies alles ist das Ergebnis übermäßigen Essens und Trinkens. Dies ist der tatsächliche Zustand, wie er nach Christi Worten bei seinem zweiten Kommen sein wird. Der Heiland weist uns auf etwas Höheres hin, wonach wir ernstlich streben sollten – nicht nur, was wir essen und trinken und womit wir uns kleiden werden. Die Sorge um das Essen, Trinken und die Kleidung wird derart übertrieben, dass sie zum Frevel wird. Sie wird zu einer der kennzeichnenden Sünden der letzten Tage und ist ein Zeichen der baldigen Wiederkunft Christi. Zeit, Geld und Kraft – Dinge, die dem Herrn gehören und die er uns anvertraut hat – werden für überflüssige Kleidung und Luxusartikel verschwendet, die einem verdorbenen Geschmack dienen. Diese Dinge vermindern die Lebenskraft und verursachen Leid und Verfall. Es ist unmöglich, Gott unseren Körper als lebendiges Opfer darzubringen, wenn wir ihn durch unsere sündhaften Befriedigungen ständig mit Fäulnisstoffen und Krankheit belasten. CH 23.24; 1890

231 Bei der Esslust ist der Mensch einer der heftigsten Versuchungen ausgesetzt. Am Anfang schuf Gott den Menschen als rechtschaffenes Wesen. Er wurde mit einem völlig ausgeglichenen Geist geschaffen. Die Größe wie auch die Kraft aller seiner Organe waren voll und harmonisch ausgebildet. Aber durch die Verführungen des listigen Feindes wurde das Verbot Gottes missachtet. Dafür forderten die Naturgesetze das entsprechende wieder. ...

Seit die Menschen zum ersten Mal der Gaumenlust nachgaben, sind sie immer genusssüchtiger geworden, bis sie ihre Gesundheit auf dem Altar der Esslust opferten. Die Bewohner der vorsintflutlichen Welt waren zügellos im Essen und Trinken. Sie bestanden auf Fleischnahrung, obwohl Gott damals noch nicht die Erlaubnis gegeben hatte, tierische Nahrung zu essen. Sie aßen und tranken, bis die Befriedigung ihrer verkehrten Esslust keine Grenzen mehr kannte. Sie wurden so verdorben, dass Gott sie nicht mehr länger gewähren lassen konnte. Das Maß ihrer Bosheit war voll und Gott reinigte die Erde von ihrer moralischen Befleckung durch eine Flut. CH 108-110; 1890

Sodom und Gomorrha

Als sich die Menschen nach der Sintflut auf Erden vermehrten, vergaßen sie schon wieder Gott und lebten vor ihm in verderbter Weise. Zügellosigkeit jeder Art nahm zu, bis beinahe die ganze Welt davon in Mitleidenschaft gezogen war. Ganze Städte sind von der Erdoberfläche verschwunden wegen der erniedrigenden Verbrechen und der abstoßenden Lasterhaftigkeit, durch die sie zu einem Schandfleck in Gottes wunderbarer Schöpfung geworden waren. Die Befriedigung einer unnatürlichen Esslust führte zu den Sünden, weswegen Sodom und Gomorrha vernichtet wurden. Babylon fiel wegen ihrer Schwelgerei und Trunksucht. Die Befriedigung der Esslust und der Leidenschaft bildete bei allen die Grundlage ihrer Sünden. CH 108-110; 1890

Esau wurde von der Esslust besiegt

232 Esau gelüstete nach seiner Lieblingsspeise, und er opferte sein Erstgeburtsrecht, um seinen Gaumen zu befriedigen. Nachdem dies

geschehen war, sah er seinen Fehler ein, fand aber keine Gelegenheit zur Buße, obwohl er sie mit Tränen und Anstrengung suchte.

Es gibt viele Menschen, die Esau gleichen. Er stellt eine Gruppe von Menschen dar, die eine wertvolle und besondere Segnung in Anspruch nehmen könnten – das unsterbliche Erbe, ein Leben, das so lange währt wie das Leben Gottes, des Schöpfers des Weltalls, sowie unermessliches Glück und eine ewige Herrlichkeit. Diese Menschen haben aber so lange ihre Begierden, Leidenschaften und Neigungen befriedigt, dass sie nicht mehr fähig sind, den Wert ewiger Dinge zu erkennen und zu schätzen. Esau empfand ein besonderes und heftiges Verlangen nach einer bestimmten Speise. Er ließ sich so lange in der Befriedigung seiner Esslust gehen, bis er es nicht mehr nötig fand, auf diese verführerische und begehrte Speise zu verzichten. Er dachte zwar darüber nach, strengte sich aber nicht sehr an, seine Esslust zu zügeln. Schließlich besiegte die Macht des Gaumens alle Bedenken und beherrschte ihn. Er selbst bildete sich ein, dass er sehr leiden, ja sogar sterben würde, wenn er diese besondere Speise nicht bekäme. Je mehr er darüber nachdachte, desto stärker wurde seine Begehrlichkeit, bis sein Erstgeburtsrecht, das doch heilig war, seinen Wert und seine Heiligkeit verloren hatte. *CH 108-110; 1890*

Israels Verlangen nach Fleisch

233 Als Gott sein Volk Israel aus Ägypten herausführte, hielt er Fleischspeisen weitgehend von ihm fern. Er gab ihm Brot vom Himmel und Wasser aus dem Felsen. Doch damit waren sie nicht zufrieden. Die Speise, die Gott ihnen gab, lehnten sie ab und sehnten sich nach Ägypten zurück, wo sie bei den Fleischtöpfen sitzen konnten. Sie zogen es vor, lieber die Sklaverei und den Tod zu ertragen, als auf das Fleisch zu verzichten. Gott ging auf ihren Wunsch ein, gab ihnen Fleisch zu essen und überließ sie sich selbst, bis ihre Schwelgerei eine Seuche hervorrief, an der viele starben.

Das sind alles Beispiele

Man könnte viele Beispiele anführen, um die Folgen aufzuzeigen, die durch die Befriedigung der Esslust entstehen. Es schien unseren ersten Eltern unbedeutend zu sein, das Gebot Gottes durch diese einmalige Tat zu übertreten, nämlich von einem Baum zu essen, der so lieblich anzusehen und für den Geschmackssinn so verlockend war. Aber diese Tat zerschlug ihre Verbindung mit Gott und öffnete die Tore für eine Flut von Schuld und Leid, die die Welt heimsuchten.

Die Welt heute
Verbrechen und Krankheiten haben mit jeder nachfolgenden Generation zugenommen. Die Unmäßigkeit im Essen und Trinken wie auch die Befriedigung der niederen Leidenschaften haben die edleren Kräfte des Menschen verkümmern lassen. Statt zu herrschen, ist die Vernunft in alarmierendem Ausmaß zum Sklaven der Gaumenlust geworden. Immer mehr hat man sich kalorienreiche Speisen gewünscht, bis es zur Gewohnheit geworden ist, den Magen mit allen nur möglichen Delikatessen zu füllen. Besonders bei fröhlichen Parties isst man ohne Grenzen. Gerichte mit viel Kalorien werden spät abends serviert, die aus stark gewürzten Fleischspeisen mit üppigen Soßen, sowie aus Torten, Kuchen, Eis, schwarzem Tee, Bohnenkaffee usw. bestehen. Kein Wunder, dass die Menschen bei einer solchen Kost mit blassen Gesichtern herumlaufen und durch die Verdauungsstörungen an unzähligen Beschwerden leiden. *CH 111.112; 1890*

234 Mir wurde der heutige verdorbene Zustand der Welt vor Augen geführt. Der Anblick war furchtbar. Ich habe mich gewundert, dass die Bewohner dieser Welt nicht schon ebenso vernichtet wurden wie die Menschen von Sodom und Gomorrha. Ich sah genug Gründe, die für den derzeitigen Zustand der Entartung und für die Sterblichkeit in der Welt verantwortlich sind. Blinde Leidenschaft beherrscht den Verstand. Viele opfern ihrer Lust jede höhere Regung.

Das erste große Übel war die Unmäßigkeit im Essen und Trinken. Männer und Frauen haben sich zu Sklaven der Esslust gemacht. Außerdem sind sie in der Arbeit unmäßig. Ein Großteil der schweren Arbeit wird verrichtet, um Nahrungsmittel zu bereiten, die den schon strapazierten Organismus sehr schaden.

Frauen verbringen viel Zeit damit, scharf gewürzte Speisen zuzubereiten, die den Geschmackssinn befriedigen sollen. Die Folge ist, dass sie die Kinder vernachlässigen und ihnen keine moralischen und religiösen Belehrungen erteilen. Die überarbeitete Mutter versäumt es, sich ein gewinnendes Gemüt anzueignen, das Sonnenschein ins Heim bringt. Gedanken über die Ewigkeit werden zweitrangig. Die ganze Zeit wird dazu verwendet, für die Befriedigung des Gaumens zu arbeiten. Sie zerstören die Gesundheit, verdüstern das Gemüt und trüben die Verstandeskraft. *4SG 131.132; 1864*

235 Unmäßigkeit ist überall anzutreffen. Wir sehen sie in Zügen, auf Schiffen, in Großstädten und überall, wo wir gehen. Wir sollten uns fragen, was wir tun, um Menschen aus der Gewalt des Versuchers zu befreien. Satan ist ständig darauf bedacht, die Menschen ganz unter seine Herrschaft zu bringen. Seinen stärksten Einfluss auf den Menschen übt er durch die Esslust aus, und er versucht, sie in jeder möglichen Weise anzuregen. Alle unnatürlichen Reizmittel sind schädlich, und sie entwickeln den Wunsch nach Alkohol. Wie können wir das Volk erleuchten und die schrecklichen Übel verhindern, die dann daraus folgen? Haben wir wirklich alles unternommen, was wir in dieser Richtung tun können? *CTBH 16; 1890*

Anbeten am Altar unnatürlichen Appetits

236 Gott hat seinem Volk viel Licht gegeben. Doch sind wir damit nicht gegen jede Versuchung gefeit. Wer von uns sucht bei den „*Göttern Ekrons*" Hilfe? Betrachtet dieses Bild, das ja nicht der Phantasie entnommen ist. Bei wie vielen, selbst unter den Siebenten-Tags-Adventisten, sind seine Hauptmerkmale sichtbar? Ein sichtlich sehr gewissenhafter, aber fanatischer und dünkelhafter Kranker bekennt freimütig, dass er die Lebens- und Gesundheitsgesetze missachtet, die Gott in seiner Gnade seiner Gemeinde gegeben hat. Seine Nahrung muss so zubereitet werden, dass sie seine ungesunden Begierden befriedigt. Statt sich an einen Tisch mit gesunder Nahrung zu setzen, geht er lieber in Gaststätten, weil er dort seiner Esslust ohne Hindernis nachgeben kann. Obwohl er ein gewandter Verteidiger der Mäßigkeit ist, missachtet er doch ihre Hauptregeln. Er möchte zwar geholfen bekommen, aber nicht um den Preis der Selbstverleugnung. Jener Mann betet am Altar verdorbener Esslust an. Er ist ein Götzendiener. Seine Kräfte, die, veredelt und geheiligt, zur Ehre Gottes gebraucht werden könnten, werden geschwächt und sind kaum brauchbar. Ein reizbares Gemüt, ein unklarer Kopf und schlaffe Nerven sind unter anderem das Ergebnis, wenn man die Naturgesetze missachtet. Der Mensch wird unfähig etwas zu leisten und unzuverlässig. *5T 196.197; 1882*

Christi Sieg um unsertwillen

237 In der Wüste, bei der Versuchung, wurde Christus mit den Hauptanfechtungen konfrontiert, die den Menschen bestürmen können. Dort begegnete er, auf sich allein gestellt, dem listigen, heimtückischen Feind und überwand ihn. Die erste große Versuchung betraf den Appetit, die zweite die Anmaßung, die dritte die Liebe zur Welt. Satan hat Millionen besiegt, indem er sie zur Befriedigung der Esslust verführte. Durch Befriedigung des Geschmacks wird das

Nervensystem gereizt und die Verstandeskraft geschwächt. So wird es unmöglich, ruhig oder vernünftig zu denken. Das Gemüt ist unausgeglichen. Die höheren, edleren Fähigkeiten sind verdorben, um der sinnlichen Leidenschaft zu dienen. Und die heiligen, ewigen Interessen werden nicht beachtet. Ist dieses Ziel erreicht, dann kann Satan mit seinen zwei anderen führenden Versuchungen kommen und leicht Zutritt finden. Seine vielseitigen Verführungen bestehen hauptsächlich aus diesen drei Punkten. *4T 44; 1876*

238 Die wichtigste Lehre, die uns die Heilige Schrift aus der Versuchungsgeschichte Jesu vermittelt, ist sein Sieg über die menschlichen Triebe und Begierden. Zu allen Zeiten haben gerade die Versuchungen in mancherlei Leidenschaften die Menschen am meisten verdorben und herabgewürdigt. Durch den Reiz zur Unmäßigkeit versucht Satan, die geistlichen und sittlichen Kräfte zu vernichten, die Gott den Menschen als unschätzbare Gaben verliehen hat. Denn dadurch wird es dem Menschen unmöglich, die geistlichen Werte zu schätzen. Durch Befriedigung fleischlicher Lüste versucht Satan, das Ebenbild Gottes in der Seele des Menschen auszulöschen. Ungezügelte Genusssucht und die dadurch entstehenden Krankheiten sowie die Entartung, wie sie bei Christi erstem Kommen vorhanden waren, werden vermehrt auch bei seiner Wiederkunft festzustellen sein.

Der Heiland wies darauf hin, dass der Zustand der Welt dann sein wird wie in den Tagen der Sintflut und wie zur Zeit Sodoms und Gomorrhas. Das Dichten und Trachten des menschlichen Herzens wird böse sein immerdar. Wir leben heute in dieser gefahrvollen Zeit und sollten die große Lehre des Heilandes, die er uns durch sein Fasten gab, beherzigen. Nur nach der unaussprechlichen Qual, die der Heiland erlitt, können wir das Sündhafte unbeherrschter Genusssucht ermessen. Sein Beispiel lehrt uns, dass wir nur dann Hoffnung auf ein ewiges Leben haben können, wenn wir unsere Begierden und unsere Leidenschaften dem Willen Gottes unterwerfen.

Schau auf den Retter

Aus eigener Kraft können wir den Begierden des Fleisches nicht widerstehen. Satan wird gerade diese Schwäche nutzen, um uns zu versuchen. Christus wusste, dass der Feind sich jedem Menschen nähern würde, um aus dessen ererbten Schwächen Vorteile zu ziehen und alle, die kein Gottvertrauen besitzen, durch seine Einflüsterungen zu umgarnen. Unser Herr hat dadurch, dass Er uns auf unserem

Pilgerpfad vorangegangen ist, den Weg der Überwindung gebahnt. Es ist nicht sein Wille, dass wir im Kampf mit Satan irgendwie benachteiligt sein sollten. Er will, dass wir uns durch die Angriffe der Schlange nicht einschüchtern oder entmutigen lassen. *„Seid getrost",* sagt er, *„ich habe die Welt überwunden." Johannes 16,33*

Wer gegen die Macht der Esslust anzukämpfen hat, der schaue auf den Heiland in der Wüste der Versuchung. Er blicke auf ihn, wie er am Kreuz Todesqualen litt und wie er ausrief: *„Mich dürstet!" Johannes 19,1* Jesus hat alles ertragen, was Menschen je auferlegt werden könnte. Sein Sieg ist auch unser Sieg.

Christus verließ sich auf die Weisheit und Kraft seines himmlischen Vaters. Er sagte: *„Aber Gott, der Herr, wird mir helfen, darum muss ich mich nicht schämen; darum machte ich mein Angesicht wie einen Kieselstein, denn ich wusste, dass ich nicht zuschanden würde. Der mich rechtfertigt, ist nahe; wer will mit mir rechten? ... Siehe, Gott, der Herr, steht mir bei." Jesaja 50,7-8.9* Auf sein vorgelebtes Beispiel hinweisend, fragt er uns: *„Wer unter euch fürchtet den Herrn? ... Wenn er im Finstern wandelt und ihm kein Licht scheint, so vertraue er auf den Namen des Herrn und halte sich an seinen Gott!" Jesaja 50,10*

Jesus sagte: *„Es kommt der Fürst dieser Welt, und in mir hat er nichts." Johannes 14,30* Satan vermochte mit seinen Spitzfindigkeiten bei Jesus nichts auszurichten. Er gab der Sünde nicht nach. Nicht mit einem Gedanken überließ er sich der Versuchung. So soll es auch mit uns der Fall sein. *DA 122.123; 1898*

239 Satan bestürmt die Menschen mit seinen überwältigenden Versuchungen genauso, wie er zu Christus kam, damit sie die Esslust befriedigen. Er kennt seine Macht gut, den Menschen in diesem Punkt zu überwinden. Er überwand Adam und Eva durch die Esslust, und sie verloren ihr wonniges Heim. Welch angehäuftes Elend und Verbrechen hat unsere Welt als Folge des Falls von Adam erfüllt. Ganze Städte sind wegen der erniedrigenden Verbrechen und abstoßenden Bosheit, die sie zu einem Schandfleck im Universum machten, von der Erde vertilgt worden. Das Nachgeben der Esslust war die Quelle all ihrer Sünden. *3T 561; 1875*

240 Christus begann das Werk der Erlösung gerade dort, wo der Verfall begann. Seine erste Prüfung betraf denselben Punkt, wo Adam scheiterte. Durch Versuchungen, die auf den Appetit gerichtet waren, überwand Satan einen großen Teil der menschlichen Familie, und sein

Erfolg ließ ihn glauben, dass die Herrschaft über diesen gefallenen Planeten in seinen Händen wäre. Aber in Christus fand er jemanden, der imstande war, ihm zu widerstehen, und er verließ das Schlachtfeld als ein besiegter Feind. Jesus sagt: Er *„hat nichts an mir."* Sein Sieg ist eine Zusicherung, dass wir aus unseren Kämpfen mit dem Feind auch als Sieger hervorgehen können. Es liegt jedoch nicht in der Absicht unseres himmlischen Vaters, uns zu retten, ohne dass wir uns selbst anstrengen, mit Christus zusammenzuarbeiten. Wir müssen unseren Teil dazu beitragen, und himmlische Kraft, vereint mit unseren Anstrengungen, wird den Sieg davontragen. CTBH 16; 1890

Daniels Beispiel der Überwindung

241 Versuchungen zur Befriedigung der Esslust besitzen eine Macht, die nur mit der Hilfe Gottes zu überwinden ist. Aber für jede Versuchung haben wir die Verheißung Gottes, dass es einen Weg aus dieser Versuchung gibt. Warum werden dann so viele Menschen überwunden? Weil sie ihr Vertrauen nicht auf Gott setzen. Sie verwenden nicht die Mittel, die Gott zu ihrer Sicherheit bereitgestellt hat. Die Entschuldigungen, die für die Befriedigung einer verkehrten Esslust vorgebracht werden, gelten daher vor Gott nicht.

Daniel schätzte seine menschlichen Fähigkeiten richtig ein, aber er vertraute ihnen nicht. Sein Vertrauen setzte er in die Kraft, die Gott allen versprochen hat, die demütig zu ihm kommen und sich ganz auf seine Kraft verlassen.

Er nahm sich in seinem Herzen vor, sich nicht mit dem Fleisch des Königs zu verunreinigen, auch nicht mit dem Wein, den dieser trank. Denn er wusste, dass eine solche Ernährung weder seine körperlichen Kräfte stärken noch seine geistigen Fähigkeiten vergrößern würde. Er lehnte den Wein ab, ebenso alle anderen unnatürlichen Reizmittel. Er wollte nichts tun, was seine Denkfähigkeit beeinträchtigen könnte. *„Und Gott gab diesen vier jungen Männern Kenntnis und Verständnis für alle Schrift und Weisheit; Daniel aber machte er verständig in allen Gesichten und Träumen."* Daniel 1,17

Daniels Eltern hatten ihm in seiner Kindheit die Grundsätze strenger Mäßigkeit anerzogen. Sie lehrten ihn, dass er in allen seinen Gewohnheiten mit den Gesetzen der Natur übereinstimmen müsse; dass seine Ernährung einen direkten Einfluss auf seine körperliche, geistige und moralische Natur hat und er Gott für alle seine Fähigkeiten Rechenschaft ablegen müsse. Denn er habe sie alle von Gott als Geschenk erhalten und dürfe sie durch keinerlei Handlungsweise verkümmern oder erlahmen lassen. Das Ergebnis dieser Belehrungen war, dass er das Gesetz Gottes hoch schätzte und in seinem Herzen verehrte.

Während der ersten Jahre seiner Gefangenschaft machte Daniel eine schwere Prüfung durch, die ihn mit dem höfischen Glanz, der Heuchelei und dem Heidentum bekannt machen sollte. In der Tat, eine seltsame Schule, um ihn für ein Leben der Nüchternheit, der Arbeitsamkeit und der Treue zuzurüsten! Und dennoch lebte er unbefleckt in einer Atmosphäre des Bösen, das ihn umgab.

Die Erfahrung Daniels und seiner Freunde zeigt uns, wie nützlich eine enthaltsame Ernährung ist. Sie lässt uns erkennen, was Gott für die tun wird, die bereit sind, mit ihm zusammenzuarbeiten, um ihre Seelen zu reinigen und zu veredeln. Diese jungen Männer ehrten Gott und leuchteten als helles und strahlendes Licht am Hofe Babylons.

In dieser Geschichte hören wir Gottes Stimme, die zu jedem von uns spricht und uns auffordert, all die kostbaren Lichtstrahlen über die christliche Mäßigkeit einzufangen und den richtigen Standpunkt gegenüber den Gesundheitsgrundsätzen einzunehmen. *CTBH 22.23; 1890*

242 Was wäre geschehen, wenn Daniel und seine Gefährten mit den heidnischen Beamten einen Kompromiss geschlossen und dem Druck der Umstände nachgegeben hätten, indem sie das aßen und tranken, was bei den Babyloniern üblich war? Nur diese eine Verletzung von den Grundsätzen hätte ihr Rechtsempfinden und ihre Abscheu vor dem Bösen geschwächt. Die Befriedigung ihrer Esslust hätte bedeutet, dass sie ihre körperliche Kraft, die Klarheit ihres Verstandes und ihre geistliche Stärke geopfert hätten. Ein falscher Schritt hätte wahrscheinlich weitere zur Folge gehabt, bis Daniel und seine Freunde – ohne himmlische Verbindung – von den Versuchungen hinweggefegt worden wären. *CH 66; RH, 1881*

Unsere christliche Pflicht
243 Wenn wir Gottes Forderungen erkennen, dann werden wir sehen, dass er von uns verlangt, in allen Dingen mäßig zu sein. Der Zweck unserer Erschaffung ist es, Gott durch unseren Körper und Geist – die ihm gehören – zu verherrlichen. Wie können wir das tun, wenn wir der Esslust zum Schaden der körperlichen und moralischen Kräfte freien Lauf lassen?

Gott möchte, dass wir unsere Körper als ein lebendiges Opfer darbringen. Dann sind wir verpflichtet, diesen Körper im bestmöglichen Gesundheitszustand zu erhalten, dass wir seine Anforderungen erfüllen können. *"Ob ihr nun esst oder trinkt oder sonst etwas tut – tut alles zur Ehre Gottes!"* 1.Korinther 10,31; 2T 65; 1868

244 Der Apostel Paulus schreibt: *"Wisst ihr nicht, dass die, welche in der Rennbahn laufen, zwar alle laufen, aber nur einer den Preis erlangt? Lauft so, dass ihr ihn erlangt! Jeder aber, der sich am Wettkampf beteiligt, ist enthaltsam in allem – jene, um einen vergänglichen Siegeskranz zu empfangen, wir aber einen unvergänglichen. So laufe ich nun nicht wie aufs Ungewisse; ich führe meinen Faustkampf nicht mit bloßen Luftstreichen, sondern ich bezwinge meinen Leib und beherrsche ihn, damit ich nicht anderen verkündige und selbst verwerflich werde"* 1.Kor. 9,24-27

Es gibt viele in der Welt, die sich zerstörerischen Gewohnheiten hingeben. Die Esslust ist das Gesetz, von dem sie beherrscht werden. Infolge ihrer falschen Gewohnheiten ist ihr sittliches Empfinden getrübt und die Fähigkeit, heilige Dinge zu erkennen, größtenteils zerstört. Für Christen ist es aber notwendig, strenge Mäßigkeit zu üben. Sie sollten ihre Ziele hochstecken. Mäßigkeit im Essen, Trinken und in der Kleidung ist wichtig. Grundsätze sollten bestimmend sein, nicht die Esslust oder irgendwelche Launen. Wer zu viel isst oder wessen Ernährung von minderer Qualität ist, wird leicht zur Ausschweifung verführt und zu anderen *"törichten und schädlichen Begierden, welche die Menschen in Untergang und Verderben stürzen."* 1.Timotheus 6,9 Die Mitarbeiter Gottes sollten all ihren Einfluss aufbieten, um die Verbreitung wahrer Mäßigkeit zu unterstützen.

Es bedeutet viel, Gott treu zu sein. Er stellt an alle, die in seinem Dienst stehen, Ansprüche. Er möchte, dass Geist und Körper in bester Gesundheit erhalten bleiben, dass jede Fähigkeit und Begabung unter göttlicher Führung steht und so stark ist, wie sorgfältige und streng nach Mäßigkeit ausgerichtete Gewohnheiten es nur sein können. Wir sind Gott verpflichtet, uns ihm mit ganzem Herzen zu weihen – unseren Körper und unsere Seele, mit all den Fähigkeiten, die wir von ihm geschenkt bekamen und nun in seinen Dienst stellen.

Alle unsere Kräfte und Fähigkeiten müssen während dieser Gnadenzeit gestärkt und verbessert werden. Nur wer diese Grundsätze zu schätzen weiß und geschult worden ist, vernünftig und in der Furcht Gottes für den Körper zu sorgen, sollte ausgewählt werden, um in diesem Werk Verantwortungen zu übernehmen.

Diejenigen, die schon lange im Glauben stehen, aber dennoch nicht zwischen den reinen Grundsätzen der Gerechtigkeit und denen des Bösen unterscheiden können, und deren Verständnis in Bezug auf Gerechtigkeit, Barmherzigkeit und die Liebe Gottes getrübt ist, sollten von Verantwortungen entbunden werden. Jede Gemeinde braucht ein klares und eindeutiges Zeugnis, das der Posaune einen kräftigen Ton verleiht. Wenn es uns gelingt, das sittliche Empfinden unseres Volkes für die Mäßigkeit zu wecken, ist das ein großer Sieg. Wir müssen Mäßigkeit in allen Belangen des Lebens lehren und praktizieren. Mäßigkeit im Essen, Trinken, Kleiden und Schlafen gehört zu den erhabenen Grundsätzen des religiösen Lebens. Die Wahrheit, im Heiligtum der Seele verankert, wird uns dann leiten, wie wir den Körper behandeln sollen. Nichts, was die Gesundheit des menschlichen Körpers betrifft, darf gleichgültig abgetan werden. Unser ewiges Glück hängt davon ab, welchen Gebrauch wir in diesem Leben von unserer Zeit, unserer Kraft und unserem Einfluss machen. 6T 374.375; 1900

Sklaven der Genusssucht
245 Es gibt Menschen, die sagen, an die Wahrheit zu glauben, die auch keinen Tabak, Schnupftabak, Tee oder Kaffee verwendet, doch sie geben der Esslust nach und machen sich dadurch schuldig. Sie verlangen nach scharf gewürztem Fleisch, gut gedünstet. Und ihr Gaumen ist so verdorben, dass sie nicht einmal mit Fleisch zufrieden sind, wenn es nicht auf schädlichste Art zubereitet ist. Der Magen ist gereizt, die Verdauungsorgane sind überlastet, und dennoch arbeitet der Magen schwer, um die Last zu verarbeiten, die ihm aufgezwungen wird. Dadurch ist der Magen erschöpft, was wiederum Schwäche verursacht. Hier täuschen sich viele und denken, dass es an zu wenig Nahrung liegt, dass solche Gefühle hervorgerufen werden. Ohne dem Magen Ruhe zu geben, essen sie noch mehr, was die Schwäche momentan verdrängt; und je mehr der Esslust nachgegeben wird, desto stärker wird das Verlangen nach Befriedigung sein. Diese Schwäche ist allgemein das Ergebnis des Fleischessens und auch, wenn man zu oft und zu viel isst. ...

Weil man es so gewöhnt ist, und die unnatürliche Begierde es verlangt, wird der Magen mit kalorienreichen Kuchen, Pasteten und Puddings und allem beladen, was schädlich ist. Auf dem Tisch muss eine Vielfalt von Speisen stehen, oder die Genusssucht kann nicht befriedigt werden. Diese Sklaven der Esslust haben morgens oft unreinen Atem und eine belegte Zunge. Sie sind nicht gesund und fragen sich, warum sie an Unwohlsein, Kopfschmerzen und verschiedenen Krankheiten leiden. Viele essen dreimal am Tag und dann noch einmal kurz bevor sie zu Bett gehen. In kurzer Zeit sind die Verdauungsorgane erschöpft, weil sei keine Ruhe haben. Diese Menschen sind dann magenkrank und wundern sich darüber. Die Ursache hat ihre Wirkung. Bevor der Magen nicht Zeit gehabt hat, sich von der Verdauungsarbeit der vorangegangenen Mahlzeit zu erholen, sollte niemals eine zweite Mahlzeit eingenommen werden. Wenn überhaupt eine dritte Mahlzeit eingenommen wird, dann sollte sie leicht sein und schon einige Stunden vor dem Zubettgehen stattfinden.

Viele sind der Unmäßigkeit so ergeben, dass sie nichts dazu bewegen kann, ihren Kurs der Befriedigung ihrer Essgier bis zur Völlerei aufzugeben. Sie würden lieber ihre Gesundheit opfern und vorzeitig sterben, als ihren unmäßigen Appetit zu zügeln. Und es gibt viele, die nicht wissen, in welcher Beziehung ihr Essen und Trinken zur Gesundheit steht. Könnten solche unterwiesen werden, würden sie vielleicht den moralischen Mut aufbringen, der Esslust zu entsagen und weniger und nur das zu essen, was gesund ist. Durch ihre eigene Handlungsweise könnten sie sich viel Leid ersparen.

Erzieht den Appetit
Menschen, die ihren Gaumen befriedigt haben, indem sie reichlich Fleisch, scharf gewürzte Bratensoßen, schwerverdauliche Kuchen und Konserven gegessen haben, können nicht gleich an einer einfachen, gesunden und nahrhaften Kost Gefallen finden. Ihr Geschmack ist so verdorben, dass sie keinen Appetit auf eine gesunde Nahrung aus Früchten, einfachem Brot und Gemüse haben. Sie können nicht erwarten, dass ihnen eine Nahrung gleich schmeckt, die sich derart von der bisher gewöhnten unterscheidet. Wenn das so ist, dann sollten sie fasten, bis es gelingt. Dieses Fasten wird ihnen mehr nützen als Medizin, denn der missbrauchte Magen wird die Ruhe finden, die er schon lange brauchte; und wirklicher Hunger kann mit einer einfachen Speise gestillt werden. Es wird eine Weile dauern, bis sich der Geschmack von dem erlittenen Missbrauch umgestellt hat und wieder normal ist. Aber ständige Selbstverleugnung im Essen und Trinken wird bald eine einfache, gesunde Nahrung schmackhaft machen. Sie wird zunehmend mit größerer Befriedigung gegessen werden, als der Genusssüchtige bei seinen reichhaltigen Leckerbissen empfindet.

Ist der Magen nicht durch Fleischessen überfordert, sondern in einem gesunden Zustand, kann er seine Aufgabe bereitwillig erfüllen. Eine Reform sollte ohne Verzögerung begonnen werden, damit die noch vorhandenen Lebenskräfte erhalten bleiben, und der Organismus nicht unnötig belastet wird. Der Magen wird niemals wieder so belastbar sein wie vorher, aber eine richtige Ernährungsweise wird weitere Schwächung ersparen. Viele werden mehr oder weniger gesund, wenn sie im *„schwelgerischen Selbstmord"* nicht zu weit gegangen sind.

Menschen, die Sklaven einer ungezügelten Esslust sind, gehen oft noch weiter und erniedrigen sich durch Befriedigung ihrer verdorbenen Leidenschaften, die durch Unmäßigkeit im Essen und Trinken angeregt worden sind. Sie legen ihren erniedrigenden Leidenschaften keine Zügel an, bis Gesundheit und Verstandeskräfte am Boden liegen. Die Geistesfähigkeiten sind durch sündige Gewohnheiten größtenteils zerstört. *4SG 129-131; 1864*

Die Befriedigung des Appetits wirkt auf Körper, Geist und Moral

246 Viele Studenten sind sich leider nicht der Tatsache bewusst, dass die Ernährung für die Gesundheit eine sehr wichtige Rolle spielt. Einige haben sich nie ernsthaft angestrengt, ihren Appetit zu zügeln oder in der Ernährung nach geeigneten Richtlinien zu leben. Sie essen zu viel zu den Mahlzeiten, und manche essen noch zwischendurch, wann immer sich eine Gelegenheit dazu bietet. Wenn diejenigen, die sich Christen nennen, eine Antwort auf die sie verwirrende Frage finden wollen, warum ihr Geist so träge und ihr religiöses Interesse so schwach ist, brauchen sie meistens nicht weiter als auf den Tisch zu sehen. Dort lassen sich genug Ursachen finden, wenn es schon keine anderen geben sollte.

Viele richten durch ihre Genusssucht zwischen sich und Gott eine Trennwand auf. Er, der den Fall eines Sperlings beachtet, ja sogar die Haare auf unserem Haupt zählt, registriert auch die Sünde derer, die einer entarteten Esslust frönen und dadurch die körperlichen Kräfte schwächen, den Verstand trüben und ihre sittlichen Empfindungen abtöten. *CTBH 83; 1890*

Ein zukünftiger Tag der Reue

247 Viele sind durch übermäßiges Essen und die Befriedigung niedriger Leidenschaften sowohl für körperliche als auch für geistige Arbeit unbrauchbar geworden. Die tierischen Neigungen werden gestärkt, die sittliche und geistliche Natur wird dagegen geschwächt. Was wird der himmlische Bericht über den Einzelnen aussagen, wenn wir um den großen weißen Thron stehen? Dann wird ihnen klar werden, was sie hätten tun können, wenn sie ihre von Gott verliehenen Kräfte nicht missbraucht hätten. Dann werden sie begreifen, welche geistige Höhe sie hätten erreichen können, wenn sie alle von Gott verliehenen körperlichen und geistigen Kräfte ihm geweiht hätten. Unter Gewissensbissen werden sie sich danach sehnen, ihr Leben noch einmal leben zu können. 5T 135; 1882

Ein unnatürlicher Appetit muss gezügelt werden
248 Die Vorsehung hat das Volk Gottes aus den Überspanntheiten der Welt herausgeführt, aus Genusssucht und Leidenschaft, damit es Selbstverleugnung übe und in allen Dingen mäßig ist. Das Volk, das Gott führt, soll abgesondert sein. Es wird nicht mit der Welt mitmachen. Folgt es der Führung Gottes, wird es seine Aufgabe erfüllen; seinen Willen wird es dem Willen Gottes unterstellen. Christus wird im Herzen wohnen und der Tempel Gottes wird heilig sein. Euer Körper, sagt der Apostel, ist der Tempel des Heiligen Geistes. Gott verlangt von seinen Kindern nicht, dass sie zu Lasten ihrer Körperkraft Selbstverleugnung üben. Er fordert von ihnen, dass sie nach den Naturgesetzen leben, um die Gesundheit ihres Körpers zu bewahren.

Der Weg der Natur ist der Pfad, den er vorgezeichnet hat, und er ist für jeden Christen breit genug. Mehr als genug hat Gott uns mit reichen und vielfältigen Gaben versorgt, damit wir uns davon ernähren und uns daran freuen. Um uns aber am natürlichen Appetit zu erfreuen, der unsere Gesundheit erhält und unser Leben verlängert, legt Gott der Esslust Beschränkungen auf und sagt: *„Hüte dich! Zügle und unterdrücke den unnatürlichen Appetit!"* Wenn wir einen verkehrten Appetit entwickeln, verletzen wir die Gesetze unseres Seins und übernehmen die Verantwortung für den Missbrauch unseres Körpers und die Krankheiten, die wir auf uns laden. CTBH 150.151; 1890

Unnatürlicher Appetit muss unterdrückt werden
249 Alle, die über die schädlichen Wirkungen von Fleischspeisen, Tee, Bohnenkaffee, Süßigkeiten und ungesunden Speisen belehrt wurden und sich dazu entschieden haben, einen Bund mit Gott einzugehen, werden nicht weiter bewusst ungesunde Nahrung essen. Gott will, dass man so ein Verlangen reinigt und Selbstverleugnung übt über das, was nicht gut ist. Dies muss noch durchgeführt werden, ehe Gottes Volk als vollkommenes Volk vor ihm stehen kann. 9T 153.154; 1909

250 Gott hat sich nicht geändert. Und er beabsichtigt auch nicht, unseren physischen Organismus zu ändern, um es uns zu ermöglichen, auch nur ein einziges Gesetz zu übertreten, ohne dass sich das auswirkt. Aber viele wollen das nicht einsehen ... Indem sie ihre Neigungen und Begierden befriedigen, übertreten sie die Gesetze von Leben und Gesundheit. Wenn sie auf ihr Gewissen achten, müssen sie sich im Essen und Kleiden von Grundsätzen, anstatt von Neigung, Mode und Gaumen leiten lassen. *HR Sept. 1871*

Die Nützlichkeit der Diener Gottes ist abhängig von der Beherrschung ihrer Esslust

251 Macht den Menschen deutlich, wie wichtig es ist, der Versuchung zur Esslust zu widerstehen. Hierin machen viele einen Fehler. Erklärt, wie eng Körper und Geist verbunden sind, und zeigt, wie wichtig es ist, beide im allerbesten Zustand zu erhalten. ... Alle, die der Genusssucht nachgeben, die körperlichen Energien verschwenden und die moralische Kraft schwächen, werden früher oder später die Folgen zu spüren haben, die dem Übertreten des physischen Gesetzes folgt. Christus gab sein Leben, um Erlösung für den Sünder zu erkaufen. Der Erlöser der Welt wusste, dass die Befriedigung der Esslust körperlichen Verfall und das Abtöten der Wahrnehmungsfähigkeit zur Folge haben würde, sodass heilige und ewige Dinge nicht erkannt werden können. Er wusste, dass Selbstbefriedigung die moralischen Kräfte verderben würde und dass die Menschheit mit Herz, Geist und Seele von einem Leben der Selbstbefriedigung zu einem Leben der Selbstverleugnung und Selbstaufopferung bekehrt werden muss. Möge der Herr dir als seinem Diener helfen, an die Prediger zu appellieren und die schlafenden Gemeinden aufzuwecken. Lass deine Bemühungen als Arzt und Prediger ausgeglichen sein. Unsere Gesundheitszentren wurden dazu gegründet, die Wahrheit treuer Mäßigkeit zu verkünden. ... Als Volk benötigen wir eine Reform. Dies gilt besonders für Prediger und Lehrer des Wortes. Ich bin angewiesen, unseren Predigern und Vorstehern zu sagen: Eure Brauchbarkeit als Arbeiter Gottes im Werk der Seelenrettung hängt wesentlich davon ab, ob es auch gelingt, eure Gaumenlust zu überwinden. Besiegt euer Verlangen, die Esslust zu befriedigen. Wenn ihr das tut, werden eure Leidenschaften leicht unter Kontrolle zu halten sein. Eure geistigen und sittlichen Kräfte werden erstarken. „Und sie haben ... überwunden durch des Lammes Blut und durch das Wort ihres Zeugnisses!" *Offenbarung 12,11; Letter 158; 1909*

Ein Aufruf an einen Mitarbeiter

252 Der Herr hat dich erwählt, sein Werk zu tun. Wenn du sorgfältig und umsichtig arbeitest und deine Essgewohnheiten unter strenge Kontrolle von Erkenntnis und Vernunft bringst, wirst du viel mehr angenehme, trostreiche Stunden haben, als wenn du unklug handelst. Bremse dich, halte deinen Gaumen unter strenger Aufsicht und überlasse dich dann den Händen Gottes. Verlängere dein Leben durch sorgfältige Aufsicht über dich selbst. Letter 49; 1892

Enthaltsamkeit steigert die Lebenskraft
253 Menschen, die mit der Verkündigung der letzten Warnungsbotschaft an die Welt beauftragt sind – einer Botschaft die dazu führt, Menschenschicksale zu entscheiden, sollten in ihrem eigenen Leben die Wahrheiten, die sie anderen Menschen predigen, in ihrer praktischen Auswirkung sichtbar werden lassen. Im Essen und Trinken, im Verhalten und in Gesprächen sollten sie beispielhaft sein.

Schwelgerei, Befriedigung niederer Triebe und abscheuliche Sünden werden von vielen vorgeblichen Stellvertretern Christi in der ganzen Welt unter dem Deckmantel der Heiligkeit verborgen. Darunter befinden sich Männer von ausgezeichneter natürlicher Begabung, die nicht die Hälfte von dem leisten, was sie leisten könnten, wenn sie in allen Dingen maßvoll wären. Die Befriedigung ihrer Essgier und ihrer Triebe trübt den Verstand, vermindert ihre Körperkraft und schwächt ihre moralische Stärke. Ihre Gedanken werden unklar. Ihre Worte wirken kraftlos, sie sind nicht vom Geist Gottes belebt und erreichen deshalb nicht die Herzen der Hörer.

Weil unsere Ureltern Eden durch die Befriedigung ihrer Esslust verloren haben, besteht unsere einzige Hoffnung, Eden zurückzugewinnen, durch eine entschiedene Absage an alle Esslust und Begierden. Mäßigkeit in der Ernährung und Beherrschung aller Leidenschaften erhalten den Verstand, verleihen geistige und sittliche Spannkraft und befähigen den Menschen, all ihre natürlichen Neigungen der Leitung höherer Mächte anzuvertrauen und zwischen Recht und Unrecht sowie zwischen geistlich und weltlich zu unterscheiden. Alle, die das von Christus dargebrachte Opfer recht begreifen, werden freudig dem *Ich* entsagen und mit Christus an dessen Leiden teilhaben. Christus verließ seine himmlische Heimat und kam in diese Welt, um dem Menschen durch sein Leben zu zeigen, wie man der Versuchung widersteht.

Die Furcht des Herrn ist der Weisheit Anfang. Wer so überwindet, wie Christus überwand, muss ständig gegen die Versuchungen Satans auf der Hut sein. Esslust und Leidenschaften sollten eingedämmt und von einem erleuchteten Gewissen beherrscht werden, damit ein klares Denkvermögen und eine ungeschwächte Aufnahmefähigkeit erhalten bleiben, so dass Satans Wirken und seine Schlingen nicht als Gottes Fügung gedeutet werden können. Viele ersehnen den endgültigen Lohn und Sieg, die den Überwindern zuteil werden sollen. Doch sie sind nicht bereit, wie ihr Erlöser zu verzichten, sich zu mühen und selbst zu verleugnen. Nur durch Gehorsam und unaufhörliche Anstrengungen können wir so überwinden, wie Christus überwand.

Die beherrschende Macht der Esslust wird den Untergang Tausender herbeiführen. Wären sie jedoch auf diesem Gebiet erfolgreich geblieben, hätten sie die sittliche Kraft erhalten, um den Sieg über jede andere Versuchung Satans davonzutragen. Wer jedoch Sklave seiner Essgier ist, wird keinen christlichen Charakter entfalten können. Die fortwährende, über sechstausend Jahre dauernde Übertretung der Gesetze Gottes brachte Krankheit, Schmerz und Tod mit sich. Je mehr wir uns dem Abschluss der Zeit nähern, desto mächtiger werden Satans Versuchungen werden, uns zur Esslust zu verführen. Dementsprechend wird es auch immer schwieriger, sie zu überwinden. *3T 490-492; 1875*

Die Beziehung von Gewohnheiten zur Heiligung

254 Niemand kann den Segen der Heiligung genießen, während er selbstsüchtig und unmäßig ist. Wer die Gesetze von Leben und Gesundheit verletzt, leidet wegen ihrer falschen Gewohnheiten im Essen und Trinken unter einer Last von Gebrechen. Viele schwächen ihre Verdauungsorgane, indem sie einem verdorbenen Appetit nachgeben. Die Kraft des menschlichen Körpers ist ausreichend, dem an ihm verübten Missbrauch zu widerstehen. Aber ständig falsche Gewohnheiten im unmäßigen Essen und Trinken werden jede Funktion des Körpers schwächen. Diese Schwachen sollten beachten, was sie hätten sein können, wenn sie mäßig gelebt und die Gesundheit gefördert hätten, anstatt sie zu missbrauchen. In der Befriedigung von Genusssucht und Leidenschaft stören sogar vorgebliche Christen die Natur in ihrer Arbeit. Sie vermindern ihre körperliche, geistige und moralische Kraft. Einige, die dies tun, geben vor, Gott geweiht zu sein; aber solch ein Anspruch entbehrt jeder Grundlage. ... *„Ein Sohn soll seinen Vater ehren und ein Knecht seinen Herrn! Bin ich nun Vater, wo ist meine Ehre? Bin ich Herr, wo ist die Furcht vor mir? spricht der Herr der Heerscharen zu euch Priestern, die ihr meinen Namen verächtlich macht. Aber ihr fragt: ‚Womit haben wir deinen Namen verächtlich gemacht?' Damit, dass ihr auf meinem Altar verunreinigtes Brot darbringt! Aber ihr fragt: ‚Womit haben wir dich verunreinigt?' Damit, dass ihr sagt: ‚Der Tisch des Herrn ist verachtenswert!' Und wenn ihr ein blindes Tier zum Opfer bringt, ist das nichts Böses; und wenn ihr ein lahmes oder krankes darbringt, ist das* *auch nichts Böses? Bringe es doch deinem Statthalter! Wird er Wohlgefallen an dir haben oder dich freundlich beachten? spricht der Herr der Heerscharen."* Maleachi 1,6-8

Lasst uns diese Warnungen und Hinweise sorgfältig beachten. Wenn sie auch an das alte Israel gerichtet waren, so sind sie auf das heutige Volk Gottes nicht weniger anzuwenden. Wir sollten die Worte des Apostels beachten, mit denen er sich an seine Brüder wendet, dass sie ihre Körper durch die Gnade Gottes zum Opfer geben, *„das da lebendig, heilig und Gott wohlgefällig sei."* Dies ist wahre Heiligung.

Es ist nicht nur Theorie, ein Gefühl oder eine Redewendung, sondern ein lebendiger, aktiver Grundsatz, der im täglichen Leben wirksam werden muss. Das erfordert, dass unsere Gewohnheiten im Essen, Trinken und Kleiden uns körperlich, geistig und moralisch gesund sein lassen, damit wir dem Herrn unseren Körper – nicht als ein durch verkehrte Gewohnheiten verdorbenes Opfer – sondern als *„Opfer, das da lebendig, heilig und Gott wohlgefällig sei",* darbringen können.

Niemand sollte, der vorgibt fromm zu sein, mit seiner Gesundheit gleichgültig umzugehen und sich schmeicheln, dass Unmäßigkeit keine Sünde sei und die geistliche Gesinnung nicht beeinflussen werde. Zwischen der physischen und moralischen Natur besteht eine enge wechselseitige Beziehung. RH 25.1.1881

Entschlossenheit des Charakters gefordert

255 Um den Appetit zu verleugnen, muss man charakterlich stark sein. Fehlt das, dann richten sich viele zugrunde. Indem sie schwach, nachgiebig, leicht zu verführen sind, versäumen viele Männer und Frauen ganz, das zu werden, was sie nach Gottes Wunsch sein sollen. Diejenigen, die wankelmütig sind, können keinen Erfolg beim täglichen Überwinden haben. Die Welt ist voll von berauschten, unmäßigen, charakterschwachen Männern und Frauen. Wie schwer ist es für sie, echte Christen zu werden. Was sagt der große ärztliche Missionar? – *„Wenn jemand mir nachkommen will, so verleugne er sich selbst und nehme sein Kreuz auf sich und folge mir nach!"* Matthäus 16,24

Satan versucht, die Menschen zu verführen, damit sie wiederum ihre Mitmenschen verführen. Er will Menschen dazu bringen, ihn in seinem Zerstörungswerk zu unterstützen. Er bemüht sich, sie dahin zu führen, sich ganz der Befriedigung des Appetits und erregender Vergnügungen und Torheiten hinzugeben, nach denen sich der Mensch von Natur aus sehnt, die das Wort Gottes jedoch entschieden verboten hat. Auf diese Weise reiht er sie als seine Helfer ein, mit ihm zusammen das Ebenbild Gottes im Menschen zu zerstören. Viele sind durch die starken Anfechtungen *„der Fürsten und Gewaltigen"* gefangen geführt. Sie sind Sklaven der Esslust, berauscht und entwürdigt. ...

„Oder wisst ihr nicht, dass euer Leib ein Tempel des in euch wohnenden Heiligen Geistes ist, den ihr von Gott empfangen habt, und dass ihr nicht euch selbst gehört?" 1. Korinther 6,19

Jene, die immer daran denken, dass sie in einem solchen Verhältnis zu Gott stehen, werden nichts essen, was den Gaumen kitzeln, aber den Verdauungsorganen schadet. Sie werden den Tempel Gottes nicht verderben, indem sie schlechten Gewohnheiten im Essen, Trinken oder Kleiden nachgeben. Sie werden mit dem menschlichen Mechanismus sehr sorgfältig umgehen und erkennen, dass sie dies tun müssen, um zur Zusammenarbeit mit Gott fähig zu sein. Er will, dass sie gesund, glücklich und nützlich sind. Damit sie dies aber sein können, müssen sie ihren Willen seinem Willen unterordnen. *Letter 166; 1903*

256 Verzaubernden Versuchungen – der Fleischeslust, Augenlust und dem hoffärtigen Leben – kann man überall begegnen. Nur wenn wir feste Grundsätze und strenge Kontrolle über Appetit und Leidenschaften im Namen Jesu, des Siegers beachten, wird uns das sicher durchs Leben führen. *HR Mai 1878*

Nutzloser Versuch, Tabak und Alkohol allmählich aufzugeben

257 Wenn man versucht, Menschen über die Verwendung von Alkohol und Nikotin aufzuklären, sagen manche, dass sie diese Dinge schrittweise aufgeben wollen. Satan lacht jedoch über solche Entschlüsse. Er sagt sich: Sie befinden sich fest in meiner Hand; um sie brauche ich deswegen nicht zu sorgen. Er weiß aber auch, dass er keine Macht über den hat, der angesichts der Versuchung durch die Sünde den moralischen Mut aufbringt, fest und entschlossen *nein* zu sagen. Ein solcher Mensch hat den Einflussbereich des Teufels verlassen und kann sicher leben, solange er sich an Jesus Christus hält. Er steht dort, wo sich himmlische Engel mit ihm verbünden können und ihm moralische Kraft geben, zu überwinden. *Ms 86; 1897*

Aufruf des Petrus

258 Der Apostel Petrus verstand die Wechselwirkung zwischen Geist und Körper und warnte seine Brüder: *„Geliebte, ich ermahne euch als Gäste und Fremdlinge: Enthaltet euch der fleischlichen Begierden, die gegen die Seele streiten."* 1. Petrus 2,11 Viele betrachten diesen Text nur als

Warnung vor sexueller Ausschweifung; aber er hat noch eine weitere Bedeutung. Er verbietet jede schädliche Befriedigung von Esslust oder Leidenschaft. Jede verbotene Genusssucht muss also bekämpft werden. Der Appetit wurde uns zu einem guten Zweck gegeben. Er soll uns nicht zum Tod verhelfen, indem man ihn verfälscht und er somit entartet in *„fleischlichen Begierden, die gegen die Seele streiten."* ...

Die Heftigkeit der Versuchung, der Esslust nachzugeben, kann nur an der unaussprechlichen Qual unseres Erlösers während des langen Fastens in der Wüste gemessen werden. Er wusste, dass die Befriedigung der Genusssucht das Wahrnehmungsvermögen des Menschen so mindert, dass heilige Dinge nicht erkannt werden können. Adam fiel durch die Befriedigung der Esslust.

Christus überwand durch die Verleugnung des Appetits. Und unsere einzige Hoffnung, Eden zurückzugewinnen, ist durch strikte Selbstbeherrschung. Wenn die Macht, der Esslust nachzugeben, über die Menschen so stark war, dass der Sohn Gottes, um ihre Gewalt zu brechen, für den Menschen ein Fasten von nahezu sechs Wochen ertrug – welch eine Aufgabe liegt dann vor dem Christen! Doch, wie groß der Kampf auch immer sei, er kann überwinden.

Durch Hilfe dieser himmlischen Kraft, die der heftigsten Anfechtung widerstand, die Satan ersinnen konnte, kann auch er in seinem Kampf mit dem Bösen vollständig erfolgreich sein und zuletzt die Siegeskrone im Reich Gottes tragen. CTBH 53.54; 1890

Durch die Macht des Willens und der Gnade Gottes

259 Über die Esslust beherrscht Satan den Geist und Körper des Menschen. Tausende, die noch am Leben sein könnten, sind gestorben als körperliche und moralische Wracks, weil sie ihre Kräfte der Befriedigung der Gaumenlust opferten. Für die Menschen heute ist es viel nötiger als für frühere Generationen, die Willenskraft einzusetzen, die durch die Gnade Gottes gestärkt wird, um den Verlockungen Satans zu widerstehen und sich der geringsten Befriedigung eines verkehrten Appetits zu widersetzen. Aber die heutige Menschheit besitzt weniger Selbstbeherrschung als die Menschen früherer Zeiten. CTBH 37; 1890

260 Nur wenige besitzen moralische Kraft, der Versuchung zu widerstehen, besonders der des Appetits, und sich selbst zu verleugnen. Für einige ist es eine zu starke Versuchung, der sie nicht widerstehen können, wenn sie andere eine dritte Mahlzeit essen sehen. Sie bilden sich ein, hungrig zu sein, wenn das Gefühl nicht ein Verlangen des Magens nach Nahrung ist, sondern ein Wunsch des Verstandes, der nicht durch festen Grundsatz gestärkt und zur Selbstverleugnung erzogen worden ist. Die Mauern der Selbstkontrolle und Selbstbeschränkung sollten nicht in einem einzigen Fall geschwächt und niedergerissen werden. Paulus, der Apostel für die Heiden, sagt: „*...ich bezwinge meinen Leib und beherrsche ihn, damit ich nicht anderen verkündige und selbst verwerflich werde.*" 1.Korinther 9,27

Wer nicht in kleinen Dingen überwindet, wird nicht die moralische Kraft besitzen, größeren Versuchungen zu widerstehen. 4T 574; 1881

261 Überprüft eure Ernährung sorgfältig, schließt von der Ursache auf die Wirkung; übt Selbstbeherrschung. Haltet den Appetit unter der Herrschaft der Vernunft. Misshandelt niemals den Magen durch Überessen, aber beraubt euch auch nicht der gesunden, wohlschmeckenden Nahrung, die nötig ist, um gesund zu bleiben. MH 323; 1905

262 Erlaubt es nicht, wenn ihr mit Ungläubigen zusammen seid, dass man euch von den rechten Grundsätzen ablenkt. Sitzt ihr mit ihnen zu Tisch, so seid im Essen mäßig und nehmt nur von der Nahrung, die euren Geist nicht verwirrt. Meidet die Unmäßigkeit. Ihr könnt es euch nicht leisten, eure geistigen und körperlichen Kräfte zu schwächen, sonst werdet ihr am Ende unfähig, geistliche Dinge zu beurteilen. Erhaltet euren Geist in solchem Zustand, dass Gott ihm die kostbaren Wahrheiten seines Wortes einprägen kann. 6T 336; 1900

Eine Frage von moralischem Mut

263 Einige meinen, es wäre gut, jemanden zu haben, der ihnen sagt, wie viel sie essen sollen. Das sollte nicht sein. Wir müssen von einem moralischen und religiösen Standpunkt aus handeln. Wir sollen in allem mäßig sein, weil eine unvergängliche Krone, ein himmlischer Schatz auf uns wartet. Und nun möchte ich meinen Brüdern und Schwestern sagen – Ich würde moralischen Mut haben, meine Position einzunehmen und mich selbst zu beherrschen. Ich würde dies nicht jemand anders auferlegen wollen. Ihr esst zu viel, und dann tut es euch leid, und so denkt ihr ständig darüber nach, was ihr esst und trinkt. Esst genau das, was zum Besten dient, und dann geht im Bewusstsein voran, vor dem Himmel recht gehandelt zu haben, und ohne Gewissensbisse. Versuchungen können wir weder von Kindern noch von Erwachsenen fernhalten. Wir haben alle einen Kampf vor uns und müssen uns in einer Position befinden, um den Anfechtungen Satans zu widerstehen. Wir müssen wissen, dass es in unserer Macht steht, dies zu tun. *2T 374; 1870*

264 Mir wurde eine Botschaft aufgetragen, um sie an euch weiterzugeben: Esst zu regelmäßigen Zeiten. Durch falsche Essgewohnheiten bereitet ihr den Weg für zukünftiges Leiden. Es ist nicht immer sicher, Einladungen zu Mahlzeiten anzunehmen, auch wenn das von euren Brüdern und Freunden kommt, die euch durch eine reich gedeckte Tafel verwöhnen wollen. Ihr wisst, dass ihr zu einer Mahlzeit nur zwei oder drei Nahrungssorten essen könnt, ohne euren Verdauungsorganen zu schaden.

Wenn ihr irgendwo zu einer Mahlzeit eingeladen seid, meidet die Vielfalt an Speise, die euch eure Gastgeber vorsetzen. Dies müsst ihr tun, wenn ihr treue Wächter sein wollt.

Wenn uns Speisen vorgesetzt werden, die dann den Verdauungsorganen Stunden schwerer Arbeit aufbürden würden, dann dürfen wir nicht, wenn wir davon essen, diejenigen für die Folgen verantwortlich machen, die sie uns vorgesetzt haben. Gott erwartet von uns selbst, dass wir nur solche Speisen auswählen sollen, die den Verdauungsorganen nicht schaden werden. *Letter 324; 1905*

Chronische Leiden haben die Infektionskrankheiten als führende Todesursache abgelöst. Herz- und Gefäßkrankheiten sowie Krebs führen die Liste an. Für viele Erkrankungen ist die Ernährung verantwortlich. – 2030 werden weltweit betrachtet 973 Millionen Menschen 65 Jahre alt oder älter sein. Ein großer Teil von ihnen wird an chronischen Krankheiten leiden, von denen frühere Generationen weitaus seltener betroffen waren. Ein nicht unbeträchtlicher Teil dieser Erkrankungen geht auf die Rechnung falscher Ernährung. Focus online, 31.1.2016

Unsere Ernährung beeinflusst unser Gehirn – In der heutigen Zeit stellen Beruf, Schule und Alltagsstress besondere Anforderungen an den Körper. Eine gute, ausdauernde Gehirnleistung, unter anderem Merk- und Konzentrationsfähigkeit, sind erforderlich. Unser Gehirn kontrolliert und koordiniert fast alle Bewegungen und das Gleichgewicht der Körperfunktionen. Zudem steuert das Gehirn die kognitiven Funktionen wie z.B. das Gedächtnis und die Sprache. Da unser Gehirn Tag und Nacht arbeitet, ist es sehr anspruchsvoll und hat einen hohen Sauerstoff- und Energiebedarf. Es verbraucht alleine fast 20 % der Energie, die wir mit der Nahrung aufnehmen. Mehrere wissenschaftliche Studien haben einen engen Zusammenhang zwischen Ernährung und Gehirnleistung festgestellt. Demnach hängen die kognitiven Fähigkeiten, das Gedächtnis und die Lernkapazität von mehr als 40 verschiedenen Substanzen ab. Das Gehirn funktioniert nur, wenn es lebensnotwendige Nährstoffe zugeführt bekommt und ist somit extrem abhängig von diesen Stoffen. Man kann sich mit der richtigen Ernährung nicht nur vor Krankheiten schützen, sondern somit auch die körperliche und geistige Leistungsfähigkeit beeinflussen. Für die Gehirnleistung besonders günstige Nahrungsmittel werden als Brainfood (Gehirnnahrung) bezeichnet. www.gesunde-lebensfuehrung.com

Sieg durch Christus

265 Christus kämpfte gegen die Esslust und ging als Sieger hervor. Auch wir können siegen – durch die Stärke, die er uns verleiht. Wer wird durch die Tore in die Stadt eingehen? – Nicht diejenigen, die erklären, dass sie den Appetit nicht beherrschen können.

Christus hat der Macht Satans widerstanden, der uns in Sklaverei halten will. Obwohl er durch sein langes Fasten von 40 Tagen geschwächt war, widerstand er der Versuchung und bewies dadurch, dass unsere Fälle nicht hoffnungslos sind. Ich weiß, dass wir allein nicht siegen können; und wie dankbar sollten wir sein, dass wir einen lebendigen Heiland haben, der bereit und willig ist, uns zu helfen! *CTBH 19; 1890*

266 Es ist für jeden Menschen möglich, eine reine und edle Männlichkeit zu besitzen, ein Leben des Sieges über den Appetit und alle Lüste zu führen, wenn er seinen schwachen, schwankenden menschlichen Willen mit dem ewigen und unwandelbaren Willen Gottes verbinden will. *MH 176; 1905*

9 REGELMÄSSIGKEIT IM ESSEN

1. ANZAHL DER MAHLZEITEN

Der Magen braucht Ruhe
267 Auf den Magen muss sorgfältig geachtet werden. Er darf nicht ständig in Betrieb gehalten werden. Gönnt diesem misshandelten und viel missbrauchten Organ Frieden, Ruhe und Erholung. Wenn der Magen seine Aufgabe für eine Mahlzeit getan hat, überhäuft ihn nicht mit weiterer Arbeit, bevor er sich erholen konnte und genügend Magensaft bereitgestellt wurde, um erneut Nahrung zu verarbeiten. Zwischen jeder Mahlzeit sollten mindestens fünf Stunden liegen. Denkt immer daran, wenn ihr es auf einen Versuch ankommen lasst, dass zwei Mahlzeiten besser sind als drei. *Letter 73 a; 1896*

Nehmt ein kräftiges Frühstück ein
268 Es ist allgemein üblich, leicht zu frühstücken. Damit erweist ihr dem Magen nicht den besten Dienst, denn zur Frühstückszeit ist er besser in der Lage, mehr Nahrung aufzunehmen, als zur zweiten oder dritten Mahlzeit des Tages. Die Gewohnheit, ein dürftiges Frühstück und ausgiebiges Mittagessen zu sich zu nehmen, ist falsch. Macht euer Frühstück zur kräftigsten Mahlzeit des Tages. *Letter 3; 1884*

Spätes Abendessen
269 Für Menschen mit sitzender Tätigkeit ist ein spätes Abendessen besonders schädlich. Bei ihnen entsteht dadurch oft eine Krankheit, die mit dem Tod endet. In vielen Fällen hat man ein Schwächegefühl,

das nach Nahrung verlangt, weil die Verdauungsorgane während des Tages zu stark beansprucht wurden.

Nachdem eine Mahlzeit verdaut ist, benötigen die Organe Ruhe. Mindestens fünf oder sechs Stunden sollten zwischen den Mahlzeiten liegen, und die meisten, die das ausprobieren, werden feststellen, dass zwei Mahlzeiten am Tag besser sind als drei. *MH 304; 1905*

270 Viele haben die schädliche Angewohnheit, gerade vor der Schlafenszeit zu essen. Sie mögen drei regelmäßige Mahlzeiten eingenommen haben; doch weil sie ein Gefühl der Schwäche verspüren, als wenn sie Hunger hätten, nehmen sie noch einen Imbiss oder eine vierte Mahlzeit zu sich. Dies ist zur Gewohnheit geworden. In vielen Fällen wird diese Schwäche verursacht, weil die Verdauungsorgane den Tag über schon zu sehr in Anspruch genommen worden sind, um ungesunde Nahrung zu verarbeiten, die dem Magen zu oft und in zu großen Mengen aufgebürdet wurde. Die so belasteten Verdauungsorgane werden müde und müssen sich von der Arbeit erholen, um wieder neue Kraft zu bekommen. Eine zweite Mahlzeit sollte nie eingenommen werden, bis der Magen Zeit gehabt hat, sich vom Verdauungsvorgang der vorangegangenen Mahlzeit zu erholen. Wenn überhaupt ein drittes Mal gegessen wird, so sollte die Mahlzeit leicht sein und einige Stunden vor dem Zubettgehen.

Bei vielen jedoch mag der arme, müde Magen umsonst rebellieren. Noch mehr Nahrung wird ihm aufgezwungen, die die Verdauungsorgane in Bewegung setzt, um während der Stunden des Schlafes tätig zu sein. Der Schlaf solcher Menschen ist meistens durch unangenehme Träume gestört, und am Morgen erwachen sie ganz matt. Sie leiden unter Abgespanntheit und Appetitlosigkeit. Der ganze Organismus ist kraftlos. Die Verdauungsorgane sind schnell erschöpft, weil sie keine Zeit zur Ruhe hatten. Sie werden magenkrank und fragen sich, wie es dazu gekommen ist. Das Prinzip von Ursache und Wirkung wird sichtbar. Wenn sie diese Gewohnheit längere Zeit hinweg beibehalten, wird die Gesundheit ernsthaft beeinträchtigt. Das Blut wird unrein, die Hautfarbe bleich, und häufig werden Hautausschläge auftreten.

Ihr werdet von solchen Kranken oftmals Beschwerden über häufige Schmerzen und Reizbarkeit in der Magengegend hören; und während seiner Arbeit wird der Magen so müde, dass sie gezwungen sind, ihre Arbeit zu unterbrechen und auszuruhen. Sie scheinen keine Erklärung für diesen Zustand finden zu können, denn bis auf ihre Magengeschichte sind sie scheinbar gesund.

Ursache und Besserung dieses Schwächegefühls

Diejenigen, die sich von drei auf zwei Mahlzeiten am Tag umstellen, werden zuerst mehr oder weniger von Schwäche geplagt werden, besonders um die Zeit, wo sie immer ihre dritte Mahlzeit eingenommen haben. Wenn sie jedoch für eine kurze Zeit durchhalten, wird diese Schwäche verschwinden.

Wenn wir uns zur Ruhe legen, sollte der Magen seine Arbeit beendet haben, dass er wie auch andere Körperteile ausruhen kann. Die Verdauungsarbeit sollte nicht während der Schlafstunden fortgesetzt werden. Ist der Magen überlastet worden, dann verursacht das Schwäche. Hier lassen sich viele täuschen und denken, es sei durch den Mangel an Nahrung, dass solche Gefühle entstehen. Und ohne dem Magen Zeit zur Ruhe zu geben, essen sie noch mehr, das beseitigt die Schwäche aber nur momentan. Und je mehr dann der Esslust nachgegeben wird, desto größer ist das Verlangen nach Befriedigung. Diese Schwäche ist allgemein die Folge des Fleischessens oder aber, wenn man zu oft und zu viel isst. Der Magen wird erschöpft, weil er ständig auf Touren gehalten wird und Nahrung verarbeiten muss, die nicht einmal gesund ist. Weil die Verdauungsorgane keine Zeit zur Ruhe haben, werden sie entkräftet – daher das Schwächegefühl und der Wunsch nach häufigem Essen. Das Heilmittel, was nötig brauchen, ist, weniger oft und weniger reichlich zu essen und mit schlichter, einfacher Nahrung zufrieden zu sein. Zwei- oder höchstens dreimal sollte man am Tag etwas essen. Der Magen braucht regelmäßige Zeiten für Arbeit und Ruhe. Daher ist es eine der schlimmsten Übertretungen der Gesundheitsgesetze, unregelmäßig zu essen und zudem noch zwischen den Mahlzeiten. Durch Regelmäßigkeit und geeignete Nahrung erholt sich der Magen allmählich wieder. *1HL 55-57; 1865*

271 Der Magen kann so erzogen werden, dass er achtmal am Tag Nahrung fordert und sich schwach fühlt, wenn er sie nicht erhält, aber das ist kein Argument für mehrere Mahlzeiten. *RH 8.05.1883*

272 Oft sind zwei Mahlzeiten am Tag besser als drei. Wenn das Abendessen früh eingenommen wird, stört es die Verdauung der vorangegangenen Mahlzeit. Wenn es später eingenommen wird, ist es vor dem Schlafengehen noch nicht verdaut. So hat der Magen keine Ruhe. Der Schlaf ist gestört, das Gehirn und die Nerven ermüdet, der Appetit auf das Frühstück fehlt, der ganze Organismus ist nicht ausgeruht und für die Aufgaben des Tages nicht vorbereitet. *Ed 205; 1903*

273 Für manche ist es besser, nur zweimal am Tag zu essen. Für die Gesundheit kann es unter Umständen nötig sein, eine dritte Mahlzeit zu haben. Wenn überhaupt, dann sollte sie jedenfalls sehr einfach sein und aus ganz leicht verdaulicher Nahrung bestehen. Cracker – englische Kekse – oder Zwieback und Obst oder Getreidekaffee sind am besten zum Abendessen geeignet. *MH 321; 1905*

274 Die meisten Menschen werden gesünder sein, wenn sie zwei Mahlzeiten am Tag zu sich nehmen statt drei. Für andere mag es unter ihren gegebenen Umständen nötig sein, etwas am Abend zu essen, aber diese Mahlzeit sollte sehr leicht sein. Niemand soll glauben, er sei ein Maßstab für alle, dass jeder genauso handeln müsse wie er. Esse, was für die Gesundheit nötig ist, aber missbrauche den Magen nie, indem du ihn mit etwas belastest, das er nicht tragen kann.

Beherrsche dich, zügle die Esslust, halte sie unter Kontrolle des Verstandes. Halte es nicht für notwendig, ungesunde Nahrung auf den Tisch zu stellen, wenn Besuch kommt. Die Gesundheit deiner Familie und der Einfluss auf deine Kinder sollte berücksichtigt werden, wie auch die Gewohnheiten und der Geschmack deiner Gäste. *CH 156; 1890*

275 Nur wenige besitzen genügend moralische Kraft, der Versuchung zu widerstehen, besonders der des Appetits, und Selbstverleugnung zu üben. Für einige ist es eine zu starke Versuchung, der sie nicht widerstehen können, wenn sie andere eine dritte Mahlzeit essen sehen. Sie bilden sich ein, hungrig zu sein, wenn das Gefühl nicht ein Verlangen des Magens nach Nahrung ist, sondern ein Wunsch des Verstandes, der nicht durch festen Grundsatz gestärkt und zur Selbstverleugnung erzogen worden ist. Die Mauern der Selbstkontrolle und Selbstbeschränkung sollten nicht in einem einzigen Fall geschwächt und niedergerissen werden. Paulus, der Apostel für die Heiden, sagt: „... *ich bezwinge meinen Leib und beherrsche ihn, damit ich nicht anderen verkündige und selbst verwerflich werde.*" *1.Korinther 9,27*

Ein Heilmittel für Reizbarkeit

276 Das Verhalten von Brd. H. ist nicht so gewesen, wie es hätte sein sollen. Seine Neigungen und Abneigungen sind stark entwickelt. Er ist nicht Herr seiner Gefühle. Brd. H., deine Gesundheit ist durch Überessen und zu falschen Zeiten essen stark beeinträchtigt. Dies verursacht Blutandrang zum Kopf. Der Verstand wird verwirrt, und dir mangelt es an Selbstbeherrschung. Dein Gemüt ist unausgeglichen. Du ergreifst strenge Maßnahmen, bist leicht gereizt und siehst die Dinge in einem übertriebenen und verkehrten Licht. Viel Bewegung an der frischen Luft und eine enthaltsame Ernährung sind für deine Gesundheit erforderlich. Du solltest nicht mehr als zweimal am Tag essen. Wenn du das Gefühl hast, dass du zur Nacht essen musst, dann trinke kaltes Wasser, und am Morgen wirst du dich viel besser fühlen, weil du nicht gegessen hast. *4T 501.502; 1880*

Kein Zwang wegen der dritten Mahlzeit

277 Mit dem Thema Ernährung muss weise umgegangen werden. Es darf kein Druck ausgeübt werden. Es sollte erklärt werden, dass es für die Gesundheit weit besser ist, zwei Mahlzeiten zu sich zu nehmen, als drei. Doch sollte niemand, der mit der Heileinrichtung in Verbindung steht, genötigt werden, sich auf zwei Mahlzeiten umzustellen. Überzeugung ist zweckmäßiger als Zwang. ...

Die Tage werden nun zunehmend kürzer, und es wird ein guter Zeitpunkt sein, diese Sache bekannt zu machen. Wie die Tage kürzer werden, esst das Mittagessen etwas später, und dann wird die dritte Mahlzeit nicht als notwendig empfunden werden. *Letter 145; 1901*

278 Macht das Zweimahlzeiten-System nicht zur verbindlichen Pflicht. Es dient der Gesundheit einiger mehr, wenn sie drei leichte Mahlzeiten zu sich nehmen. Die Umstellung auf zwei Mahlzeiten würde für sie eine Härte darstellen. *Letter 200; 1902*

Regelmäßigkeit beim Essen: Du solltest Deinen Körper an regelmäßige Mahlzeiten gewöhnen und Dich auch daran halten. Denn wenn Dein Körper weiß, wann er mit einer Mahlzeit rechnen kann, sinkt der Blutzuckerspiegel nicht so sehr ab. Ein Tipp: Am Besten man richtet sich ein bisschen nach dem Spruch: Frühstücke wie ein Kaiser, Esse zu Mittag wie ein König und zu Abend wie ein Bauer. www.pinterest.com/pin/401594491746578502/

Das Fasten ist keine Erfindung der Neuzeit. Doch heißt Fasten nicht immer, gar nichts zu essen. Auch die Verlängerung der nächtlichen Fastenzeit wird als Fasten bezeichnet. Offenbar entspricht dieser tägliche Wechsel zwischen einer relativ kurzen Phase, in der man zwei Mahlzeiten zu sich nimmt und einer 16-stündigen Fastenzeit am ehesten dem biologischen Rhythmus des menschlichen Körpers. Übergewicht einschließlich diverser Folgeerkrankungen können mit diesem Ess-Rhythmus verhindert werden - so eine neue wissenschaftliche Erkenntnis, die vielen gängigen Ernährungsempfehlungen widerspricht. Für unser Gewicht und unsere Gesundheit jedoch scheint es nicht nur entscheidend zu sein, was wir esse, sondern auch wann wir essen! Zentrum der Gesundheit: http://www.zentrum-der-gesundheit.de/fasten-abnehmen-ia.html

Es sollte nicht zum Prüfstein werden

279 Ich esse nur zweimal am Tag, aber ich bin nicht der Ansicht, dass die Anzahl der Mahlzeiten zu einem Prüfstein gemacht werden sollte. Wenn jemand gesünder ist, wenn er drei Mahlzeiten einnimmt, steht es ihm frei, das zu tun. Ich ziehe zwei Mahlzeiten vor. Seit 35 Jahren halte ich mich an zwei Mahlzeiten. *Letter 30; 1903*

Durchsetzung von zwei Mahlzeiten in Ausbildungsstätten

280 Bei vielen entsteht der Eindruck, dass die Ernährungsfrage zu hoch bewertet wird. Wenn bei Schülern körperliche und geistige Belastung so ausgewogen ist wie in dieser Schule (Avondale), ist der Einwand gegen eine dritte Mahlzeit weitgehend unbegründet. Dann braucht sich niemand falsch behandelt zu fühlen. Diejenigen jedoch, die aus Gewissensgründen nur zwei Mahlzeiten zu sich nehmen, brauchen darin nichts zu ändern. ...

Die Tatsache, dass einige Lehrer und Schüler das Vorrecht haben, auf ihren Zimmern zu essen, übt keinen guten Einfluss aus. Die Mahlzeiten sollten gemeinsam eingenommen werden. Wenn solche, die nur zwei Mahlzeiten essen, meinen, bei der zweiten Mahlzeit soviel essen zu müssen, wie sonst bei drei, werden sie ihre Verdauungsorgane schädigen. Lasst die Schüler die dritte Mahlzeit haben, mit einfacher, gesunder Nahrung wie Obst und Brot, aber ohne Gemüse. *Letter 141; 1899*

2. ESSEN ZWISCHEN DEN MAHLZEITEN

Regelmäßige Zeiten sind wichtig

281 Nachdem die reguläre Mahlzeit eingenommen worden ist, sollte dem Magen fünf Stunden Ruhe gegönnt werden. Nichts sollte bis zur nächsten Mahlzeit gegessen werden. Bis dahin ist der Magen beschäftigt und wird dann erst in der Lage sein, weitere Nahrung aufzunehmen. Auf keinen Fall sollten die Mahlzeiten unregelmäßig eingenommen werden. Wenn die Hauptmahlzeit eine oder zwei Stunden vor der üblichen Zeit stattfindet, ist der Magen nicht auf die neue Belastung eingestellt, denn er hat die Nahrung der letzten Mahlzeit noch nicht verdaut. So ist er nicht bereit für eine neue Tätigkeit. Auf diese Weise wird der Organismus überlastet.

Auch sollten die Mahlzeiten nicht um eine oder zwei Stunden hinausgeschoben werden, um sich gewissen Umständen anzupassen oder um ein bestimmtes Arbeitspensum zu bewältigen. Der Magen verlangt zu seiner gewohnten Zeit nach Nahrung. Wenn diese Zeit hinausgezögert wird, lässt die Vitalität des Organismus nach und wird schließlich so gering, dass der Appetit völlig verschwunden ist. Wenn dann Nahrung eingenommen wird, ist der Magen nicht fähig, sie richtig zu verarbeiten. Die Nahrung kann dann nicht in gutes Blut umgewandelt werden. Wenn alle zu regelmäßigen Zeiten essen und nichts zwischen den Mahlzeiten genießen würden, wäre ihr Verdauungssystem aufnahmebereit und sie würden eine Freude beim Essen empfinden, die alle Bemühungen belohnen würde. *Ms 1, 1876*

282 Regelmäßigkeit im Essen ist sehr wichtig. Für jede Mahlzeit sollte eine genaue Zeit festgesetzt sein. Zu dieser Zeit sollte jeder essen, was der Körper braucht, und dann nichts nehmen bis zur nächsten Mahlzeit. Es gibt viele, die essen, obwohl der Organismus keine Nahrung benötigt, dazu in unregelmäßigen Abständen und zwischen den Mahlzeiten, weil sie nicht genügend Willenskraft haben, der Neigung zu widerstehen. Auf Reisen sind manche ständig am Knabbern, so lange etwas Essbares in der Nähe ist. Dies ist sehr schädlich. Wenn Reisende regelmäßig einfache und nahrhafte Speisen essen würden, dann wären sie nicht so müde, und auch nicht so krank. *MH 307.303.304; 1905*

283 Man sollte sorgfältig auf Regelmäßigkeit beim Essen achten. Zwischenmahlzeiten sollten gestrichen werden – weder Süßigkeiten, noch Nüsse, Obst oder irgendwelche andere Nahrung. Unregelmäßigkeiten beim Essen zerstören die gesunde Spannkraft der Verdauungsorgane. Das schadet der Gesundheit und dem Frohsinn. Wenn die Kinder dann zum Essen kommen, schmeckt ihnen gesunde Nahrung nicht. Ihre Esslust verlangt nach dem, was ihnen schadet. *MH 321; 1905*

284 Was die Ernährung angeht, liegt bei dieser Familie manches im Argen; besonders was die Regelmäßigkeit anbelangt. Für jede Mahlzeit hätte es eine festgesetzte Zeit geben müssen. Die Nahrung hätte einfach und ohne tierisches Fett zubereitet werden sollen und sich bemühen müssen, sie nahrhaft, gesund und appetitlich zuzubereiten. In dieser Familie, wie auch bei vielen anderen, ist für Besucher etwas besonderes zubereitet worden. Viele Gerichte wurden auf den Tisch gestellt und die oftmals so reichhaltig, dass die Gäste versucht wurden, bis zum Übermaß zu essen. Waren aber keine Gäste da, kam etwas ganz anderes auf den Tisch. Die Gerichte waren kärglich und mangelhaft. Es wurde so gesehen, dass es *„für uns selbst"* nicht so sehr darauf ankommt. Häufig aß man etwas im Vorbeigehen, und die regelmäßige Essenszeit wurde nicht beachtet. Das schadet jedem Familienmitglied. Es ist Sünde für jede Schwester, für Besucher sich so sehr vorzubereiten und ihrer eigenen Familie durch eine kärgliche Ernährung zu schaden, die den Bedürfnissen des Organismus nicht gerecht wird. 2T 485; 1870

285 Ich bin erstaunt zu erfahren, dass nach all den Erkenntnissen, die ihr hier erhalten habt, viele von euch zwischen den Mahlzeiten essen. Ihr sollt zwischen den Mahlzeiten nicht einmal einen Bissen essen. Esst, was ihr braucht, aber esst es zu einer Mahlzeit und wartet dann bis zur nächsten. 2T 373; 1869

286 Viele wenden sich von Licht und Erkenntnis ab und opfern den Grundsatz zugunsten des Geschmacks. Sie essen, wenn der Organismus keine Nahrung benötigt und in unregelmäßigen Zeitabständen, weil sie keine moralische Kraft haben, der Neigung zu widerstehen. Als Folge rebelliert der missbrauchte Magen und Leiden folgen. Regelmäßigkeit im Essen ist für die Gesundheit des Körpers und die Ausgeglichenheit des Gemüts sehr wichtig. Zwischen den Mahlzeiten sollte nicht einmal ein Bissen gegessen werden. CH 118; 1890

Jede Verdauung ist eine geregelte Abfolge von sehr komplexen biochemischen Schritten. Sie beginnt bereits, wenn man sich hungrig an den Tisch setzt oder etwas Leckeres riecht. Dann entsteht eine bestimmte Folge von Sekretionen, die der Nahrung angepasst ist, die man gerade zu sich nimmt. Der Verdauungsprozess braucht vor allem Zeit, um ungestört und vollständig ablaufen zu können. Die Verdauungszeit im Magen variiert zwischen zwei und neun Stunden, abhängig davon, was und wie viel man gegessen hat.

Wenn man vor Beendigung dieses Verdauungsprozesses etwas zu sich nimmt, so kann ein Teil der Nahrung nicht vollständig verdaut werden. Der Aufschluss der Nahrung ähnelt dem Kochen. Würde man beständig neue Nahrung in einen Kochtopf geben, dann wäre am Ende ein Teil der Lebensmittel völlig verkocht, während ein anderer Teil noch roh bliebe. Die unaufgeschlossenen Anteile gären und reizen dadurch die Schleimhäute. Das bedeutet: Man sollte als Faustregel fünf Stunden Pause zwischen den Mahlzeiten einhalten. Im Einzelfall kann dies etwas kürzer oder durchaus auch länger sein, entsprechend der Art der Nahrung, die man zu sich genommen hat. Ein Knäckebrot benötigt nur 1-2 Stunden, Aal dagegen acht Stunden und länger.

Der Ratschlag, drei Mahlzeiten einzuhalten, steht im Gegensatz zu der häufigen Empfehlung, möglichst viele kleine Mahlzeiten zu sich zu nehmen. Gerade bei Verdauungsstörungen erweisen sich Pausen nach meiner Erfahrung jedoch als sehr hilfreich. http://www.weiss.de/krankheiten/reizdarm/therapie/ernaehrung-basis/zwischenmahlzeiten/

287 Und der Magenkranke, – was ihn magenkrank gemacht hat, ist folgendes: Statt Regelmäßigkeit zu beachten, hat er sich von der Esslust beherrschen lassen und zwischen den Mahlzeiten gegessen. *2T 374; 1869*

288 Kindern wird normalerweise nicht gesagt, wie wichtig es ist, wann, wie und was sie essen sollen. Ihnen wird erlaubt, ihre Esslust frei zu befriedigen, jederzeit zu essen, sich Obst zu nehmen, wenn sie welches sehen und dies, zusammen mit Torte, Kuchen, Butterbrot und Süßigkeiten, die fast andauernd verzehrt werden. Das werden Schlemmer und Magenkranke. Die Verdauungsorgane werden dadurch geschwächt und sind wie eine Mühle, die ständig in Gang gehalten wird. Lebenskräfte werden vom Gehirn weg zum Magen geleitet, um ihm in seiner Überbelastung zu unterstützen. So werden die geistigen Kräfte geschwächt. Die unnatürlichen Reize und die Abnutzung der Lebenskräfte machen die Kinder nervös, ungeduldig bei Einschränkungen, eigensinnig und reizbar. *HR Mai 1877*

289 Viele Eltern umgehen die Aufgabe, ihre Kinder geduldig zur Gewohnheit der Selbstverleugnung zu erziehen und sie zu lehren, alle Segnungen Gottes richtig zu gebrauchen, indem sie zulassen, dass sie essen und trinken, wann immer es ihnen gefällt. Esslust und selbstsüchtige Genusssucht nehmen mit dem Alter und der Kraft der Kinder zu, wenn ihnen nicht ausdrücklich gewehrt wird. *3T 564; 1875*

290 Bei den Menschen ist es normalerweise eine sehr verbreitete Gewohnheit, dreimal am Tag zu essen, dazu noch in unregelmäßigen Abständen. Und dann noch zwischen den Mahlzeiten, wobei die letzte Mahlzeit meistens die kräftigste ist. Und die wird oft unmittelbar, bevor man sich zur Ruhe begibt, eingenommen. Dies stellt die natürliche Ordnung auf den Kopf. Eine kräftige Mahlzeit sollte niemals so spät abends gegessen werden. Würden diese Menschen ihre Gewohnheit ändern und nur zweimal am Tag essen – nichts zwischen den Mahlzeiten, auch nicht einmal einen Apfel, eine Nuss oder irgendwelches andere Obst, – dann würde das Ergebnis ein guter Appetit und eine bei weitem bessere Gesundheit sein. *RH 29.7.1884*

291 Auf Reisen knabbern manche Menschen fast ständig, wenn sich irgend etwas in Reichweite befindet. Dies ist eine sehr schädliche Angewohnheit. Tiere, die keinen Verstand haben und die keine geistige Belastung kennen, können das ohne Schaden tun, aber sie sind kein

Maßstab für vernünftige Wesen, die Geisteskräfte besitzen, die sie für Gott und die Menschheit einsetzen sollten. *RH 29.7.1884*

292 Überessen und zur falschen Zeit gegessene Nahrung beeinflussen den gesamten Organismus. *HR Juni 1878*

293 Viele essen, ungeachtet der Gesundheitsgesetze, zu allen Zeiten. Dadurch ist ihr Geist bedrückt. Wie können Menschen von Gott erleuchtet werden, wenn sie so achtlos in ihren Gewohnheiten sind und so unaufmerksam gegenüber dem, was ihnen von Gott darüber gezeigt wurde? Brüder, ist es nicht langsam Zeit, dass ihr euch darin von selbstsüchtiger Nachsicht bekehrt? *GW alte Ausgabe, 174; 1892*

294 Drei Mahlzeiten am Tag und nichts zwischen den Mahlzeiten – nicht einmal ein Apfel – sollte die äußerste Grenze der Befriedigung sein. Diejenigen, die noch öfter essen, übertreten die Naturgesetze und werden die Strafe erleiden. *RH 8.5.1883*

10 DAS FASTEN

Christi Sieg durch die Verleugnung der Esslust

295 Bei Jesus wie auch bei Adam und Eva war die Esslust der Angriffspunkt für die erste große Versuchung. Gerade da, wo das Verderben begonnen hatte, musste auch das Erlösungswerk ansetzen. Wie Adam durch die Befriedigung der Esslust in Sünde fiel, so musste Christus durch die Verleugnung der Esslust überwinden. *„Und als er 40 Tage und 40 Nächte gefastet hatte, war er zuletzt hungrig. Und der Versucher trat zu ihm und sprach: Wenn du Gottes Sohn bist, so sprich, dass diese Steine Brot werden! Er aber antwortete und sprach: Es steht geschrieben: ‚Der Mensch lebt nicht vom Brot allein, sondern von einem jeden Wort, das aus dem Mund Gottes hervorgeht!'"* Matthäus 4,2-4 Von Adams Zeit an bis in die Tage Jesu hatte die Genusssucht die Macht der Esslust und der Leidenschaften so gestärkt, bis sie fast unumschränkt herrschte. Dadurch waren die Menschen verderbt und krank geworden. Es war ihnen daher auch unmöglich, sich selbst zu überwinden. Ihretwegen hat der Heiland die härteste Prüfung bestanden. Wegen uns übte er eine Selbstbeherrschung, die noch stärker war als Hunger und Tod. Dieser erste Sieg schloss noch manches mit ein, was in allen unseren Kämpfen gegen die Mächte der Finsternis bedeutsam ist.

Als Jesus in die Wüste ging, umhüllte ihn die Herrlichkeit seines Vaters. Er pflegte so innige Zwiesprache mit Gott, dass er die menschliche Schwäche gar nicht beachtete. Doch die Herrlichkeit des Vaters wich von ihm, und er musste gegen die Versuchung ankämpfen. Sie bedrängte ihn jeden Augenblick. Seine menschliche Natur schreckte vor dem Kampf zurück, der ihn erwartete. Vierzig Tage fastete und betete er. Schwach und abgezehrt vor Hunger, erschöpft und verhärmt durch größten Seelenschmerz haben viele „*...sich über ihn entsetzt, so entstellt sah er aus, nicht mehr wie ein Mensch, seine Gestalt war nicht mehr die eines Menschen.*" *Jesaja 52,14; EÜ*

Jetzt war für Satan die ersehnte Gelegenheit gekommen. Jetzt glaubte er, Christus überwinden zu können. DA 117.118; 1898

296 Christus begann die Prüfung auf dem Gebiet der Esslust und widerstand um des Menschen willen fast sechs Wochen lang der Versuchung. Dieses lange Fasten in der Wüste sollte dem gefallenen Menschen für alle Zeiten eine Lehre sein. Christus wurde nicht durch die starken Versuchungen des Feindes überwunden. Das ist eine Ermutigung für jeden Menschen, der gegen Versuchungen ankämpft. Christus hat es jedem Menschen möglich gemacht, der Versuchung zu widerstehen. Alle, die ein frommes Leben führen wollen, können überwinden wie Christus überwand, durch das Blut des Lammes und das Wort ihres Zeugnisses. Dieses lange Fasten des Erlösers stärkte ihn, so dass er standhalten konnte. Er zeigte dem Menschen, dass er das Werk der Überwindung gerade da beginnen wollte, wo das Verderben begonnen hatte, nämlich auf dem Gebiet der Esslust. *Letter 158; 1909*

297 Als Christus am heftigsten versucht wurde, aß er nicht. Er übergab sich Gott; und durch ernstliches Gebet und völlige Unterordnung unter den Willen seines Vaters ging er als Überwinder hervor. Diejenigen, die die Wahrheit für diese letzte Zeit bekennen, sollten mehr als jede andere Gruppe bekennender Christen das große Vorbild im Gebet nachahmen. *2T 202.203; 1869;*

➤ *Siehe auch: 70*

298 Der Heiland der Welt wusste, dass die Befriedigung der Esslust körperliche Entkräftung nach sich zieht und die Empfindungen derart abstumpft, dass heilige und ewige Dinge nicht erkannt werden können. Christus wusste, die Welt hat sich der Schwelgerei ergeben und diese Schwäche verdirbt ihre sittlichen Kräfte. Wenn die Befriedigung der Esslust so stark auf der Menschheit lastete, dass, um deren Macht zu brechen, vom Sohn Gottes um des Menschen willen nahezu sechs Wochen zu fasten verlangt wurde, welch eine Aufgabe erwartet dann den Christen, um so zu überwinden, wie Christus überwand. Die Stärke der Versuchung, die unnatürliche Esslust zu befriedigen, kann nur an der unaussprechlichen Qual Christi während jenes langen Fastens in der Wüste ermessen werden. *3T 486; 1875*

Fasten als Vorbereitung zum Bibelstudium

299 Die Heilige Schrift enthält manche schwer verständlichen Aussagen, die nach den Worten von Petrus von den Unwissenden und Leichtfertigen zu ihrem eigenen Verderben verdreht werden.

Wir mögen in diesem Leben nicht imstande sein, den Sinn jeder Schriftstelle erklären zu können. Es gibt jedoch keine heilswichtigen Punkte der praktischen Wahrheit, die unklar sind. Wenn nach Gottes Vorsehung für die Welt die Zeit kommen wird, wo sie in der Wahrheit für jene Zeit geprüft werden soll, werden die Gemüter durch Gottes Geist angeregt die Schrift sogar unter Fasten und Beten zu durchforschen, bis Glied auf Glied offenbar geworden und zu einer ganzen Kette verbunden ist. Jede Tatsache, die sich direkt auf das Heil der Menschen bezieht, wird so einprägsam dargestellt, dass niemand zu irren, oder in Unwissenheit zu leben braucht. *2T 692; 1870*

300 Schwierige Punkte der Wahrheit für heute sind durch ernstes Bemühen von einigen Gläubigen erkannt worden, die sich das zur Aufgabe gemacht hatten. Fasten und ernstes Flehen zu Gott haben den Herrn bewogen, die Schatzkammern seiner Wahrheit ihrem Verständnis zu öffnen. *2T 650.651; 1870*

301 Solche, die ernsthaft nach Wahrheit suchen, werden nicht zögern, ihre Standpunkte der Prüfung und Kritik auszusetzen. Sie werden nicht ärgerlich sein, wenn ihre Meinungen und Ideen durchkreuzt werden. Dies war die Einstellung, die unter uns vor 40 Jahren herrschte. Wir kamen zusammen, unsere Gemüter waren belastet, und wir beteten, dass wir im Glauben und in der Lehre eins sein möchten, denn wir wussten, dass Christus nicht entzweit ist. Jedes mal wurde ein bestimmtes Thema studiert. Diese Zusammenkünfte des Forschens waren von Feierlichkeit gekennzeichnet. Die Bibel wurde ehrfürchtig geöffnet. Oft fasteten wir, damit wir besser in der Lage sein konnten, die Wahrheit zu verstehen. *RH 26.7.1892*

Wenn besondere Hilfe von Gott nötig ist

302 In bestimmten Situationen sind Fasten und Gebet empfehlenswert und angemessen. In der Hand Gottes sind sie dazu geeignet, das Herz zu reinigen und den Menschen aufnahmebereit zu machen. Wir erhalten Antworten auf unsere Gebete, weil wir uns vor Gott demütigen. *Letter 73; 1896*

303 Zur Ordnung Gottes gehört es, dass die Verantwortungsträger oft zusammenkommen, um miteinander zu beraten und ernstlich um Weisheit zu bitten, die er allein geben kann. Bringt eure Nöte gemeinsam vor Gott. Redet weniger; viel wertvolle Zeit geht durch Gerede verloren, das nicht weiterhilft. Die Brüder sollten zusammen Fasten und Beten, um die Weisheit zu erhalten, die Gott verheißen hat, reichlich zu geben. *GW 236; alte Ausgabe 1892*

304 Immer, wenn es zur Förderung der Sache der Wahrheit und zur Ehre Gottes erforderlich ist, einem Gegner gegenüber zu treten, sollten sie (die Verfechter der Wahrheit) behutsam und demütig in die Auseinandersetzung gehen. Unter Herzensprüfung, Sündenbekenntnis, ernstlichem Gebet und öfterem Fasten für eine gewisse Zeit sollten sie darum zu Gott flehen, dass er ihnen in besonderer Weise beisteht, der rettenden und wertvollen Wahrheit zum herrlichen Sieg zu verhelfen, damit der Irrtum deutlich als das erscheint, was er ist und seine Vertreter völlig geschlagen würden. *1T 624; 1867*

➤ *Siehe auch: 238*

Das wahre Fasten

305 Ein Fasten, das allen empfohlen werden sollte, ist der Verzicht von Speisen jeder Art, die den Organismus erregen, und dafür die sinnvolle Verwendung gesunder, einfacher Nahrung, die Gott in Fülle bereithält. Die Menschen müssen weniger darüber nachdenken, was sie an irdischer Nahrung zu sich nehmen und viel mehr über die himmlische Speise, die ihrer gesamten religiösen Erfahrung Kraft und Leben verleiht. *Letter 73, 1896; MM 283; 1896*

306 Heute schon und bis zum Ende der Zeit sollten die Kinder Gottes ernster und wachsamer sein, nicht auf ihre eigene Weisheit vertrauen, sondern auf die Weisheit ihres Herrn. Sie sollten Tage fürs Fasten und Beten vorsehen. Völlige Enthaltung von Nahrung ist nicht unbedingt nötig, aber sie sollten nur wenig von der einfachsten Nahrung zu sich nehmen. *RH 11.2.1904*

307 Alles Fasten der Welt ist kein Ersatz für einfaches Vertrauen auf Gottes Wort. „Bittet," sagt er, „so wird euch gegeben." ... Ihr habt nicht die Aufgabe, vierzig Tage zu fasten. Der Herr ertrug dieses Fasten für euch in der Wüste der Versuchung. Es liegt kein Verdienst in so einem Fasten; aber im Blut Christi ist wirksame Kraft. *Letter 206; 1908*

308 Der Geist treuen Fastens und Betens ist der Geist, der Gemüt, Herz und Willen Gott unterwirft. *Ms 28; 1900*

Fasten als Heilmittel gegen Krankheiten
309 Krankheit ist oft die Folge unmäßigen Essens, und da muss vor allem der Organismus von der auferlegten Last befreit werden. In vielen Krankheitsfällen gibt es für den Patienten kein besseres Mittel, als eine oder zwei Mahlzeiten auszulassen, damit die überarbeiteten Verdauungsorgane zur Ruhe kommen können. Für Menschen mit geistiger Tätigkeit hat oft eine Früchtediät für einige Tage große Erleichterung gebracht. Verzichtet man für eine kurze Zeit ganz auf Nahrung und genießt dann einfache Speisen nur mäßig, dann ist der Organismus oft selbst wieder in der Lage, sich zu erholen. Eine mäßige Kost für einen oder zwei Monate würde viele Leidenden überzeugen, dass der Pfad der Selbstverleugnung der Weg zur Gesundheit ist. *MH 235; 1905*

310 Manchem wäre mit einem oder zwei Fastentagen in der Woche mehr geholfen als mit vielen Behandlungen oder ärztlichen Verordnungen. Einen Tag in der Woche zu fasten, würde für sie unschätzbar wertvoll sein. *7T 134; 1902*

311 Zu häufiges Essen und zu große Portionen überlasten die Verdauungsorgane und stellen einen fieberhaften Zustand im Organismus her. Das Blut wird unrein, und dann entstehen Krankheiten verschiedenster Art. ... In solchen Fällen können die Leidenden etwas für sich tun, was andere nicht für sie erledigen können. Sie sollten damit anfangen, die Natur von der Last zu befreien, die sie ihr aufgezwungen haben. Sie sollten die Ursache beseitigen. Fastet eine kurze Zeit und gebt dem Magen Gelegenheit zur Erholung. Reduziert den fiebrigen Zustand im Organismus durch eine sorgfältige und sinnvolle Wasseranwendung. Das wird dem Körper helfen, den Organismus von Unreinheiten zu befreien. *4SG 133.134; 1864*

312 Menschen, die ihre Esslust befriedigt haben, indem sie reichlich Fleisch, stark gewürzte Soßen, verschiedene Arten von kalorienreichen, sehr süßen Kuchen und Eingemachtes essen, mögen nicht gleich eine einfache, gesunde und nahrhafte Kost. Ihr Geschmack ist so verdorben, dass sie keinen Appetit auf gesunde Nahrung haben, die aus Obst, einfachem Brot und Gemüse besteht. Sie dürfen nicht erwarten, dass ihnen eine Kost von vornherein schmeckt, die so anders ist als die bisher gegessene. Wenn ihnen zuerst einfache Kost nicht schmeckt, sollten sie fasten, bis sie so weit sind. Dieses Fasten wird für sie nützlicher sein als Medikamente. Der missbrauchte Magen wird dann die Ruhe finden, die er schon lange nötig hatte.

Und richtiger Hunger kann durch eine einfache Kost gestillt werden. Es wird einige Zeit dauern, bis der Geschmack sich von dem Missbrauch erholt und seine natürliche Spannkraft wiedergewonnen hat. Aber wenn man ausdauernd Selbstverleugnung beim Essen und Trinken übt, wird man bald einfache, gesunde Kost schmackhaft finden und sie bald lieber essen als der Feinschmecker seine üppigen Leckerbissen. *CH 148; 1864*

Hüte dich vor einer Enthaltsamkeit, die schwächt

313 Wenn man bei hohem Fieber kurzfristig nichts isst, sinkt das Fieber und die Wirkung von Wasseranwendungen wird erhöht. Der behandelnde Arzt muss jedoch den Zustand des Patienten beobachten und darf nicht zulassen, dass die Kost für längere Zeit eingeschränkt wird, bis sein Körper geschwächt ist. Bei hohem Fieber kann Nahrung das Blut erregen; aber sobald das Fieber nachgelassen hat, sollte vorsichtig und wohlüberlegt etwas gegessen werden. Wenn der Kranke zu lange nichts zu essen bekommt, verstärkt es das Fieber; durch eine angemessene Nahrungsmenge von richtiger Zusammensetzung wird es gelindert. Die Speise versorgt den Körper mit Wirkstoffen, die ihn stärken. Will der Kranke während des Fieberstadiums etwas essen, ist es weniger schädlich, ihm ein wenig einfache Nahrung zu geben, als ihm nichts zu gewähren. Wenn er seinen Sinn auf nichts anderes richten kann, wird der Körper mit einer kleinen Menge einfacher Nahrung nicht überbelastet. *2T 384.385; 1870*

Rat an einen alten Prediger

314 Ich bin darüber informiert worden, dass du für eine gewisse Zeit nur eine Mahlzeit am Tag zu dir genommen hast; aber ich weiß, dass es in deinem Fall verkehrt ist. Mir wurde gezeigt, dass du eine nahrhafte Kost brauchst und dass du in Gefahr warst, zu mäßig zu sein. Deine Kraft reicht für eine so strenge Disziplin nicht aus ... Ich denke, dass es nicht gut war, zwei Tage zu fasten. Gott hat es nicht von dir verlangt. Ich bitte dich, vorsichtig zu sein und zweimal am Tag gute, gesunde Nahrung zu dir zu nehmen. Wenn du deinen Weg der enthaltsamen Ernährung nicht änderst, wirst du sicherlich an Kraft abnehmen und ein unausgeglichenes Gemüt bekommen. *Letter 2; 1872*

11 ÜBERTREIBUNG IN DER ERNÄHRUNG

Der Wert einer folgerichtigen Handlungsweise

315 Viele Ansichten, die Siebenten-Tags-Adventisten vertreten, unterscheiden sich stark von dem, was in der Welt allgemein üblich ist. Wer für eine unpopuläre Wahrheit eintritt, sollte sich zuerst darum kümmern, in seinem eigenen Leben grundsatztreu zu sein. Er sollte nicht versuchen, sich so viel wie möglich von anderen zu unterscheiden, sondern denen möglichst nahezukommen, die er für das gewinnen möchte, was er selbst so sehr schätzt. Dann sind auch die Wahrheiten, die er vertritt, akzeptabel.

Wer für eine Veränderung in der Ernährung eintritt, sollte die Vorteile einer gesunden Lebensweise positiv darstellen – und zwar durch das, was er auf den eigenen Tisch bringt. Er sollte durch sein Beispiel die Grundsätze so ausleben, dass sie aufrichtigen Menschen erstrebenswert erscheinen.

Viele lehnen jede Reform ab, wie einleuchtend sie auch sein mag, weil sie der Esslust eine Beschränkung auferlegt. Sie richten sich nach dem Geschmack statt nach der Vernunft und den Gesundheitsgesetzen. Alle, die den ausgetretenen Pfad der Gewohnheit verlassen und eine Reform vertreten, werden von solchen Menschen bekämpft und als extrem hingestellt, mögen sie auch einen noch so grundsatztreuen Kurs verfolgen. Aber niemand sollte sich durch Widerstand oder Spott vom diesem Reformwerk abbringen lassen oder es auf die leichte Schulter nehmen. Wer vom Geist erfüllt ist, der schon Daniel bewegte, wird nicht engherzig oder eingebildet sein, sondern fest und entschieden für das Recht eintreten. In all seinen gesellschaftlichen Beziehungen, ob gegenüber Glaubensgeschwistern oder bei anderen, wird er nicht von den Grundsätzen abweichen. Gleichzeitig wird er es nicht versäumen, eine edle, christusähnliche Geduld an den Tag zu legen. Wenn diejenigen, die für die Gesundheitsreform eintreten, extrem werden, soll man den Menschen keine Schuld geben, wenn sie Widerwillen empfinden. Allzu oft wird unser Glaube auf diese Weise in Verruf gebracht. Und oft können diejenigen, die solche Inkonsequenz erlebt haben, später nie wieder dazu gebracht werden, irgend etwas Gutes an der Reform zu finden. Solche Fanatiker richten in ein paar Monaten mehr Schaden an, als sie im ganzen Leben wieder gutmachen können. Satan freut sich, wenn sie so handeln.

Zwei Menschengruppen sind mir gezeigt worden, erstens diejenigen, die das Licht nicht ausleben, das Gott ihnen gegeben hat, und zweitens, die zu einseitig die Reform durchführen und sie anderen aufzwingen. Wenn sie von etwas überzeugt sind, vertreten sie das hartnäckig und schießen in fast allem über das Ziel hinaus.

Die erste Gruppe hat die Reform angenommen, weil jemand anderes es auch getan hat. Sie haben selbst kein klares Verständnis ihrer Grundsätze erlangt. Viele von denen, die die Wahrheit bekennen, haben sie angenommen, weil jemand anderes es auch getan hat, und um keinen Preis könnten sie die Gründe für ihren Glauben angeben. Deshalb sind sie so unbeständig. Statt ihre Beweggründe im Licht der Ewigkeit zu prüfen und sich praktische Kenntnisse der Grundsätze anzueignen, die all ihrem Handeln zugrunde liegen, statt bis auf den Grund zu graben und für sich selbst auf einem richtigen Fundament zu bauen, laufen sie im Schein einer fremden Fackel und werden mit Sicherheit stolpern.

Die andere Gruppe vertritt falsche Ansichten von der Reform. Sie wählen eine zu kärgliche Kost und leben von Nahrungsmitteln geringer Qualität, die ohne Rücksicht auf den Nährstoffbedarf des Körpers zubereitet werden. Es ist wichtig, die Nahrung sorgfältig zuzubereiten, damit sie appetitlich ist für einen nicht verdorbenen Gaumen.

Weil wir grundsätzlich die Verwendung von etwas ablehnen, das den Magen reizt und die Gesundheit zerstört, sollte nie der Eindruck entstehen, dass es nicht von Bedeutung ist, was wir essen. Ich empfehle keine Mangelernährung. Viele, die gesund leben wollen und aus Gewissensgründen einen Weg einschlagen, den sie für richtig halten, täuschen sich darin wenn sie meinen, dass eine kärgliche Kost, die ohne Sorgfalt zubereitet wird und größtenteils aus Breien und sogenannten Fladen besteht – schwer und klebrig, das sei, was man unter einer Reformkost versteht. Einige nehmen Milch und viel Zucker zum

Brei und denken, dass sie die Gesundheitsreform durchführen, aber Zucker und Milch zusammen können Gärung im Magen verursachen und sind daher schädlich.

Der reichliche Gebrauch von Zucker in jeder Form beeinträchtigt die Funktionen des Organismus und ist nicht selten eine Krankheitsursache. Einige sind der Meinung, dass sie nur wenig essen müssten, meist noch von schlechter Qualität und beschränken sich auf zwei oder drei Nahrungsmittel. Aber wer zu wenig isst und zudem nicht von bester Qualität, erhält nicht genügend Nährstoffe.

Engherzigkeit und Überbetonung nebensächlicher Themen haben der Sache der Gesundheitsreform sehr geschadet. Man kann bei der Zubereitung der Nahrung so sehr sparen, dass die Kost statt gesund, dürftig wird. Das Ergebnis ist schlechtes Blut. Ich habe mehrere Fälle von äußerst schwer heilbarer Erkrankung gesehen, die auf eine Mangelernährung zurückzuführen waren. Die so betroffenen Personen waren nicht durch Armut zu einer kärglichen Kost gezwungen, sondern durch ihre eigene falsche Ansicht über die Gesundheitsreform. Tag für Tag, Mahlzeit für Mahlzeit wurden dieselben Nahrungsmittel ohne Abwechslung zubereitet, bis sich Verdauungsstörungen und allgemeine Schwäche ergaben. *CH 153-155; 1890*

Missverständnisse bezüglich der Reform

316 Nicht alle, die sagen, sie hätten ihre Ernährung reformiert, sind wirklich Reformer. Bei vielen besteht die Verbesserung nur darin, dass sie gewisse ungesunde Speisen weglassen. Sie verstehen nicht klar die Grundsätze der Gesundheit, und ihre Tische – mit schädlichen Leckereien beladen – sind weit davon entfernt, ein Beispiel christlicher Mäßigkeit zu sein.

Eine andere Gruppe, die ein richtiges Beispiel geben wollen, übertreiben es wieder zu weit in die andere Richtung. Manche sind nicht imstande, die beste Nahrung zu erhalten, und anstatt das zu verwenden, was nahrhaft wäre, gebrauchen sie eine zu magere Kost. Ihre Nahrung enthält nicht die Stoffe, die zur Bildung guten Blutes notwendig sind. Ihre Gesundheit leidet, ihre Brauchbarkeit vermindert sich und ihr Beispiel spricht eher gegen als für eine Ernährungsreform.

Andere denken, dass man in der Auswahl oder Zubereitung der Speisen nicht viel Wert legen muss, da die Gesundheit ja eine einfache Kost erfordert. Manche beschränken sich auf eine sehr dürftige Kost. Sie haben nicht genügend Abwechslung, um die Bedürfnisse des Organismus zu decken und müssen infolgedessen leiden.

Nicht anderen persönliche Ansichten aufdrängen

Manche Menschen verstehen die Grundsätze der Reform nur teilweise. Das sind gerade solche, die am strengsten darauf achten, nicht nur ihre eigenen Ansichten selbst durchzuführen, sondern sie auch ihren Familien und Nachbarn aufzudrängen. Die Folgen ihrer missverstandenen Reform sind in ihrer eigenen schlechten Gesundheit zu sehen. Und im Bemühen, anderen ihre Ansichten aufzudrängen, erhalten viele Leute einen falschen Begriff von der Ernährungsreform und veranlassen sie, diese ganz zu verwerfen.

Menschen aber, die die Gesundheitsgesetze verstehen und sich von Grundsätzen leiten lassen, werden in der Verwendung wie in der Beschränkung Extreme meiden. Sie wählen ihre Kost nicht nur zur Befriedigung der Esslust, sondern zum Aufbau des Körpers. Sie versuchen, alle Kräfte in gutem Zustand zu erhalten, um Gott und Menschen am besten dienen zu können. Sie halten ihre Esslust unter der Herrschaft der Vernunft und des Gewissens. Die Gesundheit des Körpers und Geistes ist ihr Lohn. Während sie ihre Ansichten nicht in aggressiver Weise anderen aufdrängen, wird ihr Beispiel ein Zeugnis zugunsten wichtiger Grundsätze. Diese Personen üben einen großen Einfluss zum Guten aus.

Es liegt gesunder Menschenverstand in der Ernährungsreform. Dieses Thema sollte gründlich und eingehend studiert werden, und niemand darf andere kritisieren, weil ihre Handlungsweise nicht in allem mit seiner eigenen übereinstimmt. Es ist unmöglich, eine unveränderliche Regel aufzustellen, um die Gewohnheiten von jedem zu regeln; und niemand sollte denken, dass sich alle nach ihm richten müssten. Nicht alle können dasselbe essen. Speisen, die einem gut schmecken und für sie gesund sind, mögen einem anderen gar nicht schmecken und sogar schaden. Manche vertragen keine Milch, während sie anderen gut tut. Einige Menschen können Erbsen und Bohnen nicht verdauen; andere finden sie gesund.

Für manche ist Nahrung aus grob verarbeitetem Getreide gut, während andere das nicht vertragen können. *MH 318-320, 1905*

Vermeide eine ungenügende Ernährung

317 Aber was soll ich über eine Mangelernährung sagen? Ich habe darüber gesprochen, wie wichtig es ist, dass Menge und Qualität der Nahrung streng mit dem Gesundheitsgesetz übereinstimmen müssen. Aber wir wollen keine Mangelernährung empfehlen. Mir ist gezeigt worden, dass viele eine falsche Ansicht über die Gesundheitsreform vertreten und eine zu dürftige Kost verwenden. Sie leben von Nahrungsmitteln billiger, schlechter Qualität, die ohne Sorgfalt und ohne Rücksicht auf die Bedürfnisse des Körpers zubereitet werden. Es ist wichtig, dass die Nahrung so sorgfältig zubereitet wird, dass man sie mit unverdorbenem Appetit genießen kann. Da wir aus Grundsatz die Verwendung von Fleisch, Butter, süßem Kuchen, scharfen Gewürzen, Schmalz und allem, was den Magen reizt und die Gesundheit zerstört, ablehnen, sollte nie der Eindruck erweckt werden, dass es nur von geringer Bedeutung sei, was wir essen. Die Speisen sollten gut zubereitet werden, dass sie den unverdorbenen Gaumen zufriedenstellen. ...

Einige nehmen eine extreme Haltung ein. Sie müssen eine genaue Menge von genauer Qualität haben und sich auf eine oder zwei Nahrungsmittel beschränken. Sie verlangen, dass nur ein paar Speisen für sie und ihre Familie auf den Tisch erscheinen dürfen. Indem sie zu wenig essen und dann nicht einmal auf die Qualität achten, bekommt der Magen nicht das, was der Körper benötigt. Mangelnahrung kann nicht in gutes Blut umgewandelt werden. Eine dürftige Ernährung wird auch schlechtes Blut zur Folge haben. 2T 366.367; 1870

318 Während es falsch ist, nur zu essen, um verderbter Esslust nachzugeben, heißt das noch lange nicht, dass wir hinsichtlich unserer Nahrung gleichgültig sein dürfen. Sie ist eine Angelegenheit von höchster Wichtigkeit. Niemand sollte sich minderwertig ernähren. Viele sind von Krankheit geschwächt und brauchen nahrhaftes, gut zubereitetes Essen. Gesundheitsreformer sollten mehr als alle anderen vorsichtig sein und Übertreibungen vermeiden. Der Körper muss genügend Nahrung haben. CH 118; 1890

319 Lieber Bruder D., in der Vergangenheit bist du in der Gesundheitsreform zu streng gewesen, was deiner Gesundheit geschadet hat. Einmal, als du sehr krank warst, gab mir der Herr eine Botschaft, dein Leben zu retten. Du bist zu eifrig gewesen, deine Nahrung auf bestimmte Artikel zu beschränken. Während ich für dich betete, wurden mir Worte für dich gegeben, dich auf den richtigen Weg zu bringen. Mir wurde die Botschaft gesandt, dass du für eine reichhaltige Nahrung sorgen solltest. Zu Fleischnahrung wurde nicht geraten. Für die Nahrung, die du zu dir nehmen sollst, wurden Richtlinien gegeben. Du befolgtest das, kamst wieder zu Kräften und bist noch unter uns.

Ich denke oft an die Unterweisung, die dir dann gegeben wurde. Mir sind so viele köstliche Botschaften gegeben worden, sie den Kranken und Betrübten zu überbringen. Dafür bin ich sehr dankbar, und ich preise den Herrn. *Ms 59; 1912*

Variiere die Mahlzeiten
320 Wir raten euch, eure Lebensgewohnheiten zu ändern, verknüpfen jedoch damit die Mahnung, verständnisvoll vorzugehen. Mir sind Familien bekannt, die ihre bisherige Fleischnahrung durch eine wertlose Kost ersetzt haben. Ihre Speise wurde so schlecht zubereitet, dass sie der Magen nicht vertragen hat. Sie sagten mir, dass ihnen die zubereitete Nahrung nach reformerischen Grundsätzen nicht bekomme, da ihre körperlichen Kräfte abnähmen.

Darin liegt auch der Grund, warum die Bemühungen mancher Frauen zur Vereinfachung ihrer Ernährung ohne Erfolg geblieben sind. Ihre Kost ist zu dürftig. Die Speise wird ohne besondere Sorgfalt zubereitet und ist nicht abwechslungsreich. Zu den einzelnen Mahlzeiten dürfen nicht zu viele verschiedene Speisen serviert werden, aber sie sollten auch auf keinen Fall aus den gleichen Nahrungsmittelarten ohne irgendeine Abwechslung zusammengesetzt sein. Einfach sollten die Speisen zubereitet werden, jedoch so schmackhaft, dass der Appetit angeregt wird. Freies Fett *[engl.: grease]* müsst ihr aus eurer Kost streichen, denn es verunreinigt jegliche Nahrung. Esst dafür reichlich Obst und Gemüse. *2T 63; 1868*

321 Viele haben die Gesundheitsreform falsch ausgelebt und verkehrte Ideen über eine gute Lebensweise angenommen. Viele meinen aufrichtig, dass eine richtige Ernährung hauptsächlich aus Haferbrei besteht. Viel Haferbrei zu essen würde die Verdauungsorgane eher schwächen, weil er zu viel Flüssigkeit enthält. *YI 31. Mai 1894*

Individuelle Bedürfnisse berücksichtigen
322 Du hast dich geirrt und gedacht, dass es Stolz sei, der deine Frau veranlasste, sich mehr Bequemlichkeit zu wünschen. Sie ist von dir eingeschränkt und streng behandelt worden. Sie braucht eine reichhaltigere Ernährung, eine größere Auswahl an Nahrungsmitteln auf ihrem Tisch. In ihrem Haus benötigt sie die Einrichtungen so bequem und angenehm wie du sie nur machen kannst, Dinge, die ihr die Arbeit so gut wie möglich erleichtern. Du hast das jedoch von einem falschen Standpunkt aus betrachtet und gedacht, dass alles, was man essen kann, gut genug sei, wenn du davon leben und Kraft erhalten kannst. Du hast vor deiner schwachen Frau die Notwendigkeit einer kärgli-

chen Ernährung vertreten; aber sie kann aus der Nahrung, auf die du dich selbst beschränken und davon leben konntest, keinen Nutzen ziehen. Nicht alle Personen können gleich gut von derselben Nahrung leben, von der es andere können, selbst wenn sie in der gleichen Weise zubereitet wird.

Du bist in Gefahr, zum Extremisten zu werden. Dein Organismus konnte eine sehr grobe, karge Nahrung in gutes Blut umwandeln. Deine blutbildenden Organe sind in einem guten Zustand. Deine Frau braucht jedoch eine hochwertigere Ernährung. Ihr Organismus ist nicht imstande, das zu verarbeiten, was dein Organismus in gutes Blut umwandeln konnte. Ihr fehlt Vitalität, und sie braucht eine reichhaltige, stärkende Nahrung. Sie sollte genügend Obst haben und nicht von Tag zu Tag auf dieselben Dinge beschränkt sein. Sie hat einen schwachen Lebenshalt. Sie ist krank, und die Bedürfnisse ihres Organismus weichen sehr von denen einer gesunden Person ab. *2T 254; 1869*

Warnungen gegen Übertreibungen

323 Ich sah, dass ihr eine falsche Auffassung darüber habt, wie man mit seinem Körper umgeht, indem ihr auf nahrhafte Kost verzichtet habt. Das verleitet einige in der Gemeinde dazu, zu denken, dass Gott sicherlich mit euch ist, sonst würdet ihr das eigene *Ich* nicht verleugnen und auf diese Weise Opfer bringen. Aber ich sah, dass das alles euch nicht heiliger machen wird. Die Heiden bringen auch Opfer, aber sie erhalten keinen Lohn dafür. Ein zerschlagener und demütiger Geist ist vor Gott von großem Wert. Ich sah, dass eure Ansichten über diese Fragen falsch sind und dass ihr, während ihr die Gemeinde anschaut und sie beobachtet, kleine Dinge seht, während ihr auf eure eigene Seele achten solltet. Gott hat die Verantwortung für seine Gemeinde nicht euch auferlegt. Ihr denkt, die Gemeinde sei rückständig, weil sie das nicht so sehen kann, wie ihr es seht und weil sie nicht den gleichen starren Kurs verfolgt, den ihr meint, verfolgen zu müssen. Ich sah, dass ihr hinsichtlich eurer eigenen Pflicht und der Pflicht anderer irregeführt seid. Ich habe gesehen, dass ihr euch in Bezug auf eure eigene Pflicht und auf die Pflicht anderer täuscht. Einige sind in der Ernährung extrem geworden. Sie haben eine starre Richtung eingeschlagen und so einfach gelebt, dass ihre Gesundheit darunter gelitten hat, Krankheiten sich im Körper verbreitet haben und der Tempel Gottes geschwächt worden ist. ...

Ich sah, dass Gott von niemandem verlangt, so sehr zu sparen, dass er den Tempel Gottes schwächt oder schädigt. Es gibt Pflichten und

Anforderungen in seinem Wort, die die Gemeinde demütigen und veranlassen soll, ihre Seelen zu kasteien, aber es ist nicht notwendig, Kreuze zu zimmern oder Regeln aufzustellen, die den Körper quälen, um demütig zu sein. Das alles steht im Gegensatz zum Wort Gottes.

Die Zeit der Trübsal liegt unmittelbar vor uns, und dann wird bittere Not es erforderlich machen, dass das Volk Gottes sich selbst verleugnet und gerade genug isst, um am Leben zu bleiben, aber Gott wird uns auf jene Zeit vorbereiten. In dieser schrecklichen Stunde wird dann unsere Not Gottes Gelegenheit sein, um uns seine stärkende Kraft mitzuteilen und sein Volk zu erhalten. ...

Wer mit seinen Händen arbeitet, muss sich so ernähren, um die Arbeit ausführen zu können. Und auch die, die im Wort und in der Lehre wirken, müssen ihre Kräfte erhalten, denn Satan und seine bösen Engel führen Krieg gegen sie, um ihre Kräfte niederzureißen. Wann immer sie können, sollten sie von ermüdender Arbeit für Körper und Geist Ruhe suchen und nahrhafte, stärkende Speisen essen, um wieder zu Kräften zu kommen, denn sie werden alle ihnen zur Verfügung stehende Kraft einsetzen müssen.

Ich sah, dass Gott nicht im geringsten verherrlicht wird, wenn irgend jemand aus seinem Volk sich selbst eine Zeit der Trübsal bereitet. Dem Volk Gottes steht eine Trübsal unmittelbar bevor und er wird es auf diesen schrecklichen Kampf vorbereiten. *1T 205.206; 1859*

Wenn die Gesundheitsreform übertrieben wird

324 Ich habe etwas zu extremen Ansichten über die Gesundheitsreform zu sagen. Die Gesundheitsreform wird zu einer Gesundheitszerstörerin, wenn man sie extrem durchführt. Du wirst in Heileinrichtungen, in denen Kranke behandelt werden, keinen Erfolg haben, wenn du den Patienten dieselbe Kost verordnest, die du und deine Frau essen. Ich versichere dir, dass deine Ansichten in Bezug auf Krankenkost nicht empfehlenswert sind. Die Umstellung ist zu groß. Während ich Fleischnahrung als schädlich streichen würde, kann etwas weniger Ungesundes verwendet werden, und das findet man in Eiern. Verbiete nicht die Verwendung von Milch zum Trinken noch bei der Zubereitung von Speisen. Die verwendete Milch sollte von gesunden Kühen stammen und sterilisiert werden.

Diejenigen, die extreme Ansichten über die Gesundheitsreform haben, stehen in der Gefahr, geschmacklose Gerichte zuzubereiten. Dies ist immer wieder getan worden. Die Speise war so fade, dass der Magen sie zurückweist. Die Speisen, die man den Kranken gibt, sollten abwechslungsreich sein. Ihnen sollten nicht immer wieder die gleichen Gerichte vorgesetzt werden. ...

Ich habe dir das mitgeteilt, weil ich Licht darüber erhalten habe, dass du deinen Körper durch eine dürftige Kost schädigst. Ich muss dir sagen, dass es nicht gut ist, wenn du die Studenten hinsichtlich der Ernährungsfrage so unterweist, wie du es getan hast, denn deine Vorstellungen bezüglich dem Verzicht gewisser Dinge werden denen, die Hilfe brauchen, nicht nützlich sein.

Bruder und Schwester..., ich habe volles Vertrauen zu euch, und es ist mir ein großes Anliegen, dass ihr körperlich gesund seid, wie auch in geistlicher Hinsicht. Der Mangel an geeigneter Nahrung hat euch so schwer leiden lassen. Ihr habt nicht die Nahrung zu euch genommen, die notwendig ist, um eure schwachen körperlichen Kräfte zu stärken. Ihr dürft euch nicht gute, gesunde Nahrung versagen.

Einmal versuchte Dr. ..., unsere Familie das Kochen zu lehren gemäß der Gesundheitsreform, wie er sie verstand, ohne Salz oder irgend etwas anderes zum Würzen der Speisen. Nun, ich entschloss mich, es zu versuchen, aber meine Kräfte nahmen so sehr ab, dass ich etwas ändern musste. Eine kleine Änderung brachte großen Erfolg. Ich schreibe dir das, denn ich weiß, dass du in der gleichen Gefahr stehst. Das Essen sollte so zubereitet sein, dass es nahrhaft hat. Es sollte nichts fehlen, was der Organismus braucht.

Der Herr gebietet Bruder und Schwester..., sich zu ändern, Ruhepausen einzulegen. Es ist falsch, dass ihr Lasten auf euch nehmt, wie ihr es in der Vergangenheit getan habt. Wenn ihr euch nicht in Acht nehmt, werdet ihr das Leben opfern, das aus der Sicht Gottes so wertvoll ist. *„Wisst ihr ... dass ihr nicht euch selbst gehört? Denn ihr seid teuer erkauft; darum verherrlicht Gott in eurem Leib und in eurem Geist, die Gott gehören!"* 1.Korinther 6,19.20

Werdet hinsichtlich der Gesundheitsreform nicht extrem. Einige unserer Leute sind in Bezug auf die Gesundheitsreform sehr sorglos. Aber weil manche weit zurück sind, braucht ihr keine Fanatiker sein, um ihnen als Beispiel zu dienen. Ihr dürft nicht auf Nahrung verzichten, die gutes Blut bildet. Eure Hingabe an wahre Grundsätze führt euch dazu, eine Ernährungsweise zu wählen, die keine Empfehlung für die Gesundheitsreform ist. Dies ist eure Gefahr.

Wenn ihr seht, dass ihr körperlich schwach werdet, müsst ihr etwas ändern, und zwar sofort. Erweitert euren Speiseplan um das, was ihr weggelassen habt. Es ist eure Pflicht, dies zu tun. Nehmt Eier von gesunden Hühnern. Benutzt diese Eier gekocht oder roh. Vermischt sie mit dem besten unvergorenen Wein, den ihr finden könnt. Dies wird eurem Körper das geben, was er benötigt. Glaubt nicht einen Augenblick, dass es nicht richtig wäre, dies zu tun. ...Wir schätzen deine Erfahrungen als Arzt, und doch sage ich, dass Milch und Eier in eure Ernährung einbezogen werden sollten. Auf diese Dinge kann im Moment nicht verzichtet werden, und es sollte nicht gelehrt werden, dass man darauf verzichten muss. Du bist in Gefahr, eine zu radikale Ansicht der Gesundheitsreform zu vertreten und euch eine Ernährung vorzuschreiben, von der ihr nicht leben könnt. ...

Ich hoffe sehr, dass du die Worte beachten wirst, die ich gesprochen habe. Es ist mir gezeigt worden, dass du nicht in der Lage sein wirst, den erfolgreichsten Einfluss in der Gesundheitsreform auszuüben, wenn du nicht in einigen Dingen dir selbst und anderen gegenüber liberaler wirst. Es wird die Zeit kommen, in der Milch nicht so frei verwendet werden kann, wie sie jetzt gebraucht wird; aber zur gegenwärtigen Zeit ist es nicht notwendig, sie aufzugeben. Und Eier enthalten Eigenschaften, die bestimmten Giften entgegenwirken. Wenn auch Familien, deren Kinder der Selbstbefriedigung ergeben waren, die Warnung erteilt wurde, diese Nahrungsmittel zu meiden, so sollten wir es doch nicht als eine Verleugnung des Grundsatzes betrachten, Eier von Hühnern zu verwenden, die gut versorgt und richtig gefüttert werden. ...

Gott wendet sich an die, für die Christus gestorben ist, sich selbst gegenüber angemessene Sorgfalt walten zu lassen und anderen ein gutes Beispiel zu geben. Mein Bruder, du darfst extreme Ansichten in der Ernährungsfrage nicht zu einem Prüfstein für Gottes Volk machen, denn es wird das Vertrauen in Lehren verlieren, die total übertrieben sind. Der Herr wünscht von seinem Volk, dass es in jedem Punkt der Gesundheitsreform vernünftig ist; aber wir dürfen nicht extrem sein. ...

Der Grund für die schlechte Gesundheit von ... liegt im Überziehen seines Bankkapitals – der Gesundheit –, und dann macht er den Fehler, die entzogene Kraft nicht durch gesunde, nahrhafte und wohlschmeckende Nahrung zu ersetzen.

Mein Bruder, weihe dein Leben ihm, der für dich gekreuzigt wurde; aber lege dich nicht auf eine kärgliche Ernährung fest; denn damit stellst du die Gesundheitsreform falsch dar. Während wir Schwelgerei und Unmäßigkeit ablehnen, müssen wir uns auf die Mittel und Anwendungen der Evangeliumswahrheit besinnen, die sich dem gesunden Urteil empfehlen. Um unsere Aufgabe in geraden, einfachen Richtlinien zu tun, müssen wir die Bedingungen anerkennen, denen die menschliche Familie unterworfen ist.

Gott hat für alle in den verschiedenen Ländern der Welt vorgesorgt. Diejenigen, die Gottes Mitarbeiter sein wollen, müssen sorgfältig darauf achten, wie sie die Gesundheitsreform in Gottes großem Weinberg verkündigen. Sie müssen vorsichtig sein, genau anzugeben, welche Nahrungsmittel gegessen werden sollten und welche nicht.

Der menschliche Botschafter muss sich mit dem himmlischen Helfer vereinen, um den Menschen, die Gott retten will, die Gnadenbotschaft zu bringen. Wir müssen mit der Allgemeinheit in Kontakt bleiben. Würde ihnen die Gesundheitsreform in ihrer extremsten Form vorgeführt werden, dann würde das schaden. Wir verlangen von ihnen, das Fleischessen und das Trinken von Tee und Kaffee zu unterlassen. Dies ist gut. Aber einige sagen, dass auch Milch aufgegeben werden sollte. Dieses Thema sollte sehr sorgfältig behandelt werden. Es gibt arme Familien, deren Nahrung aus Brot und Milch besteht und, wenn sie es bekommen können, ein wenig Obst. Alle Fleischnahrung sollte aufgegeben, aber Gemüse mit ein wenig Milch, Rahm oder etwas Gleichwertigem schmackhaft gemacht werden. Wenn die Gesundheitsreform den Armen gebracht wird, sagen sie: *„Was sollen wir essen? Wir können es uns nicht leisten, Nüsse zu kaufen."*

Wenn ich den Armen das Evangelium predige, bin ich unterwiesen worden, ihnen zu sagen, dass sie die Nahrung zu sich nehmen sollen, die am nahrhaftesten ist. Ich kann nicht zu ihnen sagen: *„Ihr dürft keine Eier, keine Milch und keinen Rahm essen; ihr dürft keine Butter verwenden."* Das Evangelium muss den Armen gepredigt werden, und die Zeit ist noch nicht gekommen, die strengste Kostform vorzuschreiben. ...

Die Zeit wird kommen, dass wir dann einige Nahrungsmittel aufgeben müssen, die wir zur Zeit verwenden, wie zum Beispiel Milch, Rahm und Eier. Meine Botschaft lautet aber, dass ihr euch nicht schon vor der Zeit selbst eine Trübsal schafft und auf diese Weise sterben müsst. Wartet, bis der Herr euch den Weg bereitet.

Die Reformen, die umfassend durchgeführt werden, könnten für eine gewisse Bevölkerungsschicht möglich sein, die sich alles leisten kann, was sie braucht, um die aufgegebenen Dinge zu ersetzen. Aber diese Menschen stellen eine sehr kleine Minderheit der Bevölkerung dar, für die diese Maßstäbe unnötig erscheinen. Es gibt solche, die versuchen, sich von dem zu enthalten, was als schädlich bezeichnet wird. Sie versäumen es aber, genügend zu essen und als Folge davon werden sie schwach und arbeitsunfähig. So wird die Gesundheitsreform in Verruf gebracht. Das Werk, das wir auf festem Grund aufzubauen versuchen, wird mit seltsamen Dingen verwechselt, die Gott nicht gefordert hat. Die Kräfte der Gemeinde werden gelähmt. Aber Gott wird eingreifen, um die Ergebnisse der Ideen dieser Übereifrigen zu verhüten. Das Evangelium soll die sündige Menschheit vereinen. Es soll die Reichen und die Armen zu den Füßen Jesu zusammenbringen. ...

Aber ich möchte euch sagen, wenn die Zeit kommt, in der es nicht mehr ungefährlich ist, Milch, Rahm, Butter und Eier zu verwenden, wird Gott uns dies offenbaren. Wir sollen in der Gesundheitsreform keine extremen Standpunkte vertreten. Die Frage, ob Milch, Butter und Eier verwendet werden sollen, wird sich von selbst lösen. Zum jetzigen Zeitpunkt haben wir in dieser Frage keinen dringenden Auftrag. „Eure Sanftmut lasst alle Menschen erfahren!" Philipper 4,5; Letter 37; 1901

325 Letzte Nacht sprach ich im Traum mit Dr. ... Ich sagte zu ihm: „*Du musst hinsichtlich der Extreme in der Ernährung noch vorsichtig sein. Du darfst weder für dich selbst noch bezüglich der Nahrung, die für die Helfer und Patienten der Heileinrichtung zubereitet wird, extrem sein. Die Patienten bezahlen genug Geld für ihre Verpflegung, und sie sollten großzügig verpflegt werden. Einige mögen in einem Zustand dorthin kommen, der strenge Mäßigkeit und die einfachste Kost verlangt; aber wenn sich ihre Gesundheit bessert, sollten sie reichlich mit nahrhaftem Essen versorgt werden.*" Letter 37; 1904

Die Nahrung sollte appetitlich angerichtet werden

326 Gesundheitsreformer sollten mehr als alle anderen darauf achten, Extreme zu vermeiden. Der Körper braucht genügend Nahrung. Wir können nicht nur von Luft leben und auch nicht die Gesundheit erhalten, wenn wir kein gesundes Essen haben. Die Nahrung sollte gut zubereitet werden und schmackhaft sein. 2T 538; 1867

Nährstoffe sind unterschiedliche Stoffe, die vom Organismus aufgenommen und mithilfe des Stoffwechsels verarbeitet werden. Nährstoffe werden von allen Lebewesen aufgenommen. Unter essentiellen Nährstoffen fasst man solche zusammen, die mit der Nahrung aufgenommen werden müssen, im Gegensatz zu jenen Nährstoffen, die der Körper selbst durch Energieverbrauch herstellen kann. Generell unterscheidet man Vitamine, Proteine, Fette, Kohlenhydrate, Mineralstoffe und Wasser.

Wer sich gesund ernähren will, sollte nicht nur auf eine ausreichende Zufuhr von Nährstoffen achten, es kommt auch auf die Kombination der Lebensmittel und deren Qualität an. http://www.gesundheit.de/ernaehrung/naehrstoffe

327 Eine Kost, die nicht die erforderlichen Nährstoffe enthält, bringt die Gesundheitsreform in Verruf. Wir sind sterblich und müssen uns daher so ernähren, dass der Körper die notwendigen Nährstoffe erhält. Einige Geschwister, die gewissenhaft auf ungeeignete Speisen verzichten, versäumen es gleichzeitig, sich mit den Nährstoffen zu versorgen, die der Körper braucht. Wer eine übertriebene Ansicht über die Gesundheitsreform hat, steht in Gefahr, die Speisen so geschmacklos und fade zuzubereiten, dass sie nicht schmecken. Sie sollten so zubereitet werden, dass sie nahrhaft und appetitlich sind. Man darf nicht die Nährstoffe weglassen, die der Körper braucht. Ich verwende etwas Salz und habe es stets getan; denn Salz ist nicht schädlich, sondern für das Blut notwendig. Gemüse sollte man mit etwas Milch, Sahne oder Gleichwertigem schmackhaft machen.

Während wir vor Erkrankungen durch den Gebrauch von Butter sowie vor den Nachteilen einer freien Verwendung von Eiern bei kleinen Kindern gewarnt wurden, sollten wir doch keinen Anstoß daran nehmen, Eier von solchen Hühnern zu verwenden, die gut gehalten werden und geeignetes Futter bekommen. Eier enthalten Stoffe, die auf gewisse Gifte eine heilende Gegenwirkung ausüben.

Einige, die keine Milch noch Eier und Butter verwenden, haben es versäumt, dem Körper die nötigen Ersatzstoffe zuzuführen, und sind dadurch schwach und arbeitsunfähig geworden. So ist die Gesundheitsreform in Verruf geraten. Was wir auf fester Grundlage zu errichten versuchten, wird durch fremdartige Dinge, die Gott nicht verlangt hat, verwirrt, und die Kräfte der Gemeinde werden dadurch gelähmt. Gott wird eingreifen, um die Folgen dieser übereifrigen Vorstellungen zu verhindern.

Das Evangelium soll die sündige Menschheit einen. Es soll die Reichen zusammen mit den Armen zu Jesu Füßen bringen. Es wird die Zeit kommen, da wir manche Lebensmittel, die wir jetzt genießen, wie Milch, Sahne und Eier, aufgeben müssen. Es ist aber nicht nötig, dadurch Schwierigkeiten heraufzubeschwören, dass wir uns vorzeitig übertriebene Einschränkungen auferlegen. Wartet, bis die Umstände es erfordern. Der Herr aber wird den Weg dafür bereiten.

Wer in der Verkündigung der Grundsätze der Gesundheitsreform erfolgreich sein möchte, muss das Wort Gottes zu seinem Führer und Ratgeber machen. Nur wenn die Lehrer der Reformgrundsätze dies tun, stehen sie auf festem Grund. Lasst uns nicht gegen die Gesundheitsreform arbeiten, indem wir es versäumen, anstatt der schädlichen Nahrungsmittel, die wir aufgeben, gesunde und schmackhafte Nahrung zu verwenden. Erregt kein Verlangen nach Reizmitteln. Genießt nur unverfälschte, einfache und gesunde Nahrung und seid Gott dankbar für die Grundsätze der Gesundheitsreform.

Erweist euch in allen Stücken rechtschaffen und treu; so werdet ihr herrliche Siege erringen. *9T 161-163; 1909*

Schädlicher Einfluss von Fanatikern

328 Und während wir euch warnen, euch nicht zu überessen, selbst nicht von der besten Nahrung, wollen wir auch die Extremisten warnen, keinen falschen Maßstab aufzurichten und sich dann zu bemühen, jeden dahin zu bringen um ihn zu befolgen. *2T 374.375; 1870*

329 Mir wurde gezeigt, dass beide, B. und C., die Sache Gottes verunehrt haben. Sie haben einen Makel darauf gebracht, der niemals ganz beseitigt werden kann. Mir wurde die Familie unseres lieben Bruders D. gezeigt. Wenn dieser Bruder zur rechten Zeit die richtige Hilfe erhalten hätte, würde jedes seiner Familienmitglieder heute leben. Es ist ein Wunder, dass die Landesgesetze in diesem Fall von Misshandlung nicht durchgesetzt worden sind. Diese Familie war aus Mangel an Nahrung umgekommen – sie verhungerten in einem Land des Überflusses. An ihnen praktizierte ein Anfänger. Der junge Mann starb nicht an Krankheit, sondern am Hunger. Essen würde den Körper gestärkt und die Organe in Gang gehalten haben. ...

Es ist Zeit, dass etwas getan wird, um Neulinge davon zurückzuhalten, das Feld zu betreten und die Gesundheitsreform zu vertreten. Ihre Arbeit und Worte brauchen wir nicht. Sie richten mehr Schaden an, als die klügsten und intelligentesten Menschen mit dem besten Einfluss wieder gutmachen können. Es ist den fähigsten Vertretern der Gesundheitsreform unmöglich, die Meinungen der Leute von dem Vorurteil zu befreien, das sie durch die falsche Handlungsweise dieser Extremisten erhalten haben und in der Gesellschaft, wo diese Menschen aufgetreten sind, das große Thema der Gesundheitsreform auf eine richtige Grundlage zu stellen. Die Tür ist weitgehend verschlossen, so dass Ungläubige auch von der gegenwärtigen Wahrheit über den Sabbat und das baldige Kommen unseres Erlösers nicht erreicht werden können. Die kostbarsten Wahrheiten werden von den Menschen als des Hörens nicht wert abgewiesen. Von diesen Leuten spricht man allgemein als Vertreter der Gesundheitsreform und Sabbathalter. Auf denjenigen, die sich so als ein Stein des Anstoßes für Ungläubige erwiesen haben, ruht eine große Verantwortung. *2T 384-387; 1870*

Das Aufdrängen persönlicher Meinungen und Prüfsteine

330 Jetzt wird die Gesundheitsreform von vielen Menschen in hohen und in niedrigen Stellungen als wichtig erkannt werden. Wir dürfen jedoch nicht erlauben, dass die Botschaft, die wir zu bringen haben – die dritte Engelsbotschaft, verbunden mit der Botschaft des ersten und zweiten Engels – in den Schatten gestellt wird. Wir dürfen den geringeren Dingen nicht gestatten, uns an einen kleinen Kreis zu binden, der uns den Zugang zur Allgemeinheit verwehrt.

Die Gemeinde und die Welt benötigen den gesamten Einfluss und alle Talente, die Gott uns verliehen hat. Alles, was wir haben, sollte ihm geweiht werden, dass Er es benutzen kann. Wenn ihr das Evangelium weitergebt, dann lasst alle eure eigenen Meinungen beiseite. Wir haben eine weltweite Botschaft, und der Herr möchte, dass seine Diener das Vertrauen, das Er in sie gesetzt hat, heilig bewahren. Der Herr hat jedem Menschen seine Aufgabe aufgetragen. Deshalb bringt keine falsche Botschaft. Lasst das große Licht der Gesundheitsreform nicht zu widersprüchlichen Problemen werden. Die Ungereimtheiten einer Person wird die ganze Körperschaft der Gläubigen belasten. Wenn einer extrem ist, dann schadet das dem Werk Gottes sehr.

Wir sollten uns vor Extremen hüten. Damit die Welt keine Ursache hat, Siebenten-Tags-Adventisten als eine Körperschaft von Fanatikern zu betrachten, bin ich oftmals gezwungen, Dinge zu klären, damit sie nicht falsch verstanden werden. Wenn wir einerseits versuchen, die Menschen aus dem Feuer zu ziehen, werden die Worte, die gesprochen werden müssen, um das Übel zu korrigieren, benutzt, um andererseits die Unmäßigkeit zu rechtfertigen. Möge der Herr uns vor menschlichen Prüfsteinen und Extremen bewahren.

Niemand sollte fanatische Ansichten verbreiten über das, was wir essen oder trinken sollen. Der Herr hat Erkenntnisse geschenkt. Lasst unser Volk das Licht annehmen und darin leben. Die Kenntnis von Gott und Jesus Christus muss noch sehr zunehmen. Diese Erkenntnis bedeutet ewiges Leben. Eine Zunahme an Frömmigkeit, an guter, demütiger, geisterfüllter Religion würde unsere Geschwister in die Lage versetzen, von dem großen Lehrer zu lernen.

Es wird die Zeit kommen, wo es nicht sicher sein wird, Milch zu verwenden. Aber wenn die Kühe gesund sind und die Milch gründlich gekocht wird, besteht nicht die Notwendigkeit, im Voraus eine Zeit der Trübsal zu schaffen. Lasst niemanden denken, dass er eine Botschaft darüber bringen muss, was unsere Geschwister im Einzelnen auf den Tisch bringen sollen.

Diejenigen, die eine extreme Position einnehmen, werden am Ende sehen, dass die Resultate nicht das sind, was sie sich vorgestellt haben. Der Herr wird uns durch seine eigene rechte Hand führen, wenn wir geführt werden wollen. Liebe und Reinheit – dies sind die Früchte, die von einem guten Baum kommen. Jeder, der lieb hat, ist von Gott geboren und kennt Gott. Ich war unterwiesen, zu denjenigen in der ...-Konferenz zu sagen, die bezüglich des Themas der Gesundheitsreform zu eifrig gewesen sind und ihre Meinungen und Ansichten anderen aufgedrängt haben, dass ihre Botschaft nicht von Gott stammt. Ich sagte ihnen, dass, wenn sie ihre angeborenen und entwickelten Neigungen, in denen sehr viel Eigensinn steckt, mäßigten und unterdrückten, dann würden sie erkennen, dass sie eine Bekehrung brauchen. *„Wenn wir einander lieben, so bleibt Gott in uns ... Gott ist Liebe, und wer in der Liebe bleibt, der bleibt in Gott und Gott in ihm."* 1.Johannes 4,12.16

Menschliche Weisheit muss mit himmlischer Weisheit und der Gnade Gottes vereint werden. Lasst uns in Christus geborgen sein und fleißig arbeiten, um den hohen Standard zu erreichen, den Gott für uns aufgestellt hat – moralische Umwandlung durch das Evangelium. Gott wendet sich an uns, dass wir nach richtigen Regeln vorangehen und gerade Wege für unsere Füße bahnen, damit der Hinkende nicht vom Weg abirrt. Dann wird Christus zufrieden sein. *Letter 39; 1901*

Irren auf der Seite des Volkes ist besser als das andere Extrem

331 Brd. und Schw. ... ließen der Befriedigung der Esslust freien Lauf, und das Institut wurde moralisch verdorben. Nun möchte der Feind euch, wenn er könnte, ins gegenteilige Extrem drängen, eine unzureichende Kost anzubieten. Seid vorsichtig, bleibt verständig und bewahrt vernünftige Ansichten. Trachtet nach Weisheit vom Himmel und handelt verständig. Wenn ihr extreme radikale Standpunkte einnehmt, werdet ihr zurückstecken müssen. Ihr habt dann das Vertrauen in euer eigenes gesundes Urteilsvermögen verloren, wenn ihr auch gewissenhaft gewesen seid. Auch unsere Geschwister und Ungläubige werden das Vertrauen in euch verlieren. Seid sicher, dass ihr nicht schneller vorangeht, als es das ausdrückliche Licht von Gott gebietet. Richtet euch nicht nach den Ansichten anderer, sondern handelt klug in der Furcht Gottes. Wenn ihr irrt, entfernt euch nicht so weit wie möglich von den Leuten, denn dann durchschneidet ihr den Faden eures Einflusses und könnt ihnen nichts Gutes tun. Irrt euch lieber auf Seiten der Menschen; denn in diesem Fall besteht die Hoffnung, dass ihr die Menschen mit euch ziehen könnt. Aber ihr braucht weder in der einen noch in der andern Hinsicht zu irren. Ihr braucht weder ins Wasser noch ins Feuer zu gehen, sondern nehmt den mittleren Weg und vermeidet alle Extreme. Erweckt nicht den Anschein, dass ihr einseitige, unausgeglichene Verwalter seid.

Bietet keine kärgliche, arme Ernährung an. Lasst euch von niemandem zu einer unzureichenden Ernährungsweise beeinflussen. Bereitet euer Essen auf eine gesunde, schmackhafte Art zu, sodass die Gesundheitsreform korrekt dargestellt werden kann.

Die viele Abneigung gegen die Gesundheitsreform ist darauf zurückzuführen, dass unkluge Gemüter sie zu solchen Extremen geführt haben, dass sie Widerwillen erregt hat, anstatt die Menschen anzuziehen. Ich bin dort gewesen, wo diese radikalen Ansichten durchgesetzt worden sind. Gemüse wurde nur mit Wasser zubereitet und alles andere auf ähnliche Art. Diese Kochweise ist eine Entstellung der Gesundheitsreform, und manche Menschen sind so beschaffen, dass sie alles annehmen, was die Züge einer strengen Ernährung oder Reform jeglicher Art trägt.

Meine Brüder, ich möchte, dass ihr in allen Dingen mäßig seid; aber gebt Acht, dass ihr nicht zu weit geht oder unsere ärztliche Einrichtung so einengt, bis es nicht mehr weiter geht. Ihr dürft euch nicht nach jedermanns Anschauung richten. Bewahrt euch einen klaren Blick, seid ruhig, vertraut auf Gott. *Letter 57; 1886*

Beide Extreme müssen vermieden werden

332 Ich weiß, dass viele unserer Geschwister in Gedanken und praktisch der Gesundheitsreform entgegenstehen. Ich bin nicht für eine extreme Haltung. Aber als ich mein Manuskript durchgeschaut habe, musste ich feststellen, wie entschieden die Zeugnisse und Warnungen vor den Gefahren sind, die unseren Geschwistern durch Nachahmung der Sitten und Gewohnheiten der Welt drohen, was Zügellosigkeit, Befriedigung der Esslust und Kleideraufwand anbetrifft. Es macht mich krank und traurig, wenn ich den bestehenden Zustand sehe.

Einige sagen, unsere Brüder hätten zu viel Nachdruck darauf gelegt. Obwohl einige unweise gehandelt haben mögen, indem sie anderen ihre persönlichen Ansichten über die Gesundheitsreform aufdrängen wollten, so sollte doch niemand wagen, die Wahrheit über dieses Thema zurückzuhalten.

Die Menschen in der Welt neigen allgemein zu dem anderen Extrem – zu Genusssucht und Unmäßigkeit im Essen und Trinken. Als Folge nimmt die Lüsternheit überhand. Viele befinden sich heute im Schatten des Todes, die sich darauf vorbereiteten, ein Werk für den Meister zu tun, aber sich nicht feierlich verpflichtet fühlten, die Gesundheitsgesetze zu beachten.

Die Gesetze, nach denen der Körper funktioniert, stammen wirklich von Gott. Aber diese Tatsache scheint in Vergessenheit geraten zu sein. Einige haben sich auf eine Kost beschränkt, die sie nicht gesund erhalten kann. Sie haben sich nicht um nahrhafte Speisen bemüht, um die schädlichen Dinge zu ersetzen. Sie haben auch nicht beachtet, dass man Geschicklichkeit und Scharfsinn braucht, um die Nahrung auf die gesündeste Art und Weise zuzubereiten.

Der Organismus muss richtig ernährt werden, damit er seine Aufgabe gut erfüllen kann. Es widerspricht der Gesundheitsreform, wenn man – nachdem man ungesunde Speisen aufgegeben hat – ins andere Extrem verfällt, indem man die Menge und die Qualität zu sehr einschränkt. Dies ist keine Gesundheitsreform, sondern eine Deformierung davon. *6T 373.374; 1900*

12 ERNÄHRUNG WÄHREND DER SCHWANGERSCHAFT

Vorgeburtlicher Einfluss

333 Die vorgeburtlichen Einflüsse werden von vielen Eltern als unbedeutend betrachtet, aber der Herr sieht das nicht so. Die Botschaft, von einem Engel Gottes gesandt und zweimal in der feierlichsten Weise gegeben, zeigt, dass wir diesen Punkt sehr sorgfältig beachten sollten. In den Worten, an die hebräische Mutter gerichtet, sprach Gott zu allen Müttern in allen Zeitaltern. Der Engel sprach: *„alles, was ich ihr geboten habe, soll sie halten!"* Richter 13,14

Das Wohl des Kindes wird weitgehend von den Gewohnheiten der Mutter beeinflusst. Ihre Gelüste und Leidenschaften sollten deshalb von Grundsätzen beherrscht werden. Erfüllt sie Gottes Absicht, wenn er sie Mutter werden lässt, so gibt es einiges für sie zu vermeiden und manches abzuwehren. Wenn sie vor der Geburt ihres Kindes der Selbstbefriedigung nachgibt, wenn sie selbstsüchtig, ungeduldig und anspruchsvoll ist, so werden sich diese Charakterzüge in der Veranlagung des Kindes widerspiegeln. Auf diese Weise haben viele Kinder fast unbezwingbare Neigungen zum Bösen geerbt. Wenn aber die Mutter unbeirrbar an rechten Grundsätzen festhält, wenn sie mäßig und selbstverleugnend, gütig, freundlich und selbstlos ist, kann sie ihrem Kind dieselben wertvollen Charakterzüge verleihen. Sehr deutlich war die Aufforderung an die Mutter, keinen Wein zu trinken. Jeder Tropfen starken Getränkes, den sie zur Befriedigung des Verlangens nimmt, gefährdet die geistige, körperliche und moralische Gesundheit ihres Kindes und ist eine direkte Sünde gegen ihren Schöpfer.

Viele raten, dass jeder Wunsch der Mutter befriedigt werden sollte, und dass sie jedem Wunsch nach irgendeiner Speise, wie schädlich sie auch sei, ruhig nachgeben dürfe. Ein solcher Rat ist verkehrt und schädlich. Die körperlichen Bedürfnisse der Mutter sollten aber in keinem Fall vernachlässigt werden. Zwei Leben sind von ihr abhängig, und ihre Wünsche sollten in einfühlsamer Weise berücksichtigt und ihre Bedürfnisse ausreichend erfüllt werden. Sie sollte aber zu dieser Zeit ganz besonders in der Ernährung und in anderem alles vermeiden, was die geistigen oder körperlichen Kräfte verringern könnte. Sie steht durch Gottes eigenes Gebot unter der feierlichsten Verpflichtung, Selbstbeherrschung zu üben. *MH 372.373; 1905*

334 Als der Herr Simson zu einem Befreier seines Volkes erwählen wollte, schärfte er der Mutter korrekte Lebensgewohnheiten vor der Geburt ihres Kindes ein. Und dasselbe Gebot musste auch dem Kind von Anfang an auferlegt werden; denn es sollte Gott von seiner Geburt an als Nasiräer geweiht werden.

Der Engel Gottes erschien der Frau Manoahs und sagte ihr, dass sie einen Sohn haben würde; und darauf hin gab er die wichtigen Anweisungen: *„Und nun hüte dich doch, dass du keinen Wein noch starkes Getränk trinkst und nichts Unreines isst!"* Richter 13,4

Gott hatte für das verheißene Kind Manoahs ein wichtiges Werk zu tun. Und um ihm dafür die notwendigen Fähigkeiten geben zu können, mussten die Gewohnheiten der Mutter und des Kindes sorgfältig festgelegt werden. *„Sie ... soll weder Wein noch starkes Getränk trinken und nichts Unreines essen; und alles, was ich ihr geboten habe, soll sie halten!"* Richter 13,14

Das Kind wird von den Gewohnheiten der Mutter zum Guten oder zum Bösen beeinflusst. Sie muss sich selbst von Grundsätzen leiten lassen und Mäßigkeit und Selbstverleugnung üben, wenn ihr das Wohlbefinden des Kindes am Herzen liegt. *CTBH 37.38; 1890*

Sie „soll ... sich hüten"

335 Es wäre vorteilhaft für heutige Mütter, wenn sie die Worte, die zu Manoahs Frau gesprochen wurden, eifrig studierten, denn sie enthalten eine wichtige Botschaft. Indem er diese eine Mutter ansprach, redet der Herr zu allen besorgten, bekümmerten Müttern damals und zu allen Müttern nachfolgender Generationen. Ja, jede Mutter kann ihre Pflicht verstehen. Sie kann wissen, dass der Charakter ihrer Kinder weit mehr von ihren Gewohnheiten vor der Geburt und ihren persönlichen Anstrengungen nach der Geburt abhängen wird als von äußerlichen Vor- oder Nachteilen.

Sie *„soll ... sich hüten"*, sagte der Engel. Sie muss vorbereitet sein, der Versuchung zu widerstehen. Ihr Appetit und ihre Leidenschaften sollen von Grundsätzen geleitet sein. Jeder Mutter kann man sagen: sie *„soll ... sich hüten."* Es gibt etwas, von dem sie sich fernhalten, etwas, gegen das sie ankämpfen muss, wenn sie Gottes Absicht erfüllen will, indem er ihr ein Kind schenkt. ...

Die Mutter, die eine geeignete Lehrerin für ihre Kinder ist, muss sich vor deren Geburt Gewohnheiten der Selbstverleugnung und Selbstkontrolle aneignen; denn sie vermittelt ihnen ihre eigenen Eigenschaften, ihre eigenen starken oder schwachen Charakterzüge. Der Seelenfeind kennt diese Situation viel besser als die Eltern. Er wird die Mutter angreifen, und genau wissen, dass er durch sie auf ihr Kind einwirken kann, wenn sie ihm nicht widersteht.

Die einzige Hoffnung der Mutter ist Gott. Sie kann zu ihm flüchten um Gnade und Kraft. Sie wird nicht vergeblich Hilfe suchen. Er wird sie befähigen, ihren Nachkommen Eigenschaften weiterzugeben, die ihnen zum Erfolg im irdischen Leben verhelfen und ewiges Leben zu erhalten. ST 26.2.1902

Appetit darf nicht in Schwelgerei ausarten

336 Dem Leben einer Frau vor der Geburt ihrer Kinder wird nicht genügend Beachtung schenkt. Das ist falsch, aber üblich. In dieser wichtigen Zeit sollte der Mutter die Arbeit erleichtert werden. In ihrem Körper finden große Veränderungen statt. Sie benötigt mehr Blut und so auch zusätzliche Nahrung von bester Qualität. Wird sie nicht ausreichend mit nahrhafter Kost versorgt, kann sie nicht ihre körperliche Kraft erhalten, und ihren Nachkommen fehlt die Lebenskraft. Auch auf ihre Kleidung muss geachtet werden. Sie sollte so beschaffen sein, dass der Körper vor Kälte geschützt wird. Denn sonst muss die Körpertemperatur die falsche Bekleidung ausgleichen. Erhält die Mutter nicht ge-

---

Eine vegane (vollvegetarische) Diät kann die Nährstoff- und Energiebedürfnisse einer schwangeren Frau erfüllen. Das Geburtsgewicht von Kindern, welche von gut genährten vegetarischen Frauen geboren wurden, zeigte sich als praktisch gleichwertig im Vergleich zum Geburtsgewicht von Kindern, welche von Nicht-Vegetarierinnen zur Welt gebracht wurden. Pediatrics, 1989;84

Eine vegane Ernährung ist passend für alle Lebensabschnitte auch während der Schwangerschaft und Stillzeit. Amerikanische Zeitschrift Klinischer Ernährung, 1994;59 (zus.):1176S-1181S

nügend gesunde, nahrhafte Kost, wird sie nicht genug gutes Blut haben. Ihr Blutkreislauf wird schwach sein und ihr Kind wird auch darunter leiden. Das Kind wird nicht in der Lage sein, die Nahrung zu verarbeiten, um sie in gutes Blut zur Versorgung des Körpers umzuwandeln. Das Wohlergehen von Mutter und Kind hängt stark von guter, warmer Kleidung und von einer Versorgung mit nahrhafter Kost ab. Es ist nötig, die Mehrbelastung der Lebenskräfte der Mutter zu beachten und das zu berücksichtigen. Aber andererseits ist es falsch zu meinen, dass Frauen wegen ihres besonderen Zustandes die Esslust hemmungslos befriedigen dürfen. Das ist ein Missverständnis und beruht auf Gewohnheiten und nicht auf gesundem Menschenverstand.

Das Bedürfnis nach Essen von schwangeren Frauen kann schwankend, unberechenbar und schwer zu befriedigen sein. Es ist üblich, alles zu essen, wozu sie Lust verspürt, ohne nachzudenken, ob eine solche Kost ihrem Körper und dem Wachstum ihres Kindes gut tut. Das Essen sollte nahrhaft sein, aber nicht aufputschend. Auch erlaubt man ihr, Fleischnahrung, in Essig Eingelegtes oder stark gewürzte Speisen zu essen, wenn sie Lust darauf hat. Nur die Esslust bestimmt – das ist falsch und schadet sehr. Wenn überhaupt einfache Kost und von bester Qualität nötig ist, dann in diesem wichtigen Zeitabschnitt. Frauen mit Grundsätzen und die gut unterwiesen sind, werden vor allem in dieser Zeit nur eine einfache Kost zu sich nehmen. Sie werden bedenken, dass ein weiteres Leben von ihnen abhängt und werden in all ihren Gewohnheiten, besonders in der Ernährung, achtsam sein. Sie werden nichts essen, was ohne Nährwert und erregend ist, nur weil es gut schmeckt. Es gibt zu viele, die sie überreden wollen, das zu tun, wovon ihr Verstand ihnen abraten würde. Weil Eltern ihrer Esslust nachgeben, werden kranke Kinder geboren. Der Körper verlangte nicht das Vielerlei an Speisen, mit denen sich der Geist beschäftigte. Was einem in den Sinn kommt, soll auch in den Magen. Das ist ein großer Irrtum; das sollten christliche Frauen ablehnen. Der Phantasie sollte nicht gestattet werden, die Bedürfnisse des Körpers zu bestimmen. Wer sich vom Geschmack beherrschen lässt, wird die Strafe tragen, die auf Übertretung der Gesetze seines Lebens steht, und damit nicht genug. Die unschuldigen Nachkommen werden auch darunter leiden.

Die blutbildenden Organe können nicht scharfe Gewürze, süße Pasteten, in Essig Eingelegtes und Gerichte aus Fleisch kranker Tiere in gutes Blut umwandeln. Wenn soviel Nahrung gegessen wird, dass die Verdauungsorgane total überarbeitet sind, und versuchen, die Reizstoffe loszuwerden, schädigt die Mutter sich selbst und legt den Grund für Krankheiten ihrer Nachkommen. Wenn sie es vorzieht, zu essen, was ihr gefällt und was ihr in den Sinn kommt, ohne Rücksicht auf die Folgen, wird sie die Strafe tragen, aber nicht sie allein; auch ihr unschuldiges Kind muss dann deswegen leiden. *2T 381-383; 1870*

Auswirkungen von Überarbeitung und mangelhafter Ernährung

337 Vor der Geburt ihrer Kinder wird es der Mutter oft zugemutet, von früh bis spät schwer zu arbeiten. Dadurch wird ihr Blut erhitzt. ... Ihre Kraft sollte sorgsam bewahrt werden. ...

Ihre Lasten und Sorgen werden selten weniger; und die Schwangerschaft, die für sie besonders eine Zeit der Ruhe sein sollte, ist eine Zeit der Erschöpfung, der Traurigkeit und der Niedergeschlagenheit. Weil sie sich zu sehr anstrengen muss, erhält das werdende Kind nicht die Nahrung, die der Organismus dafür vorgesehen hat. Ist ihr eigenes Blut erhitzt, gibt sie das an das Kind weiter. Dem Kind fehlt die Lebenskraft, sowie die körperliche und geistige Stärke. *2HL 33.34; 1865*

338 Mir wurde das Verhalten von Brd. B. in seiner eigenen Familie gezeigt. Er ist streng und herrisch gewesen. Er nahm die Gesundheitsreform an, wie sie von Brd. C. vertreten wurde, und fand wie er die extremen Ansichten gut. Da er kein ausgeglichenes Gemüt hat, machte er schwere Fehler. Die Folgen sind nicht mehr rückgängig zu machen. Mit Hilfe von Einzelheiten, die er aus Büchern gesammelt hatte, fing er an, die Theorie umzusetzen, die Brd. B. gut fand. Und wie dieser bestand er darauf, alle auf diesen Stand zu bringen, den er aufgerichtet hatte. Er brachte seine eigene Familie dazu, seine harten Regeln

---

Es wurde keine tiefere Brustkrebsrate bei westlichen Vegetariern beobachtet, aber Durchschnittszahlen aus verschiedenen Kulturen belegen, dass die Brustkrebsraten in Bevölkerungen, welche eine pflanzliche Diät zu sich nehmen, niedriger sind. Am. Zeitschrift Klinischer Ernährung, 1990; 51:798-803

Eine direkte Beziehung zwischen dem Verzehr von rotem Fleisch und Krebs wird belegt durch mehrere großen Studien, die in den USA durchgeführt wurden. Speziell Frauen, die am meisten Fleisch konsumierten, hatten ein doppelt so hohes Risiko, an Brustkrebs zu erkranken wie jenen Frauen, die nur wenig Fleisch aßen. Epidemiologie, 5:4 (1994), 391

Ein hoher Anteil von Fleisch in der Ernährung im Vergleich zu pflanzlichem Protein fördert Knochenschwund und das Risiko für Frakturen bei Frauen nach der Menopause. Amerikanische Zeitschrift Klinischer Ernährung, Januar 2001; 73(1); 118-22

zu beachten, versäumte es aber, seine eigenen sinnlichen Neigungen zu beherrschen. Er schaffte es selbst nicht, das Ziel zu erreichen und seinen Körper zu beherrschen. Hätte er ein richtiges Verständnis der Gesundheitsreform gehabt, dann wäre ihm klar gewesen, dass seine Frau nicht in einem Zustand war, gesunde Kinder zur Welt zu bringen. Seine eigenen nicht bezwungenen Leidenschaften hatten geherrscht, ohne von der Ursache auf die Wirkung zu schließen. Vor der Geburt seines Kindes ging er mit seiner Frau nicht so um, wie das in diesem Zustand sein sollte. ...

Ihre Nahrung war weder von guter Qualität noch ausreichend, um zwei Leben anstatt eines zu ernähren. Ein neues Leben hing von ihr ab. Und ihr Organismus erhielt nicht die nötige nahrhafte, gesunde Nahrung, um ihre Kraft zu erhalten. Es fehlte an allem. Ihr Organismus brauchte Abwechselung, eine Auswahl an nahrhafteren Lebensmitteln. Ihre Kinder wurden mit schwachen Verdauungsorganen und schlechtem Blut geboren. Von der Nahrung, die die Mutter essen musste, konnte sie kein gutes Blut weitergeben, und darum brachte sie launenhafte Kinder zur Welt. *2T 378.379; 1870*

13 DIE ERNÄHRUNG IN DER KINDHEIT

Ein Rat, auf göttliche Unterweisung gegründet
<u>339</u> Väter und Mütter sollten folgende Fragen stellen: *„Was sollen wir mit dem Kind tun, das uns geboren wird?"* Wir haben dem Leser mitgeteilt, was Gott über das Verhalten der Mutter vor der Geburt ihrer Kinder gesagt hat. Aber das ist nicht alles.

Der Engel Gabriel wurde gesandt, um Hinweise zu geben, wie man mit den Kindern nach der Geburt umgehen soll, damit die Eltern ihre Aufgabe richtig wahrnehmen können.

Zur Zeit der ersten Ankunft Christi kam der Engel Gabriel mit einer Botschaft zu Zacharias, die der ähnlich war, die Manoah erhielt. Dem alten Priester wurde gesagt, dass seine Frau einen Sohn gebären würde, dessen Name Johannes sein sollte.

Der Engel sagte: *„Große Freude wird dich erfüllen und auch viele andere werden sich über seine Geburt freuen. ... Wein und andere berauschende Getränke wird er nicht trinken."* Lukas 1,14.15; EÜ

Dieses Kind der Verheißung sollte unter strengen mäßigen Gewohnheiten erzogen werden. Ihm war ein wichtiges Reformwerk anvertraut worden, den Weg für Christus vorzubereiten. Unter dem Volk war Unmäßigkeit in jeder Form zu finden.

Der Genuss von Wein und aufwändigem Essen verminderte die körperliche Kraft und verdarb die Moral so sehr, dass die abstoßendsten Verbrechen nicht sündig erschienen. Johannes tadelte aus der Wüste die sündigen Befriedigungen der Menschen, und seine eigenen spartanischen Gewohnheiten waren auch als Andeutung für die Ausschweifungen seiner Zeit gedacht.

Der eigentliche Anfang der Reform
Die Bemühungen unserer Mitarbeiter im Bereich der Mäßigkeit sind nicht weitreichend genug, um den Fluch der Unmäßigkeit aus unserem Land zu verbannen. Gewohnheiten, die immer wieder geübt wurden, sind schwer zu überwinden. Die Änderung sollte bei der Mutter vor der Geburt ihrer Kinder anfangen. Und wenn Gottes Anweisungen treu befolgt würden, gäbe es keine Unmäßigkeit.

Jede Mutter sollte ständig bemüht sein, ihre Gewohnheiten dem Willen Gottes zu unterstellen, so dass sie vereint mit ihm arbeiten kann, um ihre Kinder vor den Lastern der heutigen Zeit zu bewahren, die das Leben und die Gesundheit zerstören. Die Mütter selbst sollten sich ohne zu zögern mit ihrem Schöpfer verbinden, damit sie durch seine helfende Gnade um ihre Kinder eine Schutzwehr gegen Ausschweifung und Unmäßigkeit errichten können. Würden die Mütter das nur tun, dann könnten sie sehen, wie ihre Kinder ebenso wie der junge Daniel einen hohen Stand in moralischen und geistigen Kenntnissen erreichten. Sie wären dann ein Segen für die Gesellschaft und eine Ehre für ihren Schöpfer. *ST 13.9.1910*

Der Säugling
340 Die beste Nahrung für den Säugling ist die Muttermilch. Diese sollte ihm nicht ohne wichtigen Grund entzogen werden. Es ist herzlos von einer Mutter, weil sie bequem ist oder wegen dem Vergnügen von der süßen Pflicht befreien will, ihr Kindchen selbst zu stillen. Die Mutter, die es zulässt, dass ihr Kind von einer anderen gestillt wird, sollte wohl bedenken, welche Folgen das haben kann. Die Amme überträgt mehr oder weniger ihren eigenen Charakter oder ihr eigenes Temperament auf das von ihr gestillte Kind. *MH 383; 1905*

341 Um mit der Mode mithalten zu können, sind die Naturgesetze missachtet worden, anstatt diese Grundlagen zu studieren. Manchmal sind die Mütter von einer Amme abhängig, oder eine Saugflasche muss die mütterliche Brust ersetzen, und eine der köstlichsten und befriedigendsten Pflichten, die eine Mutter für ihr abhängiges Kind erfüllen kann, die ihr Leben mit seinem verbindet und die im Herzen der Frau die höchsten Gefühle weckt, ist der mörderischen Torheit der Mode zum Opfer gefallen.

Es gibt Mütter, die ihre Kinder einfach nicht stillen, weil es ihnen zu viel Umstände macht. Sie fühlen sich durch ihr Kind eingeengt, obwohl es die Frucht ihres eigenen Leibes ist. Der Tanzsaal und die aufputschenden Schauplätze des Vergnügens haben einen Einfluss ausgeübt, der die feinen Empfindungen der Seele betäubten. Sie sind für die modernen Mütter attraktiver als die mütterlichen Pflichten ihren Kindern gegenüber. Es mag sein, dass sie ihre Kinder einer Amme überlässt, um für sich selbst einiges erledigen zu können. Durch ihre falschen Gewohnheiten ist es für sie unangenehm, ihre Kinder zu stillen, weil das den Anforderungen eines modernen Lebensstils im Weg steht. Eine Fremde erfüllt die Pflichten der Mutter und gibt von ihrer Brust die Nahrung, um das Leben zu erhalten – aber das ist noch nicht alles. Sie überträgt auf das stillende Kind auch ihren Charakter und ihr Temperament. Das Leben des Kindes ist mit dem ihren verkettet. Wenn die Amme ein grober Frauentyp ist, leidenschaftlich und unvernünftig, wenn sie es mit der Moral nicht so genau nimmt, wird der Säugling höchstwahrscheinlich der gleiche oder ein ähnlicher Typ werden. Dieselbe Beschaffenheit des Blutes, das in den Adern der käuflichen Amme fließt, ist in der des Kindes.

Mütter, die so ihre Kinder aus den Armen geben und sich weigern, die mütterlichen Pflichten zu erfüllen, weil sie ihnen unerträglich sind, während sie ihr Leben der Mode weihen, sind des Namens „*Mutter*" unwürdig. Sie setzen die edlen Anlagen und die heiligen Attribute der Frau herab und wählen aus, Schmetterlinge modischen Vergnügens zu sein, die weniger Gefühl von Verantwortung für ihre Nachkommen haben als stumme Tiere.

Viele Mütter ersetzen die Brust durch die Flasche. Dies ist notwendig, weil sie für ihre Kinder nicht genügend Nahrung haben. Aber in neun von zehn Fällen haben ihre falschen Kleidungs- und Essgewohnheiten sie von Jugend auf unfähig gemacht, die Pflichten zu erfüllen, die die Natur für sie vorgesehen hat. ...

Es ist mir immer als kalt und herzlos erschienen, wenn Mütter, die ihre Kinder stillen könnten, sie von der mütterlichen Brust an die Flasche gewöhnen. In diesem Fall ist es absolut wichtig, Milch von einer gesunden Kuh zu bekommen, und dass die Flasche hygienisch sauber ist und die Milch ganz frisch. Dies wird oft übersehen, und als Folge muss der Säugling unnötig leiden. Magen- und Darmstörungen treten auf, und das sehr bedauernswerte Kind wird krank, auch wenn es gesund zur Welt kam. *HR Sept. 1871*

342 Wenn der Säugling von der Mutter gestillt wird, ist das eine kritische Zeit. Viele Mütter müssen zu viel arbeiten; ihr Blut ist ganz heiß, während sie ihre Kinder stillen. Der Säugling wird ernstlich geschädigt, nicht nur durch die erhitzte Nahrung von der Brust der Mutter, sondern sein Blut wird auch durch die ungesunde Ernährung der Mutter vergiftet, deren Organismus nicht in Ordnung ist. Auch der Gemütszustand der Mutter beeinflusst den Säugling. Wenn sie unglücklich ist, leicht erregt, reizbar und leidenschaftlichen Ausbrüchen freien Lauf lässt, wird die Nahrung, die der Säugling von seiner Mutter erhält, erhitzt sein. Das ruft oftmals Koliken oder Krämpfe hervor und verursacht manchmal Zuckungen und Anfälle.

Der Charakter des Kindes wird auch von der Beschaffenheit der Nahrung, die es von der Mutter erhält, mehr oder weniger beeinflusst. Wie wichtig ist es dann, dass die Mutter, während sie ihren Säugling stillt, einen glücklichen Gemütszustand bewahrt und ganz beherrscht ist. Dann ist die Nahrung des Kindes nicht beeinträchtigt; und wenn sie ruhig und beherrscht mit ihrem Kind umgeht, hat das sehr viel damit zu tun, den Charakter des Kindes zu formen. Ist es nervös und leicht aufgebracht, wird die behutsame, nicht übereilte Art der Mutter einen besänftigenden und bessernden Einfluss ausüben, und das Wohl des Kindes kann um vieles verbessert werden.

Säuglingen ist durch falsche Behandlung sehr geschadet worden. Wenn das Baby verdrießlich war, wurde es gefüttert, um es zu beruhigen. Der wirkliche Grund war aber meistens, dass es zu viel Nahrung erhalten hatte und ihm durch die falschen Gewohnheiten der Mutter geschadet wurde. Das Problem wurde durch mehr Nahrung nur schlimmer, denn der Magen war schon überladen. *2HL 39.40; 1865*

Die Regelmäßigkeit des Essens
343 Die erste Erziehung, die Kinder von ihrer Mutter erhalten sollten, solange sie noch klein sind, soll sich auf ihre körperliche Gesundheit beziehen. Sie sollte ihnen nur einfache Nahrung geben, die sie gesund erhalten. Außerdem sollten sie nur zu regelmäßigen Zeiten essen dürfen und nicht öfter als dreimal am Tag – wobei zwei Mahlzeiten besser wären als drei.

Werden die Kinder richtig erzogen, dann lernen sie bald, dass sie nichts durch Weinen oder Aufsässigkeit erreichen. Eine verständige Mutter wird in der Erziehung ihrer Kinder nicht im Hinblick auf ihre eigene momentane Bequemlichkeit handeln, sondern wird das zukünftige Wohl der Kinder im Auge haben. Zu diesem Zweck wird sie ihre Kinder richtig über die Beherrschung ihrer Esslust und über die Selbstverleugnung unterweisen, dass sie im Hinblick auf ihre Gesundheit essen, trinken und sich kleiden sollten. *2HL 47; 1865*

344 Ihr dürft euren Kindern nicht erlauben, Süßigkeiten, Obst, Nüsse oder irgend etwas anderes zwischen den Mahlzeiten zu essen. Zwei Mahlzeiten sind besser für sie als drei. Gehen die Eltern mit gutem Beispiel voran und handeln selbst nach Grundsätzen, werden die Kinder ihnen bald folgen. Unregelmäßigkeiten im Essen zerstören die gesunde Spannung der Verdauungsorgane, und wenn eure Kinder zu Tisch kommen, finden sie keinen Geschmack an gesunder Nahrung. Ihr Esstrieb verlangt heftig nach dem, was ihnen am meisten schadet. Oft haben eure Kinder unter Fieber und Schüttelfrost gelitten, was durch falsches Essen hervorgerufen wurde. So sind die Eltern für ihre Krankheit verantwortlich.

Es ist die Pflicht der Eltern, darauf zu achten, dass ihre Kinder Gewohnheiten bilden, die ihnen gesundheitlich weiterhelfen und sich dadurch viel Kummer ersparen. *4T 502; 1880*

345 Kindern wird zu oft zu essen gegeben, das verursacht Fieber und verschiedene Krankheiten. Der Magen sollte nicht ständig arbeiten müssen, sondern sollte Ruhezeiten haben. Ist das nicht so, werden die Kinder verdrießlich, reizbar und oft krank sein. *HR Sept. 1866*

Frühe Erziehung des Appetits

346 Es ist sehr wichtig, die Kinder zu richtigen Essgewohnheiten zu erziehen. Die Kleinen müssen lernen, dass sie essen, um zu leben, und nicht leben, um zu essen. Die Erziehung des Säuglings sollte in den Armen der Mutter beginnen. Das Kind sollte in regelmäßigen Abständen Nahrung erhalten, und wenn es älter wird, seltener. Es sollte keine Süßigkeiten oder die Speise Erwachsener bekommen, die es nicht verdauen kann. Sorgfalt und Regelmäßigkeit in der Ernährung der Säuglinge wird nicht nur die Gesundheit fördern und die Kinder ruhig und freundlich sein lassen, sondern auch den Grund zu Gewohnheiten legen, die in späteren Jahren ein Segen für sie sind.

Wenn die Kinder aus dem Säuglingsalter herausgewachsen sind, sollte man immer noch sehr sorgfältig darauf achten, ihren Geschmack und Appetit zu erziehen. Oft wird ihnen erlaubt, zu essen, wann sie wollen und was sie wollen, ohne Rücksicht auf die Gesundheit. Die Mühe und das Geld, das sehr oft für ungesunde Naschwerk verwendet wird, verleiten die Jugendlichen dazu zu denken, dass der höchste Zweck im Leben und die höchste Glückseligkeit sei, der Esslust nachzugeben. Solche Erziehung führt zu Esssucht und Schwelgerei. Darauf folgen Krankheiten, die man dann mit giftiger Arznei bekämpft.

Eltern sollten den Appetit ihrer Kinder lenken und ungesunde Speisen verbieten. Im Bemühen, die Kost zu planen, sollten sie aber vorsichtig sein und nicht irrtümlich von den Kindern verlangen, etwas zu essen, das nicht schmeckt, oder sie bedrängen, mehr als nötig zu essen. Kinder haben Rechte, sie haben auch Lieblingsgerichte, und wenn diese Lieblingsgerichte nicht schaden, sollte ihr Wunsch erfüllt werden. ...

Mütter, die den Gelüsten der Kinder auf Kosten der Gesundheit und der fröhlichen Stimmung nachgeben, säen einen bösen Samen, der aufgehen und Früchte tragen wird. Die Selbstbefriedigung wird in den Kindern gestärkt, und die geistigen und körperlichen Kräfte werden gefährdet. Mütter, die das nicht beachten, ernten mit Schmerzen das, was sie gesät haben. Sie sehen ihre Kinder aufwachsen, an Geist und Körper unfähig, in der Gesellschaft oder zuhause einen edlen, nützlichen Platz auszufüllen. Die geistlichen wie die geistigen und körperlichen Kräfte leiden unter der Wirkung ungesunder Nahrung. Das Gewissen wird dadurch abgestumpft und sie sind weniger empfänglich für gute Eindrücke. Die Kinder sollten belehrt werden, die Esslust zu beherrschen und nur das zu essen, was gesund ist. Ihnen sollte klargemacht werden, dass sie nur auf das verzichten müssen, was ihnen schadet. Sie geben schädliche Dinge für etwas Besseres auf. Der Tisch sollte einladend mit guten Speisen gedeckt sein, die Gott so reichlich gegeben hat. Die Essenszeit sollte auch eine fröhliche Zeit sein. Wenn wir uns an den Gaben Gottes erfreuen, lasst uns das durch dankbares Lob dem Geber zeigen. *MH 383-385; 1905*

347 Um ihre Kinder nicht geduldig zu Gewohnheiten der Selbstverleugnung erziehen zu müssen und sie zu lehren, wie man Gottes Segnungen richtig verwendet, gestatten sie ihnen, zu essen und zu trinken, wann immer sie wollen.

Esslust und selbstsüchtige Befriedigung werden mit dem Alter der Kinder größer und stärker, wenn sie nicht entschieden unterdrückt werden. Leben diese Kinder dann ihr eigenes Leben und füllen sie ihren Platz in der Gesellschaft aus, dann sind sie machtlos, den Versuchungen zu widerstehen. Überall wimmelt es von moralischer Verdorbenheit und ungeheurer Schlechtigkeit. Die Versuchung, der Esslust nachzugeben und die Neigung zur Befriedigung hat mit den Jahren nicht abgenommen. Die Jugendlichen werden meist von Impulsen regiert und sind Sklaven des Appetits. In dem Schlemmer, im Sklaven des Tabaks, im Weintrinker und Alkoholiker sehen wir das Böse, das aus falscher Erziehung entsteht. *3T 564; 1875*

Nachgiebigkeit und Verderbtheit

348 Kinder mit falschen Essgewohnheiten, sind oft schwach, blass und zurückgeblieben. Sie sind nervös, leicht zu erregen und reizbar. Alles Edle wird der Esslust geopfert und die niederen Leidenschaften herrschen. Das Leben vieler Kinder von fünf bis zehn und fünfzehn Jahren scheint von charakterlicher Verdorbenheit gekennzeichnet zu sein. Sie kennen nahezu jedes Laster. Größtenteils sind die Eltern daran schuld. Ihnen werden die Sünden ihrer Kinder angerechnet werden, zu denen ihr falsches Verhalten sie indirekt veranlasst hat.

Sie führen ihre Kinder in Versuchung, der Esslust nachzugeben, indem sie Fleischspeisen und andere mit scharfen Gewürzen zubereitete Nahrung auf den Tisch bringen, die leicht dazu führen, die niederen Leidenschaften zu erregen. Durch ihr Vorbild lehren sie ihre Kinder Unmäßigkeit im Essen. Es wurde ihnen erlaubt, zu fast jeder Stunde des Tages zu essen. Dadurch sind die Verdauungsorgane ständig belastet. Die Mütter haben nur wenig Zeit gehabt, ihre Kinder zu unterweisen. Ihre wertvolle Zeit haben sie in der Zubereitung verschiedener Arten von ungesunder Nahrung eingesetzt.

Viele Eltern haben es zugelassen, dass ihre Kinder ruiniert wurden, während sie versuchten, ihr Leben dem Geschmack der Zeit anzupassen. Wird Besuch eingeladen, möchten sie ihn dasselbe bieten, wie es die anderen auch tun. Viel Zeit und Geld wird dafür eingesetzt. Um einen guten Eindruck zu machen, wird kalorienreiche Nahrung zur Befriedigung der Esslust vorbereitet, und sogar bekennende Christen protzen so sehr damit, dass sie Menschen um sich scharen, die hauptsächlich kommen, um die ihnen vorgesetzten Leckerbissen zu genießen. Christen sollten sich auf diesem Gebiet umstellen. Während sie ihre Gäste zuvorkommend bewirten, sollten sie aber nicht Sklaven der Tradition und der Esslust sein. MH 383-385; 1905

Lernt Einfachheit

349 Das Essen sollte so einfach sein, dass die Mutter nicht ihre ganze Zeit für die Zubereitung verbringen muss. Es ist richtig, sorgfältig zu sein, den Tisch mit gesunder Nahrung zu decken, die auf eine bekömmliche und einfache Art zubereitet ist. Denkt aber nicht, dass irgend etwas, was ihr achtlos zusammenmixt, um als Essen zu servieren, für die Kinder gut genug ist. Ungesunde Gerichte sollten nicht auf den Tisch gestellt werden, um einen verdorbenen Geschmack zu befriedigen. Stattdessen sollte mehr Zeit für die Erziehung und Ausbildung der Kinder eingesetzt werden. Verwendet die Kraft, die für unnötiges

Planen von dem, was ihr esst und trinkt und womit ihr euch kleidet, um euch und die Kleider sauber zu halten. CTBH 141; 1890

350 Scharf gewürztes Fleisch und kalorienreiches Gebäck, schadet den lebenswichtigen Verdauungsorganen der Kinder. Wären sie an einfache, gesunde Nahrung gewöhnt, würde ihr Appetit nicht nach unnatürlichen Genussmitteln und schädlichen Zubereitungen verlangen. ... Fleisch, ist nicht die beste Nahrung für Kinder. ... Eure Kinder zu lehren, sich von Fleisch zu nähren, kann ihnen nur schaden. Es ist viel leichter, einen natürlichen Appetit zu bilden, als den Geschmack, nachdem er zur zweiten Natur geworden ist, zu korrigieren und zu reformieren. Letter 72; 1896

Wenn Unmäßigkeit gefördert wird

351 Viele Mütter, die bedauern, wieviel Unmäßigkeit überall besteht, schauen nicht tief genug, um die Ursache zu erkennen. Sie sorgten jeden Tag für eine überreiche Auswahl an Gerichten und scharf gewürzten Speisen, die den Appetit verführten und zum Überessen ermutigten. Die Tische unseres amerikanischen Volkes sind allgemein auf eine Art gedeckt, die Menschen zu Alkoholikern erziehen. Viele lassen sich von der Esslust beherrschen. Wer den Appetit befriedigt, indem er zu oft isst und Nahrung nimmt, die nicht gesund ist, schwächt seine Kräfte, der Esslust und Leidenschaft zu widerstehen. Er stärkt gleichzeitig die Neigung zu falschen Essgewohnheiten. Die Mütter sollten von der Verpflichtung Gott und der Welt gegenüber erfüllt sein, der Gesellschaft Kinder mit gut entwickelten Charakteren zu übergeben. Nur Männer und Frauen, die nach festen Grundsätzen handeln, werden fähig sein, inmitten der moralischen Verdorbenheit dieser Zeit unbefleckt dazustehen. ... Die Tische vieler angeblich christlicher Frauen sind täglich mit einer Anzahl von Gerichten gedeckt, die den Magen reizen und einen fiebrigen Zustand im Organismus verursachen. In einigen Familien stellen Fleischgerichte die Hauptnahrung dar, bis ihr Blut mit Krebs und Krankheitskeimen angefüllt ist.

Ihr Körper setzt sich aus dem zusammen, was sie essen, aber wenn Leiden und Krankheit über sie kommen, wird es als Strafe von Gott angesehen. Wir wiederholen: Unmäßigkeit beginnt an unseren Tischen. Der Esslust wird solange nachgegeben, bis sie zur zweiten Natur geworden ist. Durch die Verwendung von Tee und Kaffee wird ein Verlangen nach Tabak hervorgerufen, und dieser bewirkt ein Verlangen nach alkoholischen Getränken. 3T 563; 1875

352 Die Eltern sollten in ihrer eigenen Küche den Kampf gegen die Unmäßigkeit aufnehmen, und ihre Kinder die Grundsätze von frühester Jugend an lehren. Dann können sie auf Erfolg hoffen. *MH 334; 1905*

353 Für Eltern sollte es das Wichtigste sein, zu lernen, wie man mit den Kindern umgeht und sie anleitet, einen gesunden Geist in einem gesunden Körper zu haben. Die Grundsätze der Mäßigkeit sollten überall im häuslichen Leben gelten. Lehrt eure Kinder Selbstverleugnung. Schärft sie ihnen bereits im Babyalter ein. *CH 113; 1890*

354 Viele Eltern beeinflussen die Neigungen ihrer Kinder und formen deren Verlangen. Sie erlauben ihnen, Fleischspeisen zu essen und Tee oder Kaffee zu trinken. Das zu genießen, dazu ermuntern manche Mütter ihre Kinder. Das führt dazu, noch stärkere Reizmittel zu verlangen, wie zum Beispiel Tabak. Die Verwendung von Tabak wiederum regt das Verlangen nach alkoholischen Getränken an, und der Genuss beider Reizmittel verringert stetig die Nervenkraft.

Wenn das sittliche Feingefühl der Gläubigen sie in allem zur Mäßigkeit anhielte, dann könnten sie durch ihr Beispiel bei Tisch den Menschen helfen, die sich nicht beherrschen können und fast zu schwach sind, ihrer heftigen Esslust zu widerstehen. Denken wir daran, dass die Gewohnheiten, die wir in diesem Leben praktizieren, unsere ewigen Belange beeinflussen. Ja dass unser ewiges Schicksal von einem streng durchgeführten, maßvollen Lebenswandel abhängt. Dann würden wir darauf achten, im Essen und Trinken absolut mäßig zu sein.

Durch unser Beispiel und durch persönlichen Einsatz können wir viele Menschen vor der Verderbnis der Unmäßigkeit bewahren, und dadurch vor Verbrechen und schließlich dem Tod. Unsere Schwestern können wesentlich an dem großen Heilswerk für andere Menschen teilhaben, indem sie nur gesunde, nahrhafte Kost auf den Tisch bringen. Sie sollten ihre kostbare Zeit dazu benutzen, den Geschmack und den Appetit ihrer Kinder zu formen. Ihre Aufgabe ist es, sie an Mäßigkeit in allen Dingen zu gewöhnen und Selbstverleugnung und Gutes tun zum Besten anderer zu fördern.

Ungeachtet des Beispiels, das Christus in der Wüste bei der Versuchung gab, indem er der Esslust entsagte und ihre Macht überwand, bereiten viele christliche Mütter durch ihr Beispiel und die Erziehung, die sie ihren Kindern geben, den Weg, dass ihre Kinder Fresser und Weinsäufer werden. Oft erlauben Eltern ihren Kindern, zu essen, was und wann sie wollen, ohne dabei zu überlegen, ob das gesund ist. Es gibt viele Kinder, die von klein auf zu regelrechten Schlemmern erzogen werden. Durch die Befriedigung der Esslust bekommen sie schon in frühem Alter Verdauungsstörungen. Mit dem Wachstum und mit zunehmender Kraft des Kindes wachsen und erstarken auch Genusssucht und Unmäßigkeit im Essen. Geistige und körperliche Frische werden durch die Nachsicht der Eltern aufs Spiel gesetzt. Eine Vorliebe für gewisse Speisen entsteht, das ihnen nichts nützt, sondern nur schadet. Im gleichen Verhältnis, wie der Organismus belastet wird, wird die körperliche Verfassung geschwächt. 3T 488.489; 1875;

➤ Siehe auch: 203

Initiative gegen Reizmittel

355 Lehrt eure Kinder, Reizmittel zu verabscheuen. Wie viele fördern in ihnen unwissentlich ein Verlangen auf diese Dinge! In Europa habe ich Kindermädchen gesehen, die das Glas Wein oder Bier an die Lippen der unschuldigen kleinen Wesen setzen und so in ihnen einen Geschmack für alkoholische Getränke entwickeln. Wenn sie älter werden, lernen sie mehr und mehr, von diesen Dingen abhängig zu sein, bis sie schrittweise überwunden werden, außerhalb der Reichweite von Hilfe getrieben werden und zum Schluss als Alkoholiker sterben.

Nicht der Appetit ist verdorben und wurde zum Fallstrick gemacht. Die Nahrung ist oft so beschaffen, dass sie einen Wunsch nach anregenden Getränken hervorruft. Den Kindern werden aufwändige Gerichte vorgesetzt – stark gewürzte Speisen, reichhaltige Soßen, Kuchen und Pasteten. Diese scharf gewürzten Speisen reizen den Magen und verursachen ein Verlangen nach noch stärkeren Reizmitteln. Nicht nur, dass der Appetit mit ungeeignetem Essen angeregt wird, von dem die Kinder zu ihren Mahlzeiten unbegrenzt essen dürfen, sondern ihnen wird auch erlaubt, zwischen den Mahlzeiten zu essen. Im Alter von zwölf oder fünfzehn Jahren sind sie dann bereits oft unheilbar magenkrank.

So wie der Magen eines Alkoholikers verfallen ist, ähnlich wirkt das auch durch scharfe Gewürze. Befindet sich der Magen in solch einem Zustand, verlangt er nach etwas, das noch mehr reizt, um die Esslust zu befriedigen, nach etwas Stärkerem und immer Stärkerem. Danach stellt ihr vielleicht fest, dass eure Kinder vielleicht sogar mit dem Rauchen anfangen. CTBH 17; 1890

Nahrungsmittel, die für Kinder besonders schädlich sind

356 Es ist für alle, die der Esslust nachgeben, unmöglich, christliche

Vollkommenheit zu erreichen. Es ist nicht leicht, das moralische Empfindungsvermögen eurer Kinder aufzurütteln, wenn ihr nicht in der Auswahl ihrer Nahrung sorgfältig seid. Manch eine Mutter deckt ihren Tisch so, dass er eine Gefahr für ihre Familie ist. Alt und jung genießen frei Fleischgerichte, Butter, Käse, reichhaltige Pasteten, und scharf gewürzte Speisen. Diese Dinge bewirken, den Magen und den Verstand zu schwächen sowie die Nerven aufzupeitschen. Die blutbildenden Organe können so etwas nicht in gesundes Blut umwandeln.

Das Fett, das im Essen mitgekocht wird, macht alles schwer verdaulich. Die Wirkung von Käse ist problematisch. Brot aus Feinmehl ernährt den Organismus nicht so gut, wie Brot aus geschrotetem Weizen. Täglich gegessen, wird es den Organismus nicht gut versorgen.

Gewürze reizen zuerst die zarte Magenschleimhaut, schließlich zerstören sie die natürliche Feinfühligkeit dieser empfindlichen Membrane. Das Blut wird erhitzt, sinnliche Leidenschaften geweckt, während Moral- und Verstandeskräfte geschwächt sind und Diener niederer Leidenschaften werden. Die Mutter sollte sich bemühen, ihrer Familie eine einfache, jedoch nahrhafte Kost vorzusetzen. *CH 114; 1890*

Bösen Neigungen entgegenwirken

357 Werden die Mütter von heute die Heiligkeit ihrer Aufgabe erkennen und nicht versuchen, in Äußerlichkeiten mit ihren wohlhabenden Nachbarn zu wetteifern, sondern danach trachten, sie darin zu übertreffen, indem sie das Werk der Unterweisung ihrer Kinder zum besseren Leben treu erfüllen? Wenn Kinder und Jugendliche zu Gewohnheiten der Selbstverleugnung und Selbstbeherrschung ausgebildet und erzogen wären, wenn sie darüber belehrt wären, dass sie essen, um zu leben, und nicht leben, um zu essen, gäbe es weniger Krankheit und weniger moralische Verdorbenheit. Es bestünde weniger Notwendigkeit für Aufrufe zur Mäßigkeit, das so wenig bewirkt, wenn der Jugend, die die Gesellschaft formt und gestaltet, richtige Grundsätze über Mäßigkeit eingeprägt werden könnten. Sie würden dann moralischen Wert und moralische Redlichkeit besitzen, der Verunreinigung dieser letzten Tage in der Kraft Christi zu widerstehen. ...

Eltern mögen ihren Kindern die Neigungen zu Esslust und Leidenschaft vermittelt haben. Das erschwert das Werk der Erziehung und die Aufgabe, wie die Kinder zu strenger Mäßigkeit angehalten werden und zu reinen, tugendhaften Gewohnheiten kommen können, noch mehr. Wenn ihnen die Sucht nach ungesunder Nahrung, nach Alkohol und Rauschgift als Vermächtnis von ihren Eltern übermittelt worden ist – welch eine furchtbare, feierliche Verantwortung ruht dann auf den Eltern, den bösen Neigungen entgegenzuwirken, die sie ihren Kindern vererbt haben! Wie ernst und eifrig sollten die Eltern in Glauben und Hoffnung anfangen, ihre Pflicht gegenüber ihrem unglücklichen Nachwuchs zu erfüllen!

Eltern, macht es zu eurer ersten Pflicht, die Gesetze von Leben und Gesundheit zu verstehen. Tut in der Nahrungszubereitung oder durch irgendeine andere Gewohnheit nichts, was in euren Kindern falsche Neigungen entwickeln könnte. Wie sorgfältig sollten Mütter studieren, um für ihre Tische die einfachste und gesündeste Nahrung vorzubereiten, durch welche die Verdauungsorgane nicht geschwächt und die Nervenkräfte nicht aus dem Gleichgewicht gebracht werden.

Lasst sie darauf achten, dass die Unterweisung, die sie ihren Kindern geben sollen, nicht durch das Essen, das sie ihnen vorsetzen, infrage gestellt wird. Die Nahrung wird die Verdauungsorgane entweder schwächen oder stärken und hat viel mit der Beherrschung der körperlichen und moralischen Gesundheit der Kinder zu tun, die ja Gottes bluterkauftes Eigentum sind. Welch ein heiliges Pfand ist den Eltern anvertraut, die körperliche und moralische Verfassung ihrer Kinder zu schützen, so dass das Nervensystem ausgeglichen sein kann und die Seele nicht gefährdet wird! Eltern, die die Esslust und die Leidenschaften ihrer Kinder nicht zügeln, werden den schrecklichen Fehler, den sie gemacht haben, in Tabak liebenden, Alkohol trinkenden Sklaven sehen, deren Sinne betäubt sind und deren Lippen Falschheit und Gemeinheit äußern. *3T 567.568; 1875*

Die grausame Nachgiebigkeit

358 Mir wurde gezeigt, dass eine Hauptursache für die heutige traurige Situation die ist, dass die Eltern sich nicht verpflichtet fühlen, ihre Kinder dazu zu erziehen, dass sie entsprechend den Naturgesetzen leben. Die Mütter lieben ihre Kinder mit einer vergötternden Liebe und sind ihrer Esslust gegenüber sehr nachsichtig, obwohl sie wissen, dass das ihre Gesundheit schädigt und Krankheit und Elend über sie bringt. Diese grausame Nachsicht ist weit verbreitet in der jetzigen Generation. Die Wünsche der Kinder werden auf Kosten der Gesundheit und einer frohen Einstellung befriedigt, weil es der Mutter im Augenblick leichter fällt, die Wünsche zu befriedigen, als den Kindern das zu versagen, wonach sie laut und heftig verlangen. Auf diese Weise säen Mütter einen Samen, der aufgehen und Frucht tragen wird. Die Kinder werden nicht dazu erzogen, ihre Triebe zu verleugnen und ihre Wünsche einzuschränken. Sie werden selbstsüchtig, anspruchsvoll, ungehorsam, undankbar und unheilig. Die Mütter, die solch ein Werk vollbringen, werden mit Bitterkeit die Frucht der Saat ernten, die sie gesät haben. Sie haben vor dem Himmel und vor ihren Kindern gesündigt und Gott wird sie zur Rechenschaft ziehen. *3T 141; 1873*

359 Wenn Eltern und Kinder bei der Schlussabrechnung zusammentreffen, welche Szene wird sich dann abspielen! Tausende Kinder, die Sklaven der Esslust und erniedrigender Laster gewesen sind, deren Leben moralische Wracks sind, werden ihren Eltern gegenüberstehen, die sie zu dem gemacht haben, was sie sind. Wer außer den Eltern muss diese furchtbare Verantwortung tragen? Hat der Herr diese Jugend verdorben erschaffen? – O nein! Wer hat dann dieses fürchterliche Werk vollbracht? Waren nicht die Sünden der Eltern – wie zügellose Esslust und Leidenschaften – den Kindern weitergegeben worden? Und wurde das Werk nicht von denen vervollständigt, die es vernachlässigt haben, sie nach dem Vorbild, das Gott gegeben hat, zu erziehen? Ebenso sicher, wie sie existieren, werden all diese Eltern vor Gottes Augen erscheinen müssen. *CTBH 76.77; 1890*

Beobachtungen auf Reisen
360 Auf meiner Bahnreise hörte ich Eltern sagen, dass ihre Kinder unterwegs keinen Appetit hätten, und wenn sie nicht Fleisch und Kuchen bekämen, könnten sie nichts essen. Als das Mittagessen eingenommen wurde, beobachtete ich, was man diesen Kindern gab. Es war Weißbrot, Schinkenscheiben, mit schwarzem Pfeffer bestreut, Essiggurken, Kuchen und Eingemachtes. Die bleiche, blasse Hautfarbe dieser Kinder wies deutlich auf den missbrauchten Magen hin.

Zwei dieser Kinder beobachteten andere Kinder, die ein Käsebrot aßen. Da wollten sie ihr Essen nicht mehr essen, bis ihre nachgiebige Mutter ein Stück Käse für ihre Kinder erbat, weil sie fürchtete, dass die lieben Kleinen nicht mehr weiteressen würden. Die Mutter bemerkte: *„Meine Kinder mögen dies oder das so sehr, und ich gebe ihnen, was sie sich wünschen, denn der Appetit verlangt nach den Nahrungsmitteln, die der Organismus benötigt."* Dies kann richtig sein, wenn der Appetit nicht entartet ist. Es gibt einen natürlichen und einen entarteten Appetit. Eltern, die ihren Kindern beigebracht haben, ungesunde, aufputschende Sachen zu essen, ihr ganzes Leben lang, bis ihr Geschmack verdorben ist, und sie nach Tonerde, Schiefergriffeln, gebranntem Kaffee, Teesatz, Zimt, Gewürznelken und Gewürzen verlangen, können nicht behaupten, dass der Appetit das fordert, was der Organismus benötigt. Der Appetit ist falsch erzogen worden, bis er entartete. Die empfindliche Magenschleimhaut wurde solange gereizt, bis sie ihre Feinfühligkeit verlor. Einfache, gesunde Nahrung wird als geschmacklos empfunden. Der missbrauchte Magen wird die notwendige Verdauung nicht leisten, wenn er nicht durch stimulierende Substanzen dazu angetrieben wird. Wenn diese Kinder schon frühzeitig dazu angehalten worden wären, nur gesunde Nahrung zu sich zu nehmen, auf einfachste Art zubereitet, um ihre natürlichen Bestandteile so weit wie möglich zu erhalten, und dagegen Fleischnahrung, Fett und alle Gewürze zu vermeiden, würden Geschmack und Appetit nicht beeinträchtigt sein. In ihrem natürlichen Zustand können sie weitgehend anzeigen, welche Nahrung am besten für den Organismus ist.

Während Eltern und Kinder ihre Leckereien aßen, nahmen mein Mann und ich zu unserer gewohnten Zeit um dreizehn Uhr unsere einfache Mahlzeit ein, Vollkornbrot ohne Butter und reichlich Früchte. Wir aßen unser Mahl mit Appetit und dankbaren Herzen. Wir waren froh, dass wir nicht gezwungen waren, einen *„volkstümlichen Kolonialwarenladen"* mit uns zu führen, um für unberechenbaren Appetit vorzusorgen. Wir aßen kräftig und verspürten kein Hungergefühl bis zum nächsten Morgen. Der Junge, der Orangen, Nüsse, Popcorn und Süßigkeiten verkaufte, fand in uns schlechte Abnehmer. Die Art der Nahrung, die von Eltern und Kindern gegessen wurde, konnte nicht in gutes Blut oder eine liebenswürdige Stimmung umgewandelt werden.

Die Kinder sahen bleich aus. Einige hatten eklige Geschwüre an Gesichtern und Händen. Andere waren nahezu blind wegen entzündeter Augen, die die Schönheit des Gesichtes sehr störten, und wieder andere hatten zwar eine gesunde Haut, wurden aber von Husten und

---

Nachdem die modernen jungen Japaner unsere Ernährungsweise angenommen haben und eine große Menge an fettigen Nahrungsmitteln sowie mehr tierische Produkte zu sich nehmen, ist das Alter des Einsetzens der Menstruation bei den Mädchen in den letzten 50 Jahren stetig von 16 auf 12,5 Jahre abgefallen. Präventivmedizin, 1978; 7:205-17

Fette in der Ernährung während der Kindheit scheinen lebensbedrohender zu sein als dies ursprünglich angenommen wurde ... Übergewichtige Kinder sind normalerweise Opfer der Ernährungsgewohnheiten der erwachsenen Mitglieder der Familie ... Eine Reduktion der Fette in der Ernährung, welche notwendig ist, um das Cholesterin unter Kontrolle zu halten, ist nicht möglich, wenn ein Kind Vollmilch trinkt oder Käse isst. Charles Attwood, M.D., Dr. Attwood's Fettarme Rezepte für Kinder

Schleimhautentzündungen gequält oder hatten Schwierigkeiten mit Hals und Lunge. Ich bemerkte einen Jungen. Er war drei Jahre alt und litt an Durchfall. Er hatte hohes Fieber, schien jedoch zu denken, dass alles was er benötigte, Essen sei. Er verlangte alle paar Minuten nach Kuchen, Hähnchen und Essiggurken. Die Mutter beantwortete jeden seiner Rufe wie ein gehorsamer Sklave. Und wenn das verlangte Essen nicht so schnell kam, wie er es wünschte, wenn das Schreien und Verlangen unangenehm drängend wurden, antwortete die Mutter: *„Ja, ja, Liebling, du sollst es haben."* Nachdem er das Geforderte bekommen hatte, warf er es jähzornig auf den Boden des Waggons, weil er es nicht schnell genug bekam. Ein kleines Mädchen aß von gekochtem Schinken, scharfen Essiggurken, Brot und Butter, als es den Teller entdeckte, von dem ich aß. Hier war etwas, das es nicht hatte, und es wollte nicht weiter essen. Das Mädchen von sechs Jahren sagte, dass es einen Teller haben wolle. Ich dachte, es wünsche den leckeren roten Apfel, den ich gerade aß; und obwohl wir nicht viel hatten, taten mir die Eltern so leid, dass ich ihm einen schönen Apfel gab. Sie entriss ihn meiner Hand und warf ihn sofort verächtlich auf den Boden des Waggons. Ich dachte: *„Wenn diesem Kind so erlaubt wird, seinen Willen zu haben, wird es seiner Mutter gewiss Schande bereiten."*

Dieser leidenschaftliche Ausbruch war das Ergebnis von der Nachsichtigkeit der Mutter. Die Qualität der Nahrung, die sie für ihr Kind beschaffte, war eine ständige Last für die Verdauungsorgane. Das Blut war unrein und das Kind krank und reizbar. Die Nahrung, die diesem Kind täglich gegeben wurde, regte die niederen Leidenschaften an und unterdrückte die moralischen und geistigen Kräfte. Die Eltern bildeten die Gewohnheiten ihres Kindes. Sie machten es selbstsüchtig und nicht liebenswert. Sie hielten seine Wünsche nicht in Schranken noch überwachten sie seine Leidenschaften. Was können sie von einem solchen Kind erwarten, wenn es älter wird? Viele scheinen die Beziehung nicht zu verstehen, die der Geist zum Körper hat. Wird der Organismus durch ungeeignete Nahrung gestört, sind Gehirn und Nerven angegriffen, und die Leidenschaften werden leicht emotional.

Ein Mädchen, etwa 10 Jahre alt, wurde von Schüttelfrost und Fieber geplagt und wollte nicht essen. Die Mutter drängte: *„Iss ein wenig von diesem Kuchen. Hier ist ein feines Hähnchen. Willst du nicht etwas von diesem Eingemachten probieren?"* Das Kind aß schließlich eine Portion, die ein Gesunder kaum schafft. Das Essen, das ihm aufgedrängt wurde, war für einen gesunden Magen ungeeignet und sollte von einem Kranken auf keinen Fall gegessen werden. Nach etwa zwei Stunden wusch die Mutter den Kopf des Kindes und sagte, sie könne nicht verstehen, warum es so hohes Fieber habe. Sie hatte Öl ins Feuer gegossen und wunderte sich, dass das Feuer brannte. Wäre es bei diesem Kind der Natur überlassen worden, ihren Lauf zu nehmen und hätte der Magen die notwendige Ruhe bekommen, dann wären seine Leiden viel geringer gewesen. Diese Mütter waren nicht vorbereitet, Kinder großzuziehen. Die größte Ursache menschlichen Leidens ist die Unkenntnis darüber, wie wir unseren Körper behandeln sollen. Die Frage vieler ist: *„Was soll ich essen, und wie soll ich leben, um die gegenwärtige Zeit am besten zu genießen?"* Pflicht und Grundsatz werden für die momentane Befriedigung beiseite gelegt. Wenn wir gesund sein wollen, müssen wir entsprechend leben. Wenn wir einen christlichen Charakter entwickeln wollen, müssen wir unser Leben danach einrichten.

Eltern sind meist für die körperliche Gesundheit und die Moral ihrer Kinder verantwortlich. Sie sollten ihre Kinder unterweisen und sie anhalten, nach den Gesetzen der Gesundheit zu ihrem eigenen Besten zu leben, damit ihnen Unglück und Leid erspart bleiben. Wie seltsam, dass Mütter ihre Kinder zum Ruin ihrer eigenen körperlichen, geistigen und moralischen Gesundheit verwöhnen wollen! Was ist das für eine Liebe? Diese Mütter führen ihre Kinder dazu, in diesem Leben kein Glück zu empfinden und machen die Aussicht auf das zukünftige Leben sehr unsicher. *HR Dezember 1870*

Ursache von Reizbarkeit und Nervosität
361 Die Kinder sollten zur Regelmäßigkeit erzogen werden. Die Mütter machen einen großen Fehler, wenn sie ihnen erlauben, zwischen den Mahlzeiten zu essen. Der Magen gerät dadurch in Unordnung, und die Grundlage für zukünftige Krankheiten wird gelegt. Ihre Reizbarkeit kann durch ungesunde, noch unverdaute Nahrung hervorgerufen worden sein, aber die Mutter denkt, keine Zeit dafür zu haben, der Ursache auf den Grund zu gehen, und ihre schädliche Handlungsweise zu ändern. Auch ist es ihr zu viel, ihr ungeduldiges Quengeln zu beruhigen. Sie gibt den kleinen Leidenden ein Stück Kuchen oder einen anderen Leckerbissen, um sie zu beruhigen, doch das vergrößert nur das Problem. Einige Mütter wollen unbedingt viel Arbeit bewältigen, und sind dadurch so hektisch und nervös, dass sie gereizter sind als die Kinder. Mit Schimpfen und sogar mit Schlägen versuchen sie, die Kleinen zum Stillesein zu bringen.

Die Mütter klagen oft über die schwache Gesundheit ihrer Kinder und gehen zum Arzt. Würden sie nur ein wenig nachdenken, könnten sie erkennen, dass die Schwierigkeiten durch Fehler in der Ernährung verursacht werden.

Wir leben in einer Zeit der Schlemmerei. Und die Gewohnheiten, zu denen die Jugend erzogen wird, sogar von vielen Siebenten-Tags-Adventisten, stehen in direktem Gegensatz zu den Naturgesetzen. Ich saß einmal mit mehreren Kindern unter zwölf Jahren am Tisch. Es wurde reichlich Fleisch serviert, und dann verlangte ein kränkliches, nervöses Mädchen nach scharf Eingemachtem. Ihr wurde eine Flasche davon gereicht, feurig vom Senf und scharf von Gewürzen, von der sie sich dann bediente. Das Kind war bekannt für seine Nervosität und sein reizbares Gemüt. Durch diese scharfen Speisen wird ein solcher Zustand hervorgerufen. Das älteste der Kinder meinte, es könnte nicht ohne Fleisch auskommen und war sehr unzufrieden und gereizt, wenn es kein Fleisch bekam. Die Mutter hatte den Vorlieben und Abneigungen nachgegeben, bis sie nur noch ein Sklave seiner Launen war. Der Junge hatte nichts zu tun. Er verbrachte die meiste Zeit damit, nutzlosen Lesestoff oder noch Schlimmeres zu lesen. Er klagte ständig über Kopfschmerzen und mochte keine einfache Nahrung.

Eltern sollten ihre Kinder beschäftigen. Untätigkeit ist eine sichere Quelle für das Böse. Körperliche Arbeit, durch die auch eine gesunde Ermüdung der Muskeln folgt, wird Appetit auf einfache, gesunde Kost bewirken. Jugendliche, die richtig beschäftigt sind, werden nicht murrend vom Tisch aufstehen, weil keine Platte mit Fleisch und verschiedenen Leckereien darauf steht, die die Esslust reizen könnten.

Jesus, der Sohn Gottes, gab allen Jugendlichen ein Beispiel. Er arbeitete mit seinen Händen als Schreiner. Alle, die es verächtlich ablehnen, die täglichen Pflichten des Lebens auf sich zu nehmen, sollten daran denken, dass Jesus seinen Eltern gehorsam war und für den Unterhalt der Familie mit sorgte. Auf Josephs und Marias Tisch waren kaum üppige Gerichte zu finden, denn sie gehörten zu den armen und einfachen Leuten. *CTBH 61.62; FE 150.151; 1890*

Das Verhältnis von Ernährung zu moralischem Verhalten

362 Die Macht Satans über die heutige Jugend ist schrecklich. Wenn der Geist unserer Kinder nicht durch religiöse Grundsätze gut ausgeglichen ist, wird die Moral durch die lasterhaften Beispiele, mit denen sie in Kontakt kommen, verdorben werden. Die größte Gefahr der Jugend liegt im Mangel an Selbstbeherrschung. Die nachsichtigen Eltern lehren ihre Kinder keine Selbstverleugnung. Die Nahrung, die sie ihnen anbieten, reizt nur den Magen. Die Erregung, die so hervorgerufen wird, wird an das Gehirn weiter geleitet, und als Ergebnis werden die Leidenschaften angefacht.

Man kann nicht oft genug wiederholen, dass, was immer in den Magen gelangt, nicht nur den Körper beeinflusst, sondern letztendlich ebenso das Gehirn. Grobe und anregende Nahrung erhitzt das Blut, erregt das Nervensystem, und zu oft stumpft es die moralische Wahrnehmung ab, sodass Vernunft und Gewissen durch sinnliche Triebkräfte über Bord geworfen werden.

Es ist schwierig und oft nahezu unmöglich für jemanden, der in der Ernährung unmäßig ist, Geduld und Selbstbeherrschung zu üben. Deshalb ist es von besonderer Bedeutung, Kindern, deren Charaktere noch nicht geformt sind, nur solche Nahrung zu geben, die gesund und nicht aufputschend ist. Aus Liebe sandte unser himmlischer Vater das Licht der Gesundheitsreform, um uns gegen das Böse zu schützen, das aus dem hemmungslosen Frönen des Appetits resultiert.

„Ob ihr nun esst oder trinkt oder was ihr auch tut, tut alles zur Ehre Gottes." Tun das die Eltern, wenn sie die Nahrung zubereiten und die Familie zum Essen rufen? Geben sie ihren Kindern nur das, von dem sie wissen, dass es das beste Blut bildet, was der Organismus in dem am wenigsten erhitzen Zustand hält, und werden sie die besten Voraussetzungen für das Leben und die Gesundheit schaffen? Oder werden sie ungeachtet des zukünftigen Wohles der Kinder, ungesunde, erregende, aufputschende Nahrung anbieten? CTBH 134; 1890

363 Aber sogar Gesundheitsreformer können sich in der Menge der Nahrung irren. Sie können von gesunder Nahrung unmäßig essen. Einige irren sich in der Qualität. Sie haben niemals eine Stellung zur Gesundheitsreform eingenommen. Sie habe sich entschieden zu essen und zu trinken, was ihnen gefällt und wann es ihnen gefällt.

Auf diese Art und Weise schaden sie dem Verdauungssystem. Und nicht nur das, sie schaden auch ihren Familien, indem sie erhitzende Nahrung auf den Tisch bringen, die die tierischen Leidenschaften ihrer Kinder vergrößern und sie dahin führen, sich nur wenig um himmlische Dinge zu kümmern.

Die Eltern stärken so das Tierische und verringern die geistlichen Kräfte der Kinder. Welch eine schwere Strafe werden sie am Ende bezahlen müssen! Und sie werden sich wundern, warum ihre Kinder moralisch so schwach sind! 2T 365; 1870

Verdorbenheit unter Kindern

364 Wir leben in einem verdorbenen Zeitalter. Es ist eine Zeit, in der es scheint, dass Satan fast die ganze Kontrolle über den Geist derer hat, die Gott nicht völlig geweiht sind. Deshalb liegt eine sehr große Verantwortung auf den Eltern, Lehrern und anderen Vorgesetzten, die Kinder zu erziehen haben. Eltern haben die Verantwortung auf sich genommen, Kinder auf die Welt zu bringen; und was ist nun ihre Pflicht? Bedeutet das, sie so aufwachsen zu lassen, wie sie gerade können und wie sie es gerade wollen? Lasst mich euch sagen, dass auf den Eltern eine schwere Verantwortung ruht. ...

Ich habe gesagt, dass einige von euch selbstsüchtig sind. Ihr habt nicht verstanden, was ich gemeint habe. Ihr habt studiert, wie die Nahrung am besten schmecken würde. Geschmack und Vergnügen haben regiert, anstelle der Herrlichkeit Gottes, und der Wunsch im göttlichen Leben voranzukommen und die Heiligkeit in der Furcht Gottes zu vervollkommnen. Euer eigenes Vergnügen war euch wichtig, eurer Appetit; und während ihr danach gehandelt habt, hat Satan über euch triumphiert und dann eure Bemühungen jedes Mal vereitelt.

Einige Väter haben ihre Kinder zum Arzt gebracht, um zu sehen, was mit ihnen fehlt. Ich hätte euch in zwei Minuten sagen können, was das Problem ist. Eure Kinder sind verdorben. Satan hat die Kontrolle über sie erhalten. Er hat sich direkt an euch vorbei geschlichen während ihr, die ihr wie Gott für sie seid, um sie zu bewachen, sorglos und betäubt wart und geschlafen habt. Gott hat euch befohlen, sie in der Furcht und Ermahnung des Herrn aufzuziehen. Aber Satan ist euch direkt zuvor gekommen und hat starke Bande um sie gelegt. Und doch schlaft ihr weiter. Möge sich der Himmel euch und eurer Kinder erbarmen, denn jeder von euch braucht Erbarmen.

Die Dinge hätten anders sein können

Wenn Ihr bezüglich der Gesundheitsreform eine richtige Haltung eingenommen hättet, wenn ihr zu eurem Glauben Tugend hinzugefügt hättet und zur Erkenntnis Mäßigkeit, wären die Dinge anders gelaufen. Aber ihr seid nur teilweise durch die Ungerechtigkeit und Verdorbenheit in eurem Heim aufgerüttelt worden.

Ihr solltet eure Kinder unterrichten. Ihr solltet sie anleiten, sich von den Lastern und Verdorbenheiten dieses Zeitalters fern zu halten. Stattdessen denken viele von euch darüber nach, wie sie etwas Gutes zu essen bekommen. Ihr stellt Butter, Eier und Fleisch auf den Tisch und die Kinder essen davon. Sie werden mit genau dem ernährt, was ihre tierischen Leidenschaften erregt, und dann kommt ihr zusammen und bittet Gott, eure Kinder zu segnen und zu schützen. Wie weit gehen eure Gebete? Ihr müsst zuerst selbst ein Werk tun. Wenn ihr für eure Kinder alles getan habt, was Gott euch aufgetragen hat, dann könnt ihr vertrauensvoll die besondere Hilfe Gottes erbitten, die er euch versprochen hat. Ihr solltet in allem Mäßigkeit lernen. Ihr müsst es durch das lernen, was ihr esst und trinkt. Und doch sagt ihr: *„Es geht niemanden etwas an, was ich esse, was ich trinke oder was ich auf meinen Tisch stelle."* Es geht niemanden etwas an, solange ihr eure Kinder nehmt und sie einschließt, oder in die Wüste geht, wo ihr für andere keine Last seid, und wo eure aufsässigen, verdorbenen Kinder nicht die Gesellschaft verderben, unter die sie sich mischen. 2T 359-362; 1870

Lehrt eure Kinder, der Versuchung zu begegnen

365 Behütet den Appetit eurer Kinder und belehrt sie durch Vorbild und durch Anleitung einer einfachen Ernährung zu folgen. Lehrt sie, fleißig zu sein, nicht nur geschäftig, sondern sich mit nützlicher Arbeit zu beschäftigen. Versucht das moralische Empfindungsvermögen wachzurütteln. Sagt ihnen, dass Gott Ansprüche an sie hat, sogar von den frühesten Jahren ihrer Kindheit an. Sagt ihnen, dass man überall moralischer Verdorbenheiten begegnen müsse, dass sie zu Jesus kommen sollen und sich ihm selbst übergeben müssen – Körper und Geist – und dass sie in ihm Stärke finden werden, um jeder Versuchung zu widerstehen. Haltet ihnen vor Augen, dass sie nicht geschaffen wurden, um nur sich selbst zu gefallen, sondern um dem Herrn für erhabene Ziele zu dienen. Lehrt sie, dass sie auf Jesus blicken sollen, wenn Versuchungen sie auf dem Weg selbstsüchtiger Genusssucht drängen, wenn Satan versucht, Gott aus ihrem Blick zu entziehen, und ihn bitten *„Errette mich, Herr, dass ich nicht überwunden werde."* Als Antwort

Kinder in den USA, die übergewichtig sind: 25%.
Archiv der Pediatrik und Erwachsenenmedizin, 1995; 149:1085-91

Kinder in den USA, die die empfohlene Menge an Früchten, Gemüse und Getreide verzehren: 1%.
Pediatrics, September 1997, S. 323-29

Die Einnahme einer großen Menge an Protein fördert bekannterweise Kalziumverlust über den Urin und wurde auch in Verbindung gebracht mit einem erhöhten Risiko an Frakturen. Gewebsverkalkung International, 1992; 50:14-18

auf ihr Gebet werden sich Engel um sie versammeln und sie auf sichere Wege führen.

Christus betete für seine Jünger nicht, dass sie aus der Welt genommen würden, sondern dass sie vor dem Bösen bewahrt würden – dass sie davor bewahrt würden, auf die Versuchungen, denen sie überall begegnen würden, hereinzufallen. Dies ist das Gebet, das alle Väter und Mütter beten sollten. Aber wenn sie so mit Gott wegen ihrer Kinder ringen, und sie dann doch tun lassen, was sie möchten? Sollten sie den Appetit verwöhnen bis er sie beherrscht, und dann erwarten, die Kinder im Zaum zu halten? – Nein; Mäßigkeit und Selbstbeherrschung sollte von klein auf gelehrt werden.

Die Verantwortung in dieser Arbeit wird überwiegend auf der Mutter ruhen. Zwischen der Mutter und dem Kind besteht das zärtlichste irdische Band. Das Kind ist wegen dieser stärkeren und zärtlicheren Verbindung vom Leben und Vorbild der Mutter mehr beeindruckt, als von dem des Vaters. So ist die Verantwortung der Mutter schwer und sollte die ständige Hilfe des Vaters erfahren. *FE 152.153; 1890*

366 Es wird sich lohnen, ihr Mütter, die kostbaren Stunden, die euch von Gott gegeben werden, zur Charakterbildung eurer Kinder zu gebrauchen und sie zu lehren, ohne Abstriche an den Grundsätzen der Mäßigkeit im Essen und Trinken festzuhalten. ...

Satan weiß, dass er weniger Macht über den menschlichen Geist hat, wenn die Esslust beherrscht wird. Er bemüht sich ständig, die Menschen zur Genusssucht zu verleiten. Durch ungesunde Nahrung wird das Gewissen abgestumpft, der Verstand verdunkelt und die Aufnahmefähigkeit getrübt. Doch die Schuld des Übertreters ist nicht geringer, weil sein Gewissen durch ständige Verletzung unempfindlich geworden ist. *FE 143; 1890*

367 Väter und Mütter, wacht unter Gebet. Hütet euch vor Unmäßigkeit in jeglicher Form. Lehrt eure Kinder die Grundsätze wahrer Gesundheitsreform. Erklärt ihnen, was sie vermeiden müssen, um sich gesund zu erhalten. Der Zorn Gottes wirkt sich schon bei den Kindern des Ungehorsams aus. Verbrechen, Sünden und ungerechte Taten sind überall sichtbar. Wir als Gottes Volk müssen unsere Kinder sorgfältig vor dem Einfluss entarteter Kameraden bewahren. *9T 160.161; 1909;*

➤ *Siehe auch: 711*

14 GESUNDES KOCHEN

Schlechtes Kochen ist Sünde
368 Es ist Sünde, schlecht zubereitete Nahrung auf den Tisch zu bringen, denn was wir essen, beeinflusst den gesamten Organismus. Der Herr möchte, dass sein Volk erkennt wie nötig es ist, die Nahrung so zuzubereiten, dass der Magen nicht übersäuert wird und dadurch schlechte Stimmung herrscht. Lasst uns daran denken, dass in einem Laib guten Brotes praktische Religion steckt. *Ms 95; 1901*

Gute Kochkenntnisse sind mehr wert als zehn andere Begabungen
Die Arbeit des Kochens sollte nicht wie Sklavendienst betrachtet werden. Was würde aus den Menschen in der Welt werden, wenn alle Köchinnen und Köche ihre Arbeit mit der fadenscheinigen Entschuldigung aufgäben, dass sie nicht würdevoll genug sei. Das Kochen mag als weniger erstrebenswert angesehen werden als einige andere Arbeit, aber tatsächlich ist es eine Wissenschaft, deren Wert über allen anderen steht. So betrachtet Gott die Zubereitung gesunder Nahrung.

Alle, die treu ihren Dienst bei der Zubereitung gesunder, schmackhafter Kost leisten, schätzt er sehr. Wer Nahrung gut zubereiten kann, und diese Kenntnisse nutzt, ist lobenswerter als jemand, der irgend eine andere Arbeit ausführt. Diese Begabung sollte so sehr geschätzt werden wie zehn andere zusammen, denn ihr richtiger Gebrauch hat viel mit der Gesunderhaltung des menschlichen Körpers zu tun. Weil es so untrennbar mit dem Leben und der Gesundheit verbunden ist, ist es die wertvollste aller Begabungen. *Ms 95; 1901*

Achte den guten Koch

369 Ich schätze meine Schneiderin, lege Wert auf meine Sekretärin, aber meine Köchin, die es versteht, Nahrung gut zuzubereiten, die das Leben erhält, das Gehirn, die Knochen und Muskeln nährt, nimmt die wichtigste Stelle unter den Helferinnen in meiner Familie ein. *2T 370; 1870*

370 Einige, die den Beruf der Näherin, der Sekretärin, des Korrektors, des Buchhalters oder Schullehrers erlernen, betrachten es als unter ihrer Würde, mit der Köchin auf einer Stufe zu stehen. Diese Ideen hat sich in fast allen Gesellschaftsschichten durchgesetzt. Die Köchin denkt nun, ihre Beschäftigung setze sie in der Skala des gesellschaftlichen Lebens herab und sie könne nicht erwarten, mit den anderen auf gleicher Stufe zu stehen. Könnt ihr dann überrascht sein, dass intelligente Mädchen sich nach einer anderen Beschäftigung umsehen? Wundert es euch, dass es so wenig ausgebildete Köchinnen gibt? Erstaunlich ist aber, dass es so viele gibt, die sich eine solche Behandlung gefallen lassen. Die Köchin hat einen wichtigen Platz im Haushalt. Sie bereitet das Essen zu, das der Magen aufnehmen soll, um Gehirn, Knochen und Muskeln zu bilden. Die Gesundheit aller Familienmitglieder hängt weitgehend von ihrer Geschicklichkeit und Klugheit ab. Haushaltspflichten werden niemals die Aufmerksamkeit erhalten, die ihnen zustehen, wenn nicht denen, die sie treu erfüllen, die gebührende Achtung entgegengebracht wird. *CTBH 74; 1890*

371 Es gibt sehr viele Mädchen, die geheiratet haben und Familien gründen, jedoch nur wenig praktische Kenntnis über die Pflichten einer Frau und Mutter haben. Sie können lesen und auf einem Musikinstrument spielen; aber sie können nicht kochen. Sie können kein gutes Brot backen, das für die Gesundheit der Familie so notwendig ist. ...

Gut zu kochen, gesundes Essen auf appetitliche Art auf den Tisch zu bringen, erfordert Klugheit und Erfahrung. Derjenige, der das Essen zubereitet, das für unseren Magen bestimmt ist, um in Blut umgewandelt zu werden, das den Organismus ernährt, nimmt die wichtigste und erhabenste Stellung ein.

Die Sekretärin, die Schneiderin oder die Musiklehrerin kommen an die Bedeutung der Köchin niemals heran. *3T 156-158; 1873*

Die Pflicht einer jeden Frau, eine geschickte Köchin zu werden

372 Unsere Schwestern wissen oft nicht, wie man kocht. Zu ihnen möchte ich sagen: Ich würde zur besten Köchin gehen, die in der Gegend zu finden ist und dort, wenn nötig, einige Wochen bleiben, bis ich wüsste, wie man geschickt kocht. Selbst wenn ich älter wäre, würde ich das tun. Es ist wichtig, zu wissen, wie man kocht, und auch, das euren Töchtern beizubringen. Wenn ihr ihnen das zeigt, baut ihr um sie eine Barriere, die sie vor Torheit und Laster bewahren wird. Andernfalls könnten sie in Versuchung geraten und fallen. 2T 370; 1870

373 Die Frauen sollten sich bemühen, kochen zu lernen und dann das, was sie gelernt haben, geduldig in die Praxis umsetzen. Die Menschen leiden, weil sie sich nicht bemühen, das zu tun. Zu solchen sage ich: *„Es ist Zeit, dass ihr euch aufmacht und darüber informiert. Seht die Zeit nicht für verschwendet an, die dazu genutzt wird, ein gründliches Wissen und genügend Erfahrung in der Zubereitung gesunder, schmackhafter Nahrung zu bekommen, egal wie lange ihr schon Erfahrung habt. Tragt ihr die Verantwortung für eine Familie, seid ihr verpflichtet, zu lernen, für sie richtig zu sorgen."* CH 117; 1890

Männer und Frauen sollten das Kochen lernen
374 Viele, die sich an die Gesundheitsreform halten, klagen darüber, dass sie das Essen nicht vertragen. Aber nachdem ich bei ihnen gesessen habe, wurde mir klar, dass nicht die Gesundheitsreform falsch ist, sondern die schlecht zubereitete Nahrung. Ich rufe Männer und Frauen auf, denen Gott Verstand gegeben hat: *„Lernt kochen!"* Es ist nicht falsch wenn ich sage *„Männer"*, denn sie müssen genau wie Frauen die einfache und gesunde Zubereitung von Nahrung verstehen. Ihr Beruf bringt sie oft dorthin, wo sie keine gesunden Speisen erhalten können. Sie mögen sich vielleicht Tage und sogar Wochen in Familien aufhalten, die in dieser Beziehung völlig unwissend sind. Wenn sie sich dann auskennen, können sie es gut nutzen. CH 155; 1890

Studiere Gesundheits-Zeitschriften
375 Wer nicht gesund kochen kann, sollte es lernen. Er sollten wissen, wie man gesunde, nahrhafte Nahrungsmittel zu appetitlichen Gerichten zusammenzustellen, dass sie appetitliche Gerichte ergeben. Wer da etwas dazulernen möchte, sollte unsere Gesundheits-Zeitschriften abonnieren oder Gesundheits-Bücher erwerben. Sie werden zu diesem Thema darin Informationen finden. ...

Ohne ständig etwas Neues zu probieren kann niemand im gesundheitsgemäßen Kochen weiterkommen. Aber Menschen, deren Herzen für die Eingebungen und Anregungen des großen Lehrers offen sind, werden vieles lernen und auch in der Lage sein, andere zu unterweisen, denn er wird ihnen Geschick und Verständnis schenken. *CH 117; 1890*

Ermutige die Entwicklung persönlicher Fähigkeiten
376 Es ist Gottes Absicht, überall Männer und Frauen zu ermutigen, ihre Fähigkeiten in der Zubereitung gesunder Nahrung aus den natürlichen Erzeugnissen ihrer Umgebung zu erweitern. Wenn sie zu Gott aufschauen und Geschicklichkeit und Klugheit unter den Einfluss seines Geistes stellen, werden sie erkennen, wie man natürliche Produkte zu gesunder Nahrung verarbeitet. So werden sie in der Lage sein, die Armen zu unterweisen und sich selbst Nahrungsmittel zu bereiten, die die Fleischkost ersetzen. Wem so geholfen wurde, der kann wieder andere unterrichten. Ein solches Werk soll mit heiligem Eifer und mit Tatkraft getan werden. Hätte man schon früher damit begonnen, dann gäbe es heute mehr Menschen in der Wahrheit, und viel mehr Mitarbeiter, die andere unterweisen könnten. Wir wollen darauf bedacht sein, unsere Pflicht zu erkennen und sie dann auch zu tun. Wir brauchen nicht hilflos und abhängig zu sein und zu warten, bis andere die Arbeit leisten, die Gott uns übertragen hat. *7T 133; 1902*

Ein Aufruf für Kochschulen
377 Zusammen mit unseren Heileinrichtungen und Schulen sollten Kochkurse angeboten werden, wo die richtige Zubereitung von Nahrung unterrichtet wird. In unseren Schulen sollte es Menschen geben, die in der Lage sind, die Studenten – junge Männer als auch Frauen – in der Kunst des Kochens zu unterrichten. Besonders Frauen sollten kochen lernen. *Ms 95; 1901*

378 Eine wichtige Aufgabe kann getan werden, indem man den Menschen beibringt, gesunde Nahrung zuzubereiten. Diese Arbeit ist genauso erforderlich wie jede andere. Mehr Kochkurse sollten durchgeführt werden. Und einige sollten von Haus zu Haus den Menschen zeigen, wie man gesund kocht. *RH 6.6.1912;*
➤ *Siehe auch: Kapitel 25*

Gesundheitsreform und gutes Kochen
379 Ein Grund, weshalb viele bei der Umsetzung der Gesundheitsreform mutlos geworden sind, ist der, dass sie nicht gelernt haben, wie man kocht. Einfach zubereitete Nahrung sollte anstelle der bisher gewöhnten Kost gegessen werden. Sie mögen die nachlässig zubereiteten

Gerichte nicht, und als nächstes hören wir sie sagen, dass sie probiert hätten, mit der Gesundheitsreform klar zu kommen, aber auf diese Art könnten sie nicht leben. Viele versuchen, dürftige Anweisungen zur Gesundheitsreform zu befolgen – mit einem so traurigen Ergebnis, dass die Verdauung geschädigt ist und alle, die das probierten, entmutigt werden. Ihr sagt, ihr seid Gesundheitsreformer, und gerade darum solltet ihr gute Köche werden. Wer gut durchgeführte Kochkurse besucht, wird es als großen Segen empfinden, sowohl beim täglichen Anwenden wie auch beim Unterweisen anderer. *CH 450.451; 1890*

Wenn man die Fleischspeisen aufgibt
380 Ändert eure Lebensgewohnheiten, doch tut das verständnisvoll. Ich kenne Familien, die ihre bisherige Fleischnahrung durch eine kraftlose Kost ersetzt haben. Ihre Speisen wurden so schlecht zubereitet, dass der Magen streikte. Sie erzählten mir, dass ihnen die Reformernährung nicht bekommt. Ihre körperlichen Kräfte würden abnehmen. Deshalb sind die Bemühungen einiger Frauen zur Vereinfachung ihrer Ernährung erfolglos geblieben. Ihre Kost ist zu dürftig. Die Speise wird nicht sorgfältig zubereitet und ist ohne Abwechslung. Zu einer Mahlzeit dürfen nicht zu viele verschiedene Speisen aufgetischt werden, doch sollten sie auf keinen Fall immer aus den gleichen Nahrungsmitteln ohne irgendeine Abwechslung bestehen. Die Speisen sollten einfach zubereitet werden, jedoch so schmackhaft, dass der Appetit angeregt wird. Freies Fett müsst ihr aus eurer Kost verbannen, denn es verunreinigt jede Nahrung. Esst dafür reichlich Obst und Gemüse. *2T 63; 1868*

381 Die richtige Zubereitung der Nahrung ist eine der wichtigsten Fertigkeiten. Besonders dann, wenn Fleisch nicht als Hauptnahrungsmittel verwendet wird, ist gutes Kochen notwendig. Es wird Nahrung benötigt, die das Fleisch ersetzt, und das muss so zubereitet werden, dass kein Fleisch vermisst wird. *Letter 60 a; 1896*

382 Die Ärzte sind ausdrücklich verpflichtet, durch Schrift und Wort solche ständig zu unterweisen, die dafür verantwortlich sind, Nahrung auf den Tisch zu stellen. *Letter 3a; 1896*

383 Wir brauchen Menschen, die sich für gesundes Kochen interessieren. Viele wissen, wie man Fleisch und Gemüse auf verschiedene Art und Weise kocht, aber sie verstehen nicht, einfache und appetitliche vegetarische Gerichte zuzubereiten. *YI 31. Mai 1894*

Schlechtes Kochen: Eine Ursache von Krankheit

384 Weil sie nicht weiß, wie sie kochen soll und noch dazu unbegabt ist, stellt manche Frau und Mutter ihrer Familie täglich schlecht zubereitetes Essen auf den Tisch. Das wiederum beeinträchtigt ständig die Verdauungsorgane und führt zu schlechtem Blut. Das führt häufig zu Entzündungen und manchmal zum Tod. ... Wir können eine Vielfalt guter, gesunder Nahrung haben, die auf gesunde Weise zubereitet wird, dass sie allen gut bekommt. Es ist lebenswichtig, kochen zu können. Schlechtes Kochen erzeugt Krankheiten und schlechte Laune. Der Körper wird durcheinandergebracht und geistliche Gedanken können nicht klar erkannt werden. Es steckt mehr Religion in einer guten Küche, als ihr vermutet. Als ich manchmal von zu Hause fort war, wusste ich, dass das Brot auf dem Tisch ebenso wie das andere Essen mir schaden würde, aber mir blieb nichts anderes übrig, als ein wenig zu essen, um das Leben aufrecht zu erhalten. In den Augen des Himmels ist es eine Sünde, von solcher Nahrung zu leben. *CTBH 156-158; 1890*

Eine passende Grabinschrift: ... starb wegen schlechtem Kochen

385 Mangelhafte, schlecht gekochte Nahrung verdirbt das Blut; die blutbildenden Organe werden geschwächt. Sie zerrüttet den Organismus, und begleitet von gereizten Nerven und schlechter Laune führt es zu Krankheiten. Opfer schlechten Kochens gibt es Tausende und Zehntausende. Über viele Gräber könnte man schreiben: *„Starb an schlechtem Kochen."* – *„Starb an einem misshandelten Magen."*

Menschen gehen wegen schlechtem Kochen verloren

Alle, die mit dem Kochen beschäftigt sind, sollten unbedingt lernen, wie man gesunde Speisen herstellt. Viele Menschen gehen durch schlechtes Kochen verloren. Es erfordert Wissen und Sorgfalt, gutes Brot herzustellen. Es ist mehr Religion in einem Laib guten Brotes, als viele denken. Es gibt wenige wirklich gute Köchinnen.

Junge Frauen denken, dass es erniedrigend sei, zu kochen und andere Hausarbeit zu tun. Deshalb haben viele junge Mädchen, die heiraten und für eine Familie zu sorgen haben, wenig Begriff von den Pflichten, die auf einer Frau und Mutter ruhen.

Keine einfache Wissenschaft

Gut kochen zu können, ist nicht einfach, aber im praktischen Leben sehr wichtig. Es ist eine Wissenschaft, die alle genau lernen sollten, und zwar so, dass es auch ärmeren Menschen nutzt.

Eine Speise appetitlich und zugleich einfach und nahrhaft herzustellen, erfordert zwar Geschick, kann aber gelernt werden. Köchinnen sollten verstehen, einfache Nahrung ohne großen Aufwand und in gesunder Weise zu bereiten, und zwar so, dass sie wegen ihrer Einfachheit wohlschmeckender und gesünder empfunden wird.

Jede Hausfrau, die nicht gesund kochen kann, sollte sich dazu entschließen, das zu lernen. Das ist zum Wohl ihres Haushaltes so nötig. An vielen Orten bieten Reform-Kochkurse eine Möglichkeit, das zu üben. Hat eine Frau diese Gelegenheit nicht, dann sollte sie sich von einer guten Köchin unterrichten lassen und sich bemühen, solange zu üben, bis sie es gut beherrscht. *MH 302.303; 1905;*

➤ *Siehe auch: 817*

Lernt Sparsamkeit

386 Bei allem Kochen sollte man beachten: *„Wie kann das Essen natürlich und sparsam zubereitet werden?"* Und man sollte auch sorgfältig darauf achten, dass die Reste, die von der Mahlzeit übrig bleiben, nicht weggeworfen werden. Lernt, wie diese Reste noch verwertet werden können. Diese Fähigkeit, Sparsamkeit und Feingefühl, ist ein Segen. Bereitet in den wärmeren Jahreszeiten weniger Essen vor. Benutzt mehr trockene Substanz. Es gibt viele arme Familien. Obwohl sie kaum genug zu essen haben, könnte ihnen gezeigt werden, warum sie arm sind – es wird zu viel weggeworfen. *Ms 3; 1897*

Menschenleben der modernen Lebensweise geopfert

387 Für viele scheint der einzige Lebenszweck darin zu bestehen sich dem letzten Modeschrei anzupassen. Da ist ihnen keine Anstrengung zu viel. Bildung, Gesundheit und Behaglichkeit werden auf dem Altar der Mode geopfert. Selbst auf die Essgewohnheiten übt die Mode und die Gesellschaft ihren verderblichen Einfluss aus. Die gesunde Nahrungszubereitung wird zweitrangig. Das Servieren einer großen Auswahl von Gerichten erfordert Zeit, Geld und Mühe, ohne irgendwie zu nützen. Es mag üblich sein, sechs Gänge zu einer Mahlzeit zu reichen, aber diese Angewohnheit ruiniert die Gesundheit. Und verständige Männer und Frauen sollten das durch Wort und Beispiel verurteilen. Nehmt etwas Rücksicht auf das Leben eurer Köchin. *„Ist nicht das Leben mehr als die Speise und der Leib mehr als die Kleidung?."* *Matthäus 6,25* In diesen Tagen nehmen Haushaltspflichten die meiste Zeit der Hausfrau in Anspruch. Wie viel besser wäre es für die Gesundheit der Familie, wenn die Essensvorbereitungen einfacher wären.

Jedes Jahr werden Tausende auf diesem Altar geopfert – Menschen, die hätten länger leben können, wenn sie nicht so viele unnötige Pflichten hätten erfüllen müssen. Manche Mutter starb, doch wären ihre Gewohnheiten einfacher gewesen, könnte sie noch leben, um zuhause, in der Gemeinde und in der Welt ein Segen zu sein. *CTBH 73; 1890*

Auswahl und Zubereitung der Speisen ist wichtig
388 Das viele Kochen ist gar nicht nötig. Trotzdem darf das Essen nicht ärmlich sein, weder in der Qualität noch in der Menge. *Letter 72; 1896*

389 Es ist wichtig, dass die Speise liebevoll zubereitet wird, damit es für den unverdorbenen Gaumen schmackhaft ist. Auch wenn wir aus Prinzip kein Fleisch, Butter, Wurstarten, Gewürze, Schweineschmalz und alles, was den Magen reizt und die Gesundheit schädigt, verwenden, sollte man nie denken, dass es von untergeordneter Bedeutung ist, was wir essen. *2T 367; 1870*

390 Es ist falsch, nur etwas zu essen, um die Esslust zu befriedigen. Doch sollte die Qualität der Nahrung oder wie sie zubereitet wird nicht unwichtig sein. Wenn das Essen nicht schmeckt, wird der Körper nicht so gut versorgt. Die Nahrung sollte mit Verständnis und Geschick ausgewählt und zubereitet werden. *MH 300; 1905*

391 Ich würde der Köchin einen höheren Lohn geben als irgend einem anderen meiner Arbeiter. ...
Wenn diese Person nicht kochen kann, werdet ihr – wie wir es aus eigener Erfahrung wissen – immer wieder das gleiche Frühstück vorgesetzt bekommen – „Porridge", wie es genannt wird – wir nennen es Brei, Bäckerbrot und irgendeine Soße. Das ist alles, mit Ausnahme von ein wenig Milch. Wer gezwungen ist, monatelang ein solches Frühstück zu essen, kommt unweigerlich dahin, die Essenszeit, die für ihn eigentlich die angenehmste Zeit des Tages sein sollte, als die schlimmste zu fürchten. Denn er weiß ja schon im voraus, was wieder auf dem Tisch stehen wird. Ich befürchte, dass ihr das erst versteht, wenn ihr es selbst erlebt habt. Aber ich weiß nicht, was ich machen soll in dieser Sache. Wenn ich dort auf die Vorbereitung Einfluss nehmen könnte, dann würde ich sagen: gebt mir eine erfahrene Köchin mit Ideen, die einfache Gerichte, appetitlich, schmackhaft und gesund zubereiten kann. *Letter 19 c; 1892*

Lernt und praktiziert

392 Viele finden Kochen unwichtig, deshalb versuchen sie auch nicht, das Essen richtig zuzubereiten. Dies kann auf eine einfache, gesunde und leichte Art getan werden, ohne Verwendung von Schweinefett, Butter oder Fleisch. Geschicklichkeit und Einfachheit müssen zusammen wirken. Damit das klappt, müssen Frauen sich belesen und dann das, was sie lesen, geduldig in die Praxis umsetzen. Viele leiden, weil sie sich nicht bemühen wollen, dies zu tun. Zu denen sage ich: Es ist Zeit für euch, eure ungenutzten Energien zu aktivieren und fleißig zu studieren. Lernt, wie man einfach kocht und doch so, dass eine sehr schmackhafte und gesunde Speise entsteht. Während man nicht nur kochen sollte, um dem Geschmack gerecht zu werden oder den Appetit zu befriedigen, sollte niemand daraus schließen, dass eine ärmliche Ernährung richtig ist. Viele sind krank und brauchen eine nahrhafte, reichhaltige, gut zubereitete Nahrung. ...

Ein bedeutender Zweig der Erziehung

Es ist religiöse Pflicht für alle Köche, zu lernen, wie man gesundes Essen auf verschiedene Arten zubereitet, damit es auch schmeckt. Mütter sollten ihre Kinder unterrichten, wie man kocht. Welcher Bereich der Erziehung eines jungen Mädchens kann so wichtig sein wie dieser? Vom Essen hängt das Leben ab. Mangelhafte, ärmliche, schlecht zubereitete Nahrung führt zu immer schlechterem Blut, und das schwächt die blutbildenden Organe. Es ist sehr wichtig, dass die Kunst des Kochens als eine der wichtigsten Elemente der Erziehung gesehen wird. Es gibt nur wenig gute Köchinnen. Junge Mädchen betrachten es so, als würde es ihrem Ansehen schaden, wenn sie Köchin für Hausangestellte werden. Das ist nicht richtig. Sie sehen es von einem falschen Standpunkt aus. Zu wissen, wie man gesunde Nahrung zubereitet, besonders, wie man Brot bäckt, ist eine hohe Kunst.

Mütter vernachlässigen das in der Erziehung ihrer Töchter. Sie tragen alle Lasten und Sorgen und sind schnell müde, während die Tochter mit Besuche machen, Häkelarbeit oder mit ihrem eigenen Vergnügen entschuldigt ist. Das ist falsch verstandene Liebe, falsche Güte. Die Mutter schadet ihrem Kind dadurch, und das oft fürs ganze Leben. In einem Alter, wo es fähig sein sollte, einige der Lasten des Lebens zu tragen, ist es nicht in der Lage, das zu tun. Solche Mädchen werden keine Sorgen und Lasten auf sich nehmen. Sie leben unbelastet, entziehen sich den Verantwortungen, während die Mutter unter ihrer Sorgenlast gebeugt und vollbeladen alles trägt. Die Tochter kommt nicht darauf, dass sie unfreundlich ist. Doch sie ist sorglos und unbedacht, sonst würde sie den müden Blick der Mutter bemerken und den Ausdruck von Schmerz auf ihrem Gesicht sehen. Sie würde helfen, den schwereren Anteil der Last zu tragen und die Mutter entlasten, die von der Sorge frei werden muss, damit sie nicht krank wird oder gar stirbt.

Warum sind die Mütter so blind und nachlässig in der Erziehung ihrer Töchter? Ich habe verschiedene Familien besucht, und war traurig zu sehen, wie die Mutter die schweren Lasten trug, während die Tochter, gesund und kräftig, keine Sorge, keine Last empfand. Wenn große Treffen stattfinden und die Familien viel Besuch haben, dann sah ich, dass die Mutter die ganze Last und Verantwortung trug, während die Töchter dasaßen, mit jungen Freunden plauderten und eine nette Zeit verbrachten. Das ist absolut verkehrt, und ich kann mich kaum bremsen, zu der gedankenlosen Jugend zu sagen, dass sie endlich an die Arbeit gehen sollen. Entlastet eure müde Mutter. Führt sie zu einem gemütlichen Platz im Wohnzimmer und drängt sie, sich auszuruhen und die Gesellschaft ihrer Freunde zu genießen.

Die Töchter tragen aber nicht allein die Schuld dafür. Zu tadeln ist die Mutter selbst. Sie hat ihren Töchtern nicht geduldig beigebracht, wie man kocht. Sie weiß, dass sie das noch nicht können, und es ist für sie keine Arbeitserleichterung. Sie muss auf alles achten, was Sorgfalt, Denken und Aufmerksamkeit erfordert.

Junge Mädchen sollten im Kochen gründlich unterwiesen werden. Wie auch ihre Lebensumstände sein mögen, hier ist Wissen, das praktisch angewandt werden kann. Es ist ein Bereich der Erziehung, der auf das menschliche Leben, besonders auf das Leben der Liebsten, einen direkten Einfluss hat. Manche Frau und Mutter, die nicht die richtige Unterweisung hatte und die immer noch nicht richtig kochen kann, setzt ihrer Familie schlecht zubereitetes Essen vor. Das zerstört die Verdauungsorgane, bildet schlechtes Blut und bewirkt oft akute Erkrankungen und den vorzeitigen Tod. ...

Ermutigt die Willigen
Es ist ganz wichtig für jedes christliche Mädchen und jede christliche Frau, zu lernen, wie man gutes, Brot aus Weizenvollkornmehl herstellt. Die Mütter sollten ihre Töchter mit in die Küche nehmen, schon wenn sie sehr jung sind, und ihnen die Kunst des Kochens beibringen. Die Mutter kann von ihren Töchtern nicht erwarten, dass sie die Geheimnisse der Haushaltsführung ohne Unterweisung verstehen. Sie sollte sie geduldig und liebevoll belehren und die Arbeit durch ihr heiteres

Gesicht und ermutigende Worte so angenehm wie möglich machen. Tadelt sie nicht, wenn sie ein-, zwei- oder dreimal Fehler machen. Schon werden sie entmutigt und versucht sein zu sagen: „*Es hat keinen Zweck. Ich kann es nicht.*" Dies ist nicht die Zeit für Tadel. Der Wille würde dadurch erlahmen. Er bedarf der Ermutigung durch heitere, hoffnungsvolle Worte, wie: „*Mach dir nichts aus den Fehlern, die du gemacht hast. Du lernst noch und musst Fehlschläge erwarten. Versuch es nochmal. Sei mit deinen Gedanken bei der Arbeit. Sei sehr sorgfältig, und du wirst sicherlich Erfolg haben.*" Viele Mütter erkennen nicht, wie wichtig dieses Wissen ist. Sie machen lieber alles selbst, als sich zu bemühen, ihre Kinder zu unterrichten und ihr Versagen und ihre Fehler zu ertragen, die sie während des Lernens machen. Wenn ihre Töchter bei ihrem Versuch etwas falsch machen, schicken sie sie weg mit den Worten: „*Es hat keinen Zweck. Du kannst dies oder das nicht tun. Du verwirrst und störst mich mehr als du mir hilfst.*" So werden die ersten Bemühungen der Lernwilligen zurückgewiesen. Der erste Fehler kühlt ihr Interesse und ihren Lerneifer so ab, dass sie einen nächsten Versuch fürchten und vorschlagen werden, dass sie lieber nähen, stricken und das Haus sauber machen wollen, wenn sie nur nicht kochen müssen. Hier hat die Mutter einen großen Fehler gemacht. Sie hätte sie geduldig unterweisen sollen, dass sie durch Praxis Erfahrungen sammeln können, wodurch die Ungeschicklichkeit und die Unbeholfenheit des unerfahrenen Arbeiters beseitigt würden. 1T 681-685; 1868

Unterricht im Kochen ist wichtiger als Musikunterricht
393 Einige sind zu einer Aufgabe berufen, die als niedrige Pflicht angesehen wird, z.B. das Kochen. Aber die Kunst des Kochens ist keine Kleinigkeit. Die geschickte Zubereitung der Nahrung ist eine der wesentlichsten Fertigkeiten, die über Musikunterricht und Schneidern steht. Damit will ich das nicht herabsetzen, denn es ist notwendig, aber wichtiger ist die Fähigkeit, Nahrung so zuzubereiten, dass sie gesund und auch appetitlich ist. Diese Kunst sollte als wertvollste aller Künste angesehen werden, weil sie so eng mit dem Leben verbunden ist. ... Grundlegend für die Erhaltung guter Gesundheit ist das ärztlich missionarische Werk einer guten Kochkunst.

Oft führt die Gesundheitsreform zu einer Beeinträchtigung des Lebens durch unschmackhaft zubereitete Nahrung. Fehlendes Wissen, wie man gesund kocht, ist hinderlich für die Gesundheitsreform. Das sollte geändert werden, damit die Reform erfolgreich wird. Es gibt wenig gute Köchinnen. Sehr viele Mütter brauchen Kochunterricht, damit sie der Familie gut zubereitete, nett angerichtete Speisen vorsetzen können. Ehe Kinder Unterricht an der Orgel oder am Klavier nehmen, sollte ihnen Unterricht im Kochen gegeben werden. Die Aufgabe, kochen zu lernen, muss die Musik nicht verdrängen, aber musizieren zu lernen ist weniger wichtig als zu lernen, wie man Nahrung zubereitet, die gesund und appetitanregend ist. *Ms 95; 1901*

394 Eure Töchter lieben vielleicht die Musik, und dies ist auch in Ordnung; es kann zum Frohsinn der Familie beitragen. Aber die Kenntnis der Musik ohne zu wissen, wie man kocht, hat wenig Wert. Wenn eure Töchter selbst Familien haben, werden Kenntnisse über Musik und feine Handarbeiten kein gutes, appetitliches Essen auf den Tisch bringen, dessen sie sich nicht schämen müssten, es ihren besten Freunden vorzusetzen.

Mütter, euch ist ein heiliges Werk aufgetragen. Möge Gott euch helfen, es mit seiner Verherrlichung vor Augen in Angriff zu nehmen. Sorgt ernst, geduldig und liebevoll für das gegenwärtige und zukünftige Wohl eurer Kinder und wirkt zu Gottes Ehre. *2T 538.539; 1870*

Weiht eure Kinder in die Geheimnisse des Kochens ein
395 Vernachlässigt es nicht, euren Kindern das Kochen beizubringen. Wenn ihr das tut, vermittelt ihr ihnen Grundsätze, die sie in ihrer religiösen Ausbildung nötig haben. Indem ihr euren Kindern Unterricht in der Körperkunde erteilt und ihnen beibringt, wie man einfach und doch mit Geschick kocht, legt ihr die Grundlage für die nützlichsten Bereiche in der Erziehung. Um gutes, leichtes Brot herzustellen, ist Geschick notwendig. In gutem Kochen liegt Religion, und ich stelle die Religion solcher Menschen in Frage, die zu unwissend und zu sorglos sind, um Kochen zu lernen. ...

Mangelhaftes Kochen verzehrt langsam die Lebenskräfte Tausender. Es ist für Leben und Gesundheit gefährlich, schweres, saures Brot und ähnliche Speisen zu essen, die auf manchen Tischen erscheinen. Mütter, unterweist eure Töchter in diesen nützlichen Bereichen, die mit Leben und Gesundheit sehr eng verbunden sind, anstatt ihnen Musikunterricht zu geben. Weiht sie in alle Geheimnisse des Kochens ein. Zeigt ihnen, dass dies ein Teil ihrer Erziehung und notwendig für sie ist, wenn sie Christen sein wollen. Wenn die Nahrung nicht auf eine gesunde, schmackhafte Art zubereitet wird, kann sie nicht in gutes Blut umgewandelt werden und abgestorbene Zellen ersetzen. *2T 537.538; 1870*

15 GESUNDE ERNÄHRUNG UND GESUNDKOST-RESTAURANTS

Himmlische Fürsorge
396 Aus dem Bericht über die Wunder des Herrn, wie er die Hochzeitsgesellschaft mit Wein und die hungrige Volksmenge mit Nahrung versorgte, können wir sehr viel lernen. Durch die Herstellung von Reformwaren will der Herr uns in gesunder Lebensweise unterstützen. Der Herr, der uns Nahrung gibt, wird sein Volk nicht in Unwissenheit lassen, wie man die besten Nahrungsmittel für jede Zeit und jede Gelegenheit herstellen kann. *7T 114; 1902*

Mit dem Manna vergleichbar
397 In der letzten Nacht wurde mir viel gezeigt. Die Herstellung und der Vertrieb von Gesundkost erfordern sorgfältige Überlegungen und viel Gebet.

An vielen Orten gibt es Menschen, denen der Herr Erkenntnisse über die Zubereitung gesunder, wohlschmeckender Nahrung schenken wird, wenn er sieht, dass sie diese Erkenntnis richtig anwenden werden. Die Tiere werden immer mehr krank, und es wird nicht mehr lange dauern, bis auch viele außer den Siebenten-Tags-Adventisten die Fleischnahrung aufgeben werden. Gesunde, das Leben erhaltende Nahrungsmittel sollen hergestellt werden, damit die Menschen kein Fleisch zu essen brauchen. Der Herr wird in allen Teilen der Welt viele Menschen unterweisen, Früchte, Getreide und Gemüse zu Nahrungsmitteln zu verarbeiten, die das Leben erhalten und nicht krank machen. Diejenigen, die Rezepte zur Herstellung der Gesundkost, die jetzt auf dem Markt ist, noch nie gesehen haben, werden ihre Intelligenz nutzen, um mit den Erzeugnissen der Erde zu experimentieren.

Sie werden Licht für die Verwendung dieser Gaben erhalten. Der Herr wird ihnen zeigen, was sie tun sollen.

Der seinem Volk in einem Teil der Welt Geschicklichkeit und Verstand gibt, wird das seinem Volk auch in anderen Teilen der Welt schenken. Nach seinem Plan sollen die Lebensmittelvorräte eines jeden Landes so zubereitet werden, dass sie in den Ländern verwendet werden können, für die sie geeignet sind. Wie Gott Manna vom Himmel gab, um das Volk Israel zu ernähren, wird jetzt seinem Volk in verschiedenen Gebieten Fähigkeit und Weisheit geben, die Erzeugnisse ihrer Länder zur Herstellung von Nahrungsmitteln zu verwenden. Das soll anstelle von Fleisch verwendet werden. *7T 124.125; 1902*

398 Derselbe Gott, der den Kindern Israel Manna vom Himmel gab, lebt und regiert. Er wird Geschick und Verständnis in der Herstellung von Reformwaren verleihen. Er wird sein Volk in der Bereitung gesunder Nahrung führen. Er wünscht, dass sie sich bemühen, solche Nahrung herzustellen, nicht nur für ihre eigenen Familien, worin ihre erste Verantwortung besteht, sondern auch, um den Armen zu helfen. Sie sollen christusähnliche Freigebigkeit zeigen und erkennen, dass sie Gott vertreten und dass alles, was sie haben, seine Gabe ist. *Letter 25; 1902*

Kenntnis von Gott empfangen
399 Der Herr möchte, dass Gottes Volk Kenntnisse in der Ernährungsreform erlangt. Es sollte ein wesentlicher Teil der Ausbildung in unseren Schulen sein. Wird die Wahrheit an neuen Orten verkündigt, sollte auch Unterricht in gesundem Kochen gegeben werden. Zeigt den Menschen, wie sie ohne Fleischnahrung leben können. Belehrt sie über Einfachheit in der Lebensweise.

Der Herr hat gewirkt und wirkt immer noch, um Menschen anzuleiten, aus Früchten und Getreide Nahrungsmittel herzustellen, die einfacher und billiger sind als viele von denen, die man jetzt kaufen kann. Viele können diese teuren Nahrungszubereitungen nicht kaufen. Trotzdem brauchen sie durchaus nicht von einer mangelhaften Kost zu leben. Derselbe Gott, der Tausende in der Wüste mit Himmelsbrot gespeist hat, wird seinem Volk heute Verständnis geben, wie sie auf einfache Art für Nahrung sorgen können. *Ms 96; 1905*

400 Wenn die Botschaft denen verkündigt wird, die die Wahrheit für diese Zeit noch nicht gehört haben, erkennen sie, dass ihre Ernährungsweise umgestellt werden muss, und dass sie die Fleischnahrung aufgeben müssen, weil sie ein Verlangen nach Alkohol hervorruft und den Organismus krank macht. Durch Fleischgenuss werden die körperlichen, geistigen und sittlichen Kräfte geschwächt. Der Mensch besteht aus dem, was er isst. Als Ergebnis des Genusses von Fleisch, Tabak und alkoholischen Getränken herrschen die niederen Triebe vor.

Der Herr wird seinem Volk Weisheit geben, aus den Erzeugnissen des Bodens Nahrungsmittel herzustellen, die anstelle des Fleisches treten. Einfache Kombinationen von Nüssen, Getreide und Obst, schmackhaft und geschickt hergestellt, werden auch Nichtgläubige schätzen. Jedoch enthalten die üblichen Kombinationen zu viele Nüsse. Ms 156, 1901

Einfach, leicht zubereitet, gesund

401 Ich muss nun an meine Brüder die Unterweisung weitergeben, die der Herr mir hinsichtlich der Reform-Lebensmittel erteilt hat. Von vielen werden diese Waren als menschliche Erfindungen betrachtet; aber sie haben ihren Ursprung in Gott, als ein Segen für sein Volk. Das Werk der Herstellung gesunder Nahrungsmittel ist Gottes Eigentum und darf niemals dazu verwandt werden, jemand finanziellen Gewinn zu bringen. Das Licht, das Gott über die Ernährung gegeben hat und weiterhin geben will, soll für sein Volk heute das sein, was das Manna für die Kinder Israel war. Das Manna fiel vom Himmel, und die Kinder Israel wurden angewiesen, es zu sammeln und zum Essen zuzubereiten. So wird in den verschiedenen Ländern der Welt dem Volk des Herrn Licht gegeben werden, um gesunde Nahrungsmittel herzustellen, die für diese Länder geeignet sind.

Die Mitglieder jeder Gemeinde sollten feinfühlend und klug damit umgehen, was Gott ihnen schenken wird. Allen, die ernstlich danach suchen, wird er Geschicklichkeit und Verstand geben, wie sie einfache, gesunde Nahrungsmittel verarbeiten können. Aus den Produkten der Erde werden sie Lebensmittel zusammenstellen, die das Fleisch ersetzen. Niemand wird dann mehr eine Ausrede fürs Fleischessen haben. Alle, die wissen, wie solche Nahrungsmittel hergestellt werden können, sollen ihr Wissen selbstlos anwenden. Sie müssen ihren armen Brüdern helfen. Sie müssen Erzeuger und auch Verbraucher sein.

Es ist Gottes Absicht, dass an vielen Orten Reformwaren hergestellt werden. Menschen, die neu zur Wahrheit kommen, müssen lernen, wie man diese einfachen Nahrungsmittel zubereitet. Es ist nicht Gottes Plan, dass die Armen Mangel leiden. Der Herr wendet sich an sein Volk in den verschiedenen Ländern, ihn um Weisheit zu bitten und diese dann richtig anzuwenden. Wir dürfen nicht aus Hoffnungslosigkeit und Entmutigung aufgeben. Wir müssen unser Bestes tun, um andere zu erleuchten. *Ms 78; 1902*

Einfacher und billiger
402 Die Reformnahrungsmittel, die unsere Fabriken verlassen, können viel besser werden. Der Herr wird seine Diener belehren, Herstellungsverfahren zu entwickeln, die einfacher und billiger sind. Es gibt viele, die er in diesem Zweig belehren wird, wenn sie in seinem Rat handeln und in Übereinstimmung mit ihren Brüdern. *7T 127.128; 1902*

403 Verwendet Nahrungsmittel, die nicht so teuer sind. Auf gesunde Art zubereitet, werden sie für alle Zwecke brauchbar sein. ... Bemüht euch um kostengünstige Zubereitungen von Getreide und Früchten. All das hat uns Gott freizügig gegeben, um unsere Bedürfnisse zu stillen. Die Verwendung teurer Nahrungsmittel ist keine Garantie für Gesundheit. Wir können auch gesund sein, wenn wir einfache Zubereitungen aus Früchten, Getreide und Gemüse verwenden. *Ms 75; 1906*

404 Viel Weisheit ist nötig, um einfache, preiswerte und gesunde Nahrungsmittel herzustellen. Unsere Geschwister sind im allgemeinen arm. Reformlebensmittel müssen zu Preisen erhältlich sein, die auch von armen Menschen gekauft werden können. Gottes Absicht besteht darin, überall auch die Ärmsten mit preiswerten und gesunden Lebensmitteln zu versorgen. An vielen Orten kann man Fabriken zur Herstellung dieser Nahrungsmittel errichten. Was an einem Ort dem Werk zum Segen dient, wird sich auch anderswo zum Segen erweisen, wo Geld noch schwerer zu verdienen ist.

Gott ist für seine Kinder tätig. Er möchte sie nicht ohne Hilfsquellen lassen. Er führt sie zu der Nahrung zurück, die den Menschen ursprünglich gegeben wurde; sie soll aus den Rohstoffen bestehen, die er dafür vorgesehen hat. Die Materialien, aus denen diese Nahrungsmittel bestehen, werden Früchte, Getreide und Nüsse sein, aber auch verschiedene Wurzeln wird man verwenden. *7T 125.126; 1902*

In Hungersnöten, wird die Nahrung vereinfacht werden
405 Die Herstellung von Reformwaren hat noch keine Vollkommenheit erreicht. In dieser Richtung ist noch viel zu lernen. Der Herr wünscht, dass die Gemüter seines Volkes in der ganzen Welt sich in einem solchen Zustand befinden, dass sie für seine Anregungen empfänglich sind. Er möchte sie darüber belehren, wie bestimmte Roh-

stoffe zu Lebensmitteln verarbeitet werden können, die notwendig sind, bisher aber noch nicht produziert wurden.

Während Hungersnot, Mangel und Not in dieser Welt immer mehr zunehmen, sollte die Herstellung der Reformwaren sehr vereinfacht werden. Diejenigen, die in diesem Werk tätig sind, müssen ständig von dem großen Lehrer lernen, der sein Volk liebt und immer nur sein Bestes will. *Ms 14; 1901*

Christi Lehre über Sparsamkeit

406 Von diesem Werk hängt viel ab. In dem Bemühen, gesunde, preiswerte Nahrungsmittel herzustellen, muss mit den gesunden Erzeugnissen der Erde experimentiert werden. Für dieses Werk sollte ernstlich gebetet werden. Bittet Gott um Weisheit, wie gesunde Nahrungsmittel hergestellt werden können. Er, der die 5000 mit fünf Broten und zwei kleinen Fischen speiste, wird auch heute an die Nöte seiner Kinder denken. Nachdem Christus dieses großartige Wunder vollbracht hatte, erteilte er eine Lehre über Sparsamkeit. Als der Hunger der Menge gestillt war, sagte er: *„Sammelt die übriggebliebenen Brocken, damit nichts verdirbt!"* Johannes 6,12 *„Und sie ... hoben auf, was an Brocken übrigblieb, zwölf Körbe voll.."* Matthäus 14,20; Letter 27; 1902

Lebensmittel aus Produkten der verschiedenen Länder

407 In den verschiedenen Ländern wird der Herr vielen Menschen für die Herstellung von Reformlebensmitteln Weisheit geben. Er kann einen Tisch in der Wüste bereiten. Von unseren Gemeinden, die versuchen, die Grundsätze der Gesundheitsreform zu praktizieren, sollten solche Nahrungsmittel hergestellt werden. Aber wenn sie das tun, werden andere sagen, dass sie auf ihre Rechte übergreifen. Wer gab ihnen jedoch die Weisheit, diese Nahrungsmittel herzustellen? – der Gott des Himmels. Dieser gleiche Gott wird seinem Volk in den verschiedenen Ländern Weisheit geben, die Erzeugnisse dieser Länder zur Herstellung von Reformwaren zu verwenden.

Unsere Geschwister sollten mit einfachen, sparsamen Methoden mit den Früchten, dem Getreide und Gemüse der Länder, in denen sie leben, Versuche anstellen. In den verschiedenen Ländern sollten kostengünstige Lebensmittel zum Nutzen der Armen und der eigenen Familien hergestellt werden.

Die Botschaft, die Gott mir gegeben hat, ist, dass sein Volk in fremden Ländern nicht von Importen der Reformwaren von Amerika abhängig sein soll. Fracht und Zoll erhöhen die Kosten dieser Lebensmittel so sehr, dass die Armen, die in Gottes Augen ebenso kostbar sind wie die Wohlhabenden, sich das nicht leisten können.

Die Reformwaren sind Gottes Produkte, und er wird sein Volk in den Missionsfeldern unterweisen, die Rohstoffe der Erde so zusammenzustellen, dass einfache, preiswerte Lebensmittel zur Verfügung stehen. Wenn die Geschwister Weisheit von Gott erbitten, wird er sie unterrichten, wie man diese Erzeugnisse nutzen kann. Ich bin unterwiesen zu sagen: Hindert sie nicht daran. Ms 40; 1902

Reformlebensmittel sollten vorhanden sein, wo die Gesundheitsreform bekannt gemacht wird

408 In dem Feld, in dem ihr arbeitet, ist über Herstellungsverfahren von Reformlebensmitteln viel zu lernen. Es sollen Lebensmittel hergestellt werden, die ganz gesund und doch nicht teuer sind. Den Armen muss das Evangelium der Gesundheit gepredigt werden. In der Produktion dieser Lebensmittel werden sich Türen auftun, wodurch diejenigen, die die Wahrheit annehmen und ihre Arbeit verlieren, in der Lage sein werden, ihren Lebensunterhalt zu verdienen. Die Bodenerzeugnisse, für die Gott vorgesorgt hat, müssen zu Lebensmittel verarbeitet werden, die die Leute für sich zubereiten können. Dann können wir die Grundsätze der Gesundheitsreform entsprechend weitergeben. Und alle, die es hören, werden von der Logik dieser Grundsätze überzeugt werden und sie annehmen. Sind jedoch keine solchen Lebensmittel vorhanden, die schmackhaft, nahrhaft und doch preiswert sind, dann sollten wir nicht die Gesundheitsreform in Bezug auf Ernährung in ihrer strengsten Form anderen mitteilen. Letter 98; 1901

409 Überall, wo die Wahrheit verkündigt wird, sollten die Menschen auch in der Zubereitung gesunder Nahrung unterrichtet werden. Gott möchte, dass man überall den Menschen zeigt, wie sie die Erzeugnisse weise gebrauchen können, die sie zur Verfügung haben. Fähige Lehrer sollten den Menschen zeigen, wie sie die Erzeugnisse, die sie in ihrem Gebiet anbauen oder kaufen können, am vorteilhaftesten nutzen. Sie können den Armen und auch den Bessergestellten zeigen, wie sie gesund leben können. 7T 132; 1902

Nüsse müssen sparsam verwendet werden

410 Gott möchte, dass die Menschen überall auf der Welt die Bodenerträge ihres Landes sinnvoll verwenden. Die Erzeugnisse eines jeden Gebietes sollten genau untersucht werden, um zu sehen, ob sie nicht so kombiniert werden können, dass die Nahrungsmittelherstellung vereinfacht wird und die Kosten für Produktion und Transport gesenkt werden. Alle sollten unter der Leitung des Herrn ihr Bestes tun, um dies zu erreichen. Es gibt viele teure Lebensmittel, die man kombinieren kann. Es ist jedoch nicht notwendig, die teuersten Zutaten zu verwenden.

Vor drei Jahren erhielt ich einen Brief mit den Worten: *„Ich kann die mit Nüssen zubereiteten Speisen nicht essen; mein Magen rebelliert!"* Dann wurden mir mehrere Rezepte gezeigt. In einem davon stand, dass die Nüsse mit solchen Zutaten verarbeitet werden sollten, die zusammenpassen, und dass man nicht soviel davon verwenden sollte. 10-15% Anteil an Nüssen sei bei der Kombination ausreichend. Wir haben das ausprobiert und waren damit erfolgreich. Auch auf anderes wurde noch hingewiesen.

Von süßen Plätzchen oder Keksen wurde auch gesprochen. Sie werden hergestellt, weil irgend jemand sie mag, und dann essen das viele, die es nicht sollten. Es gibt noch viel zu verbessern. Gott wird mit allen zusammenarbeiten, die es wollen. Letter 188; 1901

411 Beim Zusammenstellen von Rezepten für unsere Gesundheitszeitschriften sollte man sehr sorgfältig sein. Einige der bisher hergestellten Nahrungsmittel können verbessert und die Anweisungen über die Verwendung abgeändert werden. Einige verwenden Nüsse viel zu reichlich. Viele Leute haben mir geschrieben: *„Ich vertrage diese Nuss-Speisen nicht; was soll ich an Stelle von Fleisch essen?"*

In einer Nacht schien ich vor Menschen zu stehen, zu denen ich sagte, dass sie in der Nahrungszubereitung zu viel Nüsse benutzen. Der Organismus kann das nicht verarbeiten, wenn einige der angegebenen Rezepte verwendet werden. Deshalb wäre es sinnvoller, sparsam mit Nüssen umzugehen. 7T 126; 1902

Reform-Restaurants bei Konferenzen

412 Schafft in unseren Zeltversammlungen die Möglichkeit, den bedürftigen Teilnehmern gesunde, schmackhaft zubereitete Kost zu günstigem Preis anbieten zu können. Dabei wäre ein Restaurant hilfreich. Dort könnten viele unterwiesen werden, die nicht unseres Glaubens sind. Seht diesen Bereich des Werkes nicht so an, als habe er nichts mit unseren Versammlungen zu tun. Jeder Teil des Werkes ist eng mit dem anderen verbunden, und alle zusammen sollten in vollkommener Einigkeit tätig sein. 7T 41; 1902

413 In unseren Städten sind engagierte Mitarbeiter dabei, verschiedene missionarische Dienste aufzubauen. Sie richten z.B. Reform-Gaststätten ein. Wie sorgfältig sollte aber diese Arbeit getan werden! Wer in diesen Gaststätten arbeitet, sollte immer wieder etwas ausprobieren, um herauszufinden, wie man wohlschmeckende, gesunde Nahrung zubereitet.

Jede Reform-Gaststätte sollte auch eine Ausbildungsstätte für die dort beschäftigten Mitarbeiter sein. In den Städten kann man diese Arbeit anders ausführen als an kleineren Orten.

Überall dort, wo es eine Gemeinde und eine Gemeindeschule gibt, sollten Kochkurse über die Zubereitung einfacher, gesunder Nahrung angeboten werden. Das ist hilfreich für alle, die die Grundsätze der Gesundheitsreform umsetzen wollen. In allen Missionsgebieten können wir ähnlich arbeiten. Ms 79; 1900

Unsere Gaststätten sollen an Grundsätzen festhalten

414 Ihr werdet ständig vor Neuerungen auf der Hut sein müssen. Das würde, obwohl es harmlos scheint, zur Aufgabe von Grundsätzen führen, die in unserer Gaststättenarbeit aber immer aufrechterhalten werden sollten. ... Wir dürfen nicht erwarten, dass solche, die ihr Leben lang der Esslust nachgaben, auf Anhieb wissen können, wie Nahrung zubereitet wird, die gesund, einfach und appetitlich ist. Das ist eine Kunst, die jede Heilanstalt und jede Gesundheits-Gaststätte unterrichten soll. ... Wenn die Kundschaft in unseren Gaststätten weniger wird, weil wir uns weigern, von wichtigen Grundsätzen abzuweichen, dann lasst es so sein. Wir müssen auf dem Weg des Herrn bleiben, ob böse oder gute Gerüchte in Umlauf sind.

Ich führe euch dies alles in meinen Briefen vor Augen, um euch zu helfen, am Rechten festzuhalten und um das zu vermeiden, was nicht in unseren Heilanstalten und Gaststätten hineinkommen darf, ohne Grundsätze zu opfern. Letter 201; 1902

Vermeidet komplexe Zusammenstellungen

415 In allen Gaststätten in unseren Städten besteht die Gefahr, dass zu viele Gerichte zu einer Mahlzeit angeboten werden. Der Magen leidet, wenn ihm zu einer Mahlzeit viele verschiedene Speisen zugemutet werden. Einfachheit ist ein wichtiger Punkt der Gesundheitsreform. Es besteht dann die Gefahr, dass unser Werk aufhört, ein Reformwerk zu sein. Wenn wir dafür arbeiten wollen, dass Menschen wieder gesund werden, ist es nötig, den Appetit zu zügeln, langsam zu essen und wenig verschiedenes zu einer Mahlzeit. Das muss immer wieder gesagt werden. Es passt nicht mit den Grundsätzen der Gesundheitsreform überein, zu einer Mahlzeit so viele verschiedene Gerichte zu essen. Vergessen wir nie, dass der religiöse Teil des Werkes der wichtigere ist. Nahrung für die Seele ist nötiger als alles andere. *Letter 271; 1905*

Die Aufgabe unserer Reform-Restaurants

416 Mir wurde gezeigt, dass wir uns nicht damit zufrieden geben sollten, dass wir eine vegetarische Gaststätte in Brooklyn haben, sondern dass wir weitere Gaststätten in anderen Teilen der Stadt einrichten sollten. Die Menschen, die in einem Teil von New York wohnen, wissen nicht, was in anderen Teilen dieser großen Stadt vor sich geht. Menschen, die in den an verschiedenen Plätzen errichteten Gaststätten essen, werden merken, dass sich ihr Gesundheitszustand bessert. Haben wir einmal ihr Vertrauen gewonnen, werden sie eher bereit sein, Gottes besondere Botschaft der Wahrheit anzunehmen.

Wo immer wir in unseren großen Städten ärztliche Missionsarbeit tun, sollten wir auch Kochkurse abhalten. Und wo immer sich ein starkes Missionswerk auf dem Gebiet der Erziehung entwickelt, sollten wir auch eine Reform-Gaststätte einrichten. Dort besteht die Möglichkeit, die richtige Auswahl und die gesunde Zubereitung von Nahrungsmitteln praktisch zu veranschaulichen. *7T 55; 1902*

417 Der Herr hat eine Botschaft für unsere Städte, die wir ihnen durch Zeltversammlungen, andere öffentliche Bemühungen und unsere Schriften übermitteln sollen.

Zusätzlich sollten in den Städten vegetarische Restaurants eröffnet werden, die eine Botschaft über Mäßigkeit verbreiten. Es sollte möglich sein, dass in Verbindung mit unseren Restaurants Versammlungen abgehalten werden und wo man die Gäste zu Vorträgen über Themen der Gesundheit und christlichen Mäßigkeit einladen kann. Dabei können sie in der Zubereitung gesunder Nahrung und anderen wichtigen Lebensfragen unterrichtet werden.

Bei diesen Versammlungen sollte gebetet, gesungen und nicht nur über Gesundheit gesprochen werden, sondern auch über geeignete biblische Themen. Während die Leute unterrichtet werden, körperlich gesund zu bleiben, werden sich viele Gelegenheiten bieten, den Samen des Evangeliums vom Reich Gottes auszustreuen. *7T 115; 1902*

Endziel des Werkes, das sich mit der Herstellung gesunder Lebensmittel befasst

418 Wird so gearbeitet, dass die Aufmerksamkeit der Menschen auf das Evangelium Christi gelenkt wird, kann die Herstellung von Reformwaren nutzbringend sein. Aber ich warne euch dringend vor solchen Bemühungen, die nicht mehr zustande bringen als die Herstellung von Nahrungsmitteln, nur um körperlichen Bedürfnissen abzuhelfen. Es ist falsch, so viel Zeit dafür zu verwenden und die Fähigkeiten von Männern und Frauen zu nutzen, um Lebensmittel herzustellen, während sich keiner bemüht, die Menschen mit dem Brot des Lebens zu versorgen. Ein Werk, das nicht zum Ziel hat, den Weg zum ewigen Leben deutlich zu machen, ist in großer Gefahr. *Ms 10; 1906*

16 DIE ERNÄHRUNG IN HEILEINRICHTUNGEN

Vernünftige Pflege und gute Ernährung
419 Wir sollen Einrichtungen haben, in denen Patienten von gläubigen ärztlichen Missionaren betreut und ohne Drogen behandelt werden. Diese Häuser werden dann solche besuchen, die sich durch falsche Ess- und Trinkgewohnheiten geschädigt haben. Wir sollen ihnen eine einfache, gesunde, wohlschmeckende Kost bieten, aber keine Hungerkost. Gesunde Nahrungsmittel sollen so zusammengestellt werden, dass sie appetitanregende Gerichte ergeben. *Ms 50; 1905*

420 Wir möchten eine Einrichtung haben, in dem Krankheiten durch natürliche Heilmittel behandelt werden und den Menschen gezeigt wird, was sie selbst tun können, wenn sie krank sind. Dort werden sie auch lernen, selbst von gesunder Kost nicht zu viel zu essen, und ihnen wird dabei auch erklärt, auf alle Narkotika – Tee, Kaffee, gegorenen Wein und Reizmittel aller Art – zu verzichten und zudem der Verzehr von Fleisch aufzugeben. *Ms 44; 1896*

Die Verantwortung der Ärzte, Köche und Schwestern
421 Die Aufgabe des Arztes ist, darauf zu achten, dass gesunde Nahrung auf den Tisch kommt. Sie sollte so zubereitet werden, dass der Organismus in seiner Funktion unterstützt wird. *Letter 112; 1901*

422 Die Ärzte sollten wachen und beten und sich bewusst sein, was für eine große Verantwortung sie tragen. Sie sollten ihren Patienten die für sie am besten geeignete Kost verordnen. Diese Kost sollte von einer Fachkraft zubereitet werden, die sich seiner durchaus verantwortungsvollen Aufgabe ganz bewusst ist. Es ist eine gute Kost erforderlich, um gutes Blut zu bilden. *Ms 39; 1901*

423 Eine wichtige Aufgabe der Pflegeperson ist es, sich um die Ernährung des Patienten zu kümmern. Man sollte es nicht zulassen, dass der Patient durch einen Mangel an Aufbaustoffen leidet oder unnötig entkräftet wird. Auch sollten die geschwächte Verdauung nicht strapaziert werden. Es ist dafür zu sorgen, dass die Kost so zubereitet und serviert wird, dass sie gut schmeckt.

Die Menge und Zusammensetzung der Speisen sollte den Bedürfnissen des Patienten weise angepasst sein. *MH 221; 1905*

Suche die Erquickung und den guten Willen des Patienten

424 Die Patienten sollten genügend gesunde, schmackhafte Kost erhalten, die so appetitlich zubereitet und serviert wird, dass sie Fleischspeisen nicht vermissen. Die Mahlzeiten sind ein Erziehungsmittel in der Gesundheitsreform. In der Auswahl der Nahrung für den Patienten sollte man sorgfältig sein. Wie man die Kost richtig zusammenstellt, ist sehr wichtig und soll als Weisheit von Gott betrachtet werden. Die Essenszeiten sollten so gestaltet sein, dass die Patienten spüren: die Verantwortlichen in der Heileinrichtung sind um ihr Wohlbefinden und ihre Gesundheit besorgt. Wenn sie dann nach Hause kommen, werden sie nicht mit Vorurteilen belastet sein.

Keinesfalls soll bei den Patienten der Eindruck entstehen, dass die Essenszeiten durch unveränderbare Gesetze festgelegt seien. Wenn ihr merkt, dass Menschen nicht in die Heileinrichtung kommen, weil es dort keine dritte Mahlzeit gibt, ist doch klar, was zu tun ist. Auch wenn es für einige besser ist, nur zwei Mahlzeiten einzunehmen, müssen wir bedenken, dass andere zu jeder Mahlzeit nur wenig essen und gerne abends noch etwas essen möchten. Sie sollen genügend essen, das stärkt die Sehnen und Muskeln. Auch sollen wir bedenken, dass der Verstand aus der gegessen Nahrung Kraft erhält. Eine Aufgabe der ärztlichen Missionsarbeit unserer Angestellten in den Kurhäusern besteht darin, auf den Wert gesunder Nahrung hinzuweisen.

Es ist richtig, dass wir in unseren medizinischen Einrichtungen keinen Tee und Kaffee noch Fleisch servieren. Für viele ist das eine große Umstellung und eine herber Verzicht. Die Durchsetzung weiterer Veränderung, wie z.B. in der Anzahl der täglichen Mahlzeiten, wird wahrscheinlich einigen Personen mehr schaden als nützen. *Letter 213; 1902*

Notwendige Änderungen in Gewohnheiten und Sitten

425 Alle, die mit dem Institut zu tun haben, sollten daran denken, dass Gott von ihnen verlangt, den Patienten da zu begegnen, wo sie sind. Wir sollen Gottes helfende Hand sein und aufzeigen, dass die Wahrheit für diese Zeit auch angefeindet ist. Deshalb dürfen wir nicht versuchen, uns unnötig in die Gewohnheiten und Sitten derer einzumischen, die sich als Patienten oder Gäste in der Heileinrichtung aufhalten. Viele dieser Leute kommen an diesen stillen Ort, um nur ein paar Wochen zu bleiben. Sie zu drängen, ihre Essenszeiten für eine so kurze Zeit zu ändern, ist für sie sehr unbequem. Wenn ihr genau hinschaut, werdet ihr merken, dass ihr einen Fehler gemacht habt.

Versucht die Gewohnheiten der Patienten kennenzulernen und verlangt nicht von ihnen, dass sie ihren Lebensstil aufgeben, wenn dadurch nichts besonderes erreicht wird. Die Atmosphäre hier sollte heiter und behaglich und so gesellig wie möglich sein. Wer zur Behandlung kommt, sollte sich wie zu Hause fühlen können.

Abrupte Änderungen bei den Mahlzeiten wird sie in einen unausgeglichenen Gemütszustand versetzen. Daraus folgt, dass sie sich unwohl fühlen und so den Segen verlieren, den sie sonst hätten haben können. Ist es notwendig, ihre Gewohnheiten zu ändern, dann tut es so vorsichtig und liebenswürdig, dass sie die Veränderung mehr als Segen empfinden als ein Verzicht. Eure Anordnungen sollten logisch sein und auch denen verständlich, die nicht so gebildet sind, um alles klar zu erkennen. Wenn ihr euch schon für erneuernde, umgestaltende Grundsätze der Wahrheit einsetzt, die die Gäste der Einrichtung in ihr Leben übernehmen sollen, um wieder gesünder zu werden, dann lasst sie spüren, dass von ihnen nichts willkürlich gefordert wird. Gebt ihnen keinen Grund zu denken, dass sie gezwungen sind, einen Weg zu gehen, den sie gar nicht wollen. *Letter 213; 1902*

Änderungen von Ernährungsgewohnheiten

426 Heute Nacht sprach ich mit euch beiden. Ich hatte euch einiges über das Thema Ernährung zu sagen. Ich sprach offen mit euch und sagte, dass ihr eure Ansichten über Ernährung ändern sollt, die Menschen betreffen, die aus der Welt hierher kommen. Diese Leute lebten falsch und zu üppig. Sie leiden deshalb unter ihrer Befriedigung der Esslust. Eine Änderung ihrer Ess- und Trinkgewohnheiten ist nötig. Diese Veränderung kann jedoch nicht auf einmal erfolgen. Das muss schrittweise geschehen. Die gesunde Nahrung, die ihnen serviert wird, muss appetitlich angerichtet sein. Vielleicht haben sie bisher immer drei Mahlzeiten täglich gehabt und reichhaltig gegessen. Es ist sehr wichtig, diese Menschen mit den Wahrheiten der Gesundheitsreform bekannt zu machen. Aber um sie dahin zu bringen, eine vernünftige Ernährungsweise anzunehmen, müsst ihr ihnen reichlich gesunde, appetitliche Nahrung anbieten. Änderungen dürfen nicht so abrupt vorgenommen werden. Sonst werden sie von der Gesundheitsreform abgebracht anstatt zu ihr hingeführt. Das Essen, das ihnen serviert wird, muss gut schmecken und reichhaltiger sein, als wenn es für euch selbst oder für mich bestimmt wäre. ...

Ich schreibe das, weil ich sicher bin, dass der Herr von euch wünscht, dass ihr feinfühlend den Menschen dort begegnen sollt, wo sie stehen, in ihrer Dunkelheit und Selbstbefriedigung. So weit es mich betrifft, ziehe ich entschieden eine einfache, schlichte Ernährung vor. Es wäre jedoch unklug, Patienten aus der Welt eine so strenge Kost zuzumuten. Sie werden sich dann von der Gesundheitsreform abwenden. Dies wird sie nicht überzeugen, dass es nötig ist, ihrer Ess- und Trinkgewohnheiten zu ändern. Klärt sie über Fakten auf. Unterweist sie so, dass sie einsehen, wie nötig eine einfache, schlichte Ernährung ist. Und ändert das schrittweise. Gebt ihnen Zeit, auf die Behandlung und die Unterweisung, die ihnen gegeben wird, zu reagieren. Arbeitet und betet, und leitet ihre Schritte so sanft wie möglich.

Ich erinnere mich daran, wie ich einmal in der Heileinrichtung in ... gedrängt wurde, mit den Patienten an einem Tisch zu sitzen und mit ihnen zu essen, damit wir uns kennen lernen könnten. Da sah ich, dass bei der Zubereitung des Essens ein schwerwiegender Fehler gemacht worden war. Das Essen war geschmacklos und zudem in der Menge nicht ausreichend. Die Mahlzeit war selbst für mich völlig unbefriedigend. Ich sorgte dafür, dass das geändert wird, und denke, dass diese Probleme gelöst wurden.

Reformen müssen von Unterricht begleitet sein
Wenn Patienten in unseren Heileinrichtungen behandelt werden, muss uns klar sein, dass lebenslange Gewohnheiten und Verhalten nicht sofort geändert werden können. Mit einem verständigen Koch und ausreichender Verpflegung mit gesunder Nahrung können Reformen durchgeführt werden, die etwas Gutes bewirken. Aber das erfordert Zeit. Wenn nicht unbedingt nötig, sollte nicht übereilt gehandelt werden. Wir sollten daran denken, dass das Essen, das einem Gesundheitsreformer schmeckt, für andere, die an scharf gewürzte Nahrung gewöhnt sind, sehr fade sein kann.

Es sollten Seminare angeboten werden, in denen aufzeigt wird, warum Änderungen in der Ernährung notwendig sind, und dass scharf gewürzte Speisen die Verdauungsorgane angreifen. Erklärt den Menschen, warum wir als Volk unsere Ess- und Trinkgewohnheiten geändert haben. Begründet, warum wir Tabak und jedes alkoholische Getränk ablehnen. Stellt in klarer und einfacher Weise die Grundsätze der Gesundheitsreform vor. Gleichzeitig serviert gesunde, geschmackvoll zubereitete Nahrung und der Herr wird euch helfen, die Wichtigkeit der Reform eindrucksvoll deutlich zu machen. Die Menschen werden dann einsehen, dass diese Reform nur zu ihrem Besten ist. Sie werden ihr gewohntes Essen zunächst vermissen, aber ihr müsst euch bemühen, solche Nahrung anzubieten, die so gesund und appetitlich ist, dass ihnen nichts fehlt. Macht ihnen klar, dass die Behandlung ihnen nichts nützen wird, wenn sie nicht in ihren Ess- und Trinkgewohnheiten die notwendigen Änderungen vornehmen. *Letter 331; 1904*

427 In unseren Heileinrichtungen sollte eine reichhaltige Speisekarte für den Essraum der Patienten angeboten werden. In keiner unserer medizinischen Einrichtungen habe ich etwas gesehen, das an Übermaß grenzte; aber ich habe festgestellt, dass es an gutem, hübsch angerichtetem und schmackhaftem Essen fehlt. Oft sind Patienten in solchen Einrichtung gewesen, die nach einer Weile zu der Ansicht kamen, dass sie für Zimmer, Verpflegung und Behandlung zu viel bezahlen müssen, ohne viel dafür zu bekommen, und sind deshalb abgereist. Natürlich gingen bald böse Gerüchte zum Schaden der Einrichtung um.

Zwei Extreme
Es gibt zwei Extreme, die wir vermeiden sollten. Der Herr möchte jedem helfen, der mit unseren medizinischen Einrichtungen zu tun hat, keine kärgliche Verpflegung zu unterstützen. Die Männer und Frauen, die aus der Welt in unsere Einrichtungen kommen, haben sich oft verkehrte Essgewohnheiten angewöhnt. Radikale Änderungen können da nicht gleich erfolgen. Einige können nicht sofort auf eine Ernährung nach gesunden Richtlinien umgestellt werden, wie es in einer privaten Familie vielleicht möglich wäre. In einer medizinischen Einrichtung muss man verschiedenen Ansprüchen gerecht werden. Einige brauchen gut zubereitetes Gemüse, um ihre besonderen Bedürfnisse zu decken. Andere sind nicht in der Lage gewesen, Gemüse zu essen, ohne unter den Folgen zu leiden. Die armen, schwachen Magenkranken benötigen viele Worte der Ermutigung. Wie wird es die Gesundheit

der Patienten fördern, wenn der religiöse Einfluss eines christlichen Heimes sich in der Heileinrichtung bemerkbar macht. Das alles muss sorgfältig und mit Gebet geschehen. Der Herr sieht die Schwierigkeiten, die zu regeln sind, und er wird euer Helfer sein. …

Sorgt für Veränderung im Speiseplan
Gestern schrieb ich euch einiges, von dem ich hoffe, dass es euch in keiner Weise verwirren wird. Ich habe vielleicht zu viel darüber geschrieben, wie wichtig eine reichhaltige Verpflegung in unseren Kurhäusern ist. Ich bin in einigen medizinischen Einrichtungen gewesen, wo die Verpflegung nicht so gut war, wie sie hätte sein sollen. Wie ihr ja wisst, dürfen wir in der Verpflegung der Kranken keiner starren Regel folgen, sondern müssen den Speiseplan öfter ändern und das Essen auf verschiedene Weise zubereiten. Ich glaube, dass der Herr jedem von euch in der Nahrungszubereitung gutes Entscheidungsvermögen geben wird. *Letter 45; 1903*

428 Menschen, die zur Behandlung in unsere Einrichtungen kommen, sollten mit einer reichlichen Auswahl gut zubereiteter Speisen verpflegt werden. Es ist nötig, dass die Nahrung, die wir ihnen servieren, abwechslungsreicher ist als es zuhause ausreicht. Die Ernährung sollte so sein, dass bei den Gästen ein guter Eindruck hinterlassen wird. Das ist sehr wichtig. Die Dienste der Heileinrichtung werden mehr in Anspruch genommen, wenn eine Verpflegung mit reichlich appetitlichem Essen angeboten wird. Immer wieder bin ich vom Tisch unserer Einrichtung hungrig und unbefriedigt aufgestanden. Ich habe mit der Leitung dort gesprochen und ihnen gesagt, dass ihre Mahlzeiten reichhaltiger und das Essen appetitlicher sein muss. Ich sagte ihnen, dass sie Ideen sammeln müssen, um die notwendige und bestmögliche Veränderung durchzuführen. Ich wies darauf hin, dass sie daran denken müssen, dass Speisen, die vielleicht Gesundheitsreformern schmecken, all denen, die immer üppig gegessen haben, überhaupt nicht zusagen. Von den Mahlzeiten, die in einer erfolgreich geführten Reform-Gaststätte zubereitet und serviert werden, kann viel gelernt werden. …

Vermeidet Extreme
Wenn ihr dieses Thema nicht richtig beachtet, wird die Zahl der Patienten abnehmen anstatt zunehmen. Es besteht die Gefahr, in der Ernährungsreform extrem zu sein. In der letzten Nacht sprach ich im Traum mit Dr. … Ich sagte zu ihm: *„Du musst weiterhin dafür sorgen, dass du*

wegen der Ernährung nicht extrem wirst. Du darfst weder für dich noch im Blick auf das Essen, das für die Helfer und Patienten des Sanatoriums vorgesehen ist, extrem sein. Die Patienten bezahlen genug Geld für das Essen, und sie sollten deshalb auch gut verpflegt werden. Einige kommen vielleicht in einem Zustand ins Sanatorium, wo strenge Absage an den Appetit und die einfachste Kost nötig ist, aber wenn sich ihre Gesundheit bessert, sollten sie genügend gesundes Essen bekommen." Ihr mögt überrascht sein, dass ich dies schreibe, aber letzte Nacht wurde mir gezeigt, dass eine Änderung im Nahrungsangebot sich positiv auf die Patientenzahlen auswirken würde. Ein reichhaltigere Speisekarte ist also notwendig. Letter 37; 1904

429 In der Heileinrichtung muss man sich davor hüten, bei der Ernährung extrem zu sein. Wir können von Nichtadventisten nicht verlangen, dass sie das sofort annehmen, wozu unsere Gemeindeglieder Jahre gebraucht haben. Sogar jetzt gibt es noch viele unter unseren Predigern, die die Gesundheitsreform nicht umsetzen, trotz ihres Wissens darüber. Von denen, die sich nicht bewusst sind, dass Zurückhaltung in der Ernährung nötig ist und darin keine praktischen Erfahrungen gemacht haben, können wir nicht erwarten, dass sie auf einmal den großen Schritt von der Unbeherrschtheit im Essen zur strengsten Form der gesunden Lebensweise tun. Wer hierher kommt, soll gesunde Nahrung erhalten, die sehr gut schmeckt und nach richtigen Grundsätzen zubereitet wird. Wir können von den Patienten nicht erwarten, dass sie genauso leben wie wir. Die Umstellung wäre zu groß. Und es gibt nur sehr wenige unter uns, die so enthaltsam leben, wie es Dr. ... rät. Änderungen dürfen nicht plötzlich vorgenommen werden, wenn die Patienten nicht darauf vorbereitet sind.

Von den Speisen, die den Patienten serviert werden, sollten sie positiv beeindruckt sein. Eier können auf verschiedene Art zubereitet werden. Zitronenauflauf sollte ebenfalls nicht gestrichen werden. Zu wenig Überlegung und Mühe sind dafür eingesetzt worden, um das Essen wohlschmeckend und nahrhaft zu machen. Wir wollen nicht, dass die Heileinrichtung zu wenig Patienten hat. Wir können die Menschen nicht von den Irrtümern ihrer Lebensweise bekehren, wenn wir sie nicht klug behandeln.

Stellt den besten Koch an, den ihr bekommen könnt und beschränkt die Nahrung nicht auf das, was einigen schmeckt, die strenge Gesundheitsreformer sind. Würde man den Patienten nur solche Nahrung geben, wäre das für sie abstoßend, weil es so fade schmecken würde. Da kann man keine Menschen in unseren Sanatorien für die Wahrheit gewinnen. Beachtet die Warnungen, die der Herr Bruder und Schwester K. in Bezug auf Extreme gegeben hat. Ich wurde unterwiesen, dass Dr. ... seine Ernährung umstellen und nahrhaftere Kost zu sich nehmen muss. Es ist möglich, ohne viel Fett zu kochen, aber das Essen trotzdem schmeckt. Ich weiß, dass jedes Extrem in der Kost der Heileinrichtung den Ruf des Hauses schädigt. ...

Man kann die Nahrungsmittel so zusammenstellen und zubereiten, dass das Essen gesund und auch nahrhaft ist. Die in unseren Sanatorien für die Küche Verantwortlichen sollten sich entsprechend auskennen. Das Thema muss vom biblischen Standpunkt aus behandelt werden. Man kann den Körper durch mangelhafte Nahrung schädigen. Die bestmögliche Zubereitungsweise der Nahrung soll studiert werden. *Letter 127; 1904;*

➤ *Siehe auch: 324, 331*

Der Einfluss kleiner Portionen oder unschmackhafter Nahrung

430 Sie brauchen ... die beste Qualität und eine große Auswahl gesunder Nahrung. Wenn jene, die es gewöhnt waren, den Appetit mit üppigen Speisen zu befriedigen, dann in unser Haus kommen und bei ihrer ersten Mahlzeit dürftiges Essen vorfinden, entsteht sofort der Eindruck, dass das, was sie über Adventisten gehört haben stimmt, nämlich dass sie so ärmlich leben und sich zu Tode hungern.

Eine Mahlzeit mit kleinen Portionen wird mehr zum schlechten Ruf der Einrichtung beitragen als alle guten Bemühungen in anderen Richtungen, um dem entgegenzuwirken. Wenn wir jemals erwarten, den Menschen dort entgegenzukommen, wo sie sind, um sie zu einer vernünftigen Ernährung in der Gesundheitsreform zu führen, dürfen wir nicht damit beginnen, ihnen eine radikale Kost vorzusetzen. Das Essen, das auf den Tisch gebracht wird, muss schmecken, abwechslungsreich und nahrhaft sein, sonst werden diejenigen, die ständig ans Essen denken, wirklich vor Hunger sterben. Wir benötigen gute Gerichte, die mit Liebe zubereitet sind. *Letter 61; 1886*

Fleischnahrung – kein Bestandteil der Kost

431 Wegen der Verwendung von Fleisch in unseren Einrichtungen bin ich unterwiesen worden. Fleisch sollte aus der Ernährung gestrichen werden. Es sollte durch gesunde, schmackhafte Nahrung ersetzt werden, die auf appetitliche Weise zubereitet ist. *Letter 37; 1904*

432 Ich möchte euch einiges zum Überlegen geben, das mir offenbart worden ist, seit zum ersten Mal die Schwierigkeit aufkam wegen der Frage, Fleischkost in unseren medizinischen Einrichtungen aufzugeben. ... Ich bin vom Herrn klar unterwiesen worden, dass den Patienten in den Speiseräumen unserer Heileinrichtungen keine Fleischnahrung serviert werden sollte. Ich erkannte, dass den Patienten nur dann Fleischnahrung gegeben werden kann, wenn sie nach Anhören von Gesundheitsvorträgen in der Heileinrichtung uns dennoch darum baten, es ihnen zu geben. In solchen Fällen soll es aber auf den Zimmern gegessen werden. Alle Mitarbeiter sollten kein Fleisch essen, aber wie bereits gesagt – wenn einige Patienten meinen, Fleisch haben zu müssen, nachdem sie erfahren haben, dass Fleischnahrung nicht im Speiseraum serviert werden kann, gebt es ihnen mit aller Freundlichkeit auf ihren Zimmern.

Da viele gewohnt sind, Fleischnahrung zu essen, ist es nicht überraschend, dass sie erwarten, das auch in der Einrichtung zu finden. Ihr findet es vielleicht nicht ratsam, den Speiseplan zu veröffentlichen, auf dem die am Tisch angebotenen Speisen aufgeführt sind; denn das Fehlen von Fleischspeisen im Küchenplan kann denen, die vorhaben, Gäste bei uns zu werden, als ein unüberwindliches Hindernis erscheinen. Die Nahrung soll schmackhaft zubereitet und nett serviert werden. Es wird eine größere Auswahl an Gerichten zubereitet werden müssen, als bei Fleischkost nötig wäre. Anderes kann bereitgestellt werden, so dass Fleisch weggelassen werden kann. Einige können Milch und Rahm verwenden. *Letter 45; 1903*

Keine Verordnung von Fleischkost

433 Ich wurde unterwiesen, dass Ärzte, die Fleisch essen und es ihren Patienten verordnen, nicht in unseren Einrichtungen angestellt werden sollten; denn sie versagen entschieden bei der Erziehung der Patienten zur Aufgabe von dem, was sie krank macht. Der Arzt, der Fleisch isst und weiter empfiehlt, schließt nicht von der Ursache auf die Wirkung. Statt dazu beizutragen, dass es dem Patienten wieder besser geht, verführt er ihn durch sein eigenes Beispiel dazu, seiner verdorbenen Esslust nachzugeben. Die in unseren Einrichtungen beschäftigten Ärzte sollten in dieser und in jeder anderen Hinsicht Reformer sein. Viele Patienten leiden aufgrund von Ernährungsfehlern. Ihnen muss der bessere Weg gezeigt werden.

Aber wie kann ein Arzt, der selbst Fleisch isst, das tun? Durch seine falschen Gewohnheiten behindert er seine Arbeit und schränkt seine Brauchbarkeit ein. Viele Patienten in unseren Einrichtungen haben sich selbst mit dem Thema Fleisch auseinandergesetzt und in dem Wunsch, ihre geistigen und körperlichen Kräfte vor Krankheit zu bewahren, haben sie das Fleisch aus ihrem Ernährungsplan gestrichen. So sind sie von Krankheiten, die sie gequält halben, frei geworden. Viele, die nicht unseres Glaubens sind, sind Gesundheitsreformer geworden, weil sie von ihrem egoistischen Standpunkt aus die Logik dieser Handlungsweise erkannt haben. Viele haben sich gewissenhaft den Standpunkt der Gesundheitsreform in Bezug auf Ernährung und Kleidung angeeignet. Werden die Siebenten-Tags-Adventisten weiterhin ungesunden Lebensgewohnheiten akzeptieren, werden sie nicht das Gebot beachten: *„Ob ihr nun esst oder trinkt oder sonst etwas tut – tut alles zur Ehre Gottes!"* 1.Korinther 10,31; Ms 64; 1901

Vorsicht bei der Verordnung: kein Fleisch

434 Das Licht, das Gott zum Thema Krankheit und ihre Ursachen gegeben hat, muss ausführlich behandelt werden; denn die schlechte Angewohnheit, der Esslust unbeschränkt nachzugeben und die sorglose, ja rücksichtslose Weigerung, gut für den Körper zu sorgen, wirkt sich auf die Menschen schädlich aus. Sauberkeit und Sorgfalt in dem, was wir in uns aufnehmen, sollte beachtet werden. Legt nicht fest, dass Fleisch auf keinen Fall verwendet werden darf, aber erzieht den Verstand und vermittelt Erkenntnis. Das Gewissen des Einzelnen sollte angesprochen werden, die eigene Gesundheit zu bewahren und frei von jeder verdorbenen Esslust zu sein. ... Mit dem Thema Fleisch essen sollte vorsichtig umgegangen werden. Wenn man von der anregenden Fleischkost zu Früchte- und Pflanzenkost übergeht, wird es zuerst immer ein Gefühl der Schwäche und der fehlenden Lebenskraft geben. Viele argumentieren deshalb für die Notwendigkeit der Fleischkost. Aber gerade dieses Ergebnis ist das Argument, das für die Streichung der Fleischkost angeführt werden sollte.

Man sollte nicht dazu ermutigen, die Umstellung plötzlich vorzunehmen, besonders nicht für diejenigen, die im Arbeitsprozess stehen. Erzieht das Gewissen, stärkt den Willen, und der Übergang kann leichter und bereitwilliger durchgeführt werden.

Die Tuberkulose-Kranken, die schon am Rande des Grabes stehen, sollten keine besonderen Umstellungen in der Ernährung vornehmen, aber man sollte dafür sorgen, dass das Fleisch von möglichst gesunden Tieren stammt. Personen mit Tumoren, mit denen es zu Ende geht, sollten nicht mit Themen belastet werden, ob sie das Fleischessen lassen sollten oder nicht. Seid vorsichtig, keine strikte Entscheidung im Hinblick darauf zu treffen. In so einer Situation wird eine erzwungene Umstellung nicht helfen, sondern dem Grundsatz schaden, kein Fleisch zu essen. Bietet Seminare in den Aufenthaltsräumen an. Erzieht die Menschen, aber zwingt niemanden. Denn eine Reform, die unter Druck durchgeführt wird, ist wertlos. ...

Allen Studenten und Ärzten und durch sie wieder anderen muss klar gemacht werden, dass die gesamte Tierwelt mehr oder weniger krank ist. Krankes Fleisch ist nicht selten, sondern das Normale. Dadurch, dass man sich von Fleisch ernährt, kommen verschiedene Krankheiten in den menschlichen Körper. Die Kraftlosigkeit und Schwäche, die entsteht, wenn man Fleisch aufgibt, wird bald überwunden sein. Die Ärzte sollten begreifen, dass sie die Reizung durch Fleischessen nicht als wesentlich für Gesundheit und Kraft ansehen. Alle, die kein Fleisch mehr essen, werden gesunde Sehnen- und Muskelkraft besitzen, nachdem sie sich an die Umstellung gewöhnt haben. *Letter 54; 1896*

Warnung, keine Fleischnahrung zu verordnen

435 Frau Dr. ... fragte mich, ob ich unter bestimmten Umständen dazu raten würde, Hühnerbrühe zu trinken, wenn jemand krank ist und sonst nichts zu sich nehmen kann. Ich sagte: *„Es gibt Menschen, die an Schwindsucht sterben und Hühnerbrühe haben können, wenn sie das möchten. Ich wäre aber sehr vorsichtig."* Dieses Beispiel sollte in einer Heileinrichtung nicht negativ wirken oder als Entschuldigung für andere dienen, die denken, in ihrer Situation benötigen sie die gleiche Diät. Ich fragte Frau Dr. ..., ob sie einen solchen Patienten in der Einrichtung habe. Sie sagte: *„Nein; aber ich habe eine Schwester im Kurhaus in X, die kränklich ist. Sie leidet unter Schwächeanfällen, aber gekochtes Huhn kann sie essen."* Ich sagte: *„Es wäre das Beste, sie aus dem Heileinrichtung zu holen. ... Nach dem Licht, das mir gegeben wurde, weiß ich, dass diese Schwester, die du erwähnt hast, sich aufraffen und ihren Geschmack für gesunde Nahrung entwickeln sollte und diese Schwächeanfälle würden aufhören."*

Sie hat sich etwas eingebildet. Der Feind hat die Schwäche ihres Körpers genutzt, und ihr Geist ist nicht stabil, die Anforderungen des täglichen Lebens zu tragen. Was sie braucht, ist eine geheiligte Genesung ihres Geistes, eine Zunahme an Glauben und aktiven Dienst für Christus. Sie muss auch ihre Muskeln gebrauchen durch praktische Arbeit bei frischer Luft. Körperliche Bewegung wird für sie eine der größten Segnungen ihres Lebens sein. Sie muss keine Invalide sein, sie kann eine brauchbare, gesunde Frau sein, die ihren Teil der Arbeit gut und fleißig erfüllt. Die ganze Behandlung, die diese Schwester erhält, nützt ihr wenig, wenn sie nicht ihren Teil dazu beiträgt. Sie muss Muskeln und Nerven durch körperliche Arbeit stärken. Sie braucht nicht krank zu sein, sondern kann gute, ernste Arbeit verrichten. *Letter 231; 1905*

„Lasst es nicht dazu kommen"
436 Ich traf mich mit den Ärzten und Brd. A. und sprach etwa zwei Stunden mit ihnen und redete mir alles von der Seele. Ich sagte ihnen, dass sie versucht wurden und der Versuchung erlegen waren. Um die Patientenzahl zu halten, würden sie Fleisch auf den Tisch bringen. Und dann wären sie versucht, noch weiterzugehen und auch Tee, Kaffee und Drogen verwenden. ... Ich sagte ihnen: Dadurch ist man versucht, den Wunsch nach Fleischkost zu erfüllen. Wenn solche mit unserem Haus in Kontakt sind, werden sie versucht sein, Grundsätze zu opfern. Man darf sich erst gar nicht darauf einlassen, Fleischnahrung einzuführen. Dann braucht Fleisch auch nicht entfernt werden, weil es nie auf dem Tisch war. ... Es wurde das Argument gebracht, dass sie Fleisch anbieten könnten, bis sie die Patienten dazu erzogen hätten, darauf zu verzichten. Da aber ständig neue Patienten kommen, würde die gleiche Entschuldigung zum Fleischessen führen. Nein; lasst es nicht ein einziges Mal auf eurem Tisch erscheinen. Dann werden eure Seminare bezüglich dem Thema Fleisch mit der Botschaft übereinstimmen, die ihr bringen sollt. *Letter 84; 1898*

Tee, Kaffee und Fleischspeisen im Sanatorium?
437 In unseren Heileinrichtungen soll ... weder Tee, Kaffee noch Fleisch serviert werden, außer wenn es sich um einen besonderen Patienten handelt, der es ausdrücklich wünscht, dann sollte ihm das nur aufs Zimmer serviert werden. *Letter 213; 1902*

Tee, Kaffee und Fleischspeisen nicht verordnen
438 Die Ärzte sind nicht dazu angestellt, den Patienten Fleischkost zu verordnen; denn solch eine Ernährung hat sie krank gemacht. Betet zum Herrn, dann werdet ihr sanftmütig und von Herzen demütig sein. Selbst werdet ihr nicht vom Fleisch toter Tiere leben, und auch euren Kindern keinen Bissen davon zu essen geben. Ihr werdet euren Patienten kein Fleisch, keinen Tee und keinen Kaffee verordnen, sondern im Tagesraum Seminare halten, die die Notwendigkeit einer einfachen Ernährung aufzeigen. Ihr werdet schädliche Dinge aus eurem Speiseplan

streichen. Es macht die Ärzte unfähig, Leiter unserer medizinischen Einrichtungen zu sein, wenn sie nach Jahren der Unterweisung vom Herrn durch Lehre und Vorbild diejenigen, die sie betreuen sollen, dazu erziehen, Fleisch zu verwenden. Der Herr gibt nicht Erkenntnisse über die Gesundheitsreform, damit sie von denen missachtet wird, die durch ihre leitende Funktion Einfluss und Vollmacht haben. Der Herr meint genau das, was er sagt, und seine Worte müssen beachtet werden. Zu diesen Themen sollen Seminare angeboten werden. Gerade das Thema Ernährung muss genau studiert werden, und Verordnungen sollten in Übereinstimmung mit den Gesundheitsgrundsätzen gegeben werden. *UT - Auszug aus „Regard to Flesh Foods" 4.5.1896*

Keinen Alkohol servieren

439 Wir errichten unsere Heileinrichtungen nicht, um als Hotel zu dienen. Nehmt nur solche auf, die bereit sind, richtige Grundsätze zu akzeptieren und die mit dem Essen zufrieden sind, das wir ihnen nach unserem Gewissen anbieten können. Würden wir den Patienten erlauben, Alkohol in ihren Zimmern zu haben, oder ihnen Fleisch vorsetzen, wie könnten wir ihnen dann helfen, weshalb sie ja in unsere Einrichtung gekommen sind? Wir müssen bekannt machen, dass wir solche Dinge aus Grundsatz von unseren Einrichtungen und Restaurants ausschließen. Möchten wir denn nicht, dass unsere Mitmenschen von Krankheiten und Gebrechen geheilt werden und dass sie sich wieder freuen können, gesund und voller Kraft zu sein? Dann lasst uns treu zu den Grundsätzen stehen wie die Nadel zum Pol. *7T 95; 1902*

Gerichte, die den Appetit anregen

440 Wir können Menschen, die zu uns kommen, nicht auf einmal dazu bewegen, die Gesundheitsgrundsätze zu befolgen; darum dürfen wir hinsichtlich des Speiseplanes der Patienten nicht zu strenge Regeln aufstellen. Wenn weltliche Patienten zu uns kommen, sind sie herausgefordert, viel in ihrer Ernährung zu ändern. Damit sie den Wechsel so wenig wie möglich spüren, sollte die allerbeste Kochkunst angewandt werden, um gesunde Gerichte so schmackhaft und appetitlich wie möglich zu servieren. ...

Diejenigen, die für Verpflegung und Behandlung bezahlen, sollten ihr Essen auf die schmackhafteste Weise zubereitet bekommen. Der Grund dafür ist klar. Wenn die Patienten auf Fleischnahrung verzichten müssen, spürt der Organismus den Wechsel. Es folgt ein Schwächegefühl. Und sie werden eine reichhaltige Auswahl an Gerichten verlangen. Die sollten so zubereitet werden, dass sie den Appetit anregen und das Auge erfreuen. *Letter 54; 1907*

Nahrung für Kranke
441 Den Patienten sollte eine großzügige Nahrungsauswahl angeboten werden, trotzdem sollte in der Zubereitung und Zusammenstellung der Krankenkost Sorgfalt herrschen. In einer Heileinrichtung können nicht dieselben Speisen serviert werden wie in einer Gaststätte. Es ist ein großer Unterschied, ob das Essen einem gesunden Menschen vorgesetzt wird, der fast alles Essbare verdauen kann, oder einem Kranken. Es besteht die Gefahr, Menschen, die an eine so reichliche Ernährung, die an Schlemmerei grenzt, gewöhnt sind, mit einer zu sehr begrenzten Kost zu versorgen.

Die Verpflegung sollte reichhaltig, aber dennoch einfach sein. Ich weiß, dass Speisen einfach und doch so schmackhaft zubereitet werden können, dass sogar solche, deren Gaumen verwöhnt sind, Geschmack daran finden. Stellt genug Obst auf den Tisch. Ich freue mich, dass ihr das Kurhaus mit Obst aus euren eigenen Obstgärten versorgen könnt. Dies ist in der Tat ein großer Vorteil. *Letter 171; 1903*

Belehrung der Tischgesellschaft im Sanatorium
442 In der Nahrungszubereitung müssen immer wieder neue Erkenntnisse umgesetzt werden. Zeigt den Gästen und Besuchern, wie sie leben sollen, damit sie reformerische Grundsätze mit nach Hause nehmen können. *Letter 71; 1896*

443 Mit der Nahrungszubereitung für Patienten der Heileinrichtung ist ganz sorgfältig umzugehen. Einige Patienten essen zuhause zu viel. Man sollte sich bemühen, ihnen Essen zu servieren, das sowohl appetitlich ist als auch gesund.

Gesundheitsreform zu empfehlen
Der Herr möchte, dass die Einrichtung, mit der ihr zu tun habt, ein Ort in der Welt ist, wo glückliche Zufriedenheit und Frohsinn herrscht. Ich möchte, dass ihr besonders darauf achtet, dass die Patienten eine Verpflegung erhalten, die die Gesundheit nicht gefährdet und gleichzeitig unsere Grundsätze der Gesundheitsreform empfiehlt. Das ist möglich. Und wenn danach gehandelt wird, macht es auf die Patienten einen positiven Eindruck. Es wird eine Lehre für sie sein, die ihnen den Vorteil einer gesunden Lebensweise gegenüber ihrer eigenen bisherigen

zeigt. Und wenn sie dann die Heileinrichtung verlassen, werden sie von dem erzählen, was sie dort erlebten. Das wird dann andere veranlassen, auch dorthin zu gehen. *Letter 73; 1905*

Der Tisch der Mitarbeiter

444 Du bist zu sorglos und nimmst die Verantwortung zu leicht, eine ordentliche, reichhaltige Mahlzeit für deine Mitarbeiter bereitzustellen. Sie sind es doch, die eine Fülle frischer, gesunder Verpflegung brauchen. Sie sind ständig belastet. Deshalb muss ihre Lebenskraft erhalten werden. Erzieht sie zur Grundsatztreue. Sie sind es wert, vor allen anderen in der Heileinrichtung reichlich mit der besten, gesündesten und stärkendsten Nahrung versorgt zu werden.

Deine Mitarbeiter sollten nicht mit Fleisch verpflegt werden, sondern mit vielerlei guten Früchten, Getreide und Gemüse – alles schmackhaft und gesund zubereitet. Du hast es versäumt, dich darum zu kümmern. Du hast dein Einkommen ungerechterweise auf Kosten der körperlichen und seelischen Kräfte deiner Arbeiter aufgestockt. Dies hat dem Herrn nicht gefallen. Die Auswirkungen des gesamten Speiseplanes sind keine Empfehlung deiner Grundsätze für die, die am Mitarbeitertisch essen. *Letter 54, 1896*

Der Koch als medizinischer Missionar

445 Sucht euch für die Küche die besten Arbeitskräfte. Wenn das Essen so zubereitet wird, dass es die Verdauungsorgane belastet, dann seid sicher, dass die Sache untersucht werden muss, denn Nahrung kann so zubereitet werden, dass sie sowohl gesund ist als auch schmackhaft. *Letter 100; 1903*

446 Der Koch in einer Heileinrichtung sollte ein wirklicher Gesundheitsreformer sein. Ein Mensch ist nicht bekehrt, es sei denn, seine Esslust und seine Ernährungsweise stimmen mit seinem Glaubensbekenntnis überein. Er sollte auch ein gut ausgebildeter ärztlicher Missionar sein, der in der Lage ist, selbst Ideen umzusetzen und sich nicht auf fertige Rezepte beschränken. Der Herr liebt uns, und er will nicht, dass wir uns schädigen, indem wir ungesunde Rezepte verwenden.

In jeder Einrichtung wird es einige geben, die sich über das Essen beklagen und sagen, es tut ihnen nicht gut. Ihnen muss gezeigt werden, was aus einer ungesunden Ernährung entstehen kann. Wie kann das Gehirn klar sein, während der Magen leidet? *Ms 93; 1901*

447 In unserer Heileinrichtung sollte ein Koch angestellt sein, der seine Arbeit wirklich versteht, gute Urteilsfähigkeit hat, experimentieren kann und der nicht solche Zutaten dem Essen zufügt, die vermieden werden sollten. *Letter 37; 1901*

448 Habt ihr einen Koch, der die Gerichte so zubereitet, dass die Patienten erkennen können, die Ernährung ist besser, als die, an die sie bisher gewöhnt waren? Derjenige, der in einer Heileinrichtung die Verantwortung für das Kochen übernimmt, sollte Speisen so zusammenstellen können, dass sie gesund und dennoch appetitlich sind. Notwendigerweise muss das Nahrungsangebot reichhaltiger sein als wir selbst es gewöhnt sind. *Letter 331; 1904*

449 Wer als Koch angestellt ist, hat große Verantwortung. Er sollte sparsam sein und darauf achten, dass keine Nahrung verschwendet wird. Christus sagte: *„Sammelt die übriggebliebenen Brocken, damit nichts verdirbt!"* Johannes 6,12 Alle, die in irgendeiner Abteilung beschäftigt sind, sollen diese Anweisung beachten. Die Lehrkräfte sollen haushalten lernen und dieses ihren Mitarbeiter durch Worte und durch ihr eigenes Vorbild lehren. *Ms 88; 1901*

17 DIE ERNÄHRUNG, EIN NATÜRLICHES HEILMITTEL

Die Heilmittel der Natur

450 Es ist sehr wichtig, sich darüber zu informieren, welche Diät im Krankheitsfall nützlich ist. Jeder sollte lernen, was er für sich selbst tun kann. *Ms 86; 1897*

451 Es gibt viele Möglichkeiten, die Heilkunst auszuüben, aber es gibt nur eine, der der Himmel zustimmt. Gottes Heilmittel sind die einfachen Mittel der Natur, die den Körper durch ihre starken Wirkungen nicht belasten oder schwächen. Reine Luft und reines Wasser, Sauberkeit, eine richtige Ernährung, Reinheit des Lebens und ein festes Vertrauen zu Gott sind die Heilmittel. Weil sie nicht genutzt werden, sterben Tausende. Dennoch sind diese Heilmittel nicht gefragt, weil ihre richtige Anwendung Arbeit erfordert – das will man nicht. Frische Luft, Bewegung, reines Wasser und saubere, freundliche Umgebung kann jeder mit nur wenig Aufwand haben. Aber Medikamente sind teuer, nicht nur beim Aufwand an Mitteln sondern auch, wie sie auf den Körper wirken. *5T 443; 1885*

452 Reine Luft, Sonnenschein, Mäßigkeit, Ruhe, Bewegung, richtige Ernährung, die Anwendung von Wasser, Vertrauen in die göttliche Kraft – dies sind die wahren Heilmittel. Ein jeder sollte die Heilkräfte der Natur kennen und wissen, wie sie anzuwenden sind. Es ist wichtig, die Grundsätze zu verstehen, nach denen man Kranke behandelt und ebenso eine praktische Ausbildung zu haben, die uns befähigt, diese Kenntnis zu verwenden. Die Verwendung natürlicher Heilmittel erfordert viel Sorgfalt und Mühe, das wollen viele nicht einsetzen. Der Heilungsprozess und der Aufbau geht in der Natur allmählich voran und erscheint dem Ungeduldigen zu langsam. Das Aufgeben schädlicher Befriedigungen erfordert Opfer. Aber schließlich wird man sehen, dass die Natur, wenn man sie nicht hindert, ihre Arbeit weise und gut verrichtet. Menschen, die den Gesetzen der Natur dauerhaft gehorchen, werden mit einem gesunden Körper und einem gesunden Geist belohnt. *MH 127; 1905*

453 Ärzte raten Kranken oft, in ferne Länder zu gehen zu bestimmten Mineralquellen oder den Ozean zu überqueren, um wieder gesund zu werden. In neun von zehn Fällen würden sie auch dann wieder gesund werden und zudem Zeit und Geld sparen, wenn sie mäßig essen und sich freudig körperlich betätigen würden. Durch körperliche Bewegung und freie, reichliche Anwendung von Luft und Sonnenlicht – Segnungen, die der Herr jedem gibt – würden viele hoffnungslos Kranke mit neuem Leben und neuer Kraft erfüllen. *CTBH 160; 1890*

Was wir für uns selbst tun können
454 Bei dem, was wir für uns selbst tun können, gibt es einen Aspekt, der sorgfältig geprüft werden sollte: Ich muss meinen Körper kennenlernen und beständig lernen, für diesen Organismus, den Körper, den Gott mir gegeben hat, zu sorgen, damit ich ihn im allerbesten Gesundheitszustand erhalten kann. Ich muss das essen, was meinem körperlichen Wohlbefinden am besten dient und mich besonders darum kümmern, was ich anziehe, damit das den gesunden Blutkreislauf unterstützt. Ich darf nicht zu wenig Bewegung und frische Luft haben. Ich brauche ausreichend Sonnenschein. Und ich brauche Weisheit, um auf meinen Körper richtig achten zu können.

Eine vegetarische Ernährung kann 97% aller Herzverschlüsse verhindern. Zeitschrift der amerikanischen Medizinischen Vereinigung, 179:134-135,1961

Studien zeigen auf, dass Vegetarier oft eine niedrigere Anfälligkeits- und Sterblichkeitsrate in Bezug auf diverse chronische und degenerative Krankheiten haben als vergleichsweise Nicht-Vegetarier. Obwohl auch Faktoren wie körperliche Bewegung und Abstinenz von Rauchen und Alkohol eine Rolle spielen mögen, ist die Ernährung ganz klar ein stark beitragender Faktor. Britische Medizinische Zeitschrift, 1996; 313:775-779

Eine Ernährung, die reich an pflanzlich basierten Nahrungsmitteln ist, kann das Leben verlängern. Zeitschrift für Ernährung, Januar 2003; 133(1):199-204

Es wäre sehr unklug, wenn ich schwitzend in einen kühlen Raum ginge. Ich würde mich falsch verhalten, wenn ich im Luftzug säße und mir eine Erkältung zuziehe. Ich wäre auch nicht gut beraten, mit kalten Füßen und Gliedern dazusitzen und so das Blut aus den Armen und Beinen ins Gehirn oder die inneren Organe zurückzudrängen. Ich sollte meine Füße bei feuchtem Wetter immer schützen. Ich sollte regelmäßig von der gesündesten Nahrung essen, die die beste Zusammensetzung des Blutes bewirkt, und ich sollte nicht zu viel arbeiten, wenn es irgend möglich ist.

Und wenn ich die Gesetze übertrete, die Gott in mich hineingelegt hat, dann soll ich es bereuen und mich ändern und die Heilkräfte, die Gott vorgesehen hat, richtig nutzen – reine Luft, klares Wasser und die heilenden, wertvollen Sonnenstrahlen. Auch Wasser kann unterschiedlich genutzt werden, um Leiden zu lindern. Klares, warmes Wasser, vor dem Essen getrunken (ca. einen halben Liter) wird nicht schaden, sondern vielmehr gut tun. *Letter 35; 1890*

Der Glaube und richtiges Essen und Trinken

455 Kranke sollten durch richtiges Verhalten im Essen, Trinken und Kleiden sowie durch vernünftige Bewegung alles tun, was ihnen möglich ist, um wieder gesund zu werden. Zeigt den Patienten, die in unsere Einrichtungen kommen, dass sie, um wieder gesund zu werden, mit Gott zusammenarbeiten müssen. „*Ihr seid Gottes Ackerwerk und Gottes Bau*" 1.Korinther 3,9 Gott schuf Nerven und Muskeln, damit sie benutzt werden. Wird der menschliche Organismus nicht maßvoll beansprucht, sind Leiden und Krankheit die Folge. *Letter 5; 1904*

456 Wer Kranke behandelt, sollte in seiner wichtigen Arbeit sehr stark auf Gott vertrauen, damit sein Segen die Mittel begleitet, die er gnädig bereitgestellt hat und auf die er unsere Aufmerksamkeit als Volk in Barmherzigkeit lenkte. Das sind zum Beispiel saubere Luft, hygienische Achtsamkeit, gesunde Ernährung, richtige Zeiteinteilung für Arbeit und Erholung und der Gebrauch von Wasser. *1T 561; 1867*

Zweckmäßige Heilmittel in Heileinrichtungen

457 Nach dem Licht, das mir gegeben wurde, soll eine Heileinrichtung gegründet werden, in der die ärztliche Behandlung ohne Drogen erfolgt und für die Heilung von Krankheiten einfache, wirkungsvolle Behandlungsmethoden angewendet werden. In dieser Einrichtung sollen die Menschen darüber belehrt werden, wie man sich kleidet, richtig atmet und isst – wie Krankheit durch richtige Lebensgewohnheiten vermieden wird. *Letter 79; 1905*

458 In unseren Einrichtungen verwenden wir einfache Heilmittel. Wir raten davon ab, Drogen zu verwenden, denn sie vergiften das Blut. Hier sollten die Menschen darüber informiert werden, wie man essen, trinken, sich kleiden und wie man leben soll, sodass die Gesundheit erhalten bleibt. *Ms 49; 1908*

459 Die Frage der Gesundheitsreform wird nicht so durchgesprochen, wie es sein sollte. Unsere Einrichtungen hätten viel mehr Erfolg darin, dass Patienten wieder gesund würden, wenn sie sich auf ein einfaches Nahrungsangebot beschränkten, ohne Medikamente behandelten und der Natur gestatten würden, die verbrauchten Energien des Organismus zu erneuern. *Letter 73 a; 1896*

Eine heilende Ernährung

460 Wenn man zu oft und zu viel isst, überlastet man die Verdauungsorgane und versetzt den Körper in einen fieberähnlichen Zustand. Das Blut wird verunreinigt, und dadurch entstehen verschiedene Krankheiten. Man ruft einen Arzt, der irgend ein Medikament verschreibt, das zwar momentan Erleichterung verschafft, aber die Krankheit nicht heilt. Es mag zwar die Krankheitssymptome verändern, aber das eigentliche Übel wird zehnfach vermehrt. Der Körper hatte sein Bestes getan, um schädliche Stoffe loszuwerden; und hätte man die Natur sich selbst überlassen, so wäre mit Hilfe der überall verfügbaren Gaben des Himmels, wie saubere Luft und sauberes Wasser, eine rasche und sichere Heilung bewirkt worden.

In solchen Fällen können die Kranken selbst etwas unternehmen, was andere nicht so gut für sie tun können. Sie sollten beginnen, die Natur von der Last zu befreien, die sie ihr aufgezwungen haben und die Ursache beseitigen. Fastet eine kurze Zeit und gönnt dem Magen Ruhe. Mildert den fiebrigen Zustand des Körpers durch sorgfältige und wirkungsvolle Wasseranwendungen. Das wird die Natur darin unterstützen, den Körper von schädlichen Stoffen zu befreien. Normalerweise werden die Menschen, die Schmerzen haben, ungeduldig. Sie sind nicht bereit, Selbstverleugnung zu üben und ein wenig Hunger zu ertragen. ... Wasseranwendungen können nur wenig bewirken, wenn der Patient es nicht nötig findet, sich auch gesund zu ernähren. Viele verletzen die Gesundheitsgesetze insofern, dass sie nicht wissen, welche Beziehung ihre Ess-, Trink- und Arbeitsgewohnheiten zu ihrer Gesundheit haben. Sie merken das erst, wenn die Natur sich durch Schmerzen im Körper dagegen wehrt. Selbst wenn die Kranken erst dann anfangen würden, durch einfache Mittel, die sie vernachlässigt haben, Hilfe suchten – nämlich bei der Verwendung von Wasser und richtiger Nahrung, erhielte der Körper gerade die Hilfe, die er benötigt und die man ihm schon viel früher hätte geben sollen. Handelt man so, dann erholt sich der Patient im Allgemeinen, ohne dass eine Schwächung zurückbleibt. 4SG 133-135; 1864

461 Krankheit entsteht oft dadurch, dass man unregelmäßig isst. Und da muss vor allem der Organismus von der Last befreit werden, die ihr auferlegt worden ist. Oft gibt es für den Patienten kein besseres Mittel, als eine oder zwei Mahlzeiten auszulassen, damit die überarbeiteten Verdauungsorgane Gelegenheit zur Ruhe haben. Für solche, die nicht körperlich arbeiten, hat oft eine Obstdiät für einige Tage große Erleichterung gebracht. Verzichtet man für kurze Zeit ganz auf Nahrung, und genießt dann einfache Speisen nur mäßig, so hat oft die Natur selbst die Genesung bewirkt. Eine mäßige Kost für einen oder zwei Monate würde viele Kranke davon überzeugen, dass der Pfad der Selbstverleugnung der Weg zur Gesundheit ist. MH 235; 1905

Strikte Mäßigkeit: Ein Heilmittel gegen Krankheit
462 Wenn ein Arzt einen Patienten vor sich hat, der durch falsches Essen und Trinken oder andere falsche Gewohnheiten krank geworden ist, er es ihm aber nicht sagt, dann ist das ihm gegenüber nicht in Ordnung. Trinker, psychisch gestörte und solche, die ausschweifend leben – ihnen allen sollte der Arzt klar und deutlich sagen, dass Leiden die Folge von Sünden sind.

Eine vegetarische Ernährung bietet Schutz gegen Krankheiten aufgrund der höheren Konzentration von Antioxidanten wie Vitamin C und E, Karotin und Phytochemikalien.
Amerikanische Zeitschrift Klinischer Ernährung, 1996; 63

Eine fettreduzierte Ernährung mit Gemüseprotein, vor allem Soja, Pflanzensterole und hohem Anteil an Ballaststoffen, kombiniert mit wenig gesättigten Fetten und Transfettsäuren und Cholesterin, würden viel zur Reduktion des Risikos für Cholesterin- und koronare Herzkrankheiten in unserer westlichen Diät beitragen. Asiatische Pazifik Zeitschrift für Klinische Ernährung, Oktober 2003, 9,3

Wer die Grundsätze des Lebens versteht, sollte sich ernstlich darum bemühen, die Ursachen zu den Krankheiten zu beseitigen. Wenn der Arzt ständig Menschen sieht, die mit Schmerzen zu kämpfen haben und dauernd bemüht ist, Leiden zu lindern, wie kann er dann schweigen? Ist er nicht gütig und barmherzig, wenn er strenge Enthaltsamkeit als Heilmittel für Krankheiten lehrt? *MH 114; 1905*

Die beste Nahrung notwendig

463 Ärzte sollten unter Gebet wachen und erkennen, dass sie große Verantwortung tragen. Sie sollten ihren Patienten die Ernährung verordnen, die am besten für sie geeignet ist. Die Nahrung sollte von jemandem zubereitet werden, dem bewusst ist, dass er eine äußerst wichtige Position ausfüllt, denn um gutes, gesundes Blut zu bilden, wird gute Nahrung benötigt. *Ms 93; 1901*

18 FRÜCHTE, GETREIDE UND GEMÜSE

1. FRÜCHTE

Ein Segen in den frischen Früchten
464 Ich bin Gott so dankbar, dass die Versorgung mit Früchten nicht aufhörte, als Adam seine Heimat in Eden verlor. *Letter 157; 1900*

465 Der Herr wünscht, dass die Menschen in den Ländern, in denen man die meiste Zeit des Jahres frisches Obst bekommen kann, erkennen, wie gesegnet sie durch diese Früchte sind. Je mehr wir von frischen, direkt vom Baum gepflückten Früchten essen, desto größer wird der Segen sein. *7T 126; 1902*

466 Es wäre gut, wenn wir weniger kochen und dafür mehr Obst in unverarbeiteten Zustand essen würden. Wir sollten die Menschen unterrichten, reichlich frische Weintrauben, Äpfel, Pfirsiche, Birnen, Beeren und alle anderen Arten von Obst zu essen, das man bekommen kann. Dieses Obst sollte durch Einmachen für die Verwendung im Winter haltbar gemacht werden. Soweit möglich, sollten Gläser anstelle von Blechdosen verwendet werden. *7T 134; 1902*

467 Wenn du unter Verdauungsstörungen leidest, dann kannst du verschiedene Arten von Früchten essen, aber nicht zu viele Sorten zu einer Mahlzeit. *2T 373; 1870*

468 Besonders Obst ist zur Erhaltung der Gesundheit zu empfehlen, doch nicht einmal das sollte im Anschluss an eine vollständige Mahlzeit gegessen werden. *Ms 43, 1908*

469 Sorgfältig zubereitetes Gemüse und Früchte der jeweiligen Jahreszeit sind bekömmlich, wenn sie von bester Qualität sind und keine Spur von Fäulnis aufweisen. Sie müssen gesund sein und dürfen von keiner Krankheit oder Fäulnis befallen sein. Mehr Menschen als wir ahnen, sterben durch den Genuss von verdorbenem Obst und Gemüse, das im Magen gärt und das Blut vergiftet. *Letter 12; 1887*

470 Eine schlichte, einfache aber reichliche Verpflegung mit Obst ist die beste Nahrung, die man denen geben kann, die sich auf das Werk Gottes vorbereiten. *Letter 103; 1896*

Ein Teil einer vollwertigen Ernährung

471 Getreide, Früchte, Nüsse und Gemüse bilden die Ernährung, die unser Schöpfer für uns gewählt hat. Diese Nahrungsmittel sind, wenn sie so einfach und natürlich wie möglich zubereitet werden, die gesündesten und nahrhaftesten. Sie verleihen Stärke, Ausdauer und Vitalität des Denkvermögens. Das kann eine komplexe und aufputschende Ernährung nicht liefern. *MH 296; 1905;*

➤ Siehe auch: 487

472 In Getreide, verschiedenen Früchten, in Gemüse und Nüsse finden sich alle Nahrungsbestandteile, die wir brauchen.

Beweise belegen, dass die meisten degenerativ chronischen Krankheiten geheilt oder mindestens stabilisiert werden können, indem eine pflanzliche Ernährung konsumiert wird. Diese Ernährung hat die Fähigkeit, die Veränderung der Gene zu kontrollieren, welche verantwortlich sind für viele Krankheiten wie Herzprobleme, Krebs, Diabetes, Fettsucht, Kindheitsallergien. Die vorteilhaften Auswirkungen einer pflanzlichen Ernährung können nur in ganzem Umfang geschätzt und bewiesen werden, wenn verstanden wird, dass alle Nährstoffe als Team arbeiten. T. Colin Campbell, Ph.D. Cornell Universität, „Die China Studie"

Alle 12 Minuten stirbt jemand wegen Brustkrebs. Frauen jedoch, die nicht mehr als zwei Mal pro Tag Gemüse essen, reduzieren das Risiko, an Brustkrebs zu erkranken, um 30%. Jahresbericht der wissenschaftlichen Akademie von New York, 768 (30. 9. 1995): 1-11

Wenn wir in aufrichtiger Gesinnung zum Herrn kommen, wird er uns lehren, gesunde Speisen zuzubereiten, die frei vom Makel der Fleischnahrung sind. *Ms 27; 1906*

Eine vorübergehende Obstkur

473 Krankheit entsteht oft durch unregelmäßiges Essen. Da muss vor allem die Natur von der Last befreit werden, die ihr auferlegt worden ist. Bei vielen Krankheiten gibt es für den Patienten kein besseres Mittel, als eine oder zwei Mahlzeiten auszulassen, damit die überarbeiteten Verdauungsorgane zur Ruhe kommen.

Solchen Menschen, die nicht körperlich arbeiten, hat oft eine mehrtägige Obstdiät viel geholfen. Fastet man kurze Zeit, und nimmt dann einfache Speisen nur mäßig zu sich, so hat oft die Natur selbst für Genesung gesorgt. Eine mäßige Kost für einen oder zwei Monate würde viele Leidenden überzeugen, dass der Pfad der Selbstverleugnung der Weg zur Gesundheit ist. *MH 235; 1905*

Ersetzt schädliche Artikel

474 In unseren medizinischen Einrichtungen sollte strikte Mäßigkeit gelehrt werden. Den Patienten sollte das Übel des Alkohols und der Segen konsequenter Enthaltsamkeit gezeigt werden. Erwartet von ihnen, dass sie das aufgeben, was ihre Gesundheit ruiniert hat.

Ersetzt das durch eine Fülle von Obst wie Orangen und Zitronen, Pflaumen, Pfirsiche und andere Früchte, die zur Verfügung stehen; denn Gott hat die Erde fruchtbar gemacht, wenn wir sie sorgfältig bearbeiten. *Letter 145; 1904*

475 Verwende nicht viel Salz. Vermeide es, in Essig Eingelegtes und stark gewürzte Speisen zu essen. Verwende viel Obst, und die Reizung, die nach viel Getränken bei den Mahlzeiten verlangt, wird größtenteils verschwinden. *MH 305; 1905*

Einmachen und Trocknen der Früchte

476 Überall, wo Obst angebaut werden kann, sollte ein reichlicher Vorrat für den Winter durch Einwecken oder Trocknen angelegt werden. Kleinere Früchte, wie Johannisbeeren, Stachelbeeren, Erdbeeren, Himbeeren und Brombeeren kann man vorteilhaft dort anbauen, wo man sie nur wenig vorfindet und ihr Anbau vernachlässigt wird. Für das Einmachen im Haushalt verwende man, wenn irgend möglich, lieber Gläser statt Blechdosen.

Besonders nötig ist es, dass sich das Obst zum Einmachen in gutem Zustand befindet. Verwende wenig Zucker und koche das Obst nur so lange wie nötig, damit es haltbar bleibt. So zubereitet, ist es ein ausgezeichneter Ersatz für frisches Obst.

Überall, wo getrocknete Früchte wie Rosinen, Trockenpflaumen, Äpfel, Birnen, Pfirsiche und Aprikosen zu günstigen Preisen erhältlich sind, wird man feststellen, dass man sie viel mehr als allgemein üblich mit bester Wirkung als Hauptnahrungsmittel verwenden kann. Das verhilft zur Gesundheit und Kraft für alle, die in den verschiedensten Bereichen tätig sind. *MH 299; 1905*

477 Apfelmus, in Gläsern eingeweckt, ist gesund und schmackhaft. Wenn man Birnen und Kirschen bekommen kann, ergeben sie ein wirklich gutes Kompott für den Winter. *Letter 195; 1905*

478 Wenn du Äpfel bekommen kannst, bist du, was Obst betrifft, in einer guten Lage, wenn du auch nichts anderes hast. ... Ich finde nicht, dass eine so große Vielfalt von Früchten wichtig ist. Trotzdem sollte man sie in der entsprechenden Jahreszeit sorgfältig sammeln und einmachen für die Zeit, wenn keine Äpfel zu haben sind. Äpfel sind als Ersatz jedem Obst überlegen. *Letter 5; 1870*

Frisch aus Obstplantage und Garten

479 Der Anbau von Obst in Verbindung mit unseren Einrichtungen wird weiteren Nutzen bringen. Für den Tischgebrauch steht dadurch Obst zur Verfügung, das nicht faulig ist und frisch vom Baum gepflückt wurde. *Ms 114; 1902*

480 Familien und auch die Mitarbeiter der Gesundheitseinrichtungen sollten lernen, wie man besser das Land kultiviert und bebaut. Würden die Menschen nur den Wert der Produkte des Bodens kennen, die die Erde in der jeweiligen Jahreszeit hervorbringt, dann wären sie fleißiger, das Land zu bebauen. Allen sollte der besondere Wert von Früchten und Gemüse, frisch aus dem Obst- und Gemüsegarten, vor Augen geführt werden.

Wird die Zahl der Patienten und Schüler größer, ist auch mehr Land nötig. Weinstöcke könnten gepflanzt werden, um es der Einrichtung zu ermöglichen, eigene Trauben zu haben. Auch eine Orangenplantage wäre von Vorteil. *Ms 13; 1911*

2. GETREIDE

Eine Ernährung nach der Wahl des Schöpfers

481 Getreide, Früchte, Nüsse und Gemüse bilden die von unserem Schöpfer für uns gewählte Kost. Diese Speisen – einfach und natürlich zubereitet – sind die gesündesten und nahrhaftesten. Sie geben Kraft, Ausdauer und Verstandesschärfe, was durch eine komplizierte und aufputschende Kost nicht erreicht wird. MH 296; 1905

482 Alle, die Fleisch essen, verwenden Getreide und Gemüse aus zweiter Hand; denn das Tier bekommt daraus die Nährstoffe, die zum Wachstum nötig sind. Das Leben aus dem Getreide und den Pflanzen geht auf das Tier über; wir erhalten es erst, wenn wir das Fleisch der Tiere essen.

Viel besser ist es jedoch, es direkt zu verwenden, indem wir die Nahrung essen, die Gott für uns vorgesehen hat! MH 313; 1905

Teil einer gleichwertigen Kost

483 Zu meinen, dass Muskelkraft vom Verzehr tierischer Nahrung abhängt, ist ein Irrtum. Unser Organismus ist leistungsfähiger und wir sind gesünder ohne diese Kost. Die Getreidearten – zusammen mit Früchten, Nüssen und Gemüse – enthalten alle notwendigen Eigenschaften, die für gutes Blut nötig sind. MH 316; 1905

484 In Getreide, in Früchten, Gemüse und Nüsse sind alle Wertstoffe enthalten, die wir benötigen. Wenn wir in einfacher Haltung zu Gott kommen, wird er uns zeigen, wie gesunde Nahrung ohne den Makel von Fleisch zubereitet wird. Ms 27; 1906

Ein reichhaltiges Angebot

485 Die Natur liefert reichlich Früchte, Nüsse und Getreide. Jahr für Jahr werden die Produkte aller Länder durch bessere Logistik immer weiter verbreitet. Dadurch sind viele Nahrungsmittel erhältlich, die vor wenigen Jahren noch zu teuer waren, nun aber als Nahrung für den täglichen Bedarf verwendbar sind. MH 297; 1905

486 Durch weise Planung, kann man das, was für die Gesundheit am Besten ist, in fast jedem Land bekommen. Reis, Weizen, Mais und Hafer in verschiedener Form werden in allen Ländern angeboten, ebenso Bohnen, Erbsen und Linsen. Diese machen es möglich, zusammen mit dem einheimischen oder eingeführtem Obst und den verschiedenen Gemüsearten, die in den einzelnen Gebieten angebaut werden, eine Ernährung zu haben, die ohne Fleisch vollwertig ist. *MH 299; 1905*

Richtig zubereitete Nahrung

487 Obst, Getreide und Gemüse, einfach zubereitet und frei von scharfen Gewürzen und von allen freien Fetten *[engl: grease]*, ergeben zusammen mit Milch oder Rahm die gesündeste Kost. Sie bauen den Körper auf, verleihen Ausdauer und Geisteskräfte, die durch keine stimulierende Kost zu erreichen sind. *CTBH 47, 1890; CH 115*

488 Getreide und Obst, zubereitet ohne freies Fett *[engl: grease]* und in einer möglichst natürlichen Form, sollte die Nahrung auf dem Tisch all der Menschen sein, die behaupten, sich auf die Aufnahme in den Himmel vorzubereiten. *2T 352; 1869*

Haferbrei

489 Getreide zu Suppen oder Brei sollte man mehrere Stunden kochen. Aber weiche oder flüssige Speisen sind weniger gesund als trockene, die gründliches Kauen erfordern. *MH 301; 1905*

490 Einige meinen tatsächlich, dass eine richtige Ernährung hauptsächlich aus (Hafer-)Brei besteht. Viel Brei zu essen ist für die Verdauungsorgane nicht gut, denn er ist zu flüssig. Empfehlt Obst, Gemüse und Brot zu essen. *YI 31. Mai 1894*

Weizenbrei

491 Ihr könnt Weizenbrei zubereiten. Wenn das Weizenmehl zu grob ist, siebt es durch, und während der Brei heiß ist, fügt etwas Milch hinzu. Dies ist ein Gericht für die Lagerversammlung, das sehr schmackhaft und gesund ist. *2T 603; 1871*

Anstelle von Fleischnahrung

492 Wenn Fleischspeisen aufgegeben werden, sollten stattdessen verschiedene Getreide, Nüsse, Gemüse und Früchte verwendet werden, die nahrhaft und schmackhaft sind. ...

Gesunde, günstige Nahrungsmittel sollten die Stelle der Fleischnahrung einnehmen. *MH 316, 317; 1905*

3. BROT

Die Lebensgrundlage

493 Der Glaube wird die Mütter dazu führen, Brot von allerbester Qualität herzustellen. ... Das Brot sollte gründlich durchgebacken sein – innen und außen. Für den Magen ist es nötig, dass es leicht und trocken ist. Brot ist ein echtes Grundnahrungsmittel, und deshalb sollte jeder Koch im Brotbacken Hervorragendes leisten. *Ms 34, 1897*

Die Religion in einem guten Brot-Laib

494 Einige finden es nicht wichtig, Nahrung richtig zuzubereiten. Deshalb versuchen sie auch nicht, es zu lernen. Sie lassen das Brot vor dem Backen säuern, und das Natron, das hinzugefügt wird, um der Nachlässigkeit des Kochs abzuhelfen, macht es für den menschlichen Magen vollkommen ungeeignet. Es erfordert Nachdenken und Sorgfalt, gutes Brot herzustellen. In einem Laib guten Brotes steckt jedoch mehr Religion, als viele denken. *CH 117; 1890*

495 Es ist eine religiöse Pflicht, für jedes christliche Mädchen und jede christliche Frau, unverzüglich zu lernen, gutes, ungesäuertes, leichtes Brot aus Weizenvollkornmehl zu backen. Die Mütter sollten ihre Töchter, wenn sie noch ganz jung sind, mit in die Küche nehmen und ihnen schon die Kunst des Kochens beibringen. *1T 684; 1868*

Die Verwendung von Natron im Brot

496 Der Gebrauch von Backpulver oder Backsoda ist beim Brotbacken schädlich und unnötig. Das ist meistens nachteilig für den Magen und vergiftet oft den ganzen Organismus. Manche Hausfrauen denken, dass sie ohne solche Zutat kein gutes Brot herstellen können; aber da irren sie sich. Wenn sie sich bemühen würden, bessere Methoden zu lernen, würde ihr Brot viel gesünder sein und besser schmecken.

Die Verwendung von Milch im Hefebrot

Bei der Herstellung von Hefebrot sollte man keine Milch anstelle Wasser verwenden. Milch kostet mehr und vermindert zudem den Wert des Brotes. Bei Milchbrot ist die Gefahr größer, dass es im Magen gärt. Zudem bleibt es nach dem Backen nicht so lange haltbar wie Brot, das mit Wasser hergestellt wurde.

Frisches Hefebrot

Brot sollte leicht und trocken sein und keine Spur von Säure enthalten. Die Laibe sollten klein sein und so gründlich durchgebacken werden, dass so viele Hefekeime wie möglich vernichtet werden. Warm oder frisch ist das Hefebrot schwer verdaulich. Es sollte nie so gegessen werden. Das bezieht sich jedoch nicht auf ungesäuertes Brot. Ganz kleine runde Brote, aus Weizenmehl ohne Hefe oder Sauerteig hergestellt und im Ofen gebacken, sind gesund und wohlschmeckend. ...

Zwieback / Toast

Zwieback ist eines der leichtverdaulichsten und schmackhaftesten Nahrungsmittel. Normales Hefebrot schneide man in Scheiben und trockne es in einem warmen Ofen, bis die letzte Spur von Feuchtigkeit verschwunden ist. Dann lasse man es ganz leicht bräunen. Trocken aufbewahrt, hält sich dieses Brot viel länger als normales Brot. Und wenn es vor dem Gebrauch nochmals aufwärmt wird, ist es so frisch wie neu gebacken. *MH 300-302; 1905*

Älteres Brot ist frischem Brot vorzuziehen

497 Brot, das zwei oder drei Tage alt ist, ist gesünder als frisches Brot. Im Backofen getrocknetes Brot ist eines der gesündesten Nahrungsmittel. *Letter 142; 1900*

Das Übel des sauren Brotes

498 Wir finden, dass Vollkornbrot oft schwer, sauer und nur schlecht durchgebacken ist. Dies liegt am Mangel an Lerneifer und Pflichtgefühl der Köchin. Manchmal werden uns weiße Brötchen oder Biskuit vorgesetzt, die getrocknet, aber nicht gebacken sind, und andere Sachen nach demselben Rezept. Und dann will euch die Köchin erzählen, dass sie sehr gut nach altem Stil kochen könne, dass aber, um die Wahrheit zu sagen, ihre Familie das Vollkornbrot nicht schmeckt und glauben, verhungern zu müssen, wenn sie so leben müssten.

Ich habe zu mir selbst gesagt, ich wundere mich nicht darüber. Es liegt an deiner Zubereitungsart, dass das Essen so schlecht schmeckt. So etwas zu essen, würde sicherlich die Verdauung durcheinanderbringen. Diese schlechten Köchinnen und alle, die ihre Gerichte essen müssen, werden ernsthaft behaupten, dass sie mit der Gesundheitsreform nicht klar kommen.

Der Magen hat nicht die Kraft, schweres und saures Brot in gute Nahrung umzuwandeln; aber dieses schlechte Brot wird einen gesunden Magen krank machen. Alle, die eine solche Nahrung essen, wissen, dass ihnen Kraft fehlt. Gibt es dafür nicht einen Grund? Einige dieser Leute nennen sich Gesundheitsreformer, aber sie sind es nicht. Sie wissen gar nicht, wie man kocht. Sie bereiten Kuchen, Kartoffeln und Vollkornbrot zu, aber es kommt immer das gleiche auf den Tisch, mit kaum einer Abwechslung, und der Organismus wird nicht ernährt. Sie denken wohl, dass es verschwendete Zeit ist, gründlich zu lernen, wie man gesunde, schmackhafte Nahrung zubereitet. ...

In vielen Familien gibt es Magenkranke, und oft ist schlechtes Brot die Ursache. Die Mutter entscheidet, dass es nicht weggeworfen werden darf, und sie essen es. Ist dies der Weg, schlechtes Brot los zu werden? Wollt ihr es essen, damit es in Blut umgewandelt wird? Oder hat der Magen die Fähigkeit, saures Brot süß, schweres Brot leicht oder schimmeliges Brot frisch zu machen? ...

Manche Frau und Mutter, die nicht richtig unterwiesen wurde und immer noch nicht richtig kochen kann, serviert ihrer Familie täglich schlecht zubereitetes Essen. Das zerstört langsam aber sicher die Verdauungsorgane. Es kommt zu einer schlechten Qualität des Blutes und verursacht oftmals akute fieberhafte Erkrankungen und vorzeitigen Tod. Viele sind durch das Essen von schwerem, saurem Brot gestorben. Mir wurde von einem Dienstmädchen berichtet, das viel saures, schweres Brot gebacken hat. Um es loszuwerden und damit niemand etwas merken sollte, fütterte sie damit zwei große Schlachtschweine. Am nächsten Morgen fand der Hausherr seine Schweine tot im Stall, und nachdem er den Trog untersucht hatte, fand er Stücke dieses schweren Brotes. Er forschte nach, und das Mädchen gestand, was es getan hatte. Sie konnte es sich nicht vorstellen, was so ein Brot für eine Auswirkung auf die Schweine haben könnte. Wenn schweres, saures Brot Schweine umbringt, die Klapperschlangen und fast alles Abscheuliche fressen können, welche Auswirkung wird es dann auf dieses zarte Organ, den menschlichen Magen, haben? *1T 681-684; 1868*

Der Vorteil von Brot und anderer fester Nahrung
499 Wenn man von Fleischkost auf pflanzliche Kost umstellt, dann sollte man sehr darauf achten, mit Verstand zubereitete, gut gekochte Nahrungsmittel auf den Tisch zu bringen. Es ist falsch, viel Haferbrei zu essen. Trockene Nahrung, die gut gekaut werden muss, ist dem weitaus vorzuziehen. Die fertigen Gesundkosterzeugnisse sind in dieser Beziehung ein Segen. Gutes, braunes Brot und Brötchen, die auf einfache Art, jedoch mit Sorgfalt zubereitet wurden, sind gesund. Das

Brot darf nicht die geringste Spur von Säure aufweisen. Man sollte es ganz und gar durchbacken. So vermeidet man, dass es schwammig und klebrig wird.

Für alle, die gutes Gemüse, auf gesunde Art und Weise zubereitet, vertragen können, ist es besser als Püree oder Brei. Es ist gesünder, Obst zusammen mit zwei oder drei Tage altem, gut durchgebackenem Brot zu essen als mit frischem. Wenn man dies langsam isst und gut durchkaut, erhält der Körper alles, was er braucht. *Ms 3, 1897*

Heißer Biskuit

500 Heißer Biskuit und Fleischspeisen stehen im Widerspruch zu den Grundsätzen der Gesundheitsreform. *UT 2; 1884*

501 Heißer Natron-Biskuit wird oft mit Butter bestrichen und als Leckerbissen verzehrt; aber die geschwächten Verdauungsorgane können solche Nahrung nicht verdauen. *Letter 72; 1896*

502 Wir sind eher nach Ägypten zurückgegangen als vorwärts nach Kanaan. Sollten wir nicht umkehren und einfache, gesunde Nahrung auf unseren Tischen haben? Sollten wir nicht auf heißen Biskuit verzichten, der nur Verdauungsstörungen verursacht? *Letter 3; 1884*

Fladen und Brötchen

503 Heißes, durch Natron oder Backpulver aufgegangenes Gebäck sollte niemals auf unseren Tischen erscheinen. Solche Komponenten sind ungeeignet für den Magen. Heißes, aufgegangenes Gebäck jeglicher Art ist schwer verdaulich. Vollkornbrötchen, die sowohl gesund als auch schmackhaft sind, kann man aus Vollkornmehl mit reinem kaltem Wasser und Milch herstellen.

Es ist schwierig, unseren Gemeindegliedern Einfachheit beizubringen. Wenn wir Vollkornbrötchen empfehlen, sagen unsere Freunde: *„O ja, wir wissen, wie sie zu machen sind!"* Wir sind sehr enttäuscht, wenn sie aufgetischt werden und dann feststellen, dass sie mit Backpulver oder mit Sauermilch und Soda zum Aufgehen gebracht worden sind. Dies ist kein Beweis für eine Reform. Das Vollkornmehl mit reinem, weichem Wasser und Milch gemischt, ergibt die besten Brötchen, die wir jemals probiert haben. Wenn das Wasser hart ist, verwendet mehr süße Milch oder fügt ein Ei dem Teig hinzu. Die Brötchen sollten in einem gut geheizten Ofen bei ständiger Hitze gründlich durchgebacken werden. Um Brötchen herzustellen, verwendet man weiches Wasser und Milch oder ein wenig Rahm. Macht einen festen Teig und knetet ihn wie für Cracker. Dann backt sie auf dem Herdrost. Sie sind süß und köstlich. Sie erfordern gründliches Kauen, das für die Zähne wie auch für den Magen nützlich ist. Sie geben gutes Blut und verleihen Kraft. Bei solchem Brot und der reichlichen Fülle an Früchten, Gemüse und Getreide, das unser Land hervorbringt, sollte es kein Verlangen nach anderen Leckerbissen mehr geben. *RH 8.5.1883*

Vollkornbrot ist besser als Brot aus Weißmehl

504 Feinmehlbrot kann den Körper nicht so ernähren wie Vollkornweizenbrot. Die weitverbreitete Verwendung von Weißbrot kann den Körper nicht gesund erhalten. Bei euch beiden ist die Leberfunktion gemindert. Die Verwendung von Weißmehl in eurem Speiseplan vermehrt eure Leiden. *2T 68; 1868*

505 Zum Brotbacken ist das ganze feine Weißmehl nicht geeignet. Es ist weder gesund noch wirtschaftlich. Dem Weißbrot fehlt es an nahrhaften Bestandteilen, die sich im Brot aus Vollkornmehl befinden. So ist es eine häufige Ursache von Verstopfung und anderen krankhaften Zuständen. *MH 300; 1905*

Verwendet verschiedene Getreidearten zum Brotbacken

506 Ausschließlich Weizenmehl ist für eine ständige Ernährung nicht zu empfehlen. Eine Mischung aus Weizen, Hafer und Roggen wäre nahrhafter als der seiner Nährstoffe beraubte Weizen. *Letter 91; 1998*

Süße Brote

507 Bei uns gibt es nur selten süßes Brot und Kekse. Je weniger man süße Speisen isst, desto besser. Sie sind mitverantwortlich für Störungen im Magen und lassen diejenigen ungeduldig und reizbar sein, die das ständig zu sich nehmen. *Letter 363; 1907*

508 Es ist besser, Zwieback ohne Zucker herzustellen. Doch einige mögen lieber den süßen Zwieback – aber das schadet den Verdauungsorganen. *Letter 37; 1901*

4. GEMÜSE

Frisches Gemüse – einfach zubereitet

509 Alle sollten wissen, wie wertvoll Obst und Gemüse ist, das frisch aus dem Garten kommt. *Ms 13; 1911*

510 Obst, Getreide und Gemüse, auf einfache Weise, frei von Gewürzen und freien Fetten aller Art, ergeben, mit Milch und Rahm zubereitet, die gesündeste Nahrung. Sie versorgen den Körper und geben Ausdauer und eine Verstandesstärke, die durch eine aufputschende Ernährung nicht erreicht werden kann. *CTBH 47; 1890*

511 Für solche, denen es bekommt, ist gutes Gemüse, auf gesunde Art zubereitet, besser als weiches Mus oder Haferbrei. *Ms 3; 1897*

512 Das Gemüse sollte man mit etwas Milch oder Rahm oder etwas gleichwertigem schmackhaft machen. *9T 162; 1909*

Eine vollwertige Ernährung

513 Einfaches Getreide, Früchte und Gemüse haben alle nahrhaften Wertstoffe, die notwendig sind, um gutes Blut zu bilden. Dies kann durch Fleischnahrung nicht erreicht werden. *Letter 70; 1896*

Gemüse reichlich verwenden

514 Wir bestehen aus dem, was wir essen. Sollen wir die niederen Neigungen durch das Essen tierischer Nahrung stärken? Anstatt den Geschmack dazu zu erziehen, diese ungesunde Fleischkost zu bevorzugen, ist es höchste Zeit, dass wir uns dazu erziehen, von Früchten, Getreide und Gemüse zu leben. ... Ohne Fleisch kann man viele einfache Gerichte herstellen, die gesund und nahrhaft sind. Kräftige Männer brauchen viel Gemüse, Obst und Getreide. *Letter 3; 1884*

➤ Siehe auch: 204, 312, 444, 482, 492, 563, 649, 651, 765, 795

515 Der Herr möchte sein Volk dahin zurückführen, dass es von einfachen Früchten, Gemüse und Getreide lebt. *Letter 72, 1896*

Einige vertragen kein Gemüse

516 In einer medizinischen Einrichtung muss man unterschiedlichen Geschmacksrichtungen gerecht werden. Einige Leute wünschen gut zubereitetes Gemüse, um ihre besonderen Bedürfnisse zu decken. Andere dagegen sind nicht in der Lage, Gemüse zu verzehren, ohne darunter zu leiden. *Letter 45; 1903*

Kartoffeln: Bratkartoffeln sind nicht gesund

517 Wir finden, dass Bratkartoffeln nicht gesund sind; denn bei der Zubereitung verwendet man mehr oder weniger Butter oder andere freie Fette *[engl.: grease]*. Gute gebackene oder gekochte Kartoffeln, die mit Rahm und ein klein wenig Salz serviert werden, sind am gesündesten. Die Reste von Kartoffeln irischer Art oder von Süßkartoffeln werden noch einmal mit etwas Rahm und Salz gebacken, aber nicht gebraten; sie schmecken ausgezeichnet. *Letter 322; 1905*

Bohnen – eine gesunde Speise

518 Ein weiteres sehr einfaches aber gesundes Gericht sind gekochte oder gebackene Bohnen. Mit Wasser und Milch oder Rahm ergeben sie eine gute Suppe. *2T 603; 1871*

Anbau und Aufbewahrung von Gemüse

519 Viele erkennen nicht, wie wichtig es ist, ein Stück Land zu haben, um Obst und Gemüse für den Eigenbedarf anzubauen. Ich bin unterwiesen worden, jeder Familie und jeder Gemeinde zu sagen: *„Gott wird euch segnen, wenn ihr euch mit Furcht und Zittern bemüht, dass ihr selig werdet und nicht durch unweise Behandlung des Körpers den Plan Gottes für euch durchkreuzt."* *Letter 5; 1904*

520 Es sollte Vorsorge für einen Vorrat an getrocknetem, süßem Mais getroffen werden. Kürbisse können getrocknet und im Winter zur Herstellung von Pasteten benutzt werden. *Letter 195; 1905*

Grüngemüse und Tomaten in der Ernährung von Ellen G. White

521 Du sprichst über meine Ernährungsweise. Ich habe mich nicht so auf eine Sache festgelegt, als dass ich nicht auch etwas anderes essen könnte. Aber was das Grüngemüse anbetrifft, brauchst du dir keine Sorgen zu machen; denn ich weiß sicher, dass es in dem Gebiet, wo du wohnst, viele Arten von Pflanzen gibt, die ich als Salat verwenden kann. Ich werde die Blätter des Sauerampfers, des jungen Löwenzahns und des Senfs verwenden können.

Dort gibt es ein viel reichhaltigeres Angebot und von besserer Qualität als wir es in Australien hatten. Und wenn es nichts anderes gäbe, gibt es dort doch Getreideerzeugnisse. *Letter 31; 1901*

522 Einige Zeit, bevor ich in den Osten ging, hatte ich keinen Appetit. Aber jetzt ist er wieder da, und wenn die Essenszeit kommt, bin ich sehr hungrig. Mein Distelgemüse, sorgfältig gekocht und mit sterilisiertem Rahm und Zitronensaft gewürzt, ist sehr appetitanregend. Ich esse zu einer Mahlzeit z.B. eine Nudel-Tomatensuppe und zur nächsten dann grünes Gemüse. Ich habe wieder angefangen, Kartoffelgerichte zu essen. Das Essen schmeckt mir gut. Ich fühle mich wie ein Fieberkranker, der halb verhungert ist und stehe jetzt in der Gefahr, mich zu überessen. *Letter 10; 1902*

523 Die Tomaten, die du mir geschickt hast, waren sehr schön und wohlschmeckend. Ich stelle fest, dass Tomaten für mich das beste Nahrungsmittel sind. *Letter 70; 1900*

524 An Mais und Erbsen haben wir genug für uns und unsere Nachbarn geerntet. Den süßen Mais trocknen wir für den Winter. Wenn wir ihn dann brauchen, mahlen wir ihn in einer Mühle und kochen ihn. Er ergibt schmackhafte Suppen und andere Gerichte. ...

Zur Erntezeit haben wir Weintrauben in Fülle, ebenso Pflaumen und Äpfel und etwas Kirschen, Pfirsiche, Birnen und Oliven, die wir selbst zubereiten. Wir bauen auch viele Tomaten an. Ich entschuldige mich nie für das Essen auf meinem Tisch. Ich bin der Meinung, dass es Gott nicht gefällt, wenn wir das tun. Unsere Gäste essen wie wir und scheinen unsere Mahlzeiten zu genießen. *Letter 363; 1907*

19 DER NACHTISCH

1. ZUCKER

Zucker ist nicht gesund, er behindert die Arbeit der Organe
525 Zucker kann der Magen nicht gut verdauen. Er gärt, und das wiederum beeinträchtigt das Denkvermögen. Dadurch wird das Gemüt negativ beeinflusst. *Ms 93; 1901*

526 Oft wird für Speisen viel zu viel Zucker verwendet. Kuchen, süße Puddingspeisen, Konditorwaren, Gelee und Marmelade führen garantiert zu Verdauungsstörungen. Besonders schädlich sind Vanillesaucen, Puddingspeisen und Eiscremes, deren Hauptzutaten Milch, Eier und Zucker sind. Die freizügige und gleichzeitige Verwendung von Milch und Zucker sollte vermieden werden. *MH 302; 1905*

527 Durch die Verwendung von Zucker werden die Organe überlastet. Das hemmt den Ablauf der Lebensfunktionen.
Ich möchte eine Situation aus Montcalm County, Michigan, erwähnen. Es handelte sich um einen vornehmen Mann, von sehr großer Statur und attraktiver Erscheinung. Ich wurde an sein Krankenbett gerufen. Schon vorher hatte ich mit ihm einmal ein Gespräch über seine Lebensweise geführt. *„Der Ausdruck deiner Augen gefällt mir gar nicht",* sagte ich. Er aß viel Zucker. Ich fragte ihn, warum er das tue. Er antwortete mir, dass er das Fleischessen aufgegeben habe und nicht wisse, womit er das Fleisch besser ersetzen könne als durch Zucker. Seine Kost schmeckte ihm nicht – aus dem einfachen Grund, weil sei-

ne Frau nicht kochen konnte. Einige von euch schicken ihre beinahe heiratsfähigen Töchter auf eine Schule, damit sie sich dort Kenntnisse in naturwissenschaftlichen Fächern aneignen, aber Kochen können sie nicht. Gute Kochkenntnisse sind aber wichtiger. Hier war also eine Frau, die vom Kochen wenig Ahnung hatte. Sie hatte nicht gelernt, wie man gesunde Speisen zubereitet. Als Ehefrau und Mutter fehlte es ihr in diesem wichtigen Aufgabenbereich an der rechten Unterweisung. Als Ergebnis kam nur eine dürftige Kost auf den Tisch, die nicht dazu geeignet war, den Organismus ausreichend zu versorgen. Deshalb wurde übermäßig Zucker gegessen, was wiederum den ganzen Organismus belastet hat. Das Leben des Mannes wurde unnötigerweise einer schlechten Küche geopfert.

Bei meinem Besuch versuchte ich der Familie so gut wie möglich zu erklären, was sie tun sollten. Bald ging es dem Mann langsam besser. Aber unklugerweise fing er vorzeitig wieder an zu arbeiten, dabei aß er ein wenig von minderwertigen Speisen und erlitt daraufhin einen Rückschlag. Dieses Mal war keine Hilfe mehr möglich. Sein Organismus schien eine lebendige Fäulnismasse zu sein.

Er starb als Opfer einer falschen Ernährung. Er hatte versucht, anstelle gesunder Kost Zucker zu essen, machte aber dadurch die Sache nur noch schlimmer. Ich bin oft bei Geschwistern zu Gast und bemerke, dass sie viel zu viel Milch und Zucker verwenden. Diese Nahrungsmittel hemmen die Tätigkeit der Organe, reizen die Verdauungsorgane und beeinträchtigen das Denkvermögen.

Alles, was die freie Bewegung der Lebensvorgänge behindert, zieht auch die Verstandeskraft des einzelnen unmittelbar in Mitleidenschaft. Nach der mir zuteil gewordenen Erkenntnis ist Zucker – übermäßig verwendet – schädlicher als Fleisch. Änderungen in der Lebensweise sollten schrittweise durchgeführt werden und darf nicht dazu führen, dass die Menschen, die wir belehren und ihnen helfen wollen, dadurch Widerwillen und Vorurteile bekommen. 2T 369.370; 1870

528 Wir sollten uns nicht dazu bewegen lassen, irgend etwas in den Mund zu nehmen, was dem Körper schadet – ganz gleich, wie es uns schmeckt. Warum eigentlich? Weil wir Gottes Eigentum sind! Ihr habt eine Krone zu erben, einen Himmel zu gewinnen und eine Hölle zu fürchten. Um Christi willen frage ich euch: *„Wollt ihr, dass euch das Licht in klaren und hellen Strahlen scheint? Wollt ihr euch davon abwenden, indem ihr sagt: ‚Mir schmeckt das, ich esse es gerne'?"* Gott ruft jeden von uns auf, anzufangen, mit ihm Pläne zu legen, ihn in seinem

großen Werk der Liebe und Fürsorge zu unterstützen und Geist, Seele und Körper als Ganzes zu erheben, zu veredeln und zu heiligen, damit wir Mitarbeiter Gottes sein können. ...

Es ist besser, auf Süßigkeiten zu verzichten. Lasst die Nachtische weg, die normalerweise üblich sind. Ihr braucht sie nicht. Was ihr braucht, ist ein klarer Geist, um im göttlichen Sinn denken zu können. *RH 7.1.1902*

Der Verkauf von Naschwerk bei Zeltversammlungen
529 Vor Jahren musste ich die für unsere Zeltversammlungen Verantwortlichen im Auftrag Gottes ernst ermahnen. Sie hatten Käse, Süßigkeiten und andere schädliche Esswaren auf den Zeltplatz gebracht und den Teilnehmern zum Verkauf angeboten. Zur selben Zeit hatte ich mich bemüht, alt und jung dahingehend zu unterweisen, das für Naschwerk ausgegebene Geld in eine Sparbüchse für die Mission zu legen und so die Kinder Selbstverleugnung zu lehren. *Letter 25a; 1889*

530 Der Herr hat mir in Bezug auf die Nahrungsmittel, die für unsere Zeltversammlungen beschafft werden, Erkenntnis geschenkt. Manchmal werden Lebensmittel eingekauft, die mit den Grundsätzen der Gesundheitsreform nicht zu vereinbaren sind. Wenn wir nach dem von Gott geschenkten Licht leben wollen, müssen wir das Volk Gottes – alt und jung – dazu erziehen, auf Esswaren zu verzichten, die nur den Gaumen reizen. Unsere Kinder müssen belehrt werden, auf so unnötige Dinge wie Bonbons, Kaugummi, Eiscreme und anderes zu verzichten, damit sie das so gesparte Geld in die „*Selbstverleugnungsdose*" legen können, die in jedem Heim vorhanden sein sollte. Auf diese Weise könnten große und kleine Beträge für die Sache Gottes gespart werden. Nicht wenige unserer Geschwister im Herrn benötigen eine Unterweisung in den Grundsätzen der Gesundheitsreform. Es gibt verschiedene Backwaren, die von Gesundkostherstellern ausgedacht worden sind und als ganz gesund empfohlen werden. Aber ich muss diesbezüglich ein gegenteiliges Zeugnis ablegen. Diese Produkte sind wirklich nicht gesund. Man sollte niemanden ermuntern, sie zu essen. Wir müssen uns noch entschiedener von einer einfachen Kost ernähren, die aus Obst, Nüssen, Getreide und Gemüse besteht. Kauft keine Nahrungsmittel oder Süßigkeiten für unsere Zeltversammlungen ein, die der Erkenntnis zuwider sind, die wir über die Gesundheitsreform erhalten haben. Diskutiert nicht die Versuchung zur Gaumenlust mit dem Argument weg, dass das Geld aus dem Verkauf dieser Waren dazu dient, die Unkosten einer guten Sache zu bestreiten.

Jeder Versuchung zur Genusssucht muss entschieden widerstanden werden. Der Vorwand, dass etwas Gutes dabei herauskommt, darf euch nicht dazu verleiten, etwas zu tun, was dem Einzelnen schadet. Wir alle sollten lernen, was es bedeutet, selbstlose und dennoch gesunde und eifrige Missionare zu sein. *Ms 87; 1908*

Zucker in der Ernährung von Ellen G. White
531 Alles, was bei uns auf den Tisch kommt, ist einfach, aber gesund. Es wird nicht nur wahllos miteinander vermischt. Auf unserem Tisch fehlt die Zuckerdose. Der Leckerbissen, den wir uns gönnen, sind Brat- oder Schmoräpfel, die vor dem Servieren gerade so viel gesüßt werden, wie es notwendig ist. *Letter 5; 1870*

532 Wir haben stets etwas Milch und Zucker verwendet. Das haben wie nie verurteilt – weder schriftlich noch in den Predigten. Aber wir meinen, dass die Tiere so sehr erkrankt sind, dass auf Milch verzichtet werden muss. Die Zeit ist aber jetzt noch nicht da, die Verwendung von Zucker und Milch ganz zu streichen. *Letter 1; 1873*

2. MILCH UND ZUCKER

533 Nun zu Milch und Zucker. Ich kenne Menschen, die durch Gedanken über Veränderungen erschreckt wurden. Sie wollten damit nichts zu tun haben, weil diese Reform gegen die uneingeschränkte Verwendung dieser Lebensmittel spricht. Änderungen in der Lebensweise sollten sehr sorgfältig vorgenommen werden. Wir müssen dabei behutsam und vernünftig vorgehen. Wir wollen so handeln, wie es für einsichtsvolle Menschen in diesem Land logisch ist.

Viel Zucker und Milch, zusammen gegessen, ist sehr schädlich. Das verunreinigt den Organismus. Die Tiere, von denen wir die Milch beziehen, sind nicht immer gesund. Sie können verkrebst sein. Eine Kuh mag am Morgen einen gesunden Eindruck erwecken und doch vor Einbruch der Dunkelheit sterben. Sie war also morgens schon krank und demnach die Milch verseucht und ihr habt es nicht gewusst. Die Tierwelt ist krank, deshalb sind Fleischspeisen ungesund. Wenn wir sicher wären, dass die Tiere ganz gesund sind, würde ich eher empfehlen, dass die Menschen Fleisch essen, anstatt viel Milch und Zucker. Das wäre nicht so nachteilig wie die Verwendung von Zucker und Milch. Zucker überlastet die Organe und hemmt den Ablauf der Lebensfunktionen. 2T 368.369; 1870

534 Ich bin oft bei Geschwistern zu Gast und stelle fest, dass sie viel zu viel Milch und Zucker verwenden. Doch das hemmt die Tätigkeit der Organe, reizt die Verdauungsorgane und beeinträchtigt das Denkvermögen. 2T 370; 1870

535 Für die Zubereitung von Maisbrei (Polenta) verwenden manche Milch und sehr viel Zucker. Sie meinen, so halten sie sich an die Gesundheitsreform. Durch die Verwendung von Milch und Zucker zusammen kommt es jedoch leicht zur Gärung im Magen und ist deshalb schädlich. CH 154; 1890

536 Sehr schädlich sind auch Vanillesaucen und Puddingspeisen, die hauptsächlich aus Milch, Eiern und Zucker bestehen. Viel Milch und Zucker zusammen sollte man vermeiden. MH 302; 1905

Milch und Milchprodukte erwiesen sich als hauptsächliches Verbindungsglied zu Herzkrankheiten, während Zucker, tierisches Protein und tierisches Fett die zweite, beziehungsweise dritte und vierte Stelle einnahmen. Medizinische Hypothesen, 7:097-918,1981

Kuhmilch ist zu einer Kontroverse zwischen Ärzten und Ernährungswissenschaftlern geworden. Früher wurde Milch als sehr begehrenswert angesehen, aber die Nachforschungen zwingen uns dazu, diese Empfehlung neu zu überdenken ... Milchprodukte tragen zu einer überraschend großen Anzahl von Gesundheitsproblemen bei. Benjamin Spock, M.D., Dr. Spock's Baby und Kinderpflege, 7. Auflage

Tests zeigen auf, dass „Bovine serum albumin" (ein Rinder-Eiweiß) im Milchprotein verantwortlich für die Entstehung von Diabetes ist ... Patienten, die an Diabetes Mellitus leiden und Insulin einnehmen müssen, entwickeln Antikörper gegen Kuhmilchprotein, die bei der Entwicklung von „Islet DysfunCTBHion" mithelfen ... Als Ganzes betrachtet, zeigen diese Befunde, dass eine aktive Reaktion auf das Rinderalbumin bei Patienten mit IDDM (auf das Knochenprotein) ein Teil der autoimmunen Reaktion ist. New England Journal der Medizin, 30. Juli 1992

Tatsächlich steht Kuhmilch, vor allem verarbeitete Milch, in direkte Beziehung zu verschiedenen Gesundheitsproblemen, einschließlich Schleimbildung, Hämoglobinverlust, Jugenddiabetes, Herzkrankheiten, Ateriosklerose, Arthritis, Nierensteine, Gemütsschwankungen, Depressionen, Reizbarkeit und Allergien. Townsend Medical Letter, Mai 1995; Juli Klotter, M.D.

Frauen, die sehr viel rotes Fleisch, Süßigkeiten, Pommes Frites und Weißmehlprodukte zu sich nahmen, hatten ein um 1,5 Mal größeres Risiko, Darmkrebs zu bekommen als Frauen, die mehr Früchte, Gemüse, Fisch und Vollkornprodukte aßen. Archiv für Interne Medizin, Band 4, Ausgabe 34, 14.Februar 2003

3. OBSTTORTEN, KUCHEN, GEBÄCK, PUDDING

537 Viele Nachtische, für deren Zubereitung zudem noch besonders viel Zeit benötigt wird, sind nicht gesund. *FE 227; 1893*

Die Gefahr des Überessens
538 Obwohl man zu einer Mahlzeit genügend gegessen hat, damit der Organismus gut funktionieren kann, wird in sehr vielen Heimen noch ein Nachtisch serviert, der aus Obstkuchen, Pudding oder anderen Süßigkeiten besteht. ... Viele, die schon satt sind, überziehen dann und essen auch noch die verlockende Nachspeise, die ihnen jedoch nicht gut bekommt. ... Würde man ganz auf diese besonderen Leckereien verzichten, wäre das ein großer Segen. *Letter 73a, 1896*

539 Nur weil es üblich ist und eine entartete Esslust danach verlangt, wird der Magen mit üppigen Torten, Obstkuchen, Puddings und allerlei anderen schädlichen Genüssen überladen. Der Tisch muss sich vor einer Vielfalt von Speisen biegen, sonst ist der verdorbene Appetit nicht zufrieden. Das Kennzeichen dieser Sklaven der Esslust ist am Morgen oft ein schlechter Mundgeruch und eine belegte Zunge. Solche Menschen fühlen sich nicht gesund und wundern sich, warum sie an Schmerzen, Kopfweh und anderen Übeln leiden. *4SG 130; 1864*

540 Die Menschheit hat immer mehr dem Verlangen nach üppigen Speisen nachgegeben. Schließlich ist es üblich geworden, sich mit allen nur erdenklichen Delikatessen vollzustopfen. Besonders bei gesellschaftlichen Einladungen beschränkt man sich beim Essen kaum. Man nimmt an Festessen – meistens spät abends – teil, bei denen stark gewürzte Fleischspeisen, üppige Saucen, Creme-Torten, Kuchen, Eiscreme und vieles andere aufgetischt wird. *1HL 53*

541 Viele Menschen, die nur ein geringes Einkommen haben, stürzen sich in Unkosten, weil so allgemein üblich, und bereiten ihren Gästen verschiedene Creme-Torten, Eingemachtes, Kuchen und eine Vielfalt ausgefallener Speisen, die alle ungesund sind. Gleichzeitig fehlt das dafür verwendete Geld, um sich und den Kindern Kleider zu kaufen. Die Zeit wird für die Zubereitung von Speisen verwendet, die nur den Gaumen befriedigen, und das auf Kosten des Magens. Die sollte aber besser für Erziehung der Kinder eingesetzt werden. *1HL 54*

19 • DER NACHTISCH

Keine gesunde und nahrhafte Kost
542 Viele können sehr gut vielerlei Sorten von Kuchen backen. Doch Kuchen ist nicht besonders gesund, um ihn anzubieten. Süße Kuchen, Puddings mit Vanillesauce bringen die Verdauung durcheinander. Warum sollen wir uns und unsere Gäste damit verführen, indem wir ihnen solche Speisen servieren? *YI 31.5.1894*

543 Fleischspeisen, Creme-Torten und Kuchen, mit allerlei Zutaten zubereitet, sind nicht sehr gesund und nahrhaft. *2T 400; 1870*

544 Die Nachtische mit Vanillesauce schaden eher als sie nützen. Besser ist es dann, Obst zu servieren. *Letter 91; 1898*

545 Es wird normalerweise zu viel Zucker bei der Zubereitung von Speisen verwendet. Kuchen, süße Puddings, Pasteten, Gelees und Konfitüren sind oft schuld, dass es zu Verdauungsbeschwerden kommt. Besonders schädlich sind Kuchen und Puddings, die aus viel Milch, Eiern und Zucker bestehen. *MH 302; 1905*

546 Alle, die sich für die Gesundheitsreform einsetzen, sollten alles ganz gründlich umsetzen und das weglassen, was ihrer Gesundheit schadet und dafür einfache, vollwertige Lebensmittel verwenden.
Obst eignet sich sehr gut dazu und nimmt beim Kochen nicht so viel Zeit in Anspruch. Lasst alle üppigen Backwaren wie Torten, Nachtische und ähnliche Speisen weg, die nur als Gaumenkitzel dienen. Esst zu einer Mahlzeit nicht so viel verschiedene Speisen und esst alles mit dankbarem Herzen. *Letter 135; 1902*

Einfache Nachtische sind erlaubt
547 Ein einfacher Obstkuchen ist als Nachtisch möglich. Isst man aber zwei oder drei Stück davon, nur um einen ungezügelten Appetit zu befriedigen, dann ist man für den Dienst Gottes untauglich. Manche essen sehr viel zu einer Mahlzeit und obendrauf noch einen Nachtisch – nicht weil sie noch Hunger hätten, sondern weil er ihnen schmeckt. Wird ihnen ein zweites Stück angeboten, können sie nicht widerstehen. Zwei oder drei Stück Kuchen werden dann zusätzlich einem ohnehin schon überlasteten Magen zugemutet. Wer das tut, hat nie versucht, sich Selbstverleugnung anzuerziehen. Der Sklave der Esslust ist so in seiner Haltung verstrickt, dass er den Schaden, den er sich selbst zufügt, nicht einschätzen kann. *Letter 17; 1895*

548 Als seine Frau zusätzliche Kleidung und eine besondere Ernährung brauchte – und zwar eine einfache, aber nährstoffreiche – wurde sie ihr nicht gegeben. Ihr Organismus wäre darauf angewiesen gewesen. Doch ihr Mann war nicht bereit, ihr das zu besorgen, was sie brauchte. Und das wäre folgendes: Nicht zu viel Milch und Zucker, etwas Salz, Weißbrot, das zur Abwechslung mit Hefe gebacken wurde; durch Vollkornmehl, das andere Menschen für sie hätten zubereiten können; durch einfache Rosinenkuchen, Reispudding mit Rosinen, Pflaumen und ab und zu Feigen sowie vieles andere, das man noch erwähnen könnte. *2T 383.384; 1870*

549 Den Patienten servierte Speisen sollten gut schmecken. Eier können auf verschiedene Art zubereitet werden. Zitronenkuchen amerikanischer Art *(aus Maisstärke, der Übersetzer)* sollte den Patienten nicht verboten sein. *Letter 127; 1904*

550 Der Nachtisch sollte zusammen mit den anderen Speisen serviert werden. Denn oft hat man schon genügend gegessen, wenn erst der Nachtisch serviert wird. Gerade von dieser Nachspeise isst man dann zu viel. *Letter 53; 1898*

Für einen klaren Geist und einen starken Körper
551 Ich wünschte, wir würden uns alle nach der Gesundheitsreform richten. Ich bin sehr gegen süße Backwaren. Diese Zusammensetzungen sind ungesund. Derjenige, der viel Süßigkeiten, Cremetorten und alle möglichen Kuchen isst, kann keine gute Verdauung haben und dadurch auch kein klares Denkvermögen. Dasselbe gilt für alle, die zu viel verschiedenes zu jeder Mahlzeit essen. Wenn wir das tun und uns dann noch erkälten, wird der ganze Organismus so in Mitleidenschaft gezogen, dass er seine Widerstandskraft verliert und gegen Krankheiten nicht immun ist. Es wäre besser, Fleischkost zu essen, als so viel Torten und Backwaren. *Letter 10; 1891*

552 Gesundheitsreformern sollte klar sein, dass sie durch eine Veröffentlichung von Rezepten, die nicht nach gesunden Grundsätzen gestaltet sind, Schaden anrichten. Sehr vorsichtig sollte man bei der Erstellung von Rezepten für Vanillesaucen und Tortengebäck sein. Wenn man als Nachtisch einen süßen Kuchen mit Milch oder Rahm isst, gärt es im Magen. Der geschwächte Organismus reagiert dann. Dadurch wird auch die Gehirntätigkeit beeinflusst.

Das wäre leicht zu ändern, wenn man über den Grund nachdenken würde und alles in der Ernährung wegließe, was den Verdauungsorganen schadet und Kopfschmerzen verursacht.

Durch falsche Essgewohnheiten sind Männer und Frauen zur Arbeit nicht mehr fähig, die sie sonst ohne Probleme erledigen könnten, wenn sie sich gesünder ernährt hätten. *Letter 142; 1900*

553 Ich bin davon überzeugt, dass bei den Vorbereitungen für die Zeltversammlungen niemand krank werden muss, wenn er in seiner Ernährung die Gesundheitsgesetze beachtet.

Wenn man keine Torten und Kuchen zubereitet, sondern einfaches Vollkornbrot bäckt, und eingemachtes oder getrocknetes Obst dazu isst, muss niemand krank werden – weder vor noch während den Zeltversammlungen. *2T 602; 1891*

554 Es ist besser, auf Süßigkeiten zu verzichten. Esst die süßen Nachtische nicht, die serviert werden, denn ihr braucht sie nicht. Was ihr braucht, ist ein klaren Geist, um im göttlichen Sinn denken zu können. Wir sollten jetzt unsere Lebensweise mit den Grundsätzen der Gesundheitsreform in Übereinstimmung bringen. *RH 7.1.1902*

Wissenschaftler der Tuft Universität haben mehr als 900 Männer und Frauen im Alter von 69 bis 93 interviewt in Bezug auf ihre Ernährung und haben deren Knochendichte und Skelettzustand gemessen und kontrolliert. Männer, die am meisten Früchte, Gemüse und Getreide aßen, hatten eine bessere Knochendichte und Frauen, die viel Süßwaren aßen, hatten die schlechteste Knochendichte. Amerikanische Zeitschrift Klinischer Ernährung, 2002; 76:254-52

Das Grundproblem: Wir nehmen – oft unwissentlich – mehr Zucker zu uns, als Bauchspeicheldrüse und Leber verarbeiten können. Der überschüssige Zucker führt zu Herz- und Lebererkrankungen und Diabetes.

Nicht nur dicke Menschen sind betroffen – Dabei sind nicht nur dicke Menschen betroffen. „Zu viel Zucker verursacht chronische Stoffwechselerkrankungen sowohl bei dicken als auch bei dünnen Menschen. Statt uns auf das Problem der Fettleibigkeit zu konzentrieren, sollten wir uns mehr für die Herstellungsweise unserer Lebensmittel interessieren", sagt Robert Lustig, ein Mitglied des „Sucar Science"-Projekts.

Warum macht zu viel Zucker krank? – Zu viel Zucker führt dazu, dass der Glukose-Anteil in unserem Blutkreislauf steigt. Die Bauchspeicheldrüse produziert als Reaktion Insulin, was den Körper dazu anregt, mehr Kalorien als Fett zu speichern. Zuviel Insulin beeinträchtigt auch das Leptin, ein Hormon, das als natürliche Essbremse wirkt. Bei einem unausgewogenen Insulin-Haushalt erhält der Körper dieses Signal nicht mehr.

Eine der Hauptgefahren: Limonaden, Energy- und Fitness-Getränke. Schon ein halber Liter Limo enthält mehr als 50 Gramm Zucker – laut Weltgesundheitsorganisation der Tagesbedarf eines Erwachsenen. www.bild.de/ratgeber/gesundheit/zucker/forscher-zucker-macht-krank-39191970.bild.html

20 GEWÜRZE, WÜRZMITTEL

1. GEWÜRZE UND WÜRZMITTEL

555 Die Verwendung von Gewürzen ist überall weit verbreitet, obwohl das die Verdauung beeinträchtigt. *Letter 142; 1900*

556 Zu den Betäubungs- und Suchtmitteln zählen verschiedene Dinge, die – gegessen oder getrunken – den Magen reizen, das Blut vergiften und die Nerven aufputschen. Ihre Verwendung ist eindeutig ein Übel. Die Menschen schätzen die Wirkung von Suchtmitteln, weil sie die Nachwirkungen eine Zeitlang als angenehm empfinden. Aber das hat Folgen. Unnatürliche Reizmitteln führen dazu, dass immer mehr davon benötigt wird. Es beschleunigt auf wirksame Art die Schwächung und den Verfall des Körpers.

Je weniger scharf die Ernährung in dieser schnelllebigen Zeit ist, desto besser. Gewürze sind von Natur aus schädlich. Senf, Pfeffer, exotische Gewürze, Essiggurken und solche Dinge reizen den Magen, erhitzen das Blut und machen es unrein. Der entzündete Zustand eines Trinkermagens wird oft als Beispiel dafür angeführt, welche Folgen der Alkoholkonsum hat. Solche Würzmittel rufen einen ähnlich entzündeten Zustand hervor. Bald schmeckt normale Nahrung nicht mehr. Dem Organismus fehlt etwas und man hat ein sehr starkes Verlangen nach etwas Pikanterem. *MH 325; 1905*

557 Gewürze und würzige Zutaten, wie sie für die Zubereitung der Mahlzeiten Verwendung finden, *„fördern"* die Verdauung genauso wie schwarzer Tee, Bohnenkaffee und Alkohol. Und das soll angeblich dem arbeitenden Menschen helfen, sein Arbeitspensum zu schaffen. Nachdem die unmittelbare Wirkung nachgelassen hat, sinkt die Leistungsfähigkeit weit *unter* den Durchschnittswert vor dem Aufputschen ab. Der Organismus wird geschwächt, das Blut verseucht, eine Entzündung ist die unausbleibliche Folge. UT 6; 1896

Gewürze reizen den Magen

558 Auf unseren Tischen sollten nur gesündeste Nahrungsmittel zu finden sein – frei von allen Reizstoffen. Durch die Verwendung von scharfen Gewürzen und Würzmitteln in unseren Speisen fördern wir das Verlangen nach Alkohol. Gewürze versetzen den Körper wie in einen fiebrigen Zustand. Man braucht Getränke, um die Reizung zu mildern. Auf meinen vielen Reisen quer durch den Kontinent suche ich nie den Speisewagen auf und kehre auch nie in ein Restaurant oder Hotel ein – aus dem einfachen Grund, weil ich diese Kost nicht vertrage. Die Speisen werden reichlich mit Salz und Pfeffer gewürzt und erzeugen einen beinahe unerträglichen Durst. ... Sie würden die zarten Magenwände reizen und entzünden. ...

Ähnlich sind die Speisen, die allgemein üblich bei besonderen Gelegenheiten serviert und sogar Kindern vorgesetzt werden. Ihre Wirkung ruft aber Nervosität hervor und erzeugt einen Durst, den Wasser nicht löschen kann. ...

Die Speisen sollten möglichst einfach und ohne scharfe Gewürze und Würzmittel zubereitet werden. Man vermeide auch übermäßiges Salzen. RH 6.11.1883

559 Manche Menschen haben einen so verwöhnten Geschmack, dass sie keine Lust haben zu essen, wenn sie nicht die begehrten Speisen vorgesetzt bekommen. Werden Gewürze und pikante Gerichte serviert, wird der Magen erst durch diese „*Feuerpeitsche*" in Bewegung gesetzt. Denn er ist so misshandelt worden, dass er nicht gewürzte Nahrung einfach ablehnt. Letter 53; 1898

560 Den Kindern werden oft Delikatessen vorgesetzt: Scharf gewürzte Speisen, üppige Dips, Torten und Backwaren. Diese stark gewürzte Kost reizt den Magen und erzeugt ein Verlangen nach stärkeren Reizmitteln. Diese ungeeigneten Nahrungsmittel, die die Kinder zu den Mahlzeiten ohne Einschränkung essen dürfen, sind eine Versuchung für den Gaumen. Zudem erlaubt man den Kindern, zwischen den

Mahlzeiten zu essen. Im Alter von zwölf oder vierzehn Jahren sind sie dann häufig chronisch magenkrank.

Vielleicht habt ihr schon einmal das Magenbild eines Alkoholikers gesehen. Sehr scharfe Gewürze rufen durch ihre Reizwirkung einen ähnlichen Zustand hervor. Ein solcher Magen erzeugt ein heftiges Verlangen nach mehr und nach immer Stärkerem, um die Gelüste zu befriedigen. *CTBH 17; 1890*

Die Verwendung von Gewürzen führt zur Erschöpfung

561 Es gibt Menschen, die angeblich der Wahrheit glauben und weder Tabak- noch andere Suchtmittel verwenden. Sie trinken auch keinen schwarzen Tee oder Bohnenkaffee. Sie schädigen sich aber trotzdem, weil sie ihren Gelüsten auf andere Art nachgeben. Sie brauchen scharf gewürzte Fleischspeisen mit üppigen Saucen, wobei ihr Geschmack so entartet ist, dass sie nicht einmal mit Fleisch zufrieden sind, wenn es nicht in der ungesündesten Weise zubereitet worden ist. Der Magen ist überreizt, die Verdauungsorgane überbeansprucht. Der Magen muss die ihm aufgezwungene Nahrung verarbeiten. Nach dieser Aktion ist er dann erschöpft. Dann ist man kraftlos. In dieser Hinsicht täuschen sich viele, denn sie schreiben dieses Gefühl einem Mangel an Nahrung zu und essen daher – ohne dem Magen eine Ruhepause zu gönnen – noch mehr. Im Moment schwindet dadurch das Gefühl der Schwäche. Je mehr man der Esslust nachgibt, desto stärker ist das Verlangen nach Befriedigung. *4SG 129; 1864*

562 Gewürze reizen zuerst die empfindlichen Magenwände; danach zerstören sie ihre natürliche Sensibilität. Das Blut erhitzt sich. Niedere Neigungen werden erregt, aber die sittlich-geistigen Kräfte geschwächt und von Leidenschaften beherrscht. Mütter, denkt darüber nach, wie ihr eure Familien mit einfacher und trotzdem gesunder Nahrung versorgen könnt! *CH 114; 1890*

563 Menschen, die ihrer Esslust nachgeben und ausgiebig Fleisch, pikante Dips, allerlei Creme-Torten und Eingemachtes (Marmelade) gegessen haben, sind nicht in der Lage, gleich an einfacher, nahrhafter und gesunder Nahrung Geschmack zu finden. Ihr Geschmacksempfinden ist so entartet, dass sie keine gesunde Ernährung aus Früchten, einfachem Brot oder Gemüse mögen. Sie dürfen nicht erwarten, dass ihnen die Speisen schmecken, die ganz anders als ihre bisherige Kost sind. *4SG 130; 1864*

564 Wir erhalten laufend so viel wertvolle Erkenntnisse durch unsere Gesundheitsbücher und -zeitschriften. Da können wir es uns nicht leisten, ein gleichgültiges und sorgloses Leben zu führen. Wir können nicht essen und trinken, was wir wollen. Wir dürfen nicht Sucht- und Betäubungsmittel sowie scharfe Gewürzen verwenden. Uns sollte klar sein, dass wir ein Leben für die Ewigkeit zu gewinnen oder zu verlieren haben; und dass es zudem von höchster Bedeutung ist, wie wir zum Thema Mäßigkeit stehen. Es ist sehr wichtig, dass jeder einzelne dafür die Verantwortung übernimmt, was er isst und trinkt. Er sollte genau wissen, wie er leben muss, um gesund zu bleiben. Jeder wird jetzt geprüft, damit er erkennt, ob er die Grundsätze der Gesundheitsreform annehmen oder der Genusssucht nachgeben will. Ms 33; 1909

2. SODA UND BACKPULVER

565 Die Verwendung von Backpulver oder Backsoda zum Brotbacken ist schädlich und unnötig. So etwas entzündet den Magen und vergiftet oft den ganzen Organismus. Viele Hausfrauen sind der Meinung, dass sie ohne Soda kein gutes Brot backen können. Aber da irren sie sich. Würden sie sich bemühen, ein besseres Brotrezept auszuprobieren, wäre ihr Brot viel gesünder und für den unverdorbenen Gaumen schmackhafter. MH 300.301; 1905

566 Heiße Brötchen, die mit Soda oder Backpulver hergestellt wurden, sollten nie auf den Tisch kommen. Solche Esswaren sind für den Magen ungeeignet. Überhaupt ist heißes, aufgegangenes Brot schwer verdaulich. Aus ungesiebtem Mehl, sauberem kalten Wasser und Milch sollte man Vollkorn-Fladen backen. Sie sind gesund und schmackhaft. Aber es ist so schwer, unserem Volk Einfachheit anzuerziehen. Wenn wir Vollkorn-Fladen empfehlen, sagen unsere Freunde: „Oh ja, wir wissen, wie man sie herstellt!" Sehr enttäuscht sind wir, wenn die Vollkorn-Fladen dann doch mit Backpulver oder Sauermilch und Soda hergestellt worden sind. So etwas hat nichts mit Gesundheitsreform zu tun. Ungesiebtes Mehl, vermengt mit sauberem, weichem Wasser und Milch, ergibt die besten Vollkorn-Fladen, die wir je gegessen haben. Wenn das Wasser hart ist, kann man dem Teig noch etwas Sahne oder ein Ei hinzu fügen. Die Vollkorn-Fladen müssen im Backofen bei gleichbleibender Hitze gründlich durchgebacken werden. RH 8.5.1883

567 Auf meinen Reisen lerne ich ganze Familien kennen, die durch eine mangelhafte Ernährung krank sind. Ungesäuertes, schmackhaftes, gesundes Brot ist bei ihnen kaum zu finden. Gelbliche, mit Backpulver gebackene Brötchen und schweres, klebriges Brot zerstören die Verdauungsorgane von Zehntausenden von Menschen. HR *August 1873*

568 Manche sehen es nicht ein, dass die richtige Zubereitung der Nahrung mit Verantwortung zu tun hat. Daher versuchen sie erst gar nicht, das zu lernen. Sie lassen den Teig vor dem Backen sauer werden. Das beigemengte Natron (Backpulver), das die Sorglosigkeit der Köchin überdecken soll, macht das Brot für den menschlichen Magen ganz ungeeignet. CH *117; 1890*

569 Überall, wohin man kommt, findet man Menschen mit fahlen Gesichtern und Magenkranke, die jammern. Wenn wir eingeladen sind und das essen, was diese Menschen seit Monaten und sogar Jahren immer auf dieselbe Art zubereiten, wundert es mich, dass sie überhaupt noch leben. Das Brot und das Gebäck ist gelb wegen des beigemengten Natrons. Das wurde verwendet, um sich ein wenig Mühe zu ersparen. Aus Vergesslichkeit lässt man den Teig oft vor dem Backen sauer werden. Um dieses Übel auszugleichen, fügt man eine große Portion Natron bei, das das Brot für den menschlichen Magen völlig ungeeignet macht. Natron darf in keiner Form in den Magen gelangen.

Die Folgen sind furchtbar. Natron zersetzt die Magenwände, verursacht Entzündungen und vergiftet häufig das gesamte Verdauungssystem. Einige führen folgendes Argument an: „Ich kann kein gutes Brot oder Brötchen backen, wenn ich nicht Speisesoda oder Natron verwende!" Sicher könnt ihr es, wenn ihr es nur lernen wollt. Ist nicht die Gesundheit eurer Familie Grund genug, anzufangen, richtig kochen und essen zu lernen? 2T *537; 1870*

3. SALZ

570 Verwendet nicht zu viel Salz und esst keine scharfen, in Essig eingelegte oder stark gewürzte Speisen. Esst stattdessen viel Früchte. Dann hört die Reizung weitgehend auf, die bei den Mahlzeiten dazu verführt, viel zu trinken. MH *305; 1905*

571 Die Speisen sollten nahrhaft und appetitlich zubereitet werden und Wirkstoffe enthalten, die der Körper braucht. Ich verwende etwas Salz und habe es stets getan. Denn es ist nicht schädlich, sondern für das Blut sogar nötig. *9T 162; 1909*

572 Dr. ... versuchte einmal, unserer Familie zu zeigen, wie man seiner Meinung nach gemäß der Gesundheitsreform richtig kocht: ohne Salz und irgendwelche anderen Gewürze. Nun, ich versuchte das, wurde aber dabei immer schwächer, so dass ich davon wieder abkam. Die nächste Umstellung war erfolgreich. Ich schreibe euch das, weil ich weiß, dass ihr euch in echter Gefahr befindet. Die Speisen sollten so zubereitet werden, dass sie nahrhaft sind. Man darf ihnen nicht die Stoffe entziehen, die der Körper braucht. ...

Schon immer verwende ich etwas Salz, weil ich aufgrund göttlicher Erkenntnis weiß, dass dieses Nahrungsmittel nicht schädlich, sondern für das Blut sogar wesentlich ist. Ich kann diesen Sachverhalt zwar nicht begründen, gebe aber diese Erkenntnis an euch so weiter, wie sie mir offenbart worden ist. *Letter 37; 1901*

Salz ist für den Körper essenziell, doch zu viel davon kann tödlich sein. Wer dauerhaft zu salzig isst, erhöht sein Risiko für Erkrankungen wie Herzinfarkt oder Schlaganfall dramatisch. Das Salz unseres Lebens ist etwas, auf das wir nicht verzichten können. Und tatsächlich stimmt das Bild, denn ohne Salz würden unsere Zellen und Organe nicht arbeiten. Doch auch vom unbedingt Notwendigen kann man zu viel bekommen. Zu viel Salz führt pro Jahr 2,3 Millionen Mal zum Tod. Das zumindest hat eine große Studie von 488 Forschern aus 50 Ländern ergeben. Sie präsentierten ihre Daten auf der Tagung der American Heart Association.

Die Wissenschaftler hatten sich 147 Studien angesehen, in denen die Kochsalzaufnahme, die Häufigkeit von Herz-Kreislauf-Erkrankungen und die Todesursachen von Bewohnern der 30 größten Länder der Welt analysiert worden waren. Zudem hatten die Forscher noch über 100 Studien ausgewertet, bei denen der Zusammenhang von Salzkonsum und Blutdruckveränderungen untersucht worden war.

Es zeigte sich, dass Menschen, die zu viel Kochsalz essen, eher an Schlaganfällen und Herzinfarkten sterben. Würde man den Salzkonsum einschränken, so könnten weltweit Millionen Tode verhindert werden, so die Forscher. Für das Jahr 2010 etwa schätzen sie die Zahl auf 2,3 Millionen Menschen, die starben, weil sie durch zu viel Salzkonsum krank geworden waren.

Die Wissenschaftler gingen nach der Analyse davon aus, dass mehr als ein Gramm Kochsalz pro Tag zu viel für den Körper eines Erwachsenen ist. www.welt.de/gesundheit/article114724536/2-3-Millionen-Todesfaelle-durch-zu-viel-Salz.html

4. ESSIG UND ESSIGGEMÜSE

573 Je weniger scharf die Ernährung in dieser schnelllebigen Zeit ist, desto besser. Gewürze sind von Natur aus schädlich. Senf, Pfeffer, exotische Gewürze, Essiggurken und solche Dinge reizen den Magen, erhitzen das Blut und machen es unrein. *MH 325; 1905*

574 Ich saß einmal mit mehreren Kindern unter zwölf Jahren zu Tisch. Es wurde viel Fleisch serviert. Ein schwächliches, nervöses Mädchen verlangte Essiggurken. Es wurde ihr ein Glas chinesisches Gurkengemüse gereicht – feurigscharf mit Senf und anderen Zutaten gewürzt. Sie aß davon reichlich. Das Kind war nervös und reizbar. Durch diese äußerst scharfen Gewürze wurde das verursacht. *FE 150.151; 1890*

575 Alle Wurstsorten und auch Essiggurken sollten niemals von Menschen gegessen werden, denn sie sind für ein schlechtes Blut verantwortlich. *2T 368; 1870*

576 Die blutbildenden Organe können aus scharfen Gewürzen, Wurstarten, Essiggurken und Fleisch, das mit Krankheitskeimen durchsetzt ist, kein gutes Blut bilden. *2T 383; 1870*

577 Esst nur wenig Salz, vermeidet es, in Essig Eingemachtes und gewürzte Speisen zu verzehren.

Krebsbildung kann reduziert werden, indem das Entstehen von Karzinogenen vermieden und die Aktivierung des Stoffwechsels reduziert wird, oder ihre Entgiftung erhöht.
Zuviel Salz in der Nahrung sowie die Entstehung von heterozyklischen Arylaminen (spez. Salze), beim Kochen von Fleisch oder Fisch, sowie die Einnahme von 40% der Kalorien in Form von Fett sind große Gesundheitsrisiken. Gemüse, Früchte, Tee, Sojaprodukte und Ballaststoffe jedoch sind gesundheitsfördernd. Biofaktoren, 2000, Band 12, S. 73

Dr. Walker: ... Essig schädigt die roten Blutkörperchen – Die Autoren begründen Ihre Behauptung damit, dass Essig ein Ferment sei, das letztlich die Verdauung von Kohlenhydraten verzögern würde. Statt Essig empfehlen die Autoren für die Salatsauce Zitronensaft zu verwenden. ... Auch der Ernährungswissenschaftler Dr. Norman Walker geht in seinem Buch „Frische Frucht-und Gemüsesäfte" auf die schädliche Wirkung von Essig ein. Demnach schadet es den roten Blutkörperchen, indem er sie schneller zerstört. Zudem würden die regulären Verdauungsprozesse verzögert. Weinessig verhält sich so, dass dieser etwa 3-9 Prozent Azetonsäure enthält. Die Azetonsäure steht zudem im Verdacht, Zwölffingerdarmgeschwüre zu verursachen. Auch als eine der möglichen Ursachen einer sich manifestierende Leberzirrhose wird Azetonsäure verantwortlich gemacht. *www.gesundheitsjournal.de/415/wie-viel-essig-ist-gesund-oder-schaedlich*

Esst dagegen viel Obst, und das Verlangen nach Trinken während der Mahlzeit wird größtenteils verschwinden. *MH 305; 1905*

Essig
578 Die Salate werden mit Essig und Öl zubereitet. Das gärt dann im Magen. Die Speise wird nicht verdaut, sondern zerfällt und fault. Das Blut wird dadurch nicht ernährt, sondern vielmehr verseucht. Leber- und Nierenbeschwerden sind dann das Ergebnis. *Letter 9; 1887;*

➤ *Siehe auch: Anhang 1; 6*

21 PFLANZLICHE UND TIERISCHE FETTE

1. BUTTER

Schrittweise Reform
579 Die Gesundkost muss Schritt für Schritt weiterentwickelt werden. Zeigt den Menschen, wie sie Speisen ohne Milch und Butter zubereiten können. Sagt ihnen auch, dass bald die Zeit kommt, in der es nicht mehr ratsam ist, Eier, Milch, Sahne oder Butter zu verwenden, da die Krankheiten unter den Tieren so zunehmen wird wie die Bosheit unter den Menschen. Die Zeit ist nahe, dass alle Tiere der Schöpfung wegen der Bosheit der gefallenen Menschheit unter Krankheiten – dem Fluch unserer Erde – leiden werden.

Gott wird seine Kinder befähigen und geschickt machen, gesunde Nahrung ohne diese Dinge zuzubereiten. Unsere Geschwister sollten alle ungesunden Rezepte streichen. *7T 135; 1902;*
➤ *Siehe auch: 803*

580 Butter auf einem kalten Stück Brot ist weniger schädlich, als wenn man sie zum Kochen verwendet. In der Regel ist es aber besser, auf sie ganz zu verzichten. *MH 302; 1905*

Ersatz durch Oliven, Sahne, Nüsse und Gesundkostwaren
581 Oliven kann man so zubereiten, dass sie gut zu jeder Mahlzeit gegessen werden kann. Die Vorzüge, die für die Verwendung von Butter sprechen, kann man auch durch die Verwendung von richtig zubereiteten Oliven erreichen. Das Öl in den Oliven heilt Verstopfung. Für

Tuberkulosekranke und für Menschen mit entzündetem und überreiztem Magen ist es besser als jede andere Medizin. Als Nahrungsmittel ist es wertvoller als ölige Fette, die auf dem Umweg über Tiere gewonnen werden. 7T 134; 1902

582 Richtig zubereitet, können Oliven – ähnlich wie Nüsse – Butter und Fleisch ersetzen. Das Öl, das mit der Olive gegessen wird, ist tierischen Ölen oder Fetten bei weitem vorzuziehen. Es fördert den Stuhlgang, ist für Tuberkulosekranke segensreich und heilt auch einen entzündeten, überreizten Magen. MH 298; 1905

583 Unsere Gesundkostwerke brauchen finanzielle und aktive Unterstützung der Geschwister, damit sie die ihnen übertragenen Aufgaben erfüllen können. Ihr Zweck besteht darin, die Menschen mit Nahrungsmitteln zu versorgen, die das Fleisch, aber auch Milch und Butter ersetzen. Diese Dinge sind wegen der Tierkrankheiten immer mehr abzulehnen. UCR 1.1.1900

Für Kinder nicht das Beste
584 Man erlaubt es den Kindern ganz allgemein, Fleisch, Gewürze, Butter, Käse, Schweinefleisch, üppige Süßspeisen und scharfe Zutaten zu essen. Außerdem dürfen sie zu unregelmäßigen Zeiten essen und zwischen den Mahlzeiten ungesundes Naschzeug essen. Diese Dinge tragen dazu bei, den Magen in Unordnung zu bringen, die Nerven zu unnatürlicher Tätigkeit anzuregen und die Verstandeskraft zu schwächen. Eltern sind sich oft nicht bewusst, dass sie eine Saat säen, deren Ernte Krankheit und Tod ist. 3T 136; 1873

Freizügige Verwendung behindert die Verdauung
585 Butter sollte nicht auf den Tisch kommen, denn wenn man sie serviert, verwenden sie manche zu reichlich. Das hemmt dann die Verdauung. Du selbst sollst jedoch gelegentlich ein wenig Butter auf ein kaltes Stück Brot streichen, wenn das deinen Appetit anregt. So etwas wird dir viel weniger schaden, als wenn du dich zu einer Kost zwingst, die dir nicht schmeckt. Letter 37; 1901

Wenn hochwertige Butter nicht zur Verfügung steht
586 Ich esse nur zweimal am Tag. Damit folge ich immer noch der Erkenntnis, die mir vor 35 Jahren geschenkt worden ist. Ich esse kein Fleisch. Was die Butter betrifft – ich verwende sie nicht.

Dieses Thema sollte überall dort klar sein, wo hochwertige Butter nicht zur Verfügung steht. Wir besitzen zwei Milchkühe, eine von der Holsteiner- und eine von der Jersey-Rasse. Wir verwenden Sahne. Damit sind alle zufrieden. *Letter 45; 1903*

Nicht dem Fleisch gleichstellen
587 Milch, Eier und Butter sollte man nicht mit der Fleischkost auf die gleiche Stufe stellen. Manchmal sind Eier nützlich. Die Zeit ist noch nicht gekommen, da man raten muss, die Verwendung von Milch und Eier ganz aufzugeben. Es gibt arme Familien, deren Nahrung größtenteils aus Brot und Milch besteht. Sie haben nur wenig Früchte und können sich keine Nusswaren kaufen. Bei der Unterweisung in der Gesundheitsreform müssen wir, wie in jeder anderen Evangeliumsarbeit, die Situation der Menschen berücksichtigen. Ehe wir nicht in der Lage sind, ihnen zu zeigen, wie sie eine wohlschmeckende, nahrhafte und doch günstige Reformkost zubereiten können, sollten wir deswegen nicht die höchsten Forderungen an sie stellen. *7T 135; 1902*

Lasst anderen ihre Überzeugung
588 Wir sollten uns immer vor Augen halten, dass es in der Welt sehr viele unterschiedliche Ansichten gibt. Wir dürfen nicht erwarten, dass jeder Mensch das Thema Ernährung unter demselben Blickwinkel sieht wie ihr. Alle Menschen denken auch nicht genau gleich. Ich esse keine Butter, aber einige meiner Familienangehörigen verwenden sie schon. Butter wird bei uns zwar nicht auf den Tisch gestellt, aber ich mache kein Aufsehen, wenn jemand gelegentlich davon isst.

Bei vielen unserer gewissenhaften Brüder steht die Butterdose auf dem Tisch. Ich fühle mich jedoch nicht veranlasst, ihnen eine andere Lebensweise aufzuzwingen. Solche Dingen dürfen nie dazu führen, Zwietracht unter den Brüdern zu säen, obwohl ich persönlich nicht einsehe, warum man Butter verwenden soll, wo doch Früchte und sterilisierte Sahne genügend vorhanden sind.

Wenn Menschen Gott lieben und ihm dienen, sollte es ihnen frei stehen, nach ihrer eigenen Überzeugung zu leben. Wir fühlen uns vielleicht nicht frei, so wie sie zu handeln, doch dürfen solche Auffassungsunterschiede nicht zu Uneinigkeit führen. *MM 269; 1904*

589 Ich kann nur sagen, dass du dich sehr bemühst, nach den Grundsätzen der Gesundheitsreform zu leben. Sei sparsam in allen Dingen, aber versage dir in der Ernährung nicht das, was der Körper braucht. Es gibt viele, die Nüsse nicht vertragen. Wenn dein Mann gerne Butter isst, dann soll er es tun, solange er nicht davon überzeugt ist, dass Butter für seine Gesundheit nicht optimal ist. *Letter 104; 1901*

Hütet euch vor extremen Standpunkten

590 Es besteht die Gefahr, dass sich manche bei der Verkündigung der Gesundheitsreform für Änderungen stark machen, die mehr schaden als nützen. Die Gesundheitsgrundsätze dürfen den Menschen nicht radikal aufgedrängt werden. Zur Zeit können wir nicht dazu raten, Milch, Eier und Butter ganz wegzulassen. Hüten wir uns vor Neuerungen, denn extreme Lehren bewirken, dass einige gewissenhafte Menschen sicherlich zu weit gehen. Ihre körperliche Verfassung würde dem Anliegen der Gesundheitsreform schaden, denn nur wenige verstehen es, wie man das, was man aufgegeben hat, richtig ersetzt. *Letter 98; 1901*

591 Während wir vor Erkrankungen durch die Verwendung von Butter, sowie vor den Nachteilen einer zu reichlichen Verwendung von Eiern bei kleinen Kindern gewarnt wurden, sollten wir es doch nicht ablehnen, Eier von solchen Hühnern zu verwenden, die gut gehalten werden und geeignetes Futter bekommen. Eier enthalten Stoffe, die auf gewisse Gifte eine heilende Wirkung ausüben.

Einige verwendeten keine Milch, Eier und Butter, haben es aber versäumt, notwendige Nahrung zu essen. Dadurch sind sie schwach und arbeitsunfähig geworden. So ist die Gesundheitsreform in Verruf geraten. Was wir auf eine feste Grundlage stellen wollten, wird durch seltsame Praktiken, die Gott nicht verlangt hat, infrage gestellt. Die Kräfte der Gemeinde werden dadurch gelähmt. Gott aber wird eingreifen, um die Folgen dieser überstrengen Vorstellungen zu beseitigen. Das Evangelium soll die sündige Menschheit einigen. Es soll die Reichen und die Armen zu Jesu Füßen bringen. *9T 162; 1909*

592 Wenn die Armen von der Gesundheitsreform hören, antworten sie: *„Was sollen wir denn essen? Wir können uns Nüsse nicht leisten!"* Wenn ich den Armen das Evangelium predige, bin ich angewiesen worden, ihnen zu sagen, dass sie das essen sollen, was die meisten Nährwerte enthält. Ich kann ihnen nicht raten, keine Eier oder Milch und Sahne zu verwenden und die Speisen ohne Butter zuzubereiten. Den Armen muss das Evangelium gepredigt werden, aber für ganz strenge Ernährungsvorschriften ist die Zeit noch nicht gekommen. ... Ich möchte aber betonen, dass Gott uns nicht im Unklaren darüber lassen wird, wann die Zeit gekommen ist und wir Milch, Sahne, Butter und Eier nicht mehr unbedenklich verwenden können. Wir sollen in der Gesundheitsreform keine extremen Standpunkte einnehmen. Die Verwendung von Milch, Butter und Eier wird ihre eigenen Probleme mit sich bringen. Zur Zeit brauchen wir uns damit nicht belasten. Zeigt allen Menschen, dass ihr eine maßvolle Haltung einnehmt. *Letter 37; 1901*

2. SCHWEINESCHMALZ UND FREIE FETTE*

593 Viele erkennen nicht, dass die richtige Zubereitung der Speisen eine Pflichterfüllung darstellt. Deshalb geben sie sich diesbezüglich auch keine Mühe. Das könnte aber einfacher, gesünder und problemlos sein – ohne Verwendung von Schmalz, Butter oder Fleisch. Geschicklichkeit sollte mit Einfachheit verbunden sein. Deswegen sollten die Hausfrauen viel lesen und das Gelesene dann geduldig in die Praxis umsetzen. *1T 681; 1868*

594 Früchte, Getreide und Gemüse – einfach und ohne scharfe Gewürze und freie Fette *[engl.: grease]* aller Art zubereitet, sind mit Milch und Sahne angemacht, am gesündesten. *CH 115; 1890*

595 Die Speisen sollten einfach, aber so lecker und appetitlich zubereitet werden. Freie Fette *[engl.: grease]* müsst ihr aus eurer Kost streichen. Es verunreinigt jegliches Nahrungsmittel. *2T 63; 1868*

596 Manche Mutter deckt den Tisch mit Speisen, die für ihre Familie eine große Versuchung darstellen. Alt und jung essen ohne Einschränkung Fleisch, Butter, Käse, kalorienreiche Süßspeisen, pikante Gerichte oder würzige Leckerbissen. Diese Dinge verhelfen dazu, den Magen zu verstimmen, die Nerven aufzuputschen und die Verstandeskraft zu schwächen. Die blutbildenden Organe sind nicht in der Lage, das in gutes Blut zu verwandeln. Freies Fett *[engl.: grease]* mit der Nahrung gekocht/gebraten, macht sie schwer verdaulich. *CH 114; 1890*

*engl.: grease wird von Webster als „tierisches Fett, besonders wenn es weich ist; jede fettige, schmierige oder ölige Substanz" definiert. Siehe auch Anhang 3 – Begriffserklärungen

597 Wir finden Bratkartoffeln ungesund, weil man sie mit mehr oder weniger viel Fett oder Butter zubereitet. Viel gesünder sind dagegen gute Back- und Pellkartoffeln, mit Sauerrahm und einer Prise Salz serviert. Übriggebliebene Reste von Kartoffeln werden mit etwas Sauerrahm und Salz vermischt und dann noch einmal gebacken, aber nicht gebraten. Sie schmecken ganz ausgezeichnet. *Letter 322; 1905*

598 Alle, die bei dir essen, sollen gut gekochte und zubereitete, gesunde und wohlschmeckende Speisen vorfinden. Sei, lieber Bruder ..., in deiner Ernährung sehr behutsam, damit du nicht weiterhin krank bist. Iss regelmäßig – und nur solche Speisen, die ohne freie Fette *[engl.: grease]* zubereitet sind. *Letter 297; 1904*

599 Für euch wäre eine einfache Kost, frei von Gewürzen, Fleisch und allen freien Fetten *[engl.: grease]* ein Segen. Deiner Frau würde das viel Leid, Kummer und Verzagtheit ersparen. *2T 45; 1868*

600 Getreide und Früchte, ohne freies Fett *[engl.: grease]* und in möglichst natürlichem Zustand zubereitet, sollte die Nahrung von den Gläubigen sein, die bezeugen, sich für die himmlische Verwandlung vorzubereiten. *2T 352; 1869*

3. MILCH UND SAHNE

Teil einer gehaltvollen und schmackhaften Kost
601 Gott hat dem Menschen eine Fülle von Nahrungsmitteln zur Verfügung gestellt, um einen unverdorbenen Gaumen zu befriedigen. Er hat die Güter der Erde vor ihm ausgebreitet – ein reichhaltiges Angebot, schmackhaft und zur Versorgung des Körpers mit Nährstoffen. Von diesen, so sagt unser himmlischer Vater, dürfen wir uneingeschränkt essen. Früchte, Getreide und Gemüse, einfach und ohne alle Gewürze und freie Fette *[engl.: grease]* zubereitet, bilden, mit Milch und Sahne angemacht, die gesündeste Ernährung. Sie führen dem Körper Nährstoffe zu und vermitteln Ausdauer und Verstandeskraft, die eine aufputschende Kost nicht geben kann. *CH 114.115; 1890*

602 Die Speisen sollten so zubereitet werden, dass sie nahrhaft und appetitanregend ist. Man darf der Nahrung nicht die Stoffe entziehen, die der Körper braucht. Ich verwende etwas Salz und habe es stets getan. Denn Salz ist nicht schädlich, sondern für das Blut sogar notwendig. Gemüse sollte man mit etwas Milch, Sahne oder Gleichwertigem schmackhaft machen. ... Manche haben auf Milch, Eier und Butter verzichtet, aber es versäumt, den Körper mit geeigneter Nahrung zu versorgen. Sie wurden daher schwach und arbeitsunfähig. Dadurch kommt die Gesundheitsreform in ein schlechtes Licht. Es wird aber die Zeit kommen, da wir manche Lebensmittel, die wir jetzt noch verwenden, wie Milch, Sahne und Eier, dann aufgeben. Es ist jedoch nicht nötig, dadurch Schwierigkeiten entstehen zu lassen und uns vorzeitig übertriebene Einschränkungen aufzuerlegen. Wartet, bis die Umstände es erfordern. Der Herr aber wird den Weg dafür bereiten. 9T 162; 1909

Gefahr! Milch ist unsicher

603 Milch, Eier und Butter stelle man nicht mit der Fleischkost auf die gleiche Stufe. In einigen Situationen sind Eier hilfreich. Die Zeit ist noch nicht gekommen, da man raten muss, keine Milch und Eier mehr zu verwenden. Es gibt arme Familien, deren Nahrung größtenteils aus Brot und Milch besteht. Sie haben nur wenig Früchte und können sich keine Nusswaren leisten.

Bei der Unterweisung in der Gesundheitsreform müssen wir – wie in aller anderen Evangeliumsarbeit – die Situation der Menschen berücksichtigen. Ehe wir nicht in der Lage sind, ihnen zu zeigen, wie sie eine wohlschmeckende, nahrhafte und doch nicht kostspielige Reformkost zubereiten können, sollten wir hinsichtlich gesunder Reformnahrung nicht die höchsten Anforderungen an sie stellen.

Eine vegetarische Nahrung mit geringem Fettanteil oder gesättigten Fettsäuren wurde erfolgreich als Teil von umfassenden Gesundheitsprogrammen verwendet, um ernste Fälle von koronaren Herzkrankheiten wieder zu heilen. Zeitschrift der amerikanischen Med. Vereinigung, 1995; 274

Präventionsprogramme für Kinder, die eine fettreiche Nahrung einnehmen, sollten den Kindern auch Fähigkeiten beibringen, die es ihnen ermöglichen, um eine Nahrung mit wenig Fett zu bitten ... Solche Nahrungsmittel sollten ihnen auch zuhause zur Verfügung gestellt werden, um die Kinder zu einer fettarmen Ernährung zu ermutigen um neue Gewohnheiten zu entwickeln. Zeitschrift der amerikanischen Diät-Vereinigung, 2002; 102:1773-1778

Eine Ernährung, die einen hohen Proteinanteil, beeinträchtigt die Funktion des Gehirns. Intern. Zeitschrift für Fettsucht, verwandte metab. Krankheiten, 1995; 19:811

Die Reformkost soll schrittweise entwickelt werden. Zeigt den Menschen, wie sie Speisen ohne Milch und Butter zubereiten können. Sagt ihnen, dass bald die Zeit kommt, da es nicht mehr sicher ist, Eier, Milch, Sahne oder Butter zu verwenden, da die Krankheiten unter den Tieren so zunehmen wird wie die Bosheit unter den Menschen.

Die Zeit ist nahe, da alle Tiere der Schöpfung wegen der Bosheit der gefallenen Menschheit unter Krankheiten – dem Fluch unserer Erde – leiden werden. *7T 135; 1902*

604 Wir haben immer etwas Milch und Zucker verwendet. Dies haben wir niemals verurteilt, weder schriftlich noch in unseren Predigten. Wir glauben, dass die Tiere so krank werden, dass diese Dinge doch aufgegeben werden müssen, aber die Zeit ist noch nicht gekommen, um Zucker und Milch vollkommen zu streichen. *Letter 1; 1873*

605 Die Tiere, von denen wir die Milch erhalten, sind nicht immer gesund. Sie können verseucht sein. Eine Kuh kann morgens einen gesunden Eindruck machen und doch vor Einbruch der Dunkelheit sterben. Sie war also morgens krank und demnach die Milch verseucht. Und ihr habt es nicht gewusst. Die Tierwelt ist krank. *2T 369; 1870*

606 Nach der mir geschenkten Erkenntnis dauert es nicht mehr lange, bis wir jede tierische Nahrung werden aufgeben müssen. Sogar auf Milch müssen wir dann verzichten. Die Krankheiten nehmen sehr schnell zu. Auf der Erde ruht der Fluch Gottes, weil der Mensch sie verflucht hat. *UCR 28.Juli 1899*

Milch sollte sterilisiert sein
607 Trinkmilch sollte gründlich sterilisiert (z.B.: abgekocht) werden. Bei dieser Vorsichtsmaßnahme ist die Gefahr von Krankheitsübertragungen geringer. *MH 302; 1905*

608 Die Zeit kommt erst, wenn wir Milch nicht mehr unbedenklich verwenden können. Sind jedoch die Kühe gesund und wird die Milch gründlich abgekocht, dann besteht kein Grund, sich schon vorher Gedanken zu machen. *Letter 39; 1901*

Ersatz für Butter
609 Ich esse nur zweimal am Tag und folge immer noch dem Licht, das mir vor 35 Jahren gegeben wurde. Ich verwende kein Fleisch. Was

mich persönlich anbetrifft, habe ich das Thema Butter gelöst – ich verwende sie nicht. Diese Frage sollte überall, wo man keine qualitativ hochwertigen Artikel bekommen kann, klar sein. Wir haben gute Milchkühe, eine Jersey und eine Holsteiner. Wir verwenden Rahm und sind alle damit zufrieden. *Letter 45; 1903*

610 Ich sehe es nicht ein, warum man Butter zur Ernährung verwenden soll, wo doch vielerlei Früchte und sterilisierte Sahne reichlich vorhanden sind. *MM 269; 1904*

611 Bei uns steht keine Butter auf dem Tisch. Das Gemüse wird normalerweise mit Milch und Sauerrahm zubereitet. ... Wir glauben, dass gegen eine maßvolle Verwendung von Milch, die von gesunden Kühen stammt, nichts einzuwenden ist. *Letter 5; 1870*

Sehr strenge Ernährungsvorschriften sind nicht gut
612 Wir sollen mit den Menschen in Kontakt treten. Wird die Gesundheitsreform sehr extrem gelehrt, dann schadet das. Wir fordern die Menschen auf, Fleisch, schwarzen Tee und Bohnenkaffee aufzugeben. Das ist gut so. Aber einige raten, auch auf Milch zu verzichten. Das ist jedoch eine Frage, die große Behutsamkeit erfordert. Es gibt arme Familien, deren Ernährung aus Milch, Brot und – wenn sie es bekommen – etwas Obst besteht. Sie sollten zwar alle Fleischspeisen weg lassen, aber das Gemüse können sie mit ein wenig Milch und Sauerrahm oder etwas Gleichwertigem schmackhaft machen. Wenn den Armen die Gesundheitsreform erklärt wird, antworten sie: „*Was sollen wir denn essen? Wir können uns Nüsse nicht leisten!*" Wenn ich den Armen das Evangelium predige, bin ich angewiesen, ihnen zu sagen, dass sie das essen sollen, was die meisten Nährwerte enthält. Ich kann ihnen nicht raten, keine Eier oder Milch und Sahne zu verwenden und

---

Eine vegetarische Ernährung, die fettarm oder wenig gesättigte Fette aufweist, wurde erfolgreich als Teil eines Gesamtgesundheitsprogrammes eingesetzt, um schwere koronare Herzerkrankungen wieder zu heilen. Archiv für Familienmedizin, 1995;4:551-554

Eine fettsenkende Ernährung mit pflanzlichem Protein, vor allem Soja, Pflanzensterole und hohem Anteil an Ballaststoffen kombiniert mit wenig gesättigten Fetten und gehärteten Fetten und Cholesterin, würden viel zur Reduktion des Risikos für Cholesterin- und konorare Herzkrankheiten beitragen in unserer westlichen Ernährung. Asiatische Pazifik Zeitschrift für Klinische Ernährung, Oktober 2002, 9,3

die Speisen ohne Butter zuzubereiten. Den Armen muss das Evangelium gepredigt werden; aber für ganz strenge Ernährungsvorschriften ist die Zeit noch nicht gekommen. Es wird sich aber ändern, da wir manche Lebensmittel, die wir jetzt verwenden, wie Milch, Sahne und Eier, aufgeben müssen. Aber meine Botschaft lautet, dass du dich nicht vorzeitig in Schwierigkeiten bringen und dadurch zu Tode quälen sollst. Warte, bis dir der Herr den Weg bereitet.

Ich muss dir sagen, dass deine Vorschläge bezüglich der Ernährung für kranke Menschen nicht sinnvoll sind. Die Umstellung wäre zu radikal. Fleisch sollte wegen seiner Schädlichkeit weggelassen werden, aber nicht etwas, das weniger kritisch ist. Das sind vor allem Eier. Streiche nicht die Milch von der Speisekarte und verbiete nicht ihre Verwendung bei der Zubereitung von Speisen. Sie sollte aber von gesunden Kühen stammen und sterilisiert sein. Die Zeit wird kommen, wenn Milch nicht mehr so viel verwendet werden kann wie jetzt. Aber noch müssen wir sie nicht aufgeben. ...

Ich möchte jedoch betonen, dass Gott uns Hinweise darüber geben wird, wann die Zeit gekommen ist, dass wir Milch, Sahne, Butter und Eier nicht mehr unbedenklich verwenden können. Wir dürfen in der Gesundheitsreform nicht extrem sein. Die Frage der Verwendung von Milch, Butter und Eier wird ihre eigenen Probleme mit sich bringen. Gegenwärtig brauchen wir uns damit nicht zu belasten. Zeige allen Menschen, dass du eine maßvolle Haltung einnimmst. *Letter 37; 1901*

Osnabrück . Ist Milch gefährlich? Bodo Melnik meint ja. Er ist Hautarzt in Gütersloh und Lehrbeauftragter an der Uni Osnabrück. Er ist der Ansicht, dass Milch in die Hormonregulation und das Wachstum des Körpers eingreift. – „Kuhmilch ist kein Nahrungsmittel für den Menschen!"
Herr Melnik, wann haben sie das letzte Mal ein Glas frische Milch getrunken? – Das liegt bestimmt fünf bis sechs Jahre zurück (lacht). So lange gibt es meine Forschungserkenntnis. Ich bin immer vorsichtiger geworden. Aber ich trinke schon einen Schuss Milch im Kaffee. Man muss nicht ganz restriktiv sein, die Dosis ist das Problem.
Warum ist frische Milch Ihrer Ansicht nach gefährlich? – Milch ist grundsätzlich gefährlich. Milch ist ein Starter-Kit des Wachstums. Die Aufgabe der Milch ist es, das Wachstum von Säugetieren in den ersten Monaten zu pushen. Das ist praktisch ein Dopingsystem der Natur. Das Problem ist, dass das Signal der Kuhmilch beim Menschen falsch ankommt, weil es nicht in der richtigen Signalstärke gesendet wird. Beim Menschen führt Kuhmilch zur vorzeitigen Alterung und zu Zivilisationskrankheiten. Jede Tiermilch überträgt grundsätzlich zwei Signalsysteme, zum einen hohe Mengen wachstumsstimulierender Aminosäuren, zum anderen genregulierendes Material, sogenannte kleinste Ribonukleinsäuren (MikroRNS), die zu Millionen in Gestalt virusähnlicher Partikel in der Milch vorkommen. Besorgniserregend ist vor allem, dass die Milch auch die krebserzeugende MikroRNS-21 enthält, die auch von bösartigen Tumoren gebildet wird. www.noz.de/deutschland-welt/gut-zu-wissen/artikel/580629/kuhmilch-ist-kein-nahrungsmittel-fur-den-menschenNr.gallery&0&0&580629

21 • PFLANZLICHE UND TIERISCHE FETTE

Gott wird Vorsorge treffen

613 Wir stellen fest, dass die Krankheiten unter den Tieren immer mehr zunimmt und die Menschen selbst moralisch am Ende sind. Wir wissen, dass die Zeit kommen wird, in der die Verwendung von Milch und Eier nicht zu empfehlen ist. Aber es ist noch nicht soweit. Der Herr wird ganz sicher Vorsorge treffen, wenn es soweit ist. Die Frage, die gestellt wird und alle bewegt, heißt: *„Wird Gott in der Wüste einen Tisch bereiten?"* Ich bin überzeugt, die Antwort darf bejaht werden. Gott wird sein Volk mit Nahrung versorgen. In allen Teilen der Welt wird man Nahrung anbieten, als Ersatz für Milch und Eier. Der Herr wird uns zeigen, wann es soweit ist, diese Dinge aufzugeben. Er möchte, dass alle erkennen, dass sie einen gütigen himmlischen Vater haben, der sie in allem unterweisen will. Der Herr wird seinem Volk in allen Teilen der Welt auf dem Gebiet der Ernährung Geschick und Fähigkeiten geben und ihnen zeigen, wie man die Güter der Erde richtig verwendet, dass sie zur Erhaltung des Lebens dienen. *Letter 151; 1901*

➤ *Siehe auch: 496, 503*

4. OLIVEN UND OLIVENÖL

614 Bei richtiger Zubereitung, können Oliven, genauso wie Nüsse, die Stelle von Butter und Fleischspeisen einnehmen. Das Öl, wie man es mit der Olive genießt, ist tierischem Öl oder Fett weit vorzuziehen. Es fördert den Stuhlgang. Die Verwendung ist für Tuberkulosekranke hilfreich und hat eine heilende Wirkung auf den entzündeten, gereizten Magen. *MH 298; 1905*

Weniger Krebs und Herzinfarkt dank Olivenöl –
In den Mittelmeerländern sind die Menschen gesünder.
Dort erkranken weit weniger Menschen an Arteriosklerose und
Herzinfarkt als in unseren nördlichen Breiten. Auch ist die Sterblichkeitsrate auf Grund von Dickdarmkrebs dort bedeutend niedriger. Wissenschaftliche Untersuchungen kamen bei der Suche nach dem Schutzfaktor dieser Menschen dem Olivenöl als einem Hauptbestandteil der mediterranen Ernährung auf die Spur. In Ländern wie Griechenland, Spanien und Süditalien dient das Olivenöl als Hauptfettquelle. Tierische Fette dagegen werden nur wenig verwendet. Da es einen nicht mehr zu leugnenden Zusammenhang gibt zwischen der Aufnahme von tierischen Fetten und dem Risiko, nicht nur an Dickdarmkrebs, sondern auch an Brust-, Prostata- oder Eierstockkrebs zu sterben, ist klar derjenige im Vorteil, der zu hochwertigen pflanzlichen Fettquellen, insbesondere zu Olivenöl greift. Lesen Sie mehr unter: http://www.zentrum-der-gesundheit.de/olivenoel.htmlNr.ixzz3z8kjDyKr

615 Oliven kann man so zubereiten, dass sie zu jeder Mahlzeit verwendet werden können. Was bei der Verwendung von Butter vorteilhaft ist, kann auch bei richtig zubereiteten Oliven erreicht werden.

Das Öl in den Oliven heilt Verstopfung; für Tuberkulosekranke und für Menschen mit entzündetem und gereiztem Magen ist es besser als irgendein Medikament. Und als Nahrung ist es wertvoller als jedes tierische Öl. *7T 134; 1902*

616 Das Öl in Oliven ist ein Heilmittel bei Verstopfung und Nierenerkrankungen. *Letter 14; 1901*

22 EIWEISSHALTIGE LEBENSMITTEL

1. NÜSSE UND NUSSPRODUKTE

617 Getreide, Früchte, Nüsse und Gemüse schuf unser Schöpfer zu unserer Ernährung. Wenn sie möglichst einfach und natürlich zubereitet werden, sind sie am gesündesten und nahrhaftesten. Sie geben Kraft, Ausdauer und Verstandesschärfe, im Gegensatz zu einer eher aufputschenden und komplexen Kost. *MH 296; 1905*

618 Getreide, Früchte, Gemüse und Nüsse enthalten alles, was unser Körper braucht. Bitten wir demütig den Herrn, wird er uns lehren, wie man gesunde Speisen zubereitet, die nicht die Nachteile einer Fleischkost aufweisen. *Ms 27; 1907*
➤ Siehe auch: 404, 483, 767

Nuss-Speisen, sorgfältig zubereitet und nicht teuer
619 Gott hat uns viele gesunde Nahrungsmittel zur Verfügung gestellt. Jeder sollte davon das verwenden, was durch Erfahrung und gesundes Urteilsvermögen für ihn selbst am besten geeignet ist. Die Natur liefert uns eine Fülle an Früchten, Nüsse und Getreide. Jahr für Jahr werden die Erzeugnisse der verschiedenen Länder durch verbesserte Logistik den Menschen vermehrt zugänglich gemacht. Nüsse und Nuss-Speisen können gut das Fleisch ersetzen. Kombiniert mit Getreide, Früchten und einige Gemüse können Speisen zubereiten werden, die nahrhaft und bekömmlich sind. Man sollte nur darauf achten, nicht zu viel Nüsse zu verwenden. Wer Nuss-Speisen nicht so gut verträgt, sollte das

entsprechend berücksichtigen. Dann werden auch keine Beschwerden auftreten. *MH 297.298; 1905*

620 Man sollte sich viel Zeit nehmen, um zu lernen, wie man Nuss-Speisen richtig zubereitet. Man darf aber die Speisekarte nicht zu sehr zusammenstreichen, weil man außer Nüsse nicht mehr viel isst. Die meisten unserer Geschwister können sich Nuss-Speisen nicht leisten. Und nur wenige wissen, wie man sie richtig verwendet, selbst wenn sie sich diese Dinge kaufen könnten. *Letter 177; 1901*

621 Nahrungsmittel, die wir versenden, sollten dem Klima angepasst sein. Manche eignen sich in einem Land sehr gut, andere nicht. Nuss-Speisen sollten so günstig wie möglich sein, damit es sich auch Arme leisten können. *Letter 14; 1901*

Das Verhältnis von Nüssen zu anderen Zutaten

622 Wie man Nüsse richtig verwendet, sollte genau beachtet werden. Nicht alle Nussarten sind gleichwertig. Beschränkt euch auf einige wenige Gerichte, die hauptsächlich aus Nüssen bestehen. Davon sollte man nicht zu viel verwenden. Würden Nüsse von manchen etwas sparsamer verwendet, wäre das besser für die Gesundheit. Laut manchen Rezepten werden sie in großen Mengen mit anderen Nahrungsmitteln zusammen kombiniert. Das macht das Gericht zu kalorienhaltig und es kann vom Körper nicht richtig verarbeitet werden. *Letter 135; 1902*

623 Mir ist gezeigt worden, dass Nuss-Speisen oft mit zu viel Nüssen zubereitet werden. Nicht alle Nüsse sind gleich gut verträglich. Mandeln sind wertvoller als Erdnüsse. Aber nicht zu viele Erdnüsse zusammen mit Getreide können gut verwendet werden, um nahrhafte und gut verdauliche Speisen zu bereiten. *7T 134; 1902*

624 Vor drei Jahren stand in einem Brief an mich: „Ich kann Nuss-Speisen nicht essen. Mir bekommt es nicht!" Einige Zeit später wurden mir mehrere Rezepte empfohlen. Eines besagte, dass man andere Zutaten, die gut zu Nüssen passen, verwenden und nicht so viel Nüsse verwenden soll. Der Anteil der Nüsse darf ein Zehntel bis ein Sechstel nicht übersteigen, je nach Zusammensetzung der Speisen. Wir probierten dieses Rezept sehr erfolgreich. *Letter 188; 1901*

2. EIER

Die Verwendung von Eiern wird immer bedenklicher
625 Wer in neu erschlossenen oder armen Landstrichen wohnt, wo es wenig Früchte und Nüsse gibt, sollte nicht dazu gedrängt werden, Milch und Eier ganz vom Speisezettel zu streichen. Es stimmt, dass gut genährte Menschen, in denen sich die niederen Leidenschaften stark entwickelt haben, aufputschende Speisen meiden sollten. Vor allem in Familien mit Kindern, die sinnlichen Gewohnheiten nachgeben. Sie sollten keine Eier verwenden. Aber Menschen, deren blutbildende Organe schwach sind, ist nicht zu empfehlen, auf Milch und Eier ganz zu verzichten, besonders dann, wenn keine geeigneten Alternativen zur Verfügung stehen. Es sollte aber sehr darauf geachtet werden, nur Milch gesunder Kühe und Eier gesunder Hühner zu verwenden, von Tieren also, die richtig gefüttert und gehalten werden. Die Eier sollten zudem so gekocht werden, dass sie möglichst leicht verdaulich sind. Die Umstellung in der Ernährung muss schrittweise erfolgen.

Durch die Zunahme der Tierkrankheiten ist die Verwendung von Milch und Eiern immer bedenklicher. Man sollte deshalb bemüht sein, diese Dinge durch gesunde und preiswerte Nahrungsmittel zu ersetzen. Überall sollten die Menschen unterwiesen werden, wie man möglichst ohne Milch und Eier trotzdem gesund und schmackhaft kochen kann. *MH 320.321; 1905*

Eier sind nicht mit Fleisch zu vergleichen
626 Milch, Eier und Butter sollten nicht mit der Fleischkost auf die gleiche Stufe gestellt werden. In einigen Situationen sind Eier nützlich. Die Zeit ist noch nicht gekommen, da man raten muss, die Verwendung von Milch und Eier ganz aufzugeben. ... Die Reformkost muss schrittweise entwickelt werden. Zeigt den Menschen, wie sie Speisen ohne Milch und Butter zubereiten können. Sagt ihnen, dass bald die Zeit kommt, wo es nicht mehr zu empfehlen ist, Eier, Milch, Sahne oder Butter zu verwenden, da die Krankheiten unter den Tieren so zunehmen wird wie die Bosheit unter den Menschen. Die Zeit ist nahe, da alle Tiere der Schöpfung wegen der Bosheit des gefallenen Menschengeschlechts unter Krankheiten – dem Fluch unserer Erde – seufzen werden. Gott wird seinen Kindern Fähigkeiten und Geschick geben, gesunde Nahrung ohne diese Dinge zuzubereiten. Jeder sollte ungesunde Rezepte nicht mehr verwenden. *7T 135; 1902*

Für Kinder zu stimulierend
627 Ihr solltet eure Kinder gut unterrichten und ihnen zeigen, wie man den Lastern und der Verderbtheit in dieser Zeit entgeht. Statt dessen denken aber viele nur darüber nach, was sie Gutes kochen könnten. Ihr stellt Butter, Eier und Fleisch auf den Tisch, und eure Kinder essen davon. Sie werden ausgerechnet mit solchen Dingen ernährt, die ihre niederen Leidenschaften anfachen. Dann kommt ihr in die Versammlungen und bittet Gott, eure Kinder zu segnen und zu bewahren. Werden eure Gebete erhört werden? Zuerst müsst ihr eure Pflicht erfüllen. Wenn ihr alles für eure Kinder getan habt, was euch Gott aufgetragen hat, dann könnt ihr darauf vertrauen, dass Gott euch hilft, wie er es verheißen hat. *2T 362; 1870*

Gute Eier sind auch ein Heilmittel. Hüte dich vor Extremismus!
628 Du solltest in der Gesundheitsreform keinen extremen Standpunkt einnehmen. Manche Geschwister sind diesbezüglich sehr nachlässig. Weil sie so weit zurück sind, darfst du nicht zu weit gehen, um ihnen ein gutes Beispiel zu geben. Du solltest nicht auf die Nahrungsmittel verzichten, die gutes Blut bilden. Deine Treue gegenüber richtigen Grundsätzen darf dich nicht dazu verleiten, einer Ernährungsweise zu folgen, die dann für die Gesundheitsreform keine Empfehlung darstellt; darin besteht deine Gefahr. Wenn du feststellst, dass du körperlich schwach wirst, ist es unbedingt nötig, etwas zu ändern, und zwar sofort. Nimm in deinen Speiseplan wieder etwas auf, das du weggelassen hast. Das ist wichtig. Verwende Eier gesunder Hühner. Iss sie roh oder gekocht. Schlag sie roh in den besten Traubensaft, den du bekommen kannst. Dadurch wirst du die nötigen Nährstoffe erhalten. Denke keinem Augenblick, dass du falsch handelst.

Die Zeit wird kommen, da Milch nicht mehr so freizügig wie jetzt verwendet werden kann. Aber jetzt leben wir noch nicht in dieser Zeit, um darauf zu verzichten. Eier enthalten Stoffe, die gegen verschiedene Gifte als Heilmittel wirken. *Letter 37; 1901*

Kost in der Heileinrichtung
Während Fleisch wegen seiner Schädlichkeit aufgegeben werden sollte, könnte etwas weniger Problematisches gegessen werden, nämlich Eier. Streiche nicht die Milch von der Speisekarte und verbiete nicht ihre Verwendung bei der Zubereitung von Speisen. Sie sollte aber von gesunden Kühen stammen und sterilisiert sein. ... Ich möchte jedoch betonen, dass uns Gott nicht im Unklaren darüber lassen wird, wann

die Zeit gekommen ist und wir Milch, Sahne, Butter und Eier nicht mehr unbedenklich verwenden können. Wir dürfen in der Gesundheitsreform keine extremen Standpunkte einnehmen. Die Verwendung von Milch, Butter und Eiern wird ihre eigenen Probleme mit sich bringen. Zur Zeit brauchen wir uns damit nicht zu belasten. Zeig allen Menschen, dass du eine maßvolle Haltung einnimmst. *Letter 37; 1901*

629 Als ich einen Brief aus C. mit der Nachricht erhielt, dass D. im Sterben liegt, wurde mir in jener Nacht mitgeteilt, dass er seine Ernährung ändern muss. Zwei bis drei rohe Eier täglich würden ihm die dringend nötigten Nährstoffe zuführen. *Letter 37; 1904*

630 Die Patienten in unseren Heileinrichtungen sollten eine gesunde Kost erhalten, die mit richtigen Grundsätzen übereinstimmt und sehr schmackhaft zubereitet wird. Wir dürfen von den Patienten nicht erwarten, dass sie so leben wie wir. ... Die ihnen vorgesetzten Speisen sollten so zubereitet sein, dass sie anziehend wirken. Eier können vielseitig verwendet werden. *Letter 127; 1904*

Versäumnisse beim Ersetzen einzelner Nahrungsmittel

631 Wir wurden vor Erkrankungen durch die Verwendung von Butter gewarnt, sowie vor den Nachteilen einer freien Verwendung von Eiern bei kleinen Kindern. Doch sollten wir uns nicht daran stören, Eier von solchen Hühnern zu verwenden, die gut gehalten werden und geeignetes Futter bekommen. Eier enthalten Stoffe, die auf gewisse Gifte eine heilende Wirkung ausüben. Einige verwendeten keine Milch, Eier und Butter, haben es aber versäumt, wertstoffreiche Nahrung zu essen. Dadurch sind sie schwach und arbeitsunfähig geworden. So ist die Gesundheitsreform in Verruf geraten. Was wir auf eine feste Grundla-

---

Wissenschaftler wussten seit den 1920^{ern}, dass eine eiweißreiche Ernährung Kalziumverlust über den Urin verursacht. Zeitschrift für Ernährung, 1981, 111, s. 552-3

Vegetarier haben oft eine niedrigere Sterblichkeitsrate aufgrund diverser chronischer und degenerativer Krankheiten als Nicht-Vegetarier. Britische Medizinische Zeitschrift, 1996; 313

Wissenschaftliche Daten belegen positiv, dass eine Beziehung zwischen einer vegetarischen Ernährung und einem verringerten Risiko für diverse chronische und degenerative Krankheiten und Zustände wie Fettsucht, Herzkrankheiten, Bluthochdruck, Diabetes mellitus und andere Krebsarten besteht. Zeitschrift der amerikanischen Diät-Vereinigung, November 1997, 97 (1)

ge stellen wollten, wird durch seltsame Praktiken, die Gott nicht verlangt hat, infrage gestellt. Die Kräfte der Gemeinde werden dadurch gelähmt. Gott aber wird eingreifen, um die Folgen dieser überstrengen Vorstellungen zu beseitigen. Das Evangelium soll die sündige Menschheit einen und die Reichen und Armen zu Jesu Füßen bringen.

Es wird die Zeit kommen, in der wir manche Lebensmittel, die wir jetzt noch verwenden, wie Milch, Sahne und Eier, dann aufgeben müssen. Es ist jedoch nicht nötig, sich dadurch in Schwierigkeiten zu bringen, dass wir uns schon vorher zu viele Einschränkungen auferlegen. Wartet damit noch, bis die Umstände es erfordern. Der Herr aber wird den Weg dafür bereiten. *9T 162; 1909*

3. KÄSE ALS NAHRUNG UNGEEIGNET (SIEHE ANHANG 3)

632 Käse sollte niemals in den Magen gelangen. *2T 68; 1868*

633 Butter auf einer kalten Scheibe Brot ist weniger schädlich, als wenn man sie zum Kochen verwendet. In der Regel ist es jedoch besser, auf sie ganz zu verzichten. Gegen Käse ist noch mehr einzuwenden. Er ist als Nahrungsmittel völlig ungeeignet. *MH 302; 1905*

634 Manche Mutter deckt den Tisch mit Speisen, die für ihre Familie eine große Versuchung bedeuten. Alt und jung essen ohne Einschränkung Fleisch, Butter, Käse, üppige Süßspeisen, pikante Gerichte oder würzige Leckerbissen. Durch diese Dinge wird der Magen verstimmen, die Nerven erregt und die Verstandeskraft geschwächt.

Die blutbildenden Organe sind nicht in der Lage, solche Speisen in gutes Blut zu verwandeln. Freies Fett *[engl.: grease]* mit der Nahrung gekocht oder gebraten, macht sie schwer verdaulich. Auch Käse schadet der Gesundheit. *CH 114; 1890*

635 Kindern wird normalerweise erlaubt, Fleischspeisen, scharf Gewürztes, Butter, Käse, Schweinefleisch, kalorienreiche Pasteten und Gewürze zu essen. Ihnen wird auch erlaubt, unregelmäßig und zwischen den Mahlzeiten etwas Ungesundes zu essen. Das bewirkt eine Störung im Magen, die Nerven werden unnatürlich gereizt und der Verstand geschwächt. Eltern erkennen nicht, dass sie einen Samen säen, der Krankheit und Tod hervorbringen wird. *3T 136; 1873*

636 Zur Eröffnung unserer Zeltversammlungen in Nora, Illinois, fühlte ich mich verpflichtet, etwas über das Essen zu sagen. Ich bezog mich auf die schlechte Erfahrung, die einige Teilnehmer in M. machten. Verantwortlich dafür waren nach meiner Ansicht sowohl die unnötigen Essensvorbereitungen zu Hause und auch die Tatsache, dass sie während der Konferenztage diese nicht notwendigen Speisen verzehrten. Manche brachten Käse mit. Obwohl sie ihn frisch aßen, erwies er sich für den Magen als zu schwer. Man sollte so etwas überhaupt nie essen. *RH 19.7.1870*

637 Es wurde beschlossen, dass bei einer bestimmten Zeltversammlung kein Käse auf dem Zeltplatz verkauft werden dürfe. Als Dr. Kellogg ankam, stellte er überrascht fest, dass große Mengen Käse eingekauft worden waren, um sie im Lebensmittelkiosk weiterzuverkaufen. Gemeinsam mit einigen anderen Brüdern war er dagegen. Die Verantwortlichen für den Lebensmittelverkauf rechtfertigten sich damit, dass Bruder W. den Käsekauf erlaubt habe und sie es sich nicht leisten könnten, das ausgegebene Geld zu verlieren.

Daraufhin fragte Dr. Kellogg nach dem Preis und kaufte den ganzen Käse auf. Er hatte von der Ursache auf die Wirkung geschlossen und wusste, dass manche Nahrungsmittel, die man allgemein als gesund ansieht, sehr schädlich sind. *Letter 40; 1893*

Der Milchkonsum bringt gesundheitliche Gefahren mit sich. Milch und Milchprodukte wie Butter, Sahne und Käse werden von der Werbung als besonders gesund dargestellt. Leider ist dies nicht der Fall. Ganz im Gegenteil. Sie schaden uns. Milchfett enthält zu rund 65 Prozent gesättigte Fettsäuren. Durch das Pasteurisieren der Milch werden Proteine denaturiert, die negative gesundheitliche Wirkungen entfalten können.

Der Milchzucker (Lactose) ist für viele von uns unverträglich. Milchprodukte führen zu erheblichen Kalziumverlusten über die Nieren. Warum? Wegen des hohen Gehalts an schwefelhaltigen Aminosäuren. Aber Milch ist doch reich an Kalzium? Stimmt. Aber unser Körper kann dieses Kalzium nicht gut aufnehmen! Warum? Weil die Bioverfügbarkeit von Kalzium aus der Milch im Vergleich zu kalziumreichen Gemüsesorten wie z.B. Brokkoli relativ gering ist. Brokkoli ist übrigens ein geniales Gemüse. Man könnte auch sagen, dass es ein Super Food ist. www.detox-your-life.com/ernaehrungsluegen-weisst-du-wie-krank-milch-fleisch-und-kaese-machen-koennen/Nr.sthash.JgzJEgOM.dpuf

Wie es Ellen G. White handhabte

638 Was Käse betrifft, bin ich ganz sicher, dass wir seit Jahren keinen mehr gekauft oder gegessen haben. Wir denken gar nicht daran, Käse als Nahrungsmittel zu verwenden. Noch weniger käme uns in den Sinn, welchen zu kaufen. *Letter 1, 1875*

23 FLEISCH IN DER ERNÄHRUNG

Fleischkost – eine Folge der Sünde

639 Gott gab unseren ersten Eltern die Nahrung, die er speziell für die Menschheit vorgesehen hatte. Es war nicht geplant, dass irgendein Geschöpf getötet werden sollte. Der Tod sollte im Garten Eden unbekannt bleiben. Die Früchte der Bäume im Garten waren die Nahrung, die für die Menschen am besten geeignet war. Gott erlaubte den Menschen vor der Sintflut nicht, tierische Nahrung zu verwenden. Erst als alle Nahrungsgrundlagen zerstört waren, gewährte Gott Noah in seiner Situation, von den reinen Tieren zu essen, die er mit sich in die Arche genommen hatte. Aber Fleisch war nicht die ideale Nahrung für die Menschen.

Die Leute, die vor der Sintflut lebten, aßen Fleisch und befriedigten ihre Lüste, bis das Maß ihrer Bosheit voll war und Gott die Erde von ihrer sittlichen Verderbnis durch eine Flut reinigte. Damit ruhte der dritte schreckliche Fluch auf der Erde. Der erste Fluch war über die Nachkommenschaft Adams und über die Erde wegen Ungehorsams ausgesprochen worden. Der zweite Fluch traf die Erde, nachdem Kain seinen Bruder Abel erschlagen hatte. Der dritte, äußerst furchtbare Fluch kam über die Erde bei der Sintflut. Selbst nach der Sintflut aßen die Menschen sehr viel Fleisch. Gott sah, dass die Wege der Menschen böse waren und sie dazu neigten, sich in stolzer Anmaßung gegenüber ihrem Schöpfer zu erheben und den Eingebungen ihres Herzens zu folgen. Gott gestattete dieser langlebigen Menschenrasse, tierische Nahrung zu essen, um ihr sündhaftes Leben zu verkürzen. Bald nach der Sintflut nahmen die Menschen schnell an Körpergröße ab und wurden nicht mehr so alt wie früher. *4SG 120.121; 1864*

Verdorbenheit in der vorsintflutlichen Zeit

640 Die Bewohner der alten Welt waren unmäßig im Essen und Trinken. Sie aßen Fleisch, obwohl ihnen Gott das nicht erlaubt hatte. Sie aßen und tranken im Übermaß. Ihre verdorbene Esslust war nicht einzuschränken. Sie trieben abscheulichen Götzendienst, wurden gewalttätig und wild. Schließlich waren sie so verdorben, dass Gott nicht mehr länger zusehen konnte. Das Maß ihres Frevels war voll. Und Gott reinigte die Erde von ihrem sittlichen Tiefstand durch eine Flut. Als die Menschen sich nach der Sintflut auf Erden wieder vermehrten, vergaßen sie Gott und fielen dann moralisch ab. Unmäßigkeit jeder erdenklichen Art nahm in großem Umfang zu. *1HL 52*

Israels Versäumnis und der geistliche Verlust

641 Ursprünglich war keine Ernährung mit tierischen Speisen für die Menschen vorgesehen. Erst nach der Sintflut, als jedes grüne Blatt auf Erden zerstört war, durfte der Mensch Fleisch verwenden.

Bei der Auswahl der Nahrung im Garten Eden zeigte der Herr den Menschen, was für sie am besten geeignet war.

Als er die Ernährung für die Israeliten festlegte, lehrte er sie dasselbe. Er führte sie aus Ägypten und unterrichtete sie, um ein Volk zu seinem Eigentum zu sein. Durch sie wollte er die Welt segnen und unterweisen. Er versorgte sie mit Nahrung, die für diese Situation am besten geeignet war: Manna, *„das Brot des Himmels"* und keine Fleischspeisen. Nur weil sie unzufrieden waren, murrten, und sich nach den Fleischtöpfen Ägyptens sehnten, wurde ihnen tierische Nahrung gewährt – aber nur für kurze Zeit. Und das brachte Tausenden Krankheit und Tod. Trotz dieser Erfahrung wurde vom Volk die Einschränkung auf eine fleischlose Kost niemals bereitwillig angenommen. Das war ständig die Ursache von Missmut und Murren – offen wie auch heimlich – und es war nicht dauerhaft.

Die Sterblichkeitsrate aufgrund von koronaren Herzkrankheiten ist bei Vegetariern niedriger als bei Nicht-Vegetariern. Britische Medizinische Zeitschrift, 1994; 308

Eine Ernährung, die wenig gesättigte Fette, jedoch einen hohen Anteil an Omega-3-Fettsäuren, Früchte, Gemüse, Nüsse und Vollkorngetreide aufweist, sind am besten für das Herz. Zeitschrift der amerikanischen medizinischen Vereinigung, 27. November 2002

Der Genuss von viel Früchte und Gemüse reduziert das Herzinfarktrisiko. Zeitschrift der amerikanischen Medizinischen Vereinigung, 282:1233-39, 5. Oktober 1999

Bei ihrer Ansiedlung in Kanaan wurde den Israeliten der Fleischgenuss gestattet – jedoch unter strengen Einschränkungen. Das sollte die schlechten Folgen mindern. Außerdem wurde Schweinefleisch verboten, ebenso das Fleisch bestimmter Tiere, Vögel und Fische, die als unrein galten. Es war auch streng verboten, von reinem Fleisch das Fett und Blut zu essen. Nur solche Tiere, die gesund waren, durften als Nahrung verwendet werden. Deshalb durfte auch kein gerissenes Tier gegessen werden, auch keines, das von selbst gestorben war; auch keines, aus dem das Blut nicht ganz ausgeflossen war.

Es schadete den Israeliten, dass sie sich vom göttlich vorgegebenen Plan der Ernährung abwandten. Sie wollten unbedingt Fleisch essen und mussten die Folgen tragen. Sie erreichten nicht die von Gott vorgesehene Vollendung des Charakters und erfüllten auch nicht Gottes Absicht. Der Herr *„gab ihnen, was sie von ihm verlangten; dann aber erfasste sie Ekel und Überdruss."* Psalm 106,15; EÜ

Sie stellten das Irdische über das Geistliche und erreichten nicht die Heiligkeit, die Gott für sie plante. MH 311.312; 1905

Fleischlose Nahrung hat einen mäßigenden Einfluss auf das Gemüt
642 Der Herr machte seinem Volk deutlich, dass es jede Segnung bekommen kann, wenn es seine Gebote halten würde und ein abgesondertes Volk sein will. Der Herr hat die Israeliten in der Wüste durch Mose warnen lassen und dabei ausdrücklich betont, dass Gesundheit der Lohn des Gehorsams ist. Der Gemütszustand hängt eng mit der Gesundheit des Organismus zusammen, besonders der Verdauungsorgane. Der Herr gab deshalb seinem Volk in der Wüste kein Fleisch, weil er wusste, dass das krank macht und zu Unmäßigkeit führen wird. Um auf das Gemüt mäßigend zu wirken und die höheren Kräfte des Geistes anzuregen, hielt er das Fleisch toter Tiere von den Israeliten fern. Er gab ihnen Engelspeise – Manna – vom Himmel. Ms 38; 1898

Aufruhr und die darauffolgende Bestrafung
643 Gott versorgte die Hebräer mit dem Brot, das er vom Himmel regnen ließ. Aber die waren damit nicht zufrieden. Ihr verdorbener Appetit verlangte nach Fleisch, das ihnen Gott in seiner Weisheit weitgehend vorenthalten hatte. ... Satan, der Urheber von Krankheit und Elend, wird dort Gottes Volk angreifen, wo er den größten Erfolg erwartet. Seit seinem Erfolg bei Eva, die er veranlasste, von der verbotenen Frucht zu essen, hat er die Esslust in großem Umfang beeinflusst. Er verführte zuerst das Mischvolk, die gläubig gewordenen Ägypter,

und stachelte sie zu aufrührerischem Murren an. Sie wollten sich nicht mit der gesunden Ernährung zufrieden geben, die Gott für sie vorgesehen hatte. Ihre fehlgeleitete Esslust forderte mehr Abwechslung und vor allem Fleischspeisen.

Dieses Murren steckte fast das ganze Volk an. Zuerst hat Gott ihrem lüsternen Verlangen nicht nachgegeben, sondern seine Strafgerichte über sie kommen lassen, indem er die Anführer durch Feuer vom Himmel vernichtete. Doch anstatt demütig zu werden, murrten sie noch mehr. Als Mose das Volk am Eingang ihrer Zelte weinen und alle Familien klagen hörte, gefiel ihm das überhaupt nicht. Er besprach mit Gott die Schwierigkeit und wies auf den aufsässigen Geist der Israeliten hin. Er beschrieb ihm auch die Lage, in die ihn Gott gegenüber dem Volk versetzt hatte: in die eines Pflegevaters, der die Leiden des Volkes tragen sollte. ... Der Herr beauftragte Mose, siebzig Männer aus dem Kreis der Ältesten zu versammeln. Es sollten nicht nur solche sein, die älteren Jahrgangs waren, sondern auch Männer von Würde, gesundem Urteilsvermögen und Erfahrung. Die sollten als Richter und Beamte die erforderliche Eignung besitzen: *„... führe sie vor die Stiftshütte, dass sie dort bei dir stehen. Und ich will herabkommen und dort mit dir reden; und ich werde von dem Geist nehmen, der auf dir ist, und auf sie legen, dass sie mit dir an der Last des Volkes tragen, und du sie nicht allein tragen musst."* 4.Mose 11,16.17 *„Und du sollst zum Volk sagen: Heiligt euch für morgen, und ihr werdet Fleisch essen; denn ihr habt vor den Ohren des Herrn geweint und gesagt: Wer gibt uns Fleisch zu essen? Denn es ging uns gut in Ägypten! Darum wird euch der Herr Fleisch zu essen geben, und ihr sollt essen: nicht bloß einen Tag lang sollt ihr essen, nicht zwei, nicht fünf, nicht zehn, nicht 20 Tage lang, sondern einen ganzen Monat lang, bis es euch zur Nase [wieder] herauskommt und euch zum Ekel wird, weil ihr den Herrn, der in eurer Mitte ist, verworfen habt; weil ihr vor ihm geweint und gesagt habt: Warum sind wir nur aus Ägypten gezogen?"* 4.Mose 11,18-20

„Und Mose sprach: 600 000 Mann Fußvolk sind es, in deren Mitte ich bin, und du sprichst: Ich will ihnen Fleisch geben, dass sie einen Monat lang zu essen haben! Kann man so viele Schafe und Rinder schlachten, dass es für sie genug ist? Oder kann man alle Fische des Meeres einfangen, dass es für sie genug ist? Der Herr aber sprach zu Mose: Ist denn die Hand des Herrn zu kurz? Jetzt sollst du sehen, ob mein Wort vor dir eintreffen wird oder nicht!" 4.Mose 11,21-23

„Da fuhr ein Wind aus von dem Herrn und trieb Wachteln vom Meer her und streute sie über das Lager, eine Tagereise weit hier und eine Ta-

gereise weit dort, um das Lager her, etwa zwei Ellen hoch über der Erdoberfläche. Da machte sich das Volk auf an diesem ganzen Tag und die ganze Nacht und an dem ganzen folgenden Tag, und sie sammelten die Wachteln; und wer am wenigsten sammelte, der sammelte 10 Homer, und sie breiteten sie weithin aus um das Lager her." 4.Mose 11,31.32

„Als aber das Fleisch noch zwischen ihren Zähnen und noch nicht verzehrt war, da entbrannte der Zorn des Herrn über das Volk, und der Herr schlug sie mit einer sehr großen Plage!" 4.Mose 11,33

So gab der Herr dem Volk das, was für sie eigentlich nicht gut war. Er ließ es zu, weil sie es unbedingt haben wollten. Denn sie weigerten sich, vom Herrn das entgegenzunehmen, was für sie besser gewesen wäre. Sie ließen sich zu aufrührerischem Murren gegen Mose und Gott hinreißen, weil sie nicht das erhielten, was ihnen schadete. Sie ließen sich von ihrer verdorbenen Esslust leiten. Gott gab ihnen die gewünschten Fleischspeisen. Er ließ sie aber auch die Folgen dafür tragen, dass sie ihre zügellose Esslust befriedigten. Hohes Fieber raffte viele von ihnen dahin. Und diejenigen, die durch ihr Murren am meisten Schuld auf sich geladen hatten, wurden erschlagen, sobald sie das Fleisch probiert hatten, nach dem ihnen so sehr gelüstete. Hätten sie den Herrn akzeptiert und die Auswahl der Nahrung ihm überlassen und wären sie zudem dankbar gewesen und mit den Speisen, die sie ohne Nachteile hätten genießen können, zufrieden gewesen, dann hätte sich Gott nicht gegen sie gestellt. Sie hätten dann auch nicht gemurrt, wären nicht bestraft und so zahlreich dahingerafft worden. 4SG 15-18; 1864

Gottes Absicht mit Israel

644 Als Gott die Israeliten aus Ägypten führte, hatte er vorgesehen, sie in Kanaan als ein reines, glückliches und gesundes Volk anzusiedeln. Wodurch wollte er dieses Ziel erreichen? Er wollte sie dazu erziehen, seine Ratschläge freudig umzusetzen, was ihnen und ihrer Nachkommenschaft zum Besten gewesen wäre. Fleisch war weitgehend nicht zu haben. Er hatte ihnen auf ihr dringendes Flehen hin gestattet, etwas Fleisch zu essen, bevor sie den Berg Sinai erreichten. Doch er versorgte sie damit nur einen Tag lang. Es wäre für Gott leicht gewesen, Fleisch auf dieselbe Weise wie das Manna bereitzustellen, doch für ihr Wohlergehen wurde das den Israeliten nicht gestattet. Er wollte sie mit Nahrungsmitteln versorgen, die ihren Bedürfnissen besser entsprachen als die stimulierende Kost, an die viele in Ägypten gewöhnt waren. Die irregeleitete Esslust sollte einer gesünderen Einstellung weichen, damit sie die ursprünglich bestimmten Nahrungsmittel für die Menschen –

die Früchte der Erde, die Gott Adam und Eva im Garten Eden gegeben hatte – freudig genießen könnten. Wären die Israeliten bereit gewesen, Gott gehorsam zu sein und ihrer Esslust abzusagen, wären Schwäche und Krankheit unter ihnen unbekannt geblieben. Ihre Nachkommen hätten körperliche und geistige Kraft gehabt. Ihre Vorstellungen von Wahrheit und Pflichterfüllung wären klar gewesen; sie hätten Weitsicht und gesundes Urteilsvermögen bewiesen. Sie waren jedoch nicht bereit, sich unter die göttlichen Forderungen zu stellen.

Sie erreichten nicht die Stufe, auf die sie Gott heben wollte, und bekamen die Segnungen nicht, die sie hätten erhalten können. Sie murrten über die Einschränkungen, die Gott ihnen auferlegt hat und verlangten nach den Fleischtöpfen Ägyptens. Gott gewährte ihnen zwar Fleisch, aber das war ein Fluch für sie. CTBH 118.119; 1890

Ein Beispiel für uns

645 *„Diese Dinge aber sind zum Vorbild für uns geschehen, damit wir nicht nach dem Bösen begierig werden, so wie jene begierig waren." „Diese Dinge aber, die jenen widerfuhren, sind Vorbilder, und sie wurden zur Warnung für uns aufgeschrieben, auf die das Ende der Weltzeiten gekommen ist."* 1.Korinther 10,6.11

646 Die Gemeinde Battle Creek hat die Heileinrichtung größtenteils nicht durch ihr Beispiel unterstützt. Die Geschwister haben die Erkenntnisse aus der Gesundheitsreform nicht geschätzt. Sie haben es auch nicht in ihre Familien übernommen. In Battle Creek waren viele Familien krank. Das hätte vermieden werden können, wenn das von Gott geschenkte Licht beachtet worden wäre. Wie die Israeliten damals, haben sie es missachtet und sahen ebenso wenig wie diese ein, wie nötig es ist, die Esslust zu zügeln. Die Israeliten wollten Fleischspeisen und behaupteten – so wie es heute viele tun –, dass sie ohne Fleisch nicht leben könnten.

Gott gab dem aufrührerischen Volk Fleisch, aber sie mussten den Fluch tragen. Tausende starben, während sie das Fleisch gerade aßen, das sie unbedingt haben wollten. Israel damals ist für uns ein Beispiel. Wir werden vor den gleichen Fehlern gewarnt. Ihre Geschichte des Unglaubens und des Aufruhrs ist uns als besondere Warnung überliefert, damit wir nicht genauso handeln und über Gottes Anforderungen murren. Wie können wir nur so gleichgültig vor uns hin leben, indem wir unseren eigenen Weg gehen, unserer eigenen Einsicht vertrauen und uns dabei so wie einst die Hebräer immer weiter von Gott entfernen? Gott kann nichts Großes für seine Kinder tun, weil ihre Herzen so verhärtet sind und sie in sündigem Unglauben beharren. Gott sieht nicht die Person an. Aber in jeder Generation nimmt er diejenigen an, die ihn fürchten und Gerechtigkeit üben. Die aber murren, ungläubig und aufrührerisch sind, werden nicht sein Wohlgefallen finden und auch nicht die Segnungen erhalten, die denen verheißen sind, die die Wahrheit lieben und danach handeln.

Alle, die Licht erhalten haben und nicht danach leben, sondern die göttlichen Forderungen missachten, werden schließlich feststellen, dass sich der Segen in Fluch und Gottes Erbarmen in einen Urteilsspruch verkehrt hat. Gott möchte, dass wir beim Studium der Geschichte des alten Israel, das ja sein auserwähltes und abgesondertes Volk war, aber durch Eigensinn seine Vernichtung herbeiführte, doch Demut und Gehorsam lernen. *3T 171.172; 1873*

647 Unsere Gewohnheiten im Essen und Trinken verraten, ob wir von der Welt sind oder zu denen gehören, die der Herr durch sein mächtiges Schwert der Wahrheit von der Welt getrennt hat. Alle, die diese Trennung erlebt haben, sind sein abgesondertes Volk und eifrig zu allen guten Werken. Gott spricht zu uns in seinem Wort.

In den Berichten von Daniel und seinen drei Freunden werden wir auch über die Gesundheitsreform unterwiesen, und durch die Geschichte der Kinder Israel spricht er zu uns, von denen er zu ihrem Besten Fleischspeisen fernhalten wollte. Er ernährte sie mit Brot vom Himmel; „sie aßen die Speise der Engel." *Psalm 78,25; NL*

Aber die Israeliten legten ihrer irdischen Esslust keine Zügel an; je mehr sie an die Fleischtöpfe Ägyptens dachten, desto mehr verabscheuten sie die Ernährung, die Gott für sie vorgesehen hatte, um sie körperlich, geistig und moralisch gesund zu erhalten. Sie sehnten sich nach den Fleischtöpfen. Dadurch verhielten sie sich genauso, wie viele von uns heute. *6T 372; 1900*

Zurück zur ursprünglichen Ernährung

648 Immer wieder ist mir gezeigt worden, dass Gott bemüht ist, uns Schritt für Schritt zu seinem ursprünglichen Plan zurückzuführen; dass sich der Mensch allein von den pflanzlichen Produkten der Erde ernähren soll. *CH 450; 1890*

649 Gemüse, Früchte und Getreide sollten Bestandteile unserer Ernährung sein, aber nicht das Fleisch. Der Fleischgenuss ist etwas Unnatürliches. Gott erwartet, dass wir seine ursprüngliche Absicht bei der Erschaffung des Menschen verwirklichen. *Ms 115; 1903*

650 Ist es nicht an der Zeit, dass alle bemüht sein sollten, auf Fleischspeisen zu verzichten? Wie können diejenigen, die rein, durchscheinend und heilig werden wollen, um einmal mit himmlischen Engel zu verkehren, weiter etwas als Nahrung genießen, was auf Körper und Seele eine so schädliche Wirkung ausübt? Wie können sie einem Geschöpf Gottes das Leben nehmen, um es als Leckerbissen zu verzehren? Vielmehr sollten sie umkehren und die vollwertigen und wohlschmeckenden Nahrungsmittel genießen, die dem Menschen von Anfang an als Speise gegeben wurden. Sie sollten sich selbst und ihre Kinder belehren, mit den stummen Geschöpfen, die Gott erschaffen und unter die Herrschaft des Menschen gestellt hat, Mitleid zu haben. *MH 317; 1905*

Vorbereitung auf die Verwandlung

651 Diejenigen, die auf das Kommen des Herrn warten, werden nach und nach das Fleischessen aufgeben. Es wird nicht länger Bestandteil ihrer Ernährung sein. Wir sollten uns dieses Ziel stets vor Augen halten und uns beständig darum bemühen, das auch umzusetzen. Ich kann mir nicht vorstellen, dass die Gewohnheit des Fleischessens mit dem Licht übereinstimmt, das uns Gott geschenkt hat. Vor allem die Angestellten in unseren medizinischen Einrichtungen sollten sich dazu erziehen, nur von Früchten, Getreide und Gemüse zu leben. Wenn wir darin nach Grundsätzen handeln, als christliche Reformer unseren Geschmack verändern und unsere Ernährung mit Gottes Plan in Übereinstimmung bringen, dann werden wir so auf andere einen Einfluss ausüben, der Gott gefällt. *CTBH 119; 1890*

652 Das Wichtigste für den Menschen ist nicht die Befriedigung seiner Esslust. Natürlich müssen körperliche Bedürfnisse gestillt werden. Aber ist es deshalb notwendig, dass sich der Mensch von seiner Esslust

Eine Ernährung reich an pflanzlichen Nahrungsmitteln in Form von Früchten, Gemüse und Vollkornprodukten zu sich zu nehmen, verbleibt vermutlich die beste Möglichkeit, um das Risiko für Darmkrebs zu reduzieren und einen umfassenden Schutz für die Gesundheit zu bieten. The Lancet, 3. Mai 2003, Band 361, Seite 1448

beherrschen lässt? Werden die Menschen, die nach Heiligkeit, Reinheit und Lauterkeit streben, um einmal mit himmlischen Engeln Gemeinschaft haben zu können, weiterhin Gottes Geschöpfen das Leben nehmen und sie dann als Leckerbissen verzehren? Nach dem, was der Herr mir gezeigt hat, wird sich das ändern. Gottes besonderes Volk wird darin mäßig sein. CH 116; 1890

653 Alle, die über die Nachteile von Fleisch, schwarzem Tee, Bohnenkaffee sowie fetten und ungesunden Speisen unterwiesen worden sind und sich entschlossen haben, durch Opfer mit Gott einen Bund zu schließen, werden nicht weiter ihrer Esslust frönen, indem sie bewusst ungesunde Nahrungsmittel zu sich nehmen. Gott fordert uns auf, die Esslust zu bezähmen und in allen Dingen, die nicht gut sind, Selbstverleugnung üben. Das muss getan werden, bevor das Volk Gottes als ein gereinigtes Volk vor dem Herrn bestehen kann. 9T 153.154; 1909

654 Es ist ja zu ihrem Besten, wenn der Herr der Gemeinde der Übrigen den Rat gibt, auf Fleisch, schwarzen Tee, Bohnenkaffee und andere schädliche Nahrungsmittel zu verzichten. Es gibt genügend andere gesunde und nahrhafte Nahrungsmittel, von denen wir uns ernähren können. Ms 71; 1908

Vollendung der Heiligkeit

655 Unter dem Volk Gottes, das bekennt, auf das baldige Kommen Christi zu warten, sollten größere Reformen stattfinden. Die Gesundheitsreform sollte unter unserem Volk etwas bewirken, das noch nicht geschehen ist. Es gibt einige, die wissen müssten, dass Fleischessen gefährlich ist, aber es dennoch weiterhin tun und so ihre körperliche, seelische und geistige Gesundheit gefährden. Viele, die in der Frage des Fleischessens nur halb bekehrt sind, werden Gottes Volk verlassen und nicht mehr mit ihm weitergehen.

In unserer ganzen Arbeit müssen wir den göttlichen Gesetzen gehorchen, damit die körperlichen und geistlichen Kräfte harmonisch zusammenwirken können. Menschen mögen eine Form von Gottseligkeit besitzen, sie mögen sogar das Evangelium predigen, und dennoch unrein und unheilig sein. Prediger sollten strikt darauf achten, im Essen und Trinken mäßig zu sein, damit sie den geraden Weg nicht verlassen und dadurch die Lahmen – jene Schwachen im Glauben – mitreißen. Wenn Menschen bei der Verkündigung der feierlichsten und wichtigsten Botschaft, die Gott je gegeben hat, durch falsche Ess-

und Trinkgewohnheiten der Wahrheit entgegenarbeiten, so nehmen sie der Botschaft, die sie hinaustragen, alle Kraft.

Wer Fleisch isst, schwarzen Tee trinkt und ein Schlemmer ist, sät eine Saat, von der er Schmerzen und Tod erntet. Die ungesunden Speisen, die er zu sich nimmt, stärken die Leidenschaften, die wider die Seele streiten, und stärken die niederen Triebe. Eine Ernährung, auf Fleisch gegründet, führt zur Entwicklung der Sinnlichkeit, die wiederum unser geistliches Empfindungsvermögen schwächt und uns unfähig macht, die Wahrheit zu verstehen. Das Wort Gottes warnt uns deutlich, dass unsere körperliche Natur mit unserer geistlichen im Widerstreit liegt, wenn wir uns der fleischlichen Lüste nicht enthalten. Hemmungsloses Essen ist der Feind unserer Gesundheit und auch unseres Herzensfriedens. Auf diese Weise gibt es zwischen den höheren und niederen Neigungen des Menschen Krieg. Die starken und sehr wirksamen niedrigen Triebe unterdrücken die Seele. Die wichtigsten Ziele des Menschen werden untergraben, wenn man sich Leidenschaften hingibt, die der Himmel nicht gutheißt. *CH 575.576; 1902*

656 Wer bekennt, der Wahrheit zu glauben, sollte sorgfältig über die Kräfte des Körpers und des Geistes wachen, damit Gott und sein Werk nicht irgendwie durch Worte oder Taten entehrt werden. Alle Gewohnheiten und praktischen Tätigkeiten müssen der Herrschaft des Willens Gottes unterstellt werden. Auf die Ernährung haben wir besonders zu achten. Es ist mir deutlich gezeigt worden, dass das Volk Gottes eine klare Haltung gegen das Fleischessen einnehmen sollte. Gott teilt seinen Kindern nicht 30 Jahre lang mit, dass sie das Fleischessen aufgeben müssen, um reines Blut und einen klaren Geist haben zu können, wenn ihm andererseits die Beachtung dieser Anweisungen nicht wichtig ist! Durch die Verwendung von Fleisch wird die niedere Natur gestärkt und die geistliche geschwächt. *Letter 48; 1902*

657 Die negativen moralischen Folgen einer Fleischkost sind nicht weniger sichtbar als die körperlichen Übel. Fleischspeisen sind ungesund. Was auch immer den Körper beeinflusst, das hat eine entsprechende Wirkung auf Seele und Geist.

Denkt über die Grausamkeit gegenüber Tieren einmal nach, die das Fleischessen mit sich bringt. Sie übt sowohl eine Wirkung auf alle aus, die sie verursachen, als auch auf solche, die dabei zusehen. Wie zerstört sie doch das Zartgefühl, mit der wir diese Geschöpfe Gottes eigentlich betrachten sollten! *MH 315; 1905*

658 Die weitverbreitete Verwendung von Fleisch toter Tiere hat das sittliche Verhalten wie auch die körperliche Verfassung in bedrohlicher Weise beeinflusst. Viele Arten von Krankheiten würden, wenn man ihre Ursachen zurückverfolgen könnte, zeigen, was die Folgen des Fleischessens mit Sicherheit sind. *Ms 22; 1887*

659 Alle, die Fleisch essen, missachten die Warnungen, die Gott diesbezüglich erteilt hat. Sie können nicht sicher sein, dass sie sich auf gebahnten Wegen befinden. Es ist in keiner Weise zu entschuldigen, wenn sie das Fleisch toter Tiere essen. Gottes Fluch ruht auf der Tierwelt. Häufig kommt es vor, dass das Fleisch nach dem Essen im Magen fault und Krankheiten hervorruft. Verschiedene Arten von Krebs, Tumore und Lungenkrankheiten werden zu einem guten Teil durch Fleischnahrung verursacht. *PUR 9.10.1902*

660 Ach, wenn doch jeder diese Sache so sehen würde, wie sie mir vor Augen geführt worden ist! Vor allem betrifft das die in ihrer charakterlichen Entwicklung so Sorglosen und Gleichgültigen. Wer sich für Fleischkost stark macht, würde dann nie wieder seinen Mund auftun und versuchen, den Appetit auf das Fleisch toter Tiere zu rechtfertigen. Eine solche Ernährung verunreinigt das Blut in den Adern und erregt die niederen Leidenschaften. Sie trübt das klare Empfindungsvermögen und schwächt die Gedankenkraft, die benötigt wird, um Gott und die Wahrheit zu begreifen. Außerdem beeinträchtigt sie die Selbsterkenntnis. *Ms 3; 1897*

Fleischessen, heute eine besondere Gefahr

661 Fleisch zu essen war nie die beste Art der Ernährung. Heute ist es doppelt so problematisch, weil sich die Krankheiten unter den Tieren sehr schnell ausbreiten. *MH 313; 1905*

662 Die Tiere werden zunehmend von Krankheiten befallen. Die Zeit ist nicht mehr fern, wenn außer den Siebenten-Tags-Adventisten viele Menschen auf Fleisch verzichten werden.

Es sollten Nahrungsmittel hergestellt werden, die gesund sind und lebenserhaltende Kraft besitzen, damit die Menschen nicht Fleisch zu essen brauchen. *7T 124; 1902*

663 Wann werden diejenigen, die die Wahrheit kennen, zu den Grundsätzen stehen, die für Zeit und Ewigkeit gelten? Wann werden sie treu nach den Grundsätzen der Gesundheitsreform leben? Wann werden sie einsehen, dass Fleischessen mit Gefahren verbunden ist? Ich bin angewiesen worden, klar zu sagen, dass das Fleischessen – wenn es überhaupt jemals unbedenklich war – heute auf keinen Fall mehr ungefährlich ist. Ms 133; 1902

664 Das Licht, das mir gegeben worden ist, weist darauf hin, dass wir in nicht sehr ferner Zukunft auf jede Form tierischer Nahrung verzichten müssen. Sogar Milch muss dann weggelassen werden. Die Krankheiten breiten sich rasch aus. Der Fluch Gottes ruht auf der Erde, weil der Mensch sie verflucht hat. Die Gewohnheiten und Handlungen der Menschen haben die Erde in eine Situation gebracht, dass die tierischen Nahrungsmittel für die Menschen durch andere ersetzt werden müssen. Fleisch ist dabei überhaupt nicht notwendig. Gott kann uns etwas anderes geben. UCR 28.7.1899

665 Wäre euch der Zustand des Fleisches bekannt, das ihr esst, und könntet ihr die Tiere lebend sehen, aus denen das Fleisch hergestellt wird, so würdet ihr euch angewidert von euren Fleischspeisen abwenden. Denn gerade die Tiere, deren Fleisch ihr esst, sind häufig so krank, dass sie von selbst sterben würden, wenn man sie ihrem Schicksal überließe. Sie werden jedoch getötet und auf den Markt gebracht, solange noch Leben in ihnen ist. Ihr nehmt Körpersäfte und Gifte der schlimmsten Art direkt in euren Körper auf und seid euch dessen gar nicht bewusst. 2T 404.405; 1870

Wenn Fleischesser zu einer veganen Ernährung wechselten, konnten bemerkenswerte Veränderungen in der Darmflora festgestellt werden. Die Fekalflora der Patienten mit HI und LI war sehr verschieden; vom 1.-13. Monat. Diese Endeckung, dass eine Beziehung zwischen Darmflora und Krankheit besteht, kann Auswirkung auf unser Verständnis haben, wie rheumatische Arthritis durch Ernährung beeinflusst werden kann. Britische Zeitschrift der Rheumatologie, Juli 1994; 33(7):638-43

Die Fleischindustrie hat mehr zu den Todesfällen in Amerika beigetragen als alle Kriege dieses Jahrhunderts, alle Naturkatastrophen und alle Autounfälle zusammen. Wenn Fleisch Ihre Idee von richtigem Essen für richtige Leute ist, dann wohnen Sie besser nahe an einem wirklich guten Krankenhaus. Neal Barnard, M.D., Ärztekomitee für verantwortungsbewusste Medizin

Eine Ernährung, die einen hohen Anteil an tierischem Protein im Vergleich zum pflanzlichen Protein aufweist, trägt in besonderer Weise zum Ausscheiden von Kalzium bei. Zeitschrift Klinischer Endokrinologischer Metabolismus, Januar 1988, 66 (1), S. 140-6

Die Leiden der Tiere und die Folgen

666 Oft werden Tiere auf den Markt gebracht und als Nahrung verkauft, wenn sie schon so krank sind, dass ihre Eigentümer Angst haben, sie noch länger zu behalten. Manche Mastverfahren erzeugen Krankheiten. Von Licht und reiner Luft abgeschlossen, atmen solche Tiere die Gerüche verdreckter Ställe ein und ernähren sich womöglich noch von verdorbenem Futter. Ihr ganzer Organismus wird früher oder später mit Fäulnisstoffen verseucht sein. Die Tiere werden oft über weite Strecken befördert und großen Leiden unterworfen, bis sie den Markt erreichen. Fern von den grünen Weiden müssen sie viele Kilometer auf heißen und staubigen Landstraßen zurücklegen. Andere dieser armen Geschöpfe werden in schmutzige Wagen gepfercht und in fiebrigem und erschöpftem Zustand – oft stundenlang ohne Futter und Wasser – in den Tod getrieben, damit Menschen sich von ihren Kadavern ein Festmahl bereiten können. *MH 314; 1905*

667 Viele sterben an Krankheiten, die nur durch Fleischessen verursacht wurden. Dennoch scheinen die Menschen nicht klüger werden zu wollen. Oft werden Tiere getötet, die von ziemlich weit her zur Schlachtbank getrieben worden sind. Ihr Blut hat sich dabei erhitzt. Da sie an Gewicht schwer sind und während ihrer Mast kaum Bewegung hatten, überanstrengen sie sich auf diesen weiten Strecken. Ihr Verdauungsapparat wird überbeansprucht. In diesem Zustand werden sie für den Markt geschlachtet. Ihr Blut ist in hohem Grad erhitzt. Wer solches Fleisch isst, nimmt Gift zu sich. Während einige das nicht gleich merken, bekommen andere starke Schmerzen und sterben an Fieber oder Cholera oder irgendeiner unbekannten Krankheit. Für die städtischen Märkte werden sehr viele Tiere verkauft, von denen der Verkäufer weiß, dass sie krank sind. Auch dem Käufer ist diese Tatsache nicht immer unbekannt. Vor allem in größeren Städten ist diese Praxis häufig üblich. Fleischesser wissen nicht, dass sie das Fleisch kranker Tiere verzehren. Einige Tiere scheinen auf dem Weg zur Schlachtbank instinktiv wahrzunehmen, was ihnen bevorsteht. Sie werden wild und im wahrsten Sinn des Wortes verrückt. In diesem Zustand werden sie getötet und ihr Fleisch für den Markt verwertet. Solches Fleisch ist Gift und hat bei denen, die es aßen, zu Krämpfen, Zuckungen, Schlaganfällen und plötzlichem Tod geführt.

Die Ursachen all dieser Leiden wird jedoch nicht beim Fleisch gesucht. Einige Tiere werden auf dem Weg zum Schlachthaus misshandelt. Sie werden regelrecht gequält. Nachdem sie viele Stunden äußerste Pein durchlitten haben, werden sie geschlachtet. Schweine sind auf den Markt gekommen, obwohl sie an Schweinepest erkrankt waren. Ihr von Giften verseuchtes Fleisch hat ansteckende Krankheiten verbreitet. Viele Todesfälle waren dann die Folge. *4SG 147.148; 1864*

Fleischkost und erhöhte Anfälligkeit für Krankheiten
668 Die Anfälligkeit für Krankheiten wird durch Fleischgenuss verzehnfacht. *2T 64; 1868*

669 Weltliche Ärzte können sich das rasche Zunehmen von Krankheiten unter den Menschen nicht erklären. Aber wir wissen, dass viele dieser Leiden durch den Verzehr von Fleischprodukten verursacht werden. *Letter 83; 1901*

670 Die Tiere sind krank. Wenn wir ihr Fleisch essen, säen wir Krankheitskeime in unser eigenes Gewebe und ins Blut. Wenn wir dann den Wechselfällen einer von Gift verseuchten Umwelt ausgesetzt sind, spüren wir dies umso mehr. Auch bei herrschenden Epidemien und ansteckenden Krankheiten ist unser Körper nicht in der Lage, der Krankheit zu widerstehen. *UT 8; 1896*

671 Ihr verwendet Fleisch, aber es ist qualitativ minderwertig. Ihr fühlt euch wegen eures Übergewichts nicht wohl. Wenn ihr euch beide auf eine einfachere Kost umstellen würdet, könntet ihr 12-15 kg abnehmen und wärt viel weniger anfällig für Krankheiten. Eure Fleischkost hat die guten Eigenschaften eures Blutes und eures Körpers gemindert. Euer Organismus befindet sich in einem Zustand der Überreizung und zieht dadurch Krankheiten an. Ihr werdet leicht Opfer von schweren Infektionen und steht in der Gefahr, plötzlich zu sterben – und dies nur, weil euer Körper nicht stark genug ist, um Kräfte zu sammeln und der Krankheit zu widerstehen. Es wird die Zeit kommen, wenn sich eure angebliche Kraft und Gesundheit als körperliche Schwäche herausstellen wird. *2T 61; 1868*

Krankes Blut
672 Ich fühlte mich durch den Geist Gottes gedrängt, einigen die Tatsache vor Augen zu halten, dass ihre Leiden und Krankheiten durch die Ablehnung des Lichts verursacht wurden, das sie bezüglich der Gesundheitsreform erhalten hatten. Ich habe ihnen erklärt, dass ihre Fleischkost, die sie so wichtig fanden, gar nicht notwendig war. Als

Folge davon wurden das Gehirn, die Knochen und auch Muskeln ungesund ernährt, weil sie vom Fleisch toter Tiere lebten. Dazu wurde ihr Blut durch diese ungeeignete Ernährung verunreinigt. Das Fleisch, das sie aßen, war krank, und so wurde der gesamte Organismus verunreinigt und verfettet. *UT 4; 1896*

673 Durch Fleischspeisen wird das Blut entwertet. Kocht Fleisch reichlich gewürzt, esst es mit viel Gebäck und Pasteten, und euer Blut wird seine Stabilität verlieren! Essen wir solche Nahrung, dann überlastet das den Organismus. Wurstsorten und Essiggemüse, die niemals in einen menschlichen Magen gelangen sollten, verursachen den schlechten Zustand des Blutes. Ebenso kann eine qualitativ schlechte Nahrung kein gesundes Blut bilden, zumal sie noch auf ungeeignete Weise gekocht und in unzureichender Menge gegessen wird.

Fleischspeisen und schwere Kost bringen die gleichen Ergebnisse hervor wie eine dürftige Kost. *2T 368; 1870*

674 Krebs, Tumore und alle entzündlichen Krankheiten werden besonders durch das Verzehren von Fleisch hervorgerufen. Aufgrund des Lichts, das mir Gott geschenkt hat, weiß ich, dass das Überhandnehmen von Krebs und Tumoren größtenteils auf den reichlichen Genuss von Fleisch zurückzuführen ist. *UT 7; 1896*

Eine vegetarische Diät wurde oft erfolgreich eingesetzt, um Herzkranzgefäßerkrankungen zu stoppen. Amerikanische Zeitschrift für Epidemiologie, 1995; 142

Brustkrebsraten sind niedriger in Bevölkerungen, die sich auf pflanzlicher Basis ernähren. Amerikanische Krebsgesellschaft, Krebs Fakten und Zahlen, 1994

Eine vegetarische Ernährung schützt vor Krankheiten aufgrund weniger gesättigten Fetten, weniger Cholesterin und tierischem Protein im Vergleich zu der oftmals höheren Konzentration an Folsäuren (welche wiederum den Homocysteinspiegel senken), sowie Antioxidanten wie Vitamin C und E, Karotin und Phytochemikalien. Zeitschrift der amerikanischen Diät-Vereinigung, 1995; 95:180-189

Wissenschaftler des Royal Perth Spitals in Australien haben herausgefunden, dass Menschen mit Bluthochdruck diesen tatsächlich durch eine vegetarische Diät senken können. Sie schrieben: „Wenn es das übliche Ziel ist, Bluthochdruckpatienten auf 140 mmHg (systlischer Blutwert) abzusenken, so haben 30% jener, die eine fleischfreie Diät zu sich genommen haben, dieses Ziel erreicht, verglichen zu nur 8% von jenen, die bei einer normale Ernährung geblieben sind. Klinische und Experimentelle Pharmakologie und Physiologie, 1985, 12, S. 263-6

Krebs, Tuberkulose, Tumore

675 Die Frage der Fleischnahrung ist eine ernste Angelegenheit. Sollen sich Menschen vom Fleisch toter Tiere ernähren? Aufgrund der von Gott offenbarten Erkenntnis lautet die Antwort ganz entschieden „nein." Institutionen, die im Dienst der Gesundheitsreform stehen, sollten in dieser Frage erzieherisch wirken. Ärzte, die behaupten, den menschlichen Organismus zu kennen, sollten ihre Patienten nicht darin bestärken, sich vom Fleisch toter Tiere zu ernähren. Vielmehr sollten sie auf die Zunahme der Tierkrankheiten hinweisen. Fachleute, die Überprüfungen durchführen, bestätigen, dass nur sehr wenige Tiere frei von Krankheiten sind und der ausgiebige Fleischkonsum Krankheiten aller Art hervorruft, darunter Krebs, Tumore, Tuberkulose und viele ähnliche Leiden. *Ms 3; 1897*

676 Menschen, die Fleisch essen, wissen kaum, was sie da eigentlich zu sich nehmen. Könnten sie die Tiere lebend sehen und wären über die Qualität des gegessenen Fleisches informiert, würden viele mit Widerwillen auf solches Fleisch verzichten. Die Menschen essen ständig Fleisch, das von Tuberkel- und Krebsbazillen durchsetzt ist. Tuberkulose, Krebs und andere lebensgefährliche Erkrankungen werden auf diese Weise übertragen. *MH 313; 1905*

677 Viele bekennende christliche Frauen decken täglich den Tisch mit einer Vielfalt von Gerichten, die den Magen reizen und den Organismus in einen Zustand der Erregung versetzen. Fleisch bildet den Hauptbestandteil der Ernährung. Schließlich ist das Blut der Famili-

---

*Lungen- und Dickdarmkrebs treten bei
Vegetariern seltener auf als bei Nicht-Vegetariern.*
Krebsvorkommen unter kalifornischen Siebenten-Tags-Adventisten,
1976-1982. Amerikanische Zeitschrift Klinischer Ernährung, 1994; 59 (zus.): 1136S-1142S

Nachdem 9 Männer, die an Prostatakrebs erkrankt waren, eine makrobiotische Diät verabreicht wurde, die in der Hauptsache aus Vollkornprodukten, Gemüse und Hülsenfrüchten unter Vermeidung aller Milchprodukte sowie fast allen Fleisches bestand, betrug ihre Überlebenschance 228 Monate; wohingegen jene der anderen Testgruppe mit einer normalen Diät, nur 72 Monate betrug.
Zeitschrift des amerikanischen Colleges für Ernährung, 1993; 12:209-26

9 Studien von Gehirntumoren bei Kindern und der Ernährung der Mutter während der Schwangerschaft, befassten sich mit den Nahrungsmitteln. Eine Verbindung zwischen dem häufigeren Konsum von geräuchertem Fleisch während der Schwangerschaft und einem erhöhten Risiko wurde in fast all diesen Studien festgestellt. Internationale Zeitschrift für Krebs, Zus. 1998; 11:23-5

enmitglieder mit Krebs verseuchten Stoffen angefüllt. Der Körper setzt sich aus dem zusammen, was man zu sich nimmt. Wenn dann allerdings Leiden und Krankheiten über solche Menschen kommen, werden sie als eine göttliche Heimsuchung betrachtet. *3T 563; 1875*

Abnahme der geistigen Kräfte
678 Wer unbekümmert Fleisch isst, besitzt nicht immer einen klaren Kopf und einen wachen Geist, denn der Genuss von tierischer Nahrung führt zu körperlicher Schwerfälligkeit und zur Abstumpfung des Feingefühls. *CH 115; 1890*

679 Gott möchte, dass sein Volk ein klares Empfinden hat und zu harter Arbeit in der Lage ist. Esst ihr aber Fleisch, dann könnt ihr nicht erwarten, dass euer Geist rege ist. Die Gedanken müssen rein werden. Dann kann der Segen Gottes über sein Volk kommen. *GCB 12.4.1901*

680 Wer uneingeschränkt Fleisch isst, kann unmöglich einen ungetrübten Verstand und wachen Geist besitzen. *2T 62.63; 1868*

681 Bezüglich der unbewussten Sinnlichkeit herrscht eine erschreckende Gleichgültigkeit. Es ist üblich, das Fleisch toter Tiere zu essen, aber es erregt die niederen Leidenschaften des Menschen. *UT 4; 1896*

Oxidationsschäden scheinen einer der Gründe zu sein, die zu chronischen Krankheiten wie Atherosklerose und Krebs führen. Viele Studien zeigen, dass eine Verbindung zwischen Früchten und Gemüse in der Ernährung oder dem Antioxidationsvitamin-Spiegel besteht und dem Todesrisiko von Krebs oder koronare Herzkrankheiten. Europäische Zeitschrift für Krebsverhütung, März 1997; 6 zus. 1:15

Das Überlebensrisiko für „Ischemische Herzkrankheit" (IHD) wurde um ca. 31% bei jenen gesenkt, die oft Nüsse konsumieren, und um 37 % bei männlichen Vegetariern im Vergleich zu Nicht-Vegetariern. Darm- und Prostatakrebsvorkommen war bedeutend wahrscheinlicher bei Nicht-Vegetariern. Personen, die oft Kuhfleisch konsumierten, waren auch in größerer Gefahr für Blasenkrebs. Konsum von Hülsenfrüchten wurde als vorteilhaft bei Risiko für Darm- und Bauchspeicheldrüsenkrebs gemeldet. Ein häufigerer Genuss von allen Früchten oder Trockenfrüchten wurde in Verbindung gebracht mit einem niedrigeren Risiko für Lungen-, Prostata- und Bauchspeicheldrüsenkrebs. Amerikanische Zeitschrift Klinischer Ernährung, September 1999; 70 (3 zus.): 532S-538S

Wir fassen zusammen, dass der Konsum von gegrilltem roten Fleisch ein Risikofaktor für Bauchspeicheldrüsenkrebs ist, und dass die Art der Zubereitung des Fleisches zusammen mit der Konsummenge sehr wichtig ist, um die Auswirkungen des Fleischkonsums in epidemiologischen Studien auszuwerten. Mutationsforschung, September 2002, Band 506-507

682 Die Fleischkost verändert das Gemüt und stärkt die Triebe des Menschen. Unser Körper baut sich aus dem auf, was wir essen. Reichlicher Fleischgenuss vermindert die geistige Regsamkeit. Studenten könnten in ihrem Studium viel erfolgreicher sein, wenn sie nie Fleisch essen würden. Erstarkt der triebhafte Bereich des Menschen durch den Genuss von Fleisch, dann nehmen die geistigen Kräfte in demselben Umfang ab. Ein religiöses Leben ist viel leichter und erfolgreicher auszuleben, wenn das Fleisch weggelassen wird. Solch eine Ernährung regt die niederen Neigungen zu intensiver Tätigkeit an und schwächt die sittliche und geistliche Natur. *„Denn das Begehren des Fleisches richtet sich gegen den Geist, das Begehren des Geistes aber gegen das Fleisch!"* Galater 5,17; EÜ; UT 7; 1896

Fleischkost stärkt die niederen Leidenschaften

683 Wenn es je eine Zeit gab, in der die Kost so einfach wie möglich sein sollte, so ist es heute. Unseren Kindern sollten wir kein Fleisch vorsetzen, denn das erregt und stärkt die niederen Leidenschaften und kann sogar die sittlichen Kräfte abtöten. 2T 352; 1869

684 Ich wurde dahingehend unterwiesen, dass die menschliche Natur durch den Fleischgenuss dazu neigt, zu verrohen. Dadurch verlieren Männer und Frauen die Liebe und das Mitgefühl, das sie eigentlich gegenüber ihren Mitmenschen haben sollten. Unser Körper baut sich aus unserer Ernährung auf. Wer nun hauptsächlich von tierischen Erzeugnissen lebt, der kommt in eine Situation, in der er den niederen Leidenschaften gestattet, die Herrschaft über die höheren Kräfte des Menschen an sich zu reißen. ... Wir erteilen euch keine genauen Vorschriften bezüglich eurer Ernährung. Es gibt vielerlei vollwertige Nahrungsmittel. Wir betonen aber nachdrücklich, dass Fleisch nicht die richtige Ernährung für Gottes Volk ist. Es verroht die Menschen. Wie kann jemand in einem Land, in dem es Früchte, Getreide und Nüsse im Überfluss gibt, der Meinung sein, dass er das Fleisch toter Tiere braucht? Ms 50; 1904

685 Wenn es in den Heimen unserer Gemeindeglieder so bestellt wäre, wie es eigentlich sein sollte, dann könnten wir für unseren Herrn doppelt so viel tun. Ich wurde darauf hingewiesen, dass wir in Bezug auf die Gesundheitsreform eine ganz klare Botschaft zu verkünden haben. Diejenigen, die Fleisch essen, stärken die niederen Neigungen und bereiten Krankheiten den Weg, von denen sie wie mit Fesseln gebunden werden. Letter 200; 1903

686 Ihr habt viel Fleisch verzehrt. Die tierischen Neigungen sind dadurch erstarkt, während die Geisteskräfte geschwächt wurden. Unser Körper ist das Ergebnis unserer Ernährung. Leben wir überwiegend vom Fleisch toter Tiere, erhalten wir etwas von ihrem Wesen. Für den gröberen Bereich eures Organismus habt ihr gesorgt, aber die edleren Kräfte habt ihr verkümmern lassen. *2T 60.61; 1868*

687 Es liegt uns am Herzen, dass die durchdringende Wahrheit des Wortes Gottes alle Angehörigen des Volkes Gottes erfasst, bevor diese Konferenz zu Ende ist. Wir möchten jedem Teilnehmer begreiflich machen, dass Fleisch nicht die geeignete Nahrung für sie ist. Eine solche Ernährungsweise führt in ihnen und in ihren Kindern zur Entfaltung der niederen Leidenschaften. Gott möchte, dass wir unseren Kindern gute Gewohnheiten im Essen, Kleiden und Arbeiten anerziehen. Soweit es an uns liegt, sollten wir alles unternehmen, um die unbrauchbar gewordene Maschinerie unseres Körpers wieder in Gang zu setzen. *GCB 12.4.1901*

Der sicherste Weg
688 Die geistigen, sittlichen und körperlichen Kräfte lassen durch regelmäßigen Verzehr von Fleischspeisen wesentlich nach. Das bringt den Organismus durcheinander. Es trübt den Verstand und stumpft das sittliche Feingefühl ab. Liebe Geschwister, der sicherste Weg besteht darin, alles Fleisch zu meiden. *2T 64; 1868*

Die Ursache nicht erkannt
689 Die Auswirkungen einer Fleischkost mögen nicht gleich bemerkt werden. Doch das beweist nicht ihre Unschädlichkeit. Nur wenige lassen sich davon überzeugen, dass das Fleischessen zur Vergiftung ihres Blutes geführt hat und die eigentliche Ursache ihrer Beschwerden ist. *MH 315; 1905*

690 Mir wurde das Thema Fleischkost aus verschiedenen Blickwinkeln gezeigt. Es wird nicht erkannt, in welchem Umfang die Sterblichkeit durch Fleischessen beeinflusst wird. Hätte man diese Zusammenhänge richtig verstanden, würden die Argumente und Ausreden zugunsten einer Befriedigung des Appetits auf Fleisch verstummen. Uns stehen genügend gute Nahrungsmittel zur Verfügung, um unseren Hunger zu stillen, ohne dass wir Leichenteile als Bestandteil unserer Speisekarte auf den Tisch bringen müssen. *UT 8; 1896*

691 Viele Menschen sterben an Krankheiten, die nur auf das Fleischessen zurückzuführen sind – wenn auch die wahre Ursache weder von ihnen noch von anderen Leuten erkannt wird. Einige spüren die Auswirkungen nicht direkt, was aber kein Beweis für die Unschädlichkeit des Fleischessens ist. Es beeinflusst ganz sicher den Organismus, obwohl zum jetzigen Zeitpunkt das Opfer vielleicht noch gar nichts bemerkt. *CH 115; 1890*

692 Ihr habt eure Fleischnahrung wiederholt mit folgender Beweisführung verteidigt: *„Sie mag für andere schädlich sein, uns schadet sie nicht, denn wir haben das ganze Leben lang schon Fleisch gegessen!"* Aber ihr wisst nicht, wie gesund ihr sein könntet, hättet ihr auf Fleischspeisen verzichtet. *2T 61; 1868*

Schweinefleisch ausdrücklich verboten

693 Gott hat dir Licht und Erkenntnis zukommen lassen und dich aufgefordert, der Esslust abzusagen. Du hast deinen Glauben bekannt, dass dieses Licht direkt von Gott kam. Du weißt, dass die Verwendung von Schweinefleisch ausdrücklich gegen das Gebot Gottes ist. Dieses Gebot wurde nicht gegeben, weil Gott seine rechtmäßige Macht besonders herausstellen wollte, sondern weil Schweinefleisch allen schadet, die es essen. Sein Genuss verunreinigt das Blut, so dass der Organismus verseucht und in Mitleidenschaft gezogen wird. Insbesondere werden die feinen, empfindlichen Gehirnnerven geschwächt und so betäubt, dass heilige Dinge nicht mehr wahrgenommen, sondern auf die tiefe Ebene allgemeiner Dinge gezerrt werden. *2T 96; 1868*

694 Das Gewebe des Schweines wimmelt von Parasiten. Vom Schwein sagte Gott: *„... es soll euch unrein sein. Von ihrem Fleisch sollt ihr nicht essen, und ihr Aas sollt ihr nicht anrühren."* *5.Mose 14,8* Dieses Gebot wurde erteilt, weil Schweinefleisch für die Ernährung ungeeignet ist. Schweine sind *„Gassenkehrer."* Dies ist der einzige Nutzen, den sie haben. Niemals und unter keinen Umständen sollte ihr Fleisch von Menschen gegessen werden. *MH 313.314; 1905*

695 Obwohl Schweinefleisch eines der weitest verbreiteten Nahrungsmittel ist, ist es doch eines der schädlichsten. Gott verbot den Hebräern nicht dessen Verwendung, um seine Macht zu demonstrieren, sondern weil es für die Ernährung der Menschen ungeeignet war. Es würde den Organismus verseuchen und besonders in jenem warmen

Klimagebiet Aussatz und allerlei andere Krankheiten hervorrufen. Sein Einfluss auf den Organismus war in jenem Klimagebiet noch weit problematischer als in kühleren Gegenden. Aber Gott bestimmte, dass Schweinefleisch unter keinen Umständen gegessen werden sollte. Bei den Heiden wurde es als Nahrungsmittel verwendet. Die Amerikaner haben gleichfalls freizügig davon Gebrauch gemacht und betrachten es als wichtigen Bestandteil ihrer Ernährung. Normalerweise würde Schweinefleisch nicht gut schmecken. Durch starkes Würzen bekommt es erst Geschmack, wodurch eine an sich schon sehr schlechte Sache noch verschlimmert wird. Mehr als alle anderen Fleischsorten erzeugt Schweinefleisch schlechtes Blut. Wer es unbeschränkt genießt, muss krank werden. Wer allerdings viel draußen arbeitet, spürt die negativen Auswirkungen nicht so wie der, der sich vorwiegend in Räumen aufhält und eine sitzende oder geistige Arbeit ausübt.

Durch den Verzehr von Schweinefleisch wird nicht nur die körperliche Gesundheit beeinträchtigt. Auch der Geist bekommt seinen Teil ab. Das Feingefühl wird durch dieses grobe Nahrungsmittel abgestumpft. Das Fleisch eines Lebewesens, dessen natürliches Element der Kot ist und das sich von den übelsten Abfällen ernährt, kann unmöglich gesund sein. Schweinefleisch setzt sich aus den Bestandteilen zusammen, die das Schwein frisst. Essen Menschen dieses Fleisch, wird ihr Blut und ihr Fleisch von den fremden Bestandteilen verunreinigt, die durch das Schwein übertragen werden. Schweinefleisch erzeugt Aussatz, Krebs und andere Krankheiten. Es ist noch immer der Urheber von sehr schrecklichen menschlichen Leiden. *1HL 58; 1865*

Tierisches Fett und Blut

696 Eure Familie ist weit davon entfernt, wirklich gesund zu sein. Ihr habt tierisches Fett gegessen, was Gott in seinem Wort ausdrücklich verbietet. *„Als feste Regel gelte bei euch von Generation zu Generation an allen euren Wohnstätten: Ihr dürft weder Fett noch Blut genießen!"* 3.Mose 3,17; EÜ *„Ihr sollt auch kein Blut essen in allen euren Wohnungen, weder von Vögeln noch vom Vieh; jeder, der irgendwelches Blut isst, soll ausgerottet werden aus seinem Volk!"* *3.Mose 7,26.27; 2T, 61; 1868*

697 Das Fleisch wird meist triefend vor Fett serviert, weil es so dem verwöhnten Gaumen am besten schmeckt. Das Blut wie auch das Fett der Tiere werden als Delikatessen verzehrt. Doch der Herr gab ausdrückliche Anweisungen, dass das nicht gegessen werden darf. Warum eigentlich? Weil dies das Blut im menschlichen Körper krank macht.

Durch die Missachtung dieser besonderen Anweisungen Gottes haben sich die Menschen eine Vielzahl von Beschwerden und Krankheiten zugezogen. ...

Wenn sie ihren Organismus mit dem vollstopfen, was ihrem Fleisch und Blut nicht gut bekommt, dann müssen sie die Folgen ihrer Verachtung des Wortes Gottes selbst tragen. *Letter 102; 1896*

Fische sind oft verseucht

698 Vielerorts werden die Fische durch die Abfälle, von denen sie sich ernähren, so verseucht, dass sie die Ursache von Krankheiten werden. Das ist besonders dort der Fall, wo die Fische mit den Abwässern großer Städte in Berührung kommen. Fische, die vom Inhalt der Abwasserkanäle leben, mögen in andere Gewässer ziehen und an Orten gefangen werden, wo das Wasser rein und frisch ist. Werden sie dann verspeist, bringen sie Krankheit und Tod über Menschen, die keine Gefahr ahnen. *MH 314.315; 1905*

Es gibt Ausnahmen

699 Wo gute Milch und Obst ausreichend zur Verfügung stehen, lässt sich nur selten eine Entschuldigung für das Fleischessen anführen. Es ist nicht nötig, irgendeinem Geschöpf Gottes das Leben zu nehmen, um die Bedürfnisse unseres Lebens zu stillen. Bei bestimmten Krankheiten und Erschöpfungszuständen mag es sinnvoll sein, etwas Fleisch zu essen, doch sollte man sehr vorsichtig sein und nur das Fleisch gesunder Tiere dafür verwenden.

Die sehr ernste Frage, ob es nämlich sinnvoll ist, in unserem Zeitalter überhaupt ohne Gefahr Fleisch zu essen, hat sich immer mehr in den Vordergrund gedrängt. Es ist jedenfalls besser, ganz auf Fleisch zu verzichten, als das Fleisch ungesunder Tiere zu essen. Wenn mir die Nahrungsmittel, die ich brauchte, nicht zur Verfügung standen, habe ich manchmal ein wenig Fleisch gegessen. Aber meine Bedenken werden immer größer. *CTBH 117.118; 1890*

700 Einige meinen ehrlich, dass sich eine geeignete Ernährung hauptsächlich auf Haferbrei stützt. Die Verwendung großer Mengen Haferbrei erhält aber nicht die Gesundheit der Verdauungsorgane. Denn er wirkt zu sehr wie Flüssigkeit. Esst vielmehr Früchte, Gemüse und Brot. Eine Fleischkost ist zwar nicht die gesündeste Ernährung, dennoch würde ich nicht den Standpunkt vertreten, dass sie von jedermann gemieden werden sollte. Wer schwache Verdauungsorgane hat, verträgt

oft Fleisch, während ihm Gemüse, Obst oder Haferbrei nicht bekommen. Wenn wir unsere Gesundheit bestmöglich erhalten wollen, sollten wir Gemüse und Obst nicht zur selben Mahlzeit essen. Bei einem schwachen Magen stellen sich dann Beschwerden ein, das Gehirn wird davon betroffen und ist zu geistiger Anstrengung nicht in der Lage. Esst Obst und Gemüse zu getrennten Mahlzeiten. ...

Süße Kuchen, süße Puddingspeisen und Vanillesauce bringen die Verdauungsorgane durcheinander. Warum sollen wir also Menschen in Versuchung führen, indem wir ihnen solche Speisen vorsetzen? Je mehr das Fleisch Bestandteil der Ernährung von Lehrern und Schülern ist, desto weniger wird ihr Geist für geistliche Dinge empfänglich sein. Die triebhaften Neigungen werden gestärkt und die zarten Empfindungen des Gemüts abgestumpft. Fleißiges Studieren ist nicht die eigentliche Ursache für geistige und seelische Zusammenbrüche. Der Hauptgrund liegt in falscher Ernährung, unregelmäßigen Mahlzeiten und in einem Mangel an körperlicher Bewegung. Unregelmäßiges Essen und Schlafen schwächen die Kräfte des Gehirns. YI 31.5.1894

Fleischlose Ernährung ist vollwertig

701 Das Fleisch ist zum Aufbau unserer Gesundheit und Körperkraft nicht erforderlich. Sonst hätte Gott bei der Auswahl der Nahrung für Adam und Eva vor dem Sündenfall einen Fehler gemacht. Alle Nährstoffe sind also in den Früchten wie auch im Gemüse und Getreide enthalten. RH 8.5.1883

702 Die Meinung, dass Muskelkraft von der Verwendung tierischer Speisen abhängt, ist ein Irrtum. Für den Organismus ist es besser, wenn man sie weglässt; auch ist man ohne sie gesünder. Die Getreidearten enthalten zusammen mit Früchten, Nüssen und Gemüse alle Nährstoffe, die zur guten Blutbildung notwendig sind. Diese Nährstoffe werden von einer Fleischkost nicht in dieser Qualität und Fülle geliefert. Wäre Fleisch für unsere Gesundheit und Körperkraft nötig, wäre es in den Ernährungsplan aufgenommen worden, der am Anfang für die Menschen erstellt wurde. MH 316; 1905

Warum Nahrung aus zweiter Hand?

703 Die Nahrung der Tiere besteht aus Gemüse- und Getreidearten. Muss das Gemüse wirklich zuerst durch den Organismus der Tiere wandern und von ihnen verarbeitet werden, bevor wir es essen? Müssen wir zu unserem Gemüse über den Umweg des Fleisches toter Tiere gelangen? Für unsere ersten Eltern hat Gott Früchte in ihrem natürlichen Zustand bereitgestellt. Er übertrug Adam die Verantwortung für den Garten – er sollte ihn hegen und pflegen. *„Siehe, ich habe euch alles samentragende Gewächs gegeben, das auf der ganzen Erdoberfläche wächst, auch alle Bäume, an denen samentragende Früchte sind. Sie sollen euch zur Nahrung dienen."* 1.Mose 1,29 Kein Tier sollte ein anderes aus Gründen der Nahrung umbringen. Letter 72; 1896

704 Fleisch ist Gemüse und Getreide aus zweiter Hand. Denn das Tier erhält von diesen Dingen die Nährstoffe, die es für das Wachstum benötigt. Das Leben, das im Getreide und Gemüse war, geht auf den Verzehrer über. Wir erhalten es, wenn wir das Fleisch der Tiere essen. Wie viel besser ist es doch, dieses Leben unmittelbar aufzunehmen, indem wir das essen, was Gott für uns bestimmt hat! MH 313; 1905

Fleisch erregt
705 Wird kein Fleisch mehr gegessen, dann spürt man oft ein Schwächegefühl, ein Mangel an Kraft. Viele wollen damit beweisen, dass Fleisch unentbehrlich ist. Dies kommt aber daher, weil Speisen dieser Art aufputschend wirken, weil sie das Blut erhitzen und die Nerven strapazieren. Solche Menschen meinen, auf etwas verzichten zu müssen. Einigen fällt es genauso schwer, mit dem Fleischessen aufzuhören,

---

Als ich 88 Jahre alt war, gab ich Fleisch ganz auf und wechselte nach einem leichten Herzinfarkt auf eine pflanzlich basierte Ernährung. Während der darauffolgenden Monate verlor ich nicht nur 50 Pfund Gewicht, sondern erhielt mehr Kraft in den Beinen und allgemein mehr Energie. Heute, im Alter von 93 Jahren, nehme ich immer noch die gleiche pflanzliche Diät zu mir und esse immer noch kein Fleisch oder Milchprodukte. Ich schwimme, gehe oder rudere mein Kanu jeden Tag und fühle mich am besten seit der Zeit, als meine Herzprobleme begannen.
Dr. Benjamin Spock, Ernährungsberater, 1996

Osteoporose hat verschiedene Ursachen, eine der wichtigsten ist ein zu großer Anteil an Protein in der Nahrung. Wissenschaft (Science), 1986; 233 (4763)

40% aller Krebserkrankungen der Welt könnten durch eine Ernährung, die reich an Getreide, Früchten und Gemüse ist, verhindert werden. Amerikanisches Institut für Krebsforschung, Weltkrebsfond 16.10.1997

Der Bauchspeicheldrüsenkrebs kommt in Ländern, in denen Fettkonsum und/oder Konsum tierischer Produkte sehr groß ist, sehr viel mehr vor. Amerikanische Zeitschrift für Epidemiologie, 1990; 132:423-431
Männer, die unter Prostatakrebs leiden, haben in ihrer Diät mehr Fett als jene, die keine Prostataprobleme haben. Wenn der Konsum von tierischen Produkten mit der Todesrate verglichen wird, so stellt sich heraus, dass der Konsum von Fleisch und Milchprodukten in Wechselbeziehung steht mit der Todesrate. Krebs, 1989; 64:598-604

wie für den Alkoholiker, seinen Schnaps stehen zu lassen. Aber nach der Umstellung werden sie sich um so besser fühlen. *MH 316; 1905*

706 Auch Fleischnahrung ist schädlich. Ihre natürliche aufputschende Wirkung sollte Begründung genug sein, sie nicht zu verwenden. Der fast allgemein gewordene krankhafte Zustand der Tiere macht es doppelt anfechtbar. Fleischgenuss führt leicht zu einer Überreizung der Nerven und zur Erregung der Leidenschaften. Auf diese Weise gewinnen die niederen Neigungen die Oberhand. *Ed 203; 1903*

707 Ich war schon etwas über deine Begründung überrascht, warum dich eine Fleischkost bei Kräften gehalten hat. Denn wenn du dich selbst einmal ausklammerst, sagt dir schon deine Vernunft, dass eine Fleischnahrung nicht so vorteilhaft ist, wie du meinst. Du hättest ja auch die richtige Antwort, wenn ein Tabaksüchtiger zur Entschuldigung für sein Rauchen die Argumente anführte, die du als Begründung dafür vorgebracht hast, dass du weiterhin Fleisch isst. Das Gefühl der Schwäche, das du beim Verzicht auf Fleisch feststellst, ist eines der stärksten Argumente, die ich dir anführen kann, um das Fleischessen aufzugeben. Wer Fleisch isst, fühlt sich nachher angeregt und verwechselt das mit Kraft. Nachdem jemand mit dem Fleischessen aufgehört hat, mag er sich eine Zeitlang etwas schwach fühlen; hat aber die Wirkung dieser Kost im Organismus nachgelassen, ist auch das Gefühl der Schwäche verschwunden. Ein solcher Mensch wird nicht mehr das verlangen, was er zuvor als Voraussetzung seiner körperlichen Kraft betrachtet hat. *Letter 73a; 1896*

Schafft Ersatz

708 Wenn auf Fleischspeisen verzichtet wird, sollte stattdessen eine vielfältige Auswahl an Getreide, Nüsse, Gemüse und Früchte verwendet werden, die sowohl nahrhaft sind als auch den Appetit anregen. Das ist besonders bei Schwachen oder Schwerarbeitern notwendig.

In manchen Ländern, wo bittere Armut herrscht, ist Fleisch das günstigste Nahrungsmittel. Unter diesen Umständen wird eine Änderung problematischer sein. Aber es ist möglich. Doch sollten wir stets die Situation der Menschen und die Macht lebenslanger Gewohnheiten berücksichtigen und uns davor hüten, selbst richtige Sichtweisen irgend jemandem aufzudrängen. Niemand sollte veranlasst werden, eine derartige Änderung von einem Tag auf den anderen vorzunehmen. Gesunde und preiswerte Nahrungsmittel sollten das Fleisch ersetzen. Viel hängt dabei von der Köchin ab. Mit Sorgfalt und Geschick lassen sich Speisen zubereiten, die nahrhaft sind, den Appetit anregen und weitgehend das Fleisch ersetzen. In allen Fällen erziehe man das Gewissen, stärke den Willen und stelle gute und vollwertige Speisen auf den Tisch. Dann wird eine Änderung leicht sein und das Verlangen nach Fleischspeisen wird verschwinden. *MH 316.317; 1905*

709 Die Fähigkeit, Speisen richtig zuzubereiten, ist sehr wertvoll. Vor allem dort, wo Fleisch kein Hauptnahrungsmittel ist, sind gute Kochkenntnisse unbedingt erforderlich. Wir müssen eine Alternative zum Fleisch anbieten. Diese Speisen müssen so gut zubereitet werden, dass man kein Verlangen mehr nach Fleisch hat. *Letter 60a; 1896*

Unlogische Entschuldigungen

710 Wie schnell sind doch das Licht und die Anweisungen verblasst und kraftlos geworden, die der Herr in seiner Gnade geschenkt hat. Das geschieht, wenn Satan die Herrschaft über den Geist erringt. Wie viele verwenden Ausreden und geben besondere Umstände an, die grundlos sind, um den falschen Weg zu bestätigen, das Licht beiseite zu schieben oder es gar auszulöschen. Ich weiß, wovon ich spreche. Das stärkste Argument gegen die Gesundheitsreform besteht darin, dass die Nachfolger Christi es nicht ausleben. Dennoch behaupten sie ernsthaft, dass sie nach der Gesundheitsreform nicht leben können, weil es ihnen dann nicht möglich ist, ihre Körperkraft zu erhalten.

In all diesen Fällen gibt es einen triftigen Grund für die Nichtbeachtung der Gesundheitsreform. Doch die Geschwister leben sie nicht aus, sie haben sie nie konsequent umgesetzt. Deshalb können sie auch nicht die Segnungen daraus spüren. Manche meinen fälschlicherweise, dass sie nach dem Weglassen von Fleisch es nicht nötig hätten, es durch gutes Obst und Gemüse zu ersetzen, das in möglichst natürlichem Zustand und frei von Fett und Gewürzen zubereitet wird. Würden sie die vom Schöpfer geschenkten guten Gaben geschickt zubereiten – wobei Eltern und Kinder sich gewissenhaft und gemeinsam an dieser Aufgabe beteiligen sollten –, würden ihnen einfache Speisen gut schmecken und sie könnten dann verständnisvoll über die Gesundheitsreform sprechen. Solche, die die Gesundheitsreform noch nicht beachten oder sie nie ganz umgesetzt haben, können über ihren Vorteil auch nicht urteilen. Andere wiederum, die manchmal Ausnahmen machen, um ihren Appetit auf gemästeten Truthahn oder anderes zu befriedigen, verderben ihren Geschmack und sind nicht berechtigt, über die Segnungen der Gesundheitsreform zu urteilen. Sie lassen sich nur vom Geschmack, nicht aber von Grundsätzen leiten. 2T 486.487; 1868

Ein ernster Aufruf zur Reform
711 Viele Eltern handeln so, als hätten sie keinen Verstand mehr. Sie leben gleichgültig dahin – wie gelähmt durch die Befriedigung einer fehlgeleiteten Esslust und entwürdigender Leidenschaften. Unsere Prediger, die die Wahrheit kennen, sollten sie aus diesem lähmenden Zustand wachrütteln und sie dazu bewegen, das aufzugeben, was den Appetit auf Fleisch erregt. Wenn die Menschen das nicht tun, werden sie keine geistliche Kraft mehr haben und immer stärker von ihren sündigen Lüsten erniedrigt. In vielen Heimen übt man Gewohnheiten, die der Himmel verabscheut und die menschliche Wesen unter die Stufe des Tieres herabwürdigen. Alle, die die Wahrheit kennen, sollten sich das Wort vor Augen halten: *„Enthaltet euch der fleischlichen Begierden, die gegen die Seele streiten!"* 1.Petrus 2,11

Kein Prediger sollte ein schlechtes Beispiel geben, indem er Fleisch isst, sondern mit seiner Familie zusammen nach dem Licht der Gesundheitsreform leben. Kein Prediger darf es gestatten, dass seine eigene Natur und die Natur seiner Kinder verrohen. Kinder, deren Wünschen keine Einschränkung auferlegt wurde, sind versucht, nicht nur den üblichen Gewohnheiten der Unmäßigkeit nachzugeben, sondern auch ihren niederen Leidenschaften freien Lauf zu lassen und Reinheit und Tugend zu verachten. Solche Menschen werden von Satan dazu verführt, nicht nur ihre eigenen Körper zu verderben, sondern über ihren schlechten Umgang auch anderen zu erzählen. Sind Eltern selbst durch die Sünde verblendet, können sie häufig diese Zusammenhänge nicht erkennen. An Eltern, die in der Stadt leben, ergeht der Warnungsruf des Herrn: *„Behaltet die Kinder in euren eigenen Häusern. Trennt sie von denen, die die Gebote Gottes missachten und das Übel lehren und vorleben. Zieht aus den Städten, so schnell es euch möglich ist!"*

Eltern sollen kleine Häuser auf dem Land erwerben, mit einem Stück Land, wo sie Obstbäume pflanzen sowie Gemüse und Früchte ziehen können. Diese ersetzen das Fleisch, das das Leben spendende Blut so schädigt, das durch unsere Adern fließt. Ms 133; 1902

Gebet und Fasten stärken die Widerstandskraft
712 Ist unser Appetit auf das Fleisch toter Tiere gerichtet, sollen wir fasten und den Herrn um seine Gnade bitten, dass wir diesen Lüsten, die wider die Seele streiten, entrinnen können. Letter 73; 1896

Das Gebet um Heilung kann widersinnig sein

713 Es gibt Siebenten-Tags-Adventisten, die sich weigern, das Licht zu beachten, das ihnen in dieser Angelegenheit geschenkt worden ist. Sie machen das Fleisch zu einem Bestandteil ihrer Ernährung. Und Krankheiten entstehen. Wenn sie dann als Folge ihrer falschen Handlungsweise krank sind und leiden, bitten sie die Diener Gottes, für sie zu beten. Doch wie kann ihnen Gott helfen, wenn sie nicht bereit sind, seinen Willen zu tun, sondern es ablehnen, seine Anweisungen bezüglich der Gesundheitsreform zu befolgen? Seit 30 Jahren scheint dem Volk Gottes das Licht der Gesundheitsreform, aber vielen ist es zur Zielscheibe ihres Spottes geworden. Sie verwenden weiterhin schwarzen Tee, Bohnenkaffee, scharfe Gewürze und Fleisch. Ihr Körper ist voll von Krankheiten. Wie können wir, so frage ich euch, solche Menschen dem Herrn zur Heilung vorlegen? *Letter 200; 1903*

714 Helle Brötchen und Fleischspeisen sind mit den Grundsätzen der Gesundheitsreform nicht zu vereinbaren. Würden wir unserer Vernunft gestatten, an die Stelle unserer Regungen und der Liebe zu sinnlichen Genüssen zu treten, würden wir das Fleisch toter Tiere nicht einmal probieren. Was kann auf den Geruchssinn abstoßender wirken als ein Laden, in dem Fleisch angeboten wird? Der Geruch rohen Fleisches ist für alle abstoßend, deren Sinne durch die Heranbildung eines unnatürlichen Geschmacks nicht verdorben worden sind. Was könnte einem nachdenklichen Geist unangenehmer sein als der Anblick getöteter Tiere, die verspeist werden sollen? Wenn das Licht nicht beachtet wird, das uns Gott bezüglich der Gesundheitsreform gegeben hat, wird Gott auch kein Wunder tun, um solche gesund zu erhalten, die sich durch ihre Handlungsweise selbst krank machen. *UT 2; 1884*

Führer in der Reform

715 Wenn wir auch den Fleischgenuss nicht zum Prüfstein machen noch irgend jemandem den Verzicht auf Fleisch aufzwingen wollen, ist es doch unsere Pflicht, die Prediger der Vereinigung dringend zu bitten, die Botschaft über eine solche Reform weder gering zu schätzen noch ihr entgegenzuarbeiten. Gott hat uns über die Wirkung des Fleischessens auf den Organismus nicht im Unklaren gelassen. Wenn du trotzdem auch in Zukunft Fleisch isst, musst du die Folgen tragen. Aber nimm vor den Menschen nicht eine Haltung ein, die sie glauben lässt, dass eine Reform wegen des Fleischessens nicht nötig ist. Denn der Herr ruft zu einer Reform auf. Er gab uns den Auftrag, die Botschaft der Gesundheitsreform zu verkündigen. Wenn du meinst, dass du die Bemühungen derer, die diese Botschaft hinaustragen, nicht unterstützen kannst, dann behalte das für dich. Arbeitest du den Bemühungen deiner Mitarbeiter entgegen, die die Gesundheitsreform lehren, bist du fehl am Platz und kämpfst auf der falschen Seite. *Letter 48; 1902*

716 Sollen wir als Botschafter Gottes nicht eine klare Haltung gegen die Befriedigung einer verkehrten Esslust einnehmen? ... Gott hat eine Fülle von Früchten und Getreidearten zur Verfügung gestellt, die gesund zubereitet und in richtigen Mengen verwendet werden können. Warum essen dann Menschen weiter Fleisch? Können wir wirklich zu Predigern Vertrauen haben, die gemeinsam mit anderen Fleisch essen, wo es gerade serviert wird? ...
„Ihr sollt die Gebote des Herrn, eures Gottes, treulich halten." Jeder, der die Gesundheitsgesetze übertritt, wird mit Sicherheit Gottes Missfallen auf sich ziehen. Ach, wie viel könnten wir doch täglich vom heiligen Geist empfangen, wenn wir vorsichtig wandelten, unser *Ich* verleugneten und die Tugenden Christi auslebten! *PUR 9.10.1902*

Prediger und Buchevangelisten als Vorbilder

717 Unsere Prediger und Buchevangelisten sollen unter dem Banner strenger Mäßigkeit vorangehen. Schämt euch niemals zu sagen: *„Nein, danke. Ich esse kein Fleisch. Aus Gewissensgründen esse ich nicht das Fleisch toter Tiere!"* Wird euch schwarzer Tee oder Bohnenkaffee angeboten, dann lehnt ihn ab und sagt auch, warum. Erklärt den Menschen, dass er schädlich ist; dass die Wirkung nach einer gewissen Zeit der Anregung bald nachlässt und man dann im selben Maß ein Gefühl der Schwäche verspürt. *Ms 113; 1901*

718 Was die Fleischspeisen betrifft, können wir alle sagen – lasst sie weg! Auch sollten alle eine klare Haltung gegenüber der Verwendung von schwarzem Tee und Bohnenkaffee einnehmen. Wir sollten so etwas nie trinken. Es handelt sich um berauschende Mittel, die das Gehirn wie auch die anderen Organe des Körpers schädigen. Es ist noch nicht die Zeit, dass ich euch raten kann, auf Milch und Eier ganz zu verzichten. Milch und Eier sollten dem Fleisch nicht gleichgestellt werden. Bei manchen Krankheiten erweist sich die Verwendung von Eiern als sehr segensreich. Unsere Geschwister sollten sich eine selbstsüchtige Befriedigung des Appetits versagen. Jeder Cent, der für schwarzen Tee, Bohnenkaffee und Fleischspeisen ausgegeben wird, ist mehr als vergeudet. Denn diese Dinge hemmen die bestmögliche Ausbildung der körperlichen, seelischen und geistigen Kräfte. *Letter 135; 1902*

Zusammenfassung

719 Wenn es für uns hilfreich wäre, Fleisch zu essen, würde ich diesen Aufruf nicht an euch richten. Ich weiß aber, dass es nicht der Fall ist. Fleischspeisen stehen dem körperlichen Wohlbefinden entgegen. Wir sollten daher lernen, ohne sie auszukommen. Wem es möglich ist, sich vegetarisch zu ernähren, es aber trotzdem vorzieht, sich von seinem Geschmack leiten zu lassen und zu essen und zu trinken, was ihm schmeckt, wird allmählich auch gegenüber den Unterweisungen des Herrn in anderen Punkten der gegenwärtigen Wahrheit sorglos; sein Empfindungsvermögen stumpft ab. Er wird ernten, was er gesät hat.

Ich wurde unterwiesen, dass den Schülern auf unseren Schulen weder Fleisch noch Speisen vorgesetzt werden sollten, die ungesund sind. Nichts, was dazu dienen könnte, das Verlangen nach Reizmitteln zu stärken, sollte auf den Tisch kommen. Ich wende mich mit diesem Anliegen an alle Altersgruppen. Verzichtet auf solche Dinge, die euch nur schaden. Dient dem Herrn mit Opfersinn.

Auch die Kinder sollten sich in verständnisvoller Weise daran beteiligen. Wir alle sind Glieder der Familie des Herrn; und der Herr will, dass sich alle seine Kinder – junge wie alte – entschließen, der Befriedigung der Esslust zu entsagen und so Mittel zu sparen, die zur Errichtung von Versammlungshäusern und zur Unterstützung von Missionen erforderlich sind.

Ich wurde unterwiesen, den Eltern zu sagen: Stellt euch in dieser Frage ganz, mit Seele und Geist, auf die Seite des Herrn. Wir sollten stets daran denken, dass wir in dieser Prüfungszeit vor dem Herrn der Welt erprobt werden. Wollt ihr nicht aufhören, etwas zu tun, das euch nur schadet? Bekenntnisworte sind zu wenig; zeigt durch Taten der Selbstverleugnung, dass ihr den Anforderungen gehorchen wollt, die Gott an sein Volk stellt. Verwendet einen Teil der Mittel, die ihr durch die von euch geübte Selbstverleugnung spart, für das Schatzhaus des Herrn, so werden genügend Mittel vorhanden sein, das Werk Gottes fortzuführen. Viele meinen, ohne Fleischspeisen nicht auskommen zu können. Würden sie sich fest entschlossen auf die Seite des Herrn stellen und bereit sein, den Weg zu gehen, den er sie führen will, dann könnten sie wie Daniel und seine Gefährten Kraft und Weisheit erhalten. Sie würden feststellen, dass der Herr ihnen gesundes Urteilsvermögen schenkt. Viele wären überrascht, wenn sie feststellen, wie viel man durch Selbstverleugnung für Gottes Sache aufbringen kann. Die kleinen Summen, die man dadurch spart, dass man sich Opfer auferlegt, werden mehr für den Aufbau des Werkes Gottes beitragen als größere Gaben, die keine Selbstverleugnung erforderten. Wir Siebenten-Tags-Adventisten befassen uns mit bedeutsamen Wahrheiten. Vor mehr als 40 Jahren *[geschrieben 1909]* gab der Herr uns besonderes Licht über die Gesundheitsreform; leben wir auch nach diesem Licht? Wie viele haben sich geweigert, in Übereinstimmung mit Gottes Ratschlägen zu leben!

Unser Volk sollte entsprechend dem empfangenen Licht vorangehen. Wir müssen die Grundsätze der Gesundheitsreform verstehen und beachten. Auf dem Gebiet der Mäßigkeitsbestrebungen sollen wir allen anderen Menschen voraus sein. Trotzdem gibt es unter uns gutunterrichtete Gemeindeglieder, ja sogar Prediger des Evangeliums, die das Licht geringschätzen, das Gott darüber gegeben hat. Sie essen und arbeiten, wie es ihnen gefällt. ...

Wir stellen keine genauen Regeln auf, die man in der Ernährung befolgen sollte; wir betonen aber, dass Fleischnahrung in Ländern, in denen reichlich Obst, Getreide und Nüsse vorhanden sind, nicht die richtige Nahrung für Gottes Volk ist. Ich bin darüber belehrt worden, dass Fleischkost dazu führen kann, die Natur zu verrohen und bei Männern und Frauen die Liebe und das Mitgefühl zu schwächen, das sie anderen entgegenbringen sollten. So verhilft man den niederen Leidenschaften zur Herrschaft über die höheren Kräfte des Menschen. Wenn Fleischgenuss je gesund war, heute ist es nicht der Fall. Krebs, Geschwülste und Lungenkrankheiten werden oft durch Fleischgenuss verursacht. Wir dürfen den Genuss von Fleischspeisen nicht zu einem Prüfstein der Gemeindezugehörigkeit machen; doch müssen wir bedenken, welchen Einfluss Gläubige auf andere ausüben, die Fleischnahrung essen. Ist es nicht unsere Aufgabe als Boten Gottes, den Menschen zu sagen: „*Ob ihr nun esst oder trinkt oder sonst etwas tut – tut alles zur Ehre Gottes!*" *1.Korinther 10,31*

Ist es nicht notwendig, dass wir ein entschiedenes Zeugnis gegen die Befriedigung eines verdorbenen Geschmacks ablegen? Sollten Prediger des Evangeliums, die die feierlichste Wahrheit verkündigen, die Sterblichen je anvertraut worden ist, ein Beispiel darin geben, zu den Fleischtöpfen Ägyptens zurückzukehren? Dürfen es sich die, die vom Zehnten aus dem Vorratshaus Gottes unterhalten werden, gestatten, durch Genusssucht den Leben verleihenden Blutstrom, der durch ihre Adern fließt, zu vergiften? Dürfen sie das Licht und die Warnungen missachten, die Gott ihnen gegeben hat? Wir sollten die körperliche Gesundheit für das Wachstum in der Gnade und die Bildung eines ausgeglichenen Charakters als wesentlich ansehen.

Sorgen wir dagegen nicht ordentlich für den Magen, so behindern wir die Bildung eines rechtschaffenen, gesitteten Charakters. Gehirn und Nerven stehen mit dem Magen in enger Beziehung. Verkehrte Gewohnheiten im Essen und Trinken führen zu mangelhaftem Denken und Handeln.

Jetzt werden alle geprüft und geläutert. Wir sind in Christus getauft. Wenn wir uns von allem trennen, das uns nach unten zieht und zu dem macht, was wir nicht sein sollten, dann wird uns auch die Kraft gegeben, in Christus als dem lebendigen Haupt zu wachsen, und wir werden das Heil Gottes sehen. *9T 156-160; 1909*

Aufruf für eine Ernährung ohne Fleisch in medizinische Einrichtungen (1884)

720 Heute bin ich um vier Uhr aufgestanden, um einige Sätze zu schreiben. Ich habe lange darüber nachgedacht, wie die Einrichtungen, über die du den Vorsitz hast, so sein können, wie sie Gott haben möchte, und habe einige gedankliche Vorschläge. Wir sind Gesundheitsreformer und versuchen, so weit wie möglich, zu dem ursprünglichen Plan Gottes der Mäßigkeit zurück zu kommen. Mäßigkeit besteht nicht nur darin, auf Alkohol und Tabak zu verzichten, es ist noch viel weitreichender. Es muss auch geregelt sein, was wir essen.

Ihr kennt alle das Thema der Gesundheitsreform. Aber wenn ich die medizinische Einrichtung besuche, sehe ich, dass man sehr von der Gesundheitsreform in Bezug auf das Fleischessen abgewichen ist. Ich bin überzeugt, dass etwas verändert werden muss – und das sofort. Eure Ernährung besteht überwiegend aus Fleisch. Gott führt nicht in diese Richtung. Der Feind versucht die Ernährungsfrage auf eine falsche Grundlage zu stellen, indem er die Führungskräfte des Hauses dazu bringt, die Kost dem Appetit der Patienten anzupassen. Als der Herr die Kinder Israel aus Ägypten führte, wollte er, dass sie sich in Kanaan als reines, glückliches, gesundes Volk niederließen. Lasst uns den Plan Gottes studieren und sehen, wie das erreicht wurde. Er schränkte ihre Ernährung ein. Weitgehend nahm er die Fleischnahrung von ihnen. Aber sie sehnten sich nach den Fleischtöpfen Ägyptens, und Gott gab ihnen Fleisch, und dadurch auch die sicheren Folgen.

Die Gesundheitseinrichtung wurde überwiegend deshalb errichtet, um die Kranken ohne Medikamente behandeln zu können. Es sollte nach hygienischen Grundsätzen geführt werden. Medikamente sollten so schnell wie möglich entfernt werden, bis sie völlig abgesetzt sind. Es sollte eine Schulung in geeigneter Ernährung, Kleidung und Bewegung angeboten werden. Nicht nur für unser eigenes Volk, sondern auch für alle, die das Licht der Gesundheitsreform noch nicht erhalten hatten. Ihnen sollte gezeigt werden, wie man gesund lebt, gemäß dem Plan Gottes. Aber wenn wir selbst keine Grundlage haben, warum sollen wir da so viel investieren, um eine Gesundheitszentrum aufzubauen? Wie kann dann reformiert werden?

Ich kann nicht sagen, dass wir da nach Gottes Ordnung handeln. Wir müssen etwas ändern oder die Häuser aufgeben; denn so ist es völlig unpassend. Der Herr hat mir gezeigt, dass die Gesundheitseinrichtungen nicht so gestaltet sein dürfen, dass man dem Appetit oder irgendeiner Idee einer Person entgegen kommt. Ich bin mir dessen bewusst, dass die Entschuldigung dafür, die war, um Fleischessen in der Einrichtung zu erlauben, dass alle die Vergnügungssuchenden, die hierher kommen, mit keiner anderen Ernährung zufrieden sind. Dann lasst sie da hingehen, wo sie die Ernährung erhalten, die sie sich wünschen. Wenn die Einrichtung sogar für Gäste nicht nach den richtigen Grundsätzen geführt werden kann, dann gebt den Namen dafür auf. Aber die Entschuldigung, auf die man bestand, existiert nicht; denn die Sponsoren von außen sind sehr wenige.

Dem Organismus wird durch ständiges Fleischessen geschadet. Dafür gibt es keine andere Entschuldigung als ein verdorbener und entstellter Appetit. Du magst fragen, würdest du völlig mit dem Fleisch essen aufhören? Die Antwort darauf ist, dass wir schließlich dahin kommen werden, aber wir sind für diesen Schritt noch nicht vorbereitet. Fleisch essen wird schließlich aufgegeben werden. Das Fleisch von Tieren wird noch länger einen Teil unserer Ernährung ausmachen; und wir sollten das Fleischergeschäft mit Abscheu betrachten. ...

Wir werden von dem aufgebaut, was wir essen. Sollen wir die tierischen Leidenschaften stärken indem wir Fleisch essen? Anstatt den Geschmack zu erziehen, diese grobe Nahrung zu mögen, ist es höchste Zeit, dass wir uns daran gewöhnen, von Früchten, Getreide und Gemüse zu leben. Das sollten alle tun, die mit unseren Einrichtungen verbunden sind. Verwendet immer weniger Fleisch, bis ihr es ganz weglasst. Wenn Fleisch aufgegeben wird, wenn der Geschmack nicht in diese Richtung erzogen wird, wenn man sich an Früchte und Getreide immer mehr gewöhnt, wird es bald so sein, wie es Gott am Anfang vorgesehen hat. Sein Volk wird kein Fleisch verwenden.

Wenn Fleisch nicht so wie sonst verwendet wird, werdet ihr bald einen besseren Weg des Kochens lernen, und ihr werdet in der Lage sein, das Fleisch durch etwas anderes zu ersetzen. Viele vegetarische Gerichte – vollkommen gesund und nahrhaft, können anstelle von Fleisch angeboten werden. Kräftige Männer brauchen viel Gemüse, Früchte und Getreide. Manchmal kann Außenstehenden etwas Fleisch gegeben werden, die ihren Geschmack so erzogen haben, dass sie denken, wenn sie kein Fleisch essen, sie ihre Kraft nicht erhalten können. Aber sie werden mehr Ausdauer haben, wenn sie Fleisch weglassen, als wenn sie sich größtenteils davon ernähren. Der grundsätzliche Einwand von Ärzten und Helfern der Gesundheitsreform, eine Ernährung ohne Fleisch zu unterstützen, ist der, dass sie Fleisch gerne essen. Deshalb argumentieren sie damit, dass sie es unbedingt brauchen. So fördern sie die Verwendung. Aber Gott möcht nicht, dass diejenigen, die zur Gesundheitseinrichtung kommen, so unterrichtet werden, dass sie von Fleisch leben sollen.

Durch Gespräche im Sprechzimmer und durch das Vorbild sollen sie in eine andere Richtung hin erzogen werden. Da braucht man Fähigkeiten zur Zubereitung gesunder Nahrung. Das erfordert zwar mehr Arbeit, aber trotzdem muss sie nach und nach getan werden. Verwendet weniger Fleisch. Lasst diejenigen, die kochen, und alle, die Verantwortung tragen, ihren eigenen Geschmack und ihre Essensgewohnheiten in Übereinstimmung mit den Gesundheitsgesetzen erziehen. Wir sind mehr nach Ägypten zurückgegangen als nach Kanaan. Sollen wir da nicht umkehren? Sollten wir nicht einfache, gesunde Nahrung auf unsere Tische stellen? Sollten wir nicht auf helle weiche Brötchen und Backwaren verzichten, die nur Verdauungsstörungen hervorrufen? Diejenigen, die den Standard so nahe an Gottes Ordnung ausrichten, nach dem Licht, dass er ihnen durch seine Wort und die Zeugnisse seines Geistes gegeben hat, wird ihre Handlungsweise nicht ändern, um den Wünschen ihrer Freunde und Verwandten gerecht zu werden – seien es einer oder zwei oder viele, – die entgegen der weisen Anordnung Gottes leben. Wenn wir uns also an Grundsätze halten, wenn wir in der Ernährung strikte Regeln beachten, wenn wir als Christen unseren Geschmack nach dem Plan Gottes erziehen, dann werden wir einen Einfluss ausüben, der den Gedanken Gottes entspricht.

Die Frage ist: *„Sind wir bereit, wahre Gesundheitsreformer zu sein?"* Wir sollten ständige Eintönigkeit in der Ernährung vermeiden. Der Appetit wird sehr viel besser angeregt, wenn die Nahrung abwechslungsreich ist. Seid beständig. Stellt nicht verschiedene Arten von

Nahrung zu einer Mahlzeit auf den Tisch. Verhaltet euch in dieser Hinsicht nach wirtschaftlichen Gesichtspunkten, auch wenn die Leute sich beschweren. Finden sie Fehler, wenn nicht genug da ist, was ihnen schmeckt? Die Israeliten beschwerten sich ständig über Mose und über Gott. Es ist eure Pflicht, den Standard der Gesundheitsreform zu halten. Man kann für Kranke mehr erreichen, wenn man ihre Ernährung regelt, als durch all die Bäder, die man ihnen geben kann.

Setzt die gleiche Menge Geld ein, die für Fleisch ausgegeben wurde, um Früchte zu kaufen. Zeigt den Menschen den richtigen Lebensweg. Hätte man das in der Einrichtung in ... von Anfang an getan, hätte es dem Herrn gefallen und er hätte die Anstrengungen anerkannt. ... In der Zubereitung von Nahrung sollte man sorgfältig und geschickt vorgehen. Ich hoffe, dass Frau Dr. ... die Stellung ausfüllen wird, die ihr zugeteilt wurde, dass sie sich mit dem Koch besprechen wird, so dass die Nahrung, die in der Gesundheitseinrichtung auf die Tische gestellt wird, auch mit der Gesundheitsreform übereinstimmt. Weil der eine dazu neigt, dem Appetit nachzugeben, darf er nicht behaupten, dass man so leben soll. Er darf durch seine Handlungsweise nicht versuchen, die Einrichtung so zu formen, dass sie seinem Geschmack und seiner Handlungsweisen zusagt. Diejenigen, die in Einrichtungen Verantwortung tragen, sollten sich oft gemeinsam beraten und dann ganz einig handeln.

Bitte behaupte nicht, dass Fleisch essen richtig sein muss, weil dieser oder jener – der Sklave seines Appetits ist – gesagt hat, dass er in der Gesundheitseinrichtung nicht ohne Fleisch leben kann.

Sich vom Fleisch toter Tiere zu ernähren ist ein grober Lebensweg, und als Volk sollten wir eine Veränderung bewirken, eine Reform beginnen und Menschen zeigen, wie man die Nahrung gesund zubereiten kann, dass sie mehr kräftigt und man gesünder bleibt, als wenn man Fleisch isst.

Die Sünde dieses Zeitalters ist Zügellosigkeit im Essen und Trinken. Dem Appetit nachzugeben ist der Götze, den viele anbeten. Alle, die mit der Gesundheitseinrichtung verbunden sind, sollten in diesen Dingen ein Vorbild geben und sich ständig in der Furcht Gottes bewegen, und nicht von einem verdorbenem Appetit beherrscht werden. Ihnen sollten die Grundsätze der Gesundheitsreform klar sein, und unter allen Umständen sollten sie sich danach richten.

Ich hoffe, Dr. C., dass du mehr und mehr lernen wirst, gesund zu kochen. Bereite genügend vegetarische, gesunde Nahrung zu. Denke in dieser Hinsicht nicht wirtschaftlich. Schränke dagegen deine Ausgaben für Fleisch ein; aber kaufe viel gutes Obst und Gemüse. Dann wirst du dich daran freuen, wie viel Appetit sie haben und dadurch deine Zubereitungen würdigen. Denke niemals, dass gute, gesunde Nahrung zu essen, ein Verlust ist. Es wird Blut und Muskeln kräftigen, und Stärke für die täglichen Pflichten geben. *Letter 3; 1884*

➤ *Siehe auch: 433, 817*

721 Ich habe viel an das Gesundheitszentrum in ... gedacht. Vieles geht mir dabei durch den Kopf, und ich möchte euch gerne einiges mitteilen. Das Licht, das Gott mir und durch mich uns allen über die Gesundheitsreform gegeben hat, habe ich mir in Erinnerung gerufen. Habt ihr versucht, sorgfältig und unter Gebet zu verstehen, was der Wille Gottes in diesen Dingen ist? Die Entschuldigung war gewesen, dass ja Außenstehende Fleischnahrung haben müssten. Auch wenn sie etwas Fleisch bekommen würden, weiß ich, dass man mit Sorgfalt und Geschicklichkeit Speisen zubereiten kann, die weitgehend Fleisch ersetzen können. Und schnell könnte ihnen gezeigt werden, wie man auf das Fleisch toter Tiere verzichten kann. Aber wenn die Köchin überwiegend von Fleisch lebt, kann und wird sie zum Fleisch essen ermutigen, und der verdorbene Appetit wird sich alle möglichen Entschuldigungen für diese Art von Ernährung ausdenken.

Als ich sah, wie die Dinge liefen – wenn ... kein Fleisch kochen dürfte, wüsste sie nicht, was sie stattdessen anbieten könnte, und Fleisch war der grundlegende Bestandteil der Nahrung, – da war mir klar, dass umgehend etwas verändert werden müsste. Es mag Kranke geben, die nach Fleisch verlangen, aber sie sollen es in ihren eigenen Räumen serviert bekommen. Bringt nicht den schon verdorbenen Appetit derer in Versuchung, die es nicht essen sollten. ...

Ihr meint wohl, ohne Fleisch nicht arbeiten zu können. Ich habe früher auch so gedacht, aber ich weiß, dass Gott in seinem ursprünglichen Plan Fleisch von toten Tieren nicht für die Ernährung des Menschen vorgesehen hatte. Nur ein grober, verdorbener Appetit wird solche Nahrung haben wollen. ... Außerdem sollte uns die Tatsache, dass die Tiere überwiegend krank sind, dahin führen, eifrig bemüht zu sein, Fleischessen ganz aufzugeben. Meine Haltung ist nun, Fleisch weg zu lassen. Für einige wird es schwer sein, so schwer wie für den Alkoholiker, sein Trinken aufzugeben, aber durch diese Veränderung wird es ihnen besser gehen. *Letter 2; 1884*

Der Sache richtig begegnen

722 Das Heileinrichtung erfüllt einen gute Aufgabe. Wir sind gerade zu dem Punkt des umstrittenen Fleisches gekommen. Sollten nicht diejenigen, die dorthin kommen, Fleisch auf den Tischen haben und ihnen geraten werden, es allmählich aufzugeben? ...

Vor Jahren wurde mir das Licht gegeben, dass man nicht die Haltung einnehmen sollte, alles Fleisch aufzugeben, denn in einigen Fällen wäre es besser als ein Nachtisch und süße Speisen, denn diese werden ganz sicher Verdauungsstörungen hervorrufen. Es ist die Vielfalt und Mischung von Fleisch, Gemüse, Früchte, Wein, Tee, Kaffee, süßen Keksen und kalorienreichen Kuchen, die den Magen zerstören und Menschen dahin bringen, Invaliden zu werden mit all den unerfreulichen Auswirkungen von Krankheit je nach Veranlagung. ...

Ich überbringe das Wort des Herrn, des Gottes von Israel. Wegen dieser Übertretung ist der Fluch Gottes über die Erde gekommen und über das Vieh und über alles Fleisch. So leiden die Menschen unter der Auswirkung ihrer eigenen Handlungsweise, indem sie die Gebote Gottes übertreten. Und auch die Tiere leiden unter diesem Fluch. Fleisch essen sollte von keinem Arzt, der diese Dinge versteht, für irgendwelche Kranken verordnet werden. Die Krankheit der Tiere macht das Fleisch essen gefährlich. Der Fluch des Herrn liegt über der Erde, über den Menschen, über den Tieren, über den Fischen des Meeres. Wie die Übertretung überall immer mehr üblich wird, so wird auch der Fluch so breit und tief werden, wie die Übertretung. Durch die Verwendung von Fleisch werden Krankheiten übertragen. Das kranke Fleisch dieser toten Kadaver wird auf den Märkten verkauft und die Krankheit unter den Menschen ist die sichere Folge.

Der Herr möchte sein Volk in eine Lage bringen, wo sie das Fleisch toter Tiere nicht berühren oder probieren sollen. Dann werden diese Dinge auch von keinem Arzt verschrieben werden, der die Wahrheit für diese Zeit kennt. Fleisch zu essen ist keinesfalls sicher, und in kurzer Zeit wird auch die Milch der Kühe aus der Ernährung des Volkes Gottes, welche die Gebote halten, gestrichen werden. Bald wird es nicht mehr sicher sein, irgendetwas zu verwenden, was von Tieren kommt. Diejenigen, die Gott beim Wort nehmen und seinen Geboten von ganzem Herzen gehorchen, werden gesegnet sein, denn Er wird ihr Schutzschild sein. Aber der Herr möchte nicht, dass man seine Anweisungen leichtfertig übergeht. Misstrauen, Ungehorsam, Entfremdung von Gottes Willen und seinem Weg werden den Sünder dahin bringen, dass Gott ihm seinen Segen nicht geben kann.

Nochmal will ich auf die Frage der Ernährung eingehen. Wir können uns das heute nicht mehr erlauben, was wir bezüglich dem Fleischessen in der Vergangenheit getan haben. Es ist immer ein Fluch für die menschliche Familie gewesen. Nun aber ist es ein besonderer Fluch, den Gott über die Herden des Feldes ausgesprochen hat. Das ist wegen der Übertretung und der Sünde des Menschen. Die Krankheiten der Tiere werden immer mehr zunehmen. Und unsere einzige Sicherheit ist jetzt, das Fleisch ganz aufzugeben. In heutiger Zeit entstehen die schwersten Krankheiten, und das allerletzte, was erleuchtete Ärzte tun sollten ist, den Patienten zu verordnen, Fleisch zu essen. Weil heute überall Fleisch gegessen wird, werden die Menschen verdorben. Ihr Blut ist unrein und in den Organismus werden Krankheiten übertragen. Deswegen müssen auch viele sterben. Sie verstehen jedoch den Grund nicht. Wäre die Wahrheit bekannt, würde auch klar sein, dass es das Fleisch von Tieren war, das den Tod gebracht hatte.

Der Gedanke, sich von Fleisch zu ernähren ist widerwärtig, aber daneben gibt es noch einen anderen Gesichtspunkt. Wenn wir Fleisch essen, nehmen wir krankes totes Fleisch in uns auf, und das sät im menschlichen Organismus den Samen der Verdorbenheit.

Ich schreibe Dir, mein Bruder, dass die gegebene Anweisung für das Essen vom Fleisch toter Tiere in unseren Gesundheitseinrichtungen nicht mehr gegeben werden soll. Dafür gibt es keine Entschuldigung. Die Auswirkungen auf den menschlichen Geist sind negativ. Lasst uns Gesundheitsreformer in jeder Hinsicht sein. Unsere Häuser sollten dafür bekannt sein, dass es kein Fleisch mehr auf unsere Tischen gibt – nicht einmal für Angestellte. Die Unterweisung über das Aufgeben von Fleischnahrung sollte nicht nur theoretisch sondern praktisch sein. Sollten dann die Sponsoren weniger werden, dann soll es so sein. Die Grundsätze werden von viel größerem Wert sein, wenn man sie versteht, und wenn bekannt ist, dass kein lebendiges Wesen geopfert werden sollte, um das Leben des Christen zu erhalten. *Letter 59; 1898*

Der zweite Brief über dieses Thema

723 Ich habe deinen Brief erhalten und werde so gut ich kann etwas zum Thema Fleisch erklären. Die Worte, die du verwendest, waren in einem Brief an B. zu lesen und einige andere in der Zeit, als Schw. C. in der Einrichtung war. Ich habe diese Briefe durchgesehen. Einige Briefe waren kopiert und einige nicht. Ich habe ihnen gesagt, dass sie Angaben machen sollten, wann diese Aussagen gemacht wurden. In dieser Zeit wurde die Ernährung mit Fleisch weitgehend empfohlen und gegessen. Das Licht, was mir gegeben wurde, war, dass bei einem gesunden Zustand der Tiere, Fleisch nicht sofort aufgegeben werden sollte. Aber im Sprechzimmer wurde über die Verwendung von totem Fleisch – egal welcher Art – gesprochen. Früchte, Getreide und Gemüse – sorgfältig zubereitet, ist ausreichend für unseren Organismus, um gesund zu bleiben. Wir sollten kein Fleisch verwenden, wo es eine Vielfalt an Früchten gibt, so wie in Kalifornien. Aber in der Gesundheitseinrichtung waren sie nicht bereit, gleich etwas zu verändern, nachdem sie soviel Fleisch verwendet hatten. Für sie wäre es nötig, Fleisch zuerst sehr sparsam zu verwenden und zuletzt ganz aufzugeben. Aber es sollte nur einen Tisch geben, der *„der Tisch für Fleisch essende Patienten"* genannt wurde. Die anderen Tische sollten davon frei bleiben. ...

Ich setze mich sehr dafür ein, dass Fleisch abgeschafft wird. Aber diese schwierige Frage muss vorsichtig und nicht übereilt behandelt werden, nachdem Fleisch dreimal täglich angeboten wurde. Die Patienten müssen vom Gesundheitsstandpunkt aus unterrichtet werden. Das ist alles, woran ich mich deswegen erinnere. Wir haben zunehmend Licht erhalten, um darüber nachzudenken. Die Tierschöpfung ist krank, und es ist schwierig, die Menge der Krankheiten herauszufinden, die das Ergebnis der Fleischessens sind. Regelmäßig wurden wir in den Tageszeitungen über die Fleischkontrollen unterrichtet. Fleischergeschäfte wurden völlig gesäubert; das verkaufte Fleisch als für den Gebrauch ungeeignet eingestuft.

Viele Jahre erhielt ich Licht darüber, dass Fleischessen nicht gut für die Gesundheit und die Moral ist. Und doch erscheint es mir seltsam, dass ich mit dieser Frage des Fleischessens immer und immer wieder konfrontiert werde. Ich hatte eine sehr vertraute und entschiedene Unterhaltung mit dem Arzt der Heileinrichtung. Sie haben über den Sachverhalt nachgedacht, und Brd. und Schw. G. haben Fleisch für Patienten verordnet. ...

Am Sabbat, als wir in der Unions Konferenz von Australien waren, die in Stanmore gehalten wurde, fühlte ich mich vom Geist des Herrn gedrängt, die Sache der Heileinrichtung anzusprechen, das in ‚Summer Hille' errichtet wurde und nur wenige Stationen von Stanmore entfernt liegt. Ich wies auf die Vorteile hin, die in dieser Einrichtung erreicht werden könnten. Ich zeigte, dass Fleisch niemals als Nahrungsmittel auf unsere Tische gebracht werden sollte, und dass das Leben und die Gesundheit von Tausenden auf dem Altar geopfert wird, wo totes Fleisch zum Verzehr angeboten wurde.

Noch nie machte ich einen ernsteren und eindeutigeren Aufruf. Ich sagte, dass wir dankbar sein können, wenn wir hier eine Einrichtung haben, wo das Fleisch toter Tiere den Patienten nicht verordnet wird. Es wurde nicht ein Stück Fleisch auf die Tische gestellt, weder für Ärzte, Führungskräfte, Helfer und Patienten. Ich sagte, dass wir Vertrauen in unsere Ärzte haben, und dass diese Frage vom Gesundheitsstandpunkt aus betrachtet werden muss; denn tote Kadaver sollte man immer als nicht geeignet für die Ernährung von Christen ansehen. Ich beschönigte die Sache nicht im Geringsten.

Ich sagte, dass alle diejenigen, die in unseren Heileinrichtungen das Fleisch toter Tiere auf den Tisch bringen sollten, sich das Missfallen Gottes zuziehen würden. Sie beschmutzten den Tempel Gottes, und man müsste ihnen sagen, dass, wer den Tempel Gottes beschmutzt, den wird Gott zerstören. Das Licht, das Gott mir gegeben hatte zeigt, dass der Fluch Gottes auf der Erde, dem Meer, dem Feld und auf allen Tieren liegt. Bald wird es nicht sicher sein, Herden zu besitzen. Die Erde geht unter dem Fluch Gottes zugrunde. *Letter 84; 1898*

Den Grundsätzen treu bleiben

724 Seit einiger Zeit nimmt die Anzahl der Patienten in der Heileinrichtung ab. Das ist verschiedenen Umständen zuzuschreiben, die man nicht regeln konnte. Ein Grund für den Mangel an Unterstützung ist der Standpunkt, dass die Führungskräfte der Einrichtung entschieden haben, den Patienten Fleisch anzubieten. Seit der Eröffnung der Heileinrichtung, wurde Fleisch in den Essräumen angeboten. Wir merkten, dass die Zeit gekommen war, gegen diese Handlungsweise einen entschiedenen Standpunkt einzunehmen. Wir wussten, dass es Gott nicht gefiel, dass den Patienten Fleischnahrung angeboten wurde. Nun wird in der Einrichtung kein Schwarztee, Bohnenkaffee oder Fleischnahrung serviert. Wir haben uns entschieden, die Grundsätze der Gesundheitsreform auszuleben und auf dem Weg der Wahrheit

Gesunde Ernährung spielt in unserer heutigen Zeit eine wichtige Rolle. Fleisch, so glauben die meisten Menschen, ist ein wichtiges Nahrungsmittel. Gleichzeitig ist es auch ein sehr umstrittenes Nahrungsmittel, sowohl aus gesundheitlicher als auch aus ethischer Sicht. Die weitläufigen Auswirkungen, die der Fleischkonsum auf unsere Gesellschaft und unsere Umwelt hat, sind den meisten Menschen nicht bewusst. (Nadia Mocikat) http://www.grin.com/de

und Gerechtigkeit zu gehen. Aus Angst, Unterstützung zu verlieren, dürfen wird nicht halbe Reformer sein. Wir haben unsere Stellung eingenommen, und durch Gottes Hilfe stehen wird dazu. Die Nahrung, die den Patienten angeboten wird, ist gesund und wohlschmeckend. Die Ernährung besteht aus Früchten, Getreide und Nüsse. Hier in Kalifornien gibt es eine Fülle an Früchten jeder Art.

Wenn Patienten kommen, die von einer Ernährung mit Fleisch so abhängig sind, das sie denken, nicht ohne sie leben zu können, sollten wird versuchen, die Sache logisch zu betrachten. Wenn sie das nicht wollen und entschlossen sind, das zu essen, was die Gesundheit angreift, sollten wir uns nicht weigern, es ihnen zu geben, wenn sie bereit sind, es auf ihren Zimmern zu essen und auch die Folgen auf sich zu nehmen. Aber sie müssen die Verantwortung für ihr Handeln selbst tragen. Wir sollten ihre Handlungsweise nicht unterstützen. Wir wagen es nicht, unser Verwalteramt zu entehren, indem wir das gut finden, was das Blut vergiftet und Krankheit verursacht. Wir wären unserem Meister untreu, wenn wir das tun würden, von dem wir wissen, dass er es nicht gut findet. Diesen Standpunkt haben wir vertreten und sind entschlossen, den Grundsätzen der Gesundheitsreform treu zu sein. Möge Gott uns helfen, ist mein Gebet. Pläne müssen umgesetzt werden, die mehr Sponsoren auf den Plan rufen. Aber wäre es richtig, deshalb Fleischnahrung anzubieten, um mehr Patienten zu erhalten? Sollten wir den Kranken geben, was sie krank gemacht hat und krank halten wird, wenn sie es weiterhin als Nahrung verwenden?

Sollten wir nicht lieber unseren Standpunkt einnehmen, wie solche, die entschlossen sind, die Grundsätze der Gesundheitsreform durchzuführen? *Ms 3a; 1903*

➤ *Siehe auch: 437*

725 In unseren Einrichtungen gibt es einige, die behaupten, an den Grundsätzen der Gesundheitsreform festzuhalten, und die dennoch in der Verwendung von Fleisch und anderer Nahrung schwelgen, von der sie doch wissen, dass das für die Gesundheit schädlich ist.

Solchen sage ich im Namen des Herrn: Nehmt in unseren Einrichtungen keinen Standpunkt ein, während ihr euch weigert, die Grundsätze auszuleben, für die unsere Einrichtungen einstehen. Indem ihr das tut, macht ihr die Arbeit des Lehrers und Leiters doppelt schwer, die sich darum bemühen, das Werk in richtige Bahnen zu lenken. Räumt die Straßen des Königs. Hört auf, den Weg der Botschaft zu blockieren, die Er sendet.

Mir wurde gezeigt, dass die Grundsätze, die uns in den frühen Tagen der Botschaft gegeben wurden, heute von unserem Volk als so wichtig angesehen werden müssten, wir es damals sein sollte.

Es gibt einige, die niemals dem Licht gefolgt sind, dass uns in der Frage der Ernährung gegeben wurde. Nun ist es soweit, das Licht unter dem Scheffel hervorzuholen und es in klaren, hellen Strahlen scheinen zu lassen. *Ms 73; 1908;*

➤ *Siehe auch: 424, 431, 432, 444, 533, 556, 722*

24 GETRÄNKE UND REINES WASSER

1. WASSER TRINKEN

Reines Wasser, ein Segen
726 Für Gesunde und Kranke ist reines Wasser eine der wertvollsten Gaben des Himmels. Seine richtige Anwendung ist gesundheitsfördernd. Wasser ist das Getränk, das Gott zur Stillung des Durstes von Mensch und Tier vorgesehen hat. Trinkt davon also reichlich, denn es hilft dem Organismus und unterstützt die Natur im Kampf gegen Krankheiten. *MH 237; 1905*

727 Ich würde weniger essen und dadurch den Organismus von einer unnützen Last befreien. Ich würde fröhlicher sein und mir die Segnungen richtiger Bewegung im Freien gönnen, außerdem häufig baden und viel reines und weiches Wasser trinken. *HR Januar 1871*

Anwendung von Wasser bei Krankheit
728 Wasser kann auf verschiedene Art verwendet werden, um Leiden zu lindern. Klares, warmes Wassers – etwa ein halber Liter – vor dem Essen ist keineswegs schädlich, sondern vielmehr gesundheitsfördernd. *Letter 35; 1890*

729 Tausende sind aus Mangel an reinem Wasser und reiner Luft gestorben, die sonst noch leben könnten. ... Die Menschen brauchen das, um gesund zu werden. Sie sollten darüber informiert werden und auch darüber, die Medikamente wegzulassen. Sie sollten sich daran gewöhnen, sich im Freien zu bewegen, im Sommer und auch im Winter ihre Wohnungen lüften und möglichst kalkfreies Wasser zum Trinken und Baden verwenden. Dann würden sie sich wohler und glücklicher fühlen, anstatt sich elend durchs Leben zu schleppen. *4HL 56; 1866*

Bei Fiebererkrankungen
730 Hätte man den Menschen bei Fieber genügend Wasser zu trinken gegeben und auch äußerliche Wasseranwendungen gemacht, wären ihnen viel Leid erspart geblieben. Das Leben vieler Menschen hätte erhalten werden können. Doch viele wurden von heftigem Fieber weggerafft, auszehrt, bis die inneren Organe zerstört waren. Sie starben nach schrecklichem Todeskampf, weil ihnen Wasser vorenthalten wurde, das den brennenden Durst hätte stillen können. Gebäude löscht man bei Brand mit Wasser, aber menschlichen Lebewesens verwehrt man es, das Feuer, das ihre inneren Organe aufzehrt, damit zu bekämpfen. *3HL 62.63; 1866*

Richtiger und falscher Gebrauch des Wassers
731 Viele machen den Fehler, zu den Mahlzeiten Wasser zu trinken. Dadurch wird der Speichelfluss vermindert. Und je kälter das Wasser ist, desto mehr schädigt es den Magen. Wird kaltes Wasser oder Limonade mit Eis zu den Mahlzeiten verwendet, wird die Verdauung so lange gehemmt, bis der Organismus den Magen wieder erwärmt hat, um die Arbeit aufnehmen zu können. Heiße Getränke dagegen entkräften. Zudem werden alle, die das trinken, zu Sklaven dieser Gewohnheit. Das Essen sollte nicht heruntergespült werden. Zu den Mahlzeiten ist kein Getränk erforderlich. Esst langsam und speichelt es gut ein. Je mehr Flüssigkeit mit dem Essen in den Magen gelangt, desto schwieriger ist die Verdauung, denn sie muss zuerst verarbeitet werden. Nehmt nicht zu viel Salz. Esst kein Essiggemüse. Meidet alle scharf gewürzten Speisen. Esst Früchte zu den Mahlzeiten. Dann wird das Verlangen nach so viel Flüssigkeit aufhören. Will man den Durst stillen, dann ist reines Wasser alles, was der Körper braucht. Trinkt es vor oder nach dem Essen. Trinkt aber nie schwarzen Tee, Bohnenkaffee, Bier, Wein oder andere Alkoholika. Wasser ist die beste Flüssigkeit, um unser Gewebe zu reinigen. *RH 29.7.1884*

➤ *Siehe auch: 165, 166, 451, 452, 454*

2. SCHWARZER TEE UND BOHNENKAFFEE

Die aufpeitschende Wirkung von Tee und Kaffee

732 Aufputschende Speisen und Getränke heutzutage sind für eine gute Gesundheit nicht geeignet. Schwarzer Tee, Bohnenkaffee und Tabak peitschen auf und enthalten Giftstoffe. Sie sind überflüssig und zudem schädlich. Wir sollten sie weglassen, wenn wir einen Beitrag zur Mäßigkeit leisten wollen. *RH 21.1.1888*

733 Schwarzer Tee ist Gift für den Organismus. Christen sollten erst recht darauf verzichten. Die Wirkung von Kaffee ist ähnlich wie die von Tee, aber die Auswirkung auf den Organismus ist noch schlimmer. Er putscht auf. Doch im gleichen Verhältnis, wie er über das normale Maß hinaus anregt, tritt nachher Erschlaffung und völliges Abgespanntsein ein. Tee- und Kaffeetrinkern kann man es vom Gesicht ablesen, welchem Laster sie nachgeben. Die Haut wird bleich und leblos. Von einer gesunden Farbe ist nichts mehr zu sehen. *2T 64.65; 1868*

734 Verschiedenste Krankheiten sind über die Menschen als Folge des Genusses von schwarzem Tee, Bohnenkaffee, berauschenden Mitteln, Drogen und Tabak gekommen. Alle diese schädlichen Genüsse müssen aufgegeben werden – nicht nur einer. Denn sie sind verderblich und zerstören die körperlichen, geistigen und sittlichen Kräfte. Schon aus gesundheitlichen Gründen sollten sie gemieden werden. *Ms 22; 1887*
➤ *Siehe auch: 655*

735 Verwende niemals Schwarztee, Kaffee, Bier, Wein oder irgendwelche alkoholischen Getränke. Wasser ist die beste Flüssigkeit, um das Körpergewebe zu reinigen. *RH 29.7.1884*

736 Auf der Liste der Mittel, die künstlich Aufputschen, nehmen Tee, Kaffee, Tabak und alkoholische Getränke verschiedene Stufen ein.
Die Wirkung von schwarzem Tee und Bohnenkaffee geht – wie schon erwähnt wurde – in dieselbe Richtung wie die von Wein, Apfelmost, anderen Alkoholika und Tabak. ... Bohnenkaffee ist sehr schädlich. Vorübergehend regt das den Geist zu ungewohnter Tätigkeit an, doch zeigt sich die Nachwirkung in Erschöpfung, Abgespanntheit und einer lähmenden Beeinflussung der geistigen, sittlichen und körperlichen Kräfte. Der Geist wird schlaff und die Gehirntätigkeit wird – sofern diese Gewohnheit nicht durch entschlossene Anstrengungen

überwunden wird – auf Dauer herabgesetzt. Alle diese Nervenerreger zehren an den Lebenskräften. Die durch zerrüttete Nerven verursachte Ratlosigkeit, die Ungeduld und die geistige Schwäche werden zu streitbaren Feinden des geistlichen Fortschritts. Sollten darum nicht alle, die für Mäßigkeit und eine Reform eintreten, den schlimmen Folgen dieser schädlichen Getränke bewusst entgegen treten? Manchmal ist es ebenso schwer, die Gewohnheit des Tee- und Kaffeetrinkens zu brechen, wie es für den Alkoholiker unmöglich erscheint, keinen Alkohol mehr anzurühren. Das für schwarzen Tee und Bohnenkaffee verwendete Geld ist mehr als hinausgeworfen. Denn diese Dinge schaden dem, der sie genießt nur – und zwar dauernd.

Tee- und Kaffeetrinker, Raucher und Alkoholiker mögen manchmal sehr alt werden, doch das spricht keineswegs für die Verwendung dieser berauschenden Mittel. Was solche Menschen hätten erreichen können, aber es wegen ihrer unmäßigen Lebensweise nicht tun konnten, wird allein der große Tag Gottes offenbaren. Wer durch schwarzen Tee und Bohnenkaffee versucht, sich für die Arbeit den nötigen Antrieb zu verschaffen, wird die negativen Auswirkungen zu spüren bekommen. Seine Nerven werden zittern; er wird keine Selbstbeherrschung haben. Überspannte Nerven brauchen Ruhe und Stille.

Und die Natur braucht Zeit, um ihre erschöpften Kräfte wieder zu erneuern. Werden diese durch die Anwendung von Suchtmitteln aufgeputscht, wird er bei jeder Wiederholung dieses Vorgangs in Wirklichkeit weniger Kraft zur Verfügung haben.

Vordergründig mag man unter dem Einfluss eines unnatürlichen Reizmittels mehr leisten, aber dann wird es immer schwieriger, die Leistungsfähigkeit zu erhalten. Zuletzt ist die erschöpfte Natur nicht mehr in der Lage, darauf zu reagieren. *CTBH 79.80; 1890*

**Schädliche Auswirkungen
werden anderen Gründen zugeschrieben**
Die Gewohnheit des Tee- und Kaffeetrinkens ist ein größeres Übel, als viele vermuten. Viele von denen, die sich an den Genuss erregender Getränke gewöhnt haben, leiden an Kopfschmerzen und Nervosität. Sie verlieren viel Zeit aufgrund ihrer Krankheiten und bilden sich ein, ohne das Suchtmittel nicht leben zu können. Sie sind sich der Folgen für ihre Gesundheit nicht bewusst. Was die Sache noch gefährlicher macht, ist der Umstand, dass die schlimmen Folgen dieser Mittel häufig anderen Ursachen zugeschrieben werden. *CTBH 79.80; 1890*

Auswirkungen auf Geist und Moral
Durch den Genuss von Suchtmitteln wird der ganze Organismus in Mitleidenschaft gezogen. Die Nerven werden zerrüttet, die Leber erkrankt bei ihrer Tätigkeit, die Blutbildung und der Blutkreislauf werden beeinflusst, die Haut wird schlaff und fahl. Auch der Geist wird davon beeinträchtigt. Die direkte Wirkung dieser Suchtmittel besteht darin, das Gehirn zu vermehrter Tätigkeit anzuregen, was zu nachfolgender Schwächung seiner Leistungsfähigkeit führt. Erschlaffung ist die Folge, nicht nur in geistiger und körperlicher Hinsicht, sondern auch in moralischer. Als Ergebnis all dessen begegnen wir nervösen Männern und Frauen mit ungesundem Urteilsvermögen und einem unausgeglichenen Geist. Sie legen häufig eine übereilte, ungeduldige, anklagende Haltung an den Tag, betrachten die Fehler der andern mit dem Vergrößerungsglas und sind nicht fähig, ihre eigenen Fehler zu erkennen. Wenn solche Tee- und Kaffeetrinker zu einem gesellschaftlichen Anlass zusammenkommen, werden die Folgen ihrer verderblichen Gewohnheit sichtbar. Alle bedienen sich freizügig von ihren Lieblingsgetränken. Die Wirkung ist, dass sich ihre Zunge löst und das gottlose Geschwätz über andere beginnt. Man redet viel unüberlegt. Tratsch und Klatsch wird herumgereicht, allzu oft auch der giftige Hauch des Verleumdens. Solche gedankenlosen Klatschbasen vergessen, dass sie einen Zeugen haben. Ein unsichtbarer Beobachter schreibt ihre Worte in die Himmelsbücher. Diese ganz lieblose Kritik, diese übertriebenen Berichte, diese Neidgefühle, die unter dem erregenden Einfluss dieser Getränke geäußert werden, vermerkt Jesus als gegen ihn gerichtet. *„Was ihr einem dieser meiner geringsten Brüder getan habt, das habt ihr mir getan!"* Matthäus 25,40

Wir leiden ohnehin schon an den Folgen der schlechten Gewohnheiten unserer Väter. Aber wie viele schlagen einen Weg ein, der in jeder Beziehung noch schlimmer ist! Drogen, schwarzer Tee, Bohnenkaffee,

---

Eine nachteilige Wirkung des Kaffees besteht darin, dass er den Insulinspiegel und Blutzucker abrupt anhebt, das körpereigene Gleichgewicht durcheinander bringt und die Bauchspeicheldrüse negativ beeinflussen kann.

Insbesondere Personen mit Pankreatitis (Bauchspeicheldrüsenentzündung) ist der Konsum von Kaffee strikt verboten. Diabetiker sollten Kaffee ebenfalls meiden oder allenfalls sehr geringe Mengen zu sich nehmen. Koffein kann in größeren Mengen genossen auch zu Überreizungen der Magenschleimhaut führen. Internet-Enzyklopädie www.wikipedia.org

Tabak und Alkohol sind im Begriff, auch die letzten noch vorhandenen Lebenskräfte der Menschen zu vernichten. Jährlich werden Millionen Liter Alkohol getrunken und Millionen Dollar für Tabak ausgegeben. Und die Sklaven der Begierde, die ihre Einkünfte ständig für sinnliche Lüste hinauswerfen, berauben ihre Kinder der Nahrung und Kleidung sowie der Möglichkeit einer guten Erziehung. Solange solche Missstände herrschen, ist unsere Gesellschaft krank. *CTBH 79.80; 1890*

Nervöse Überreizung, nicht Kraft
737 Du bist hochgradig nervös und reizbar. Schwarzer Tee überreizt die Nerven, Bohnenkaffee betäubt das Gehirn. Beides ist sehr schädlich. Sei in deiner Ernährung sorgfältig. Iss nur ganz gesunde, nahrhafte Speisen und bewahre Ruhe. Dann wirst du dich nicht so aufregen und in Leidenschaft verfallen. *4T 365; 1879*

738 Tee stimuliert und wirkt in einem bestimmten Ausmaß vergiftend. Die Auswirkung von Kaffee und vielen anderen beliebten Getränken ist ähnlich geartet. Zuerst wirkt es belebend. Die Magennerven werden angeregt; diese leiten die Überreizung zum Gehirn, und das wiederum führt dazu, die Herztätigkeit zu erhöhen, und kurzzeitig Energie an den Organismus weiterzugeben. Die Müdigkeit ist vergessen, die Stärke scheint zugenommen zu haben. Der Verstand ist wach gerüttelt; die Vorstellungskraft lebendiger. Wegen dieser Auswirkungen nehmen viele an, dass ihr Schwarztee oder Kaffee ihnen gut tut. Aber das ist falsch.

Tee und Kaffee ernähren den Organismus nicht. Sie wirken, bevor Zeit für die Verdauung war, und was als Stärke empfunden wird, ist nur eine Anregung der Nerven. Ist der Einfluss der Stimulanzen vorbei, verringert sich die unnatürliche Kraft, und das Ergebnis ist ein entsprechender Grad an Schlaffheit und Erschöpfung.

Der ständigen Verwendung dieser Nervenerreger folgen Kopfschmerzen, Schlaflosigkeit, Herzklopfen, Magenverstimmung, Zittern und vieles andere, denn sie untergraben die Lebenskräfte.

Müde Nerven brauchen statt Anregung und Überarbeitung vielmehr Ruhe und Stille. Die Natur braucht Zeit, ihre verbrauchten Energien wieder zu erlangen. Wenn ihre Kräfte durch die Verwendung von Reizmitteln angestachelt werden, wird man eine Zeit lang mehr erreichen, aber so wie der Organismus durch ihren beständigen Gebrauch geschwächt wird, ist es allmählich immer schwieriger, ausreichende Energien zur Verfügung zu haben.

Der Wunsch nach Reizmitteln ist nur schwer kontrollierbar, bis der Wille über Bord geworfen wird, und man scheinbar keine Kraft mehr hat, dem natürlichen Verlangen zu widerstehen. Man verlangt nach stärkeren und immer stärkeren Reizmitteln, bis die erschöpfte Natur nicht mehr antworten kann. *MH 326.327; 1905*

➤ *Siehe auch: 722*

Ohne Nährwert
739 Durch die Verwendung von Mitteln, die kurzzeitig aufputschen, aber später dann den Organismus schwächen, wird die Gesundheit in keiner Weise gefördert. Schwarzer Tee und Bohnenkaffee peitschen die nachlassenden Kräfte einen Moment auf. Ist ihre unmittelbare Wirkung aber abgeklungen, stellt sich ein Gefühl der Entkräftung ein. Diese Getränke enthalten keinerlei Nährstoffe. Die gesamten Nährstoffe einer Tasse Tee oder Kaffee werden von der Milch und dem Zucker geliefert, die man dem Getränk beifügt. *Letter 69; 1896*

Abstumpfung des geistlichen Empfindungsvermögens
740 Schwarzer Tee und Bohnenkaffee putschen auf. Die Wirkung ist ähnlich wie bei Tabak, wenn auch nicht so stark. Wer diese schleichenden Gifte in sich aufnimmt, meint – ähnlich dem Raucher, dass er ohne sie nicht leben könne. Denn er fühlt sich sehr elend, wenn ihm diese Götzen nicht zur Verfügung stehen. ...

Wer einer verkehrten Begierde nachgibt, tut das zum Schaden seiner Gesundheit und seines Geistes. Solche Menschen können den Wert geistlicher Dinge nicht erfassen. Ihr Empfindungsvermögen ist abgestumpft. Die Sünde erscheint nicht als sehr sündhaft und die Wahrheit wird nicht höher eingestuft als irdische Schätze. *4SG 128.129; 1864*

741 Das Trinken von schwarzem Tee und Bohnenkaffee ist Sünde. Es ist schädlich und verdirbt wie andere Übel die Seele. Diese viel geliebten Götzen führen zur Erregung und krankhaften Tätigkeit des Nervensystems. Wenn die unmittelbare Wirkung dieser Reizmittel nachgelassen hat, sinkt die Tätigkeit im selben Umfang unter den Normalwert, wie sie vorher darüber hinaus aufgepeitscht wurde. *Letter 44; 1896*

742 Wer dem Tabak-, Tee- und Kaffeegenuss nachgibt, sollte diese Götzen aufgeben und das Geld statt dessen in das Schatzhaus des Herrn legen. Manche haben noch nie ein Opfer für die Sache Gottes gebracht und haben überhaupt keine Vorstellung davon, was Gott von ihnen fordert. Einige der Allerärmsten werden den größten Kampf auszufechten haben, um sich diese Suchtmittel abzugewöhnen. Dieses persönliche Opfer wird nicht gefordert, weil das Werk Gottes unter Geldmangel leidet; sondern weil jedes Herz geprüft und der Charakter eines jeden entwickelt werden soll. Gottes Volk muss nach Grundsätzen handeln. Diese lebendigen Grundsätze müssen im Leben verwirklicht werden. *1T 222; 1861*

Begierden wirken der geistlichen Anbetung entgegen
743 Genauso wie Tabak haben schwarzer Tee und Bohnenkaffee auf den Organismus eine schädigende Wirkung. Tee berauscht. Obwohl weniger intensiv, ist die Wirkung an sich dieselbe wie bei alkoholischen Getränken. Bohnenkaffee dagegen trübt den Verstand und lähmt die Kräfte. Er ist zwar nicht so schädlich wie Tabak, doch seine Wirkung ist ähnlich. Die Argumente, die gegen Tabak vorgebracht werden, gelten auch für die Verwendung von Tee und Kaffee.

Wer gewohnt ist, Tee, Kaffee, Tabak, Drogen oder Alkoholika zu sich zu nehmen, kann nicht zu Gott beten, wenn er auf die gewohnten Genüsse verzichten muss. Wollen solche Menschen Gott anbeten, während ihnen diese Suchtmittel entzogen sind, ist die göttliche Gnade außerstande, sie zu beleben und aufzumuntern oder ihren Gebeten und Zeugnissen geistliche Kraft zu verleihen. Diese vorgeblichen Christen sollten die Quellen ihrer Freuden überdenken. Sind sie himmlischen oder satanischen Ursprungs? *4T 365; 1879*

Der abgestumpfte Übertreter ist nicht schuldlos
744 Satan weiß, dass er über den Geist weniger Macht hat, wenn die Esslust beherrscht wird, als wenn man ihr nachgibt. Darum versucht er, die Menschen ständig zur Genusssucht zu verleiten. Unter dem Einfluss ungesunder Speisen stumpft das Gewissen ab, der Geist wird getrübt und seine Empfänglichkeit für Eindrücke beeinträchtigt. Die Schuld des Übertreters wird jedoch nicht kleiner, weil das Gewissen so lange verletzt worden ist, bis es nichts mehr empfindet.

Ein gesunder Geist hängt von der Gesundheit der Lebenskräfte ab. Wie sorgfältig sollten wir deshalb sein, alle Sucht- und Rauschmittel zu meiden! Dennoch raucht eine große Anzahl angeblicher Christen. Sie beklagen die bösen Folgen der Unmäßigkeit. Aber vielfach sind Menschen gegen Alkohol, die zugleich Tabak verwenden. Bevor man an die Wurzel des Übels herankommt, muss sich hinsichtlich des Tabaks die Gesinnung ändern. Wir gehen noch einen Schritt weiter: Schwarzer

Tee und Bohnenkaffee sind Wegbereiter stärkerer Suchtmittel. Wenn wir noch näher an das Problem herangehen, an die Zubereitung der Speisen, müssen wir uns fragen, ob in allem Mäßigkeit geübt wird und ob die Reformen, die für die Gesundheit und das Glück so wichtig sind, auch durchgeführt werden.

Jeder wahre Christ wird seine Begierden und Leidenschaften zu beherrschen wissen. Solange er nicht von der Knechtschaft seiner Esslust frei ist, kann er kein echter, gehorsamer Diener Christi sein. Durch die Befriedigung von Begierden und Leidenschaften schwindet der Einfluss der Wahrheit auf das Herz. *CTBH 79.80; 1890*

Ein vergeblicher Kampf mit der Esslust

745 Die Unmäßigkeit beginnt bereits mit dem Verzehr ungesunder Speisen. Wenn wir das ständig zu uns nehmen, werden die Verdauungsorgane nach einiger Zeit geschwächt, und die gegessene Nahrung stillt nicht mehr den Hunger. Krankhafte Zustände treten auf, und wir brauchen immer mehr aufputschende Kost. Tee, Kaffee und Fleischspeisen wirken sofort. Unter dem Einfluss der Giftstoffe dieser Nahrungsmittel wird das Nervensystem angeregt, und manchmal scheint der Verstand kräftiger und die Vorstellungskraft lebendiger zu sein. Weil diese Reizmittel für den Augenblick ein angenehmes Gefühl hervorrufen, schließen manche daraus, dass sie diese Mittel tatsächlich benötigen; und sie verwenden sie weiter. Die Rückwirkung bleibt jedoch nicht aus. Das übermäßig erregte Nervensystem hat sich aus den Kraftreserven der Zukunft zusätzlich Stärke für den augenblicklichen Bedarf geliehen. Doch dieser ganzen vorübergehenden Belebung des Organismus folgt körperliche Ermattung.

In gleichem Maß, wie diese Reizmittel den Organismus vorübergehend beleben, lässt die Kraft der stimulierten Organe mit der abklingenden Wirkung des Reizmittels nach. Der Wunsch nach einem etwas stärkerem Reizmittel, das hilft, uns aufrechtzuerhalten und das dabei empfundene angenehme Gefühl zu steigern, hält solange, bis es zur Gewohnheit geworden ist. Schließlich wird unser Verlangen nach Tabak und alkoholischen Getränken immer maßloser. Je mehr man dem nachgibt, desto öfter tritt es auf und desto schwieriger wird es, sich zu beherrschen. Je anfälliger der Organismus wird und je weniger er ohne künstlichen Anreiz auskommen kann, desto stärker wird das Verlangen danach, bis der Wille überwältigt ist und es scheinbar keine Macht mehr gibt, dem unnatürlichen Verlangen nach diesen Genüssen zu wehren. *3T 487.488; 1875*

Das einzig richtige Verhalten

Das einzig Richtige ist, Kaffee, Tee, Wein, Tabak, Rauschgifte und alkoholische Getränke weder anzurühren noch zu probieren oder sich sonst irgendwie damit zu beschäftigen. Die Menschen unserer Zeit benötigen doppelt so viel göttliche Gnade wie die Menschen vor etlichen Jahrzehnten, damit die Willenskraft gestärkt wird, um sich den Versuchungen Satans zu widersetzen und der geringsten Befriedigung einer unnatürlichen Esslust zu widerstehen. *3T 487.488; 1875*

Der Kampf zwischen Wahrheit und Genusssucht

746 Wie die Rotte Korah handelte, die gegen Mose und Aaron und gegen den Herrn rebellierte, sind den Kindern Gottes, besonders aber jenen, die am Ende der Zeit leben, als Warnung überliefert. Menschen sind von Satan dazu verführt worden, das Beispiel Korahs, Dathans und Abirams nachzuahmen und unter dem Volk Gottes einen Aufruhr anzuzetteln. Alle, die meinen, die klaren Zeugnisse bekämpfen zu müssen, betrügen sich selbst. Sie haben allen Ernstes geglaubt, dass sich die, denen Gott die Last seines Werkes auferlegt hat, über das Volk erhöhten und ihre Ratschläge und Zurechtweisungen ungerechtfertigt seien. Sie haben sich gegen das klare Zeugnis gestemmt, das Gott diesen aufgetragen hat, um die Missstände unter dem Volk Gottes anzuprangern. Die Zeugnisse, die gegen die Verwendung von schwarzem Tee, Bohnenkaffee, Schnupftabak und Tabak sprechen, haben manche geärgert, da dadurch ihre Götzen umgestürzt werden. Viele schwankten eine Zeitlang, ob sie auf diese schädlichen Dinge ganz verzichten oder die klaren Zeugnisse darüber ablehnen sollten, um dem Begehren ihres Geschmackes nachzugeben. Sie nahmen eine unentschlossene Haltung ein. Es begann ein Widerstreit zwischen ihren Glaubensüberzeugungen und ihrer Genusssucht. Dieser Zustand der Unentschlossenheit ließ sie schwach werden. Bei vielen bekam der Appetit die Oberhand. Ihr Empfindungsvermögen für heilige Dinge veränderte sich durch den Genuss dieser schleichenden Gifte. Zuletzt waren sie fest entschlossen, ohne Rücksicht auf die Folgen an ihrer Ichsucht festzuhalten. Diese schreckliche Entscheidung errichtete sofort eine Trennmauer zwischen ihnen und denen, die bereit waren, sich nach dem Befehl Gottes von aller Befleckung des Fleisches und des Geistes zu reinigen und nach der Heiligkeit in der Furcht des Herrn zu streben. Die eindeutigen Zeugnisse darüber standen ihnen im Weg und ihnen wurde unbehaglich. Sie waren erleichtert, wenn sie die Zeugnisse bekämpften und sich selbst und anderen einzureden versuchten, dass diese nicht wahr seien. Sie behaupteten, dass die Menschen schon in Ordnung seien und dass nur durch den Tadel in den Zeugnissen Unruhe entstand. Wenn die Aufrührer ihr Banner aufrollen, versammeln sich darum alle Unzufriedenen. Die geistlich Schwachen, die Lahmen, die Hinkenden und die Blinden vereinen sich, um zu zerstreuen und um Zwietracht zu säen. *4SG 36.37; 1864*

Die Wurzeln der Unmäßigkeit
747 Es wird viel unternommen, um die Unmäßigkeit zu bekämpfen. Aber viele Bemühungen gehen in die falsche Richtung. Alle, die die Mäßigkeitsreform unterstützen, sollten die Probleme erkennen, die bei der Verwendung von ungesunder Nahrung, Gewürzen, schwarzem Tee und Bohnenkaffee entstehen. Wir wünschen allen den Segen Gottes, die für den Mäßigkeitsgedanken arbeiten. Aber wir empfehlen ihnen, noch mehr den Ursachen der Übel, gegen die sie ankämpfen, auf den Grund zu gehen und sich zu vergewissern, ob sie in der Reform auch konsequent sind.

Es muss dem Volk klar gemacht werden, dass das richtige Gleichgewicht der geistigen und sittlichen Kräfte größtenteils vom Zustand des Organismus abhängt. Alle Rausch- und unnatürlichen Suchtmittel, die den Körper schwächen und knebeln, führen dazu, die Kraft des Geistes und der Moral zu verringern. Die Ursache für sittliche Verkommenheit der Welt liegt in der Unmäßigkeit. Der Mensch verliert durch die Befriedigung einer verkehrten Esslust die Kraft, der Versuchung zu widerstehen. Mäßigkeitsreformer haben die Aufgabe, das Volk in dieser Richtung zu erziehen.

Lehrt die Leute, dass Gesundheit, Charakter und sogar das Leben durch Suchtmittel gefährdet sind, die die erschöpften Kräfte zu unnatürlicher, sprunghafter Tätigkeit anregen. *MH 335; 1905*

Habe Geduld, und die Natur wird sich wieder erholen
In Bezug auf schwarzen Tee, Bohnenkaffee, Tabak und alkoholische Getränke besteht die einzige Sicherheit darin, sie nicht anzurühren, sie nicht zu probieren und nichts mit ihnen zu tun zu haben. Die Wirkung von Tee, Kaffee und ähnlichen Getränken ist ähnlich wie die von Alkohol und Tabak.

Manchmal ist es genauso schwer, die Gewohnheit zu brechen, wie es für den Trinker schwer ist, die berauschenden Getränke aufzugeben. Wer versucht, diese Suchtmittel aufzugeben, wird sie eine Zeitlang vermissen und darunter leiden. Durch beharrliche Anstrengung lässt sich jedoch das Verlangen überwinden; den Mangel wird man dann nicht mehr spüren. Die Natur mag ein wenig Zeit benötigen, um sich vom erlittenen Schaden zu erholen; aber gebt ihr dazu Gelegenheit. Sie wird sich wieder aufraffen und ihre Arbeit gut und willig tun. *MH 335; 1905*

748 Durch heimtückische Versuchungen verdirbt und zerstört Satan Geist und Seele. Wird unser Volk die Sünde der Genusssucht erkennen? Wird es schwarzen Tee, Bohnenkaffee, Fleisch und alle aufputschenden Speisen weglassen und die für diese schädlichen Genüsse aufgewendeten Mittel bereitstellen, um die Wahrheit zu verbreiten? ... Welche Macht besitzt der Tabaksüchtige, um die weitere Ausbreitung der Unmäßigkeit zu verhindern? Hinsichtlich des Tabakgenusses muss in der Welt eine Revolution stattfinden, bevor die Axt an die Wurzel des Baumes gelegt werden kann. Wir drücken es noch klarer aus: Schwarzer Tee und Bohnenkaffee regen den Appetit auf stärkere Suchtmittel an, wie etwa Tabak und Alkohol. *3T 569; 1875*

749 Was die Fleischspeisen angeht, ist zu sagen – lasst sie weg! Auch sollte jeder eine klare Haltung gegen die Verwendung von schwarzem Tee und Bohnenkaffee einnehmen. Wir sollten so etwas nie trinken. Es handelt sich um berauschende Mittel, die das Gehirn wie auch die anderen Organe des Körpers schädigen. ... Unsere Geschwister sollten ihren Appetit kontrollieren. Jeder Cent, der für schwarzen Tee, Bohnenkaffee und Fleischspeisen ausgegeben wird, ist mehr als vergeudet. Diese Dinge hemmen die bestmögliche Ausbildung der körperlichen, seelischen und geistigen Kräfte. *Letter 135; 1902*

Eine Einflüsterung Satans
750 Manche sind der Meinung, sie könnten sich nicht umstellen und würden ihre Gesundheit opfern, falls sie den Versuch unternähmen, auf schwarzen Tee, Tabak und Fleisch zu verzichten. Das ist die Einflüsterung Satans. Gerade diese schädlichen Suchtmittel sind es, die die körperliche Verfassung untergraben und den Organismus für schwere Krankheiten anfällig machen. Sie schwächen den feinen Mechanismus der Natur und reißen die Befestigungen nieder, die gegen Krankheit und frühzeitigen Verfall errichtet worden sind. ...

Die Verwendung dieser Mittel, die eine unnatürliche Erregung hervorrufen, zerstört die Gesundheit, übt eine betäubende Wirkung auf das Gehirn aus und macht es unmöglich, Dinge von Ewigkeitswert zu schätzen. Wer diese Götzen verehrt, hat keinen rechten Begriff von der

Erlösung, die Christus durch ein Leben der Selbstverleugnung, des ständigen Leidens und der Schmach für ihn bewirkt hat – einer Erlösung, der er sein eigenes sündloses Leben opferte, um die zum Sterben verurteilte Menschheit vom Tode zu erretten. *1T 548.549; 1867*

3. GETREIDE ALS ERSATZ FÜR TEE UND KAFFEE

751 Weder schwarzer Tee noch Bohnenkaffee sollte auf den Tisch kommen. Geröstetes Getreide [Getreidekaffee], so schmackhaft wie möglich zubereitet, sollte anstatt dieser schädlichen Getränke serviert werden. *Letter 200; 1902*

752 Manchmal brauchen Leute vielleicht eine dritte Mahlzeit. Sie sollte jedoch, wenn sie überhaupt eingenommen wird, sehr klein sein und aus ganz leichtverdaulichen Speisen bestehen. Kekse [englische Biskuits] oder Zwieback, Früchte oder Getreidekaffee sind für das Abendessen am besten geeignet. *MH 321; 1905*

753 Ich verwende zu meinem einfachen, selbstgebrauten Kaffee ein wenig abgekochte Milch. *Letter 73a; 1896*

Unmäßiger Gebrauch von heißen und schädlichen Getränken
754 Heiße Getränke sind nicht erforderlich, außer als Medizin. Durch viel heiße Speisen oder Getränke wird der Magen überaus geschädigt. Das schwächt auch die Speiseröhre und die Verdauungsorgane, und durch sie die anderen Organe des Körpers. *Letter 14; 1901*

4. APFELWEIN UND -MOST

755 Wir leben in einem Zeitalter der Unmäßigkeit. Wer für den Durst des Mosttrinkers sorgt, macht sich eines Vergehens gegen Gott schuldig. Zusammen mit anderen habt ihr euch an dieser Arbeit beteiligt, weil ihr nicht im Licht gewandelt seid. Hättet ihr das Licht nicht verlassen, und das nicht getan – ihr hättet es nicht tun können. Jeder von euch, der daran beteiligt war, wird unter das Verdammungsurteil Gottes fallen, wenn ihr euch geschäftlich nicht total umstellt. Denkt ernstlich darüber nach. Beginnt unverzüglich mit der Umstellung, um eure Seelen vor der Verdammnis zu bewahren. ...

Nachdem ihr euch gegen eine aktive Mitarbeit in den Mäßigkeitsvereinen entschieden hattet, wäre es euch immer noch möglich gewesen, auf andere einen Einfluss zum Guten auszuüben, wenn ihr in gewissenhafter Übereinstimmung mit dem heiligen Glauben, den ihr bekennt, gehandelt hättet. Aber durch eure Beteiligung an der Mosterzeugung habt ihr euren Einfluss sehr beschnitten und – was noch schlimmer wiegt – Schmach über die Sache der Wahrheit gebracht. Eure Seelen haben zudem Schaden genommen. Ihr habt zwischen euch und dem gerechten Anliegen der Mäßigkeit eine Schranke errichtet. Eure Haltung hat Ungläubige an euren Grundsätzen zweifeln lassen. Ihr geht keine geraden Wege. Die Hinkenden im Glauben machen halt und stolpern über euch zu ihrem eigenen Verderben.

Ich kann nicht begreifen, wie Christen im Licht des Gesetzes Gottes mit gutem Gewissen Hopfen anbauen oder sich an der Herstellung und dem Verkauf von Wein und Most beteiligen können. Alle diese Dinge können für einen guten Zweck verwendet werden und zum Segen gereichen. Sie können aber auch missbraucht werden und sich als Versuchung und Fluch erweisen. Apfelsaft und Traubensaft können, solange sie frisch sind, eingemacht werden und bleiben lange Zeit süß. Werden sie im unvergorenen Zustand getrunken, können sie die Vernunft nicht entthronen. 5T 354-361; 1885

Mäßiger Genuss – Wegbereiter der Trunksucht
Durch Wein und Apfelmost kann man genauso betrunken werden wie durch starke Getränke. Die schlimmste Art von Trunksucht wird durch diese sogenannten milderen Getränke hervorgerufen. Die Leidenschaft ist noch bösartiger, die Veränderung des Charakters einschneidender und dauerhafter. Ein paar Gläser Apfelmost oder Wein können ein Verlangen nach stärkeren Getränken wecken. Vielfach haben Gewohnheitstrinker auf diese Weise den Grundstein für ihre Trunksucht gelegt. Wein oder Most im Hause zu haben, bedeutet für manche Menschen eine Verlockung. Sie haben das Verlangen nach Suchtmitteln geerbt. Satan ist ständig bemüht, sie dahin zu bringen, diesem Verlangen nachzugeben. Tun sie das, können sie nicht mehr zurück. Das Verlangen fordert Befriedigung und wird auch bis zum Ruin befriedigt. Das Gehirn wird betäubt und getrübt. Die Vernunft übt nicht mehr die Herrschaft aus, sie wird vielmehr der Lust geopfert. Als Folge der Befriedigung dieses Verlangens nach Wein und Most gibt man sich

der Ausschweifung, dem Ehebruch und beinahe allen anderen Lastern hin. Wer sich zur Religion bekennt, aber diese Suchtmittel liebt und sich an ihren Genuss gewöhnt, kann niemals in der Gnade wachsen. Er wird abgestumpft und sinnlich. Die niederen Leidenschaften gewinnen gegenüber den höheren Kräften des Geistes die Oberhand, und die Tugend wird nicht gepflegt. Mäßiges Trinken ist die Schule, in der Menschen für die Laufbahn des Alkoholikers erzogen werden. So führt Satan schrittweise vom Bollwerk der Mäßigkeit weg. So hinterhältig ist die Wirkung, die der Wein und Most auf den Geschmack ausüben, dass der Pfad zur Trunksucht ganz arglos betreten wird. Das Verlangen nach Suchtmitteln wird genährt; das Nervensystem gerät in Unordnung. Satan hält den Geist in einem Zustand krankhafter Unruhe. Das arme Opfer, das sich völlig in Sicherheit wiegt, macht weiter so, bis jede Schranke niedergerissen und jeder Grundsatz geopfert ist. Die besten Vorsätze werden untergraben; ewige Interessen sind nicht stark genug, um das entartete Verlangen unter die Herrschaft des Verstandes zu zwingen.

Manche sind zwar nie wirklich betrunken, stehen aber immer unter der Einwirkung von Most oder Wein. Sie sind leicht erregbar, unausgeglichen, zwar nicht direkt im Fieberwahn, aber in einem Zustand, der durchaus damit vergleichbar ist. Denn alle edlen Kräfte des Geistes sind ins Gegenteil verkehrt.

Die Neigungen zu verschiedenen Krankheiten wie Wassersucht, Leberleiden, Nervenzucken, Blutüberschuss im Kopf entspringt dem gewohnheitsmäßigen Genuss von vergorenem Apfelmost. Dadurch handeln sich viele Menschen chronische Krankheiten ein. Einige sterben allein aus diesem Grund an Schwindsucht oder erleiden einen Schlaganfall. Andere wiederum haben mit Verdauungsstörungen zu kämpfen. Alle lebenswichtigen Funktionen werden geschwächt.

Die Ärzte stellen z.B. Leberleiden fest. Die missbrauchten Lebenskräfte würden sich aber erneuern, wenn die Menschen das Mostfass nie wieder füllen würden. Mosttrinken führt zum Genuss stärkerer Getränke. Der Magen verliert seine natürliche Lebenskraft, und etwas Stärkeres ist nötig, um ihn zur Tätigkeit anzuregen. ...

Wir erkennen die Macht, die das Verlangen nach starken Getränken über die Menschen ausübt. Wir sehen, wie viele Menschen aus allen Berufen und Schichten, bester Begabungen, großer Errungenschaften, Menschen mit edlem Gemüt, mit hohem Verstand, alles solange der Befriedigung ihrer Lust opfern, bis sie dem Tier gleichgeworden sind. Oft hat der Weg nach unten mit Wein und Most begonnen.

Wir sollen mit gutem Beispiel auf der Seite der Reform stehen
Wenn vernünftige Männer und Frauen, bekennende Christen, argumentieren, dass sie nichts Schlechtes daran finden, Wein und Most für den Markt zu produzieren, weil das in unvergorenem Zustand nicht berauscht, so bin ich sehr traurig. Denn ich weiß um die Kehrseite dieser Medaille, die sie nicht wahrhaben wollen. Die Selbstsucht hat sie verblendet, und sie sehen nicht die schrecklichen Folgen, die auf den Genuss dieser Suchtmittel beruhen. ...

Als Volk bekennen wir, Reformer und Lichtträger in der Welt zu sein, treue Wächter Gottes, die alle Zugänge bewachen, durch die Satan mit seinen Verlockungen einbrechen könnte, um den Geschmack zu verderben. Unser Beispiel und unser Einfluss sollten klar und deutlich auf der Seite der Reform sein. Wir müssen alles vermeiden, was das Gewissen abstumpft oder die Versuchung einlädt. Wir dürfen keine Tür öffnen, durch die Satan Zugang zum Herzen eines einzigen Menschenkindes erhält, das zum Bilde Gottes erschaffen wurde. Würden alle treu und umsichtig die kleinen Öffnungen bewachen, die durch den mäßigen Genuss von Wein und Most, den sogenannten harmlosen Getränken, entstehen, so wäre der breite Weg zur Trunksucht versperrt. Was in jeder Gesellschaft gebraucht wird, ist ein fester Entschluss und der Wille, nichts anzurühren, nichts zu probieren und nichts damit zu tun zu haben. Dann wird sich die Mäßigkeitsreform als stark, dauerhaft und durchgreifend erweisen. ... Der Erlöser dieser Welt, der sehr gut den Zustand der Gesellschaft in den letzten Tagen kennt, bezeichnet das Essen und Trinken als solche Sünden, die diesem Zeitalter zur Verdammnis wird. Er sagt uns, dass, wie es zu den Zeiten Noahs war, es auch sein wird, wenn der Menschensohn geoffenbart wird.

„Sie aßen, sie tranken, sie heirateten und ließen sich heiraten bis zu dem Tag, als Noah in die Arche ging; und die Sintflut kam und vernichtete alle." Lukas 17,27 Genau dieselben Verhältnisse werden am Ende der Tage herrschen. Wer diesen Warnungen glaubt, wird sehr vorsichtig sein, um nicht einen Weg einzuschlagen, der zur Verdammnis führt.

Liebe Brüder, betrachtet diese Angelegenheit im Licht der Schrift. Werft in allen Dingen mit Entschlossenheit euren Einfluss für die Sache der Mäßigkeit in die Waagschale. Äpfel und Weintrauben sind Gaben Gottes. Sie können als gesunde Nahrungsmittel sehr gut verwendet werden, aber auch zweckentfremdet und damit missbraucht werden. Schon ist Gott daran, den Weinberg und den Apfelbaum wegen der sündhaften Handlungen des Menschen am Gedeihen zu hindern. Vor der Welt stehen wir als Reformer da. Geben wir doch ungläubigen und gottlosen Menschen keine Gelegenheit, über unseren Glauben zu lästern. Christus sagte: „*Ihr seid das Salz der Erde*" Matthäus 5,13 und „*das Licht der Welt.*" Matthäus 5,14 Zeigen wir doch, dass unser Herz und unser Gewissen dem umwandelnden Einfluss der göttlichen Gnade unterworfen sind und dass unser Leben von den reinen Grundsätzen des Gesetzes Gottes gelenkt wird, auch wenn durch diese Grundsätze zeitliche Interessen aufgegeben werden müssen. 5T 354-361; 1885

Unter dem Vergrößerungsglas

756 Menschen, die ein Verlangen nach unnatürlichen Reizstoffen geerbt haben, sollten auf keinen Fall Wein, Bier oder Most in Reich- oder Sichtweite stehen haben. Denn das wäre für sie eine ständige Versuchung. Da Süßmost als unschädlich gilt, haben viele keine Bedenken, reichlich davon zu kaufen. Aber er bleibt nur für kurze Zeit süß, dann beginnt die Gärung. Der scharfe Geschmack, den er dann annimmt, macht ihn für so manchen Gaumen erst schmackhaft. Der Betreffende gesteht sich nur ungern ein, dass er schon etwas vergoren ist. Selbst im Genuss von Süßmost, wie er allgemein hergestellt wird, liegt eine Gefahr für die Gesundheit. Wenn die Menschen sehen könnten, was das Vergrößerungsglas in Bezug auf den Apfelsaft, den sie kaufen, enthüllt, wären nur wenige bereit, ihn zu trinken. Häufig sind die gewerblichen Hersteller von Apfelsaft in der Auswahl der Früchte nicht sehr gewissenhaft. Der Saft wurmstichiger und fauler Äpfel wird ausgepresst. Viele, die nicht daran denken würden, die giftigen, faulen Äpfel auf irgendeine Art zu verwerten, trinken den daraus gepressten Saft und nennen ihn eine Köstlichkeit. Aber das Mikroskop zeigt, dass dieses angenehme Getränk, selbst wenn es frisch von der Presse kommt, für den Genuss ungeeignet ist.

Wein, Bier und Apfelmost berauschen genauso wie die starken Getränke. Ihr Genuss weckt das Verlangen nach stärkerem, wodurch der Grund zur Trunksucht gelegt wird. Mäßiges Trinken ist die Schule, in der Menschen für die Laufbahn als Alkoholiker erzogen werden.

Die Vorarbeit dieser milderen Suchtmittel ist jedoch so heimtückisch, dass der Pfad der Trunksucht betreten wird, noch bevor das Opfer die Gefahr ahnt. MH 332.333; 1905

5. FRUCHTSÄFTE

Süßer Traubensaft
757 Der reine Saft der Weintraube, frei von aller Gärung, ist ein nahrhaftes Getränk.

Aber viele der alkoholischen Getränke, die jetzt so reichlich konsumiert werden, enthalten tödliche Stoffe. Wer sie zu sich nimmt, wird oft verwirrt oder verrückt. Unter ihrer tödlichen Einwirkung begehen Menschen Gewaltverbrechen, häufig sogar Mord. *Ms 126; 1903*

Für die Gesundheit
758 Stellt Obst auf den Tisch und macht es zu einem Bestandteil eurer Speisekarte. Zusammen mit Brot werden Obstsäfte sehr geschätzt sein. Gutes, reifes, nicht angefaultes Obst ist etwas, wofür wir dem Herrn danken sollen, denn es dient der Gesundheit. *Letter 72; 1896*

25 ERZIEHUNG ZUR GESUNDHEITSREFORM

1. NOTWENDIGKEIT DER UNTERWEISUNG

Unterweisung in Fragen der Gesundheit

759 Noch nie war eine Unterweisung in Fragen der Gesundheit so notwendig wie heute. Trotz des schnellen Fortschritts auf allen Gebieten, in Bezug auf Erleichterungen des Lebens, und auf dem Gebiet der Hygiene und Krankheitsbekämpfung ist die Abnahme der körperlichen Kraft und Ausdauer besorgniserregend. Sie erfordert die Aufmerksamkeit aller, denen das Wohlergehen ihrer Mitmenschen am Herzen liegt. Unsere unnatürliche Lebensweise fördert Übel, die gesunde Lebensgrundsätze aushöhlen. Gewohnheiten und Sitten stehen oft den Bedürfnissen der Natur entgegen. Die Verhaltensformen, die sie erzwingen, und die Genüsse, die sie mit sich bringen, zehren unablässig an den körperlichen und geistigen Kräften und bürden den Menschen eine unerträgliche Last auf. Unmäßigkeit und Verbrechen, Krankheit und Elend begegnen uns überall. Viele übertreten die Gesundheitsgesetze durch Unwissenheit. Sie brauchen deshalb eine Unterweisung. Die Mehrzahl der Menschen handelt jedoch wider besseres Wissen. Ihnen muss klar gemacht werden, wie wichtig es ist, dass dieses Wissen ins Leben übertragen wird. *MH 125.126; 1905*

760 Eine sinnvolle Unterweisung in der Ernährungsreform ist sehr nötig. Falsche Essgewohnheiten und ungesunde Nahrungsmittel sind oft für Unmäßigkeit, Verbrechen und Elend verantwortlich – dem Fluch dieser Welt. *MH 146; 1905*

761 Wollen wir in einem Land, in das wir berufen werden, die Moral heben, müssen wir zuerst damit beginnen, falsche körperliche Gewohnheiten zu korrigieren. Ein edler Charakter hängt vom rechten Gebrauch der geistigen und körperlichen Kräfte ab. CH 505; 1892

Viele werden einsichtig werden

762 Der Herr hat mir gezeigt, dass durch die praktischen Auswirkungen der Gesundheitsreform sehr, sehr viele Menschen vor körperlichem, geistigem und moralischem Verderben bewahrt bleiben werden. Man wird Gesundheitsvorträge halten und das Schrifttum vervielfachen. Die Grundsätze der Gesundheitsreform werden eine positive Reaktion bewirken. Viele Menschen werden zur Einsicht kommen. Die Auswirkungen der Gesundheitsreform werden dazu beitragen, dass alle, die nach Erkenntnis streben, diese Reform positiv beurteilen. Schritt für Schritt werden die Menschen mit den besonderen Wahrheiten für diese Zeit bekannt werden. So wird sich Wahrheit mit praktischer Frömmigkeit vereinen. ...

Das Evangelium und das ärztliche Missionswerk sollen gemeinsam vorangebracht werden. Das Evangelium muss dabei eng mit den Grundsätzen wahrer Gesundheitsreform verknüpft werden. Das Christentum muss sich im täglichen Leben ausdrücken. Die Reform soll ernsthaft und gründlich sein. Echte Frömmigkeit ist ein Ausdruck der Liebe, die Gott für das gefallene Menschengeschlecht empfindet. Das Volk Gottes soll zielstrebig vorangehen, um nach Wahrheit suchende Menschen zu beeindrucken, die in dieser wirklich ernsten Zeit die richtige Entscheidung treffen wollen. Wir müssen den Menschen die Gesundheitsgrundsätze verkündigen und alles in unserer Macht stehende tun, damit Männer und Frauen die Notwendigkeit dieser Grundsätze einsehen und sie im Leben verwirklichen. 6T 378.379; 1900

Pionierarbeit für die Gesundheitsreform

763 Als in Battle Creek ein Jahrmarkt abgehalten wurde, stellten unsere Geschwister drei oder vier Kochherde auf, um den Menschen zu zeigen, wie man ohne Fleisch bekömmliche Mahlzeiten zubereiten kann. Man bestätigte uns, dass unsere Speisen am besten schmeckten. Bei größeren Veranstaltungen solltet ihr es als Vorrecht betrachten, zu überlegen, wie ihr die Teilnehmer mit gesunder Nahrung versorgen könnt. Ihr sollt auf diese Weise erzieherisch wirken.

Der Herr fügte es, dass uns die Menschen positiv aufnahmen. Wir hatten viele wunderbare Gelegenheiten, sie darauf hinzuweisen, was sich durch die Befolgung der Gesundheitsreform tun lässt, um in angeblich hoffnungslosen Fällen die Gesundheit wiederherzustellen. ...

Bei Zeltversammlungen und von Haus zu Haus
Wir müssen uns noch mehr dafür einsetzen, die Menschen mit der Gesundheitsreform bekannt zu machen. Bei Zeltversammlungen sollte man versuchen, den Menschen zu zeigen, was sie tun können, um appetitanregende und gesunde Speisen aus Getreide, Früchten, Nüssen und Gemüse herzustellen. Überall, wo Menschen die Wahrheit annehmen, sollte man sie in der Kunst unterweisen, gesunde Speisen zuzubereiten. Wählt auch Mitarbeiter aus, die im Rahmen einer Aufklärungskampagne von Haus zu Haus arbeiten können. Ms 27; 1906

Das ärztliche Zelt bei Zeltversammlungen
764 Je mehr wir uns dem Ende der Zeit nähern, desto größere Fortschritte müssen wir in der Gesundheitsreform und in der christlichen Mäßigkeit machen. Wir sollten sie noch klarer und entschlossener verkündigen. Wir sollten bestrebt sein, die Menschen durch Wort und Tat zu erziehen. Wenn Theorie und Praxis übereinstimmen, übt das einen unwiderlegbaren Einfluss aus.

Bei Zeltversammlungen sollte man die Menschen in Fragen der Gesundheit unterweisen. Und bei unseren Veranstaltungen in Australien haben wir täglich Gesundheitsvorträge gehalten und dabei großes Interesse erweckt. Es wurde ein Zelt errichtet, wo Ärzte und Krankenschwestern medizinische Ratschläge erteilten. Die Zahl der Ratsuchenden war sehr groß. Tausende hörten die Vorträge. Am Ende der Zeltversammlungen gaben sich die Menschen nicht mit dem zufrieden, was sie gehört hatten. Vielmehr wollten führende Männer in mehreren Städten, wo wir derartige Versammlungen abgehalten hatten, dass Zweigsanatorien errichtet werden. 6T 112.113; 1900

Durch Lehre und Beispiel
765 Die großen Zusammenkünfte unserer Geschwister bieten eine ausgezeichnete Gelegenheit, um die Grundsätze der Gesundheitsreform vorzustellen. Vor einigen Jahren wurde bei derartigen Versammlungen viel über die Gesundheitsreform und die Vorteile einer vegetarischen Ernährung gesprochen.

Aber zur selben Zeit hat man im Speisezelt Fleisch serviert und am Lebensmittelstand verschiedene ungesunde Nahrungsmittel verkauft. Ein Glaube ohne Werke ist tot. Ein Unterricht in der Gesundheitsreform, der in der Praxis nicht erprobt war, machte nicht gerade einen guten Eindruck. Bei späteren Zeltversammlungen haben die verantwortlichen Brüder durch Unterricht und das praktische Beispiel erzieherisch gewirkt. Im Speisezelt wurde kein Fleisch ausgegeben. Stattdessen kamen reichlich Früchte, Getreide und Gemüse auf den Tisch. Wenn Besucher fragen, warum kein Fleisch serviert wird, könnt ihr schlicht und einfach sagen, dass Fleisch nicht gerade das gesündeste Nahrungsmittel ist. *6T 112; 1900*

In unseren Heileinrichtungen

766 Aufgrund des Lichts, das ich erhalten habe, soll eine Heileinrichtung gegründet werden. Eine medizinische Behandlung mit Medikamenten sollte dort aber nicht erfolgen. Vielmehr müsst ihr einfache und zweckmäßige Verfahren anwenden, um Krankheiten zu heilen. Dort sollten die Menschen darüber belehrt werden, wie man sich richtig kleidet, wie man richtig atmet und isst und wie man Krankheiten durch richtige Lebensgewohnheiten vorbeugt. *Letter 79; 1905*

767 Unsere Einrichtungen sollten dazu dienen, die Menschen, die zur Behandlung kommen, zu informieren. Man sollte den Patienten zeigen, wie sie sich von Getreide, Früchten, Nüssen und anderen Erzeugnissen der Erde ernähren können. Ich habe den Auftrag, euch zu sagen, dass in unseren Heileinrichtungen regelmäßig Gesundheitsvorträge gehalten werden sollten. Fordert die Menschen auf, auf alle Nahrungsmittel zu verzichten, die die Gesundheit und Körperkraft derer schwächen, für die Christus sein Leben geopfert hat. Zeigt ihnen die schädlichen Folgen der Verwendung von schwarzem Tee und Bohnenkaffee. Lehrt die Patienten, wie man ohne Nahrungsmittel auskommt, die die Verdauungsorgane schädigen. ...

Zeigt ihnen wie wichtig es ist, die Gesundheitsgrundsätze im Leben anzuwenden, um wieder gesund zu werden. Zeigt den Kranken, wie man durch Mäßigkeit im Essen und durch regelmäßige Bewegung in frischer Luft gesund wird. ... Durch die Arbeit in unseren Einrichtungen soll das Leiden gelindert und die Gesundheit erneuert werden. Sagt den Menschen, wie man sich durch Maßhalten im Essen und Trinken gesund erhält. ... Der Verzicht auf Fleisch nützt denen, die sich dazu entschließen. Das Thema Ernährung ist von höchster Bedeutung. ... Unsere Heileinrichtungen sind zu dem besonderen Zweck gegründet worden, um den Menschen zu zeigen, dass wir nicht leben, um zu essen, sondern essen, um zu leben. *Letter 233; 1905*

Schulung der Patienten in der Hauskrankenpflege

768 Seht zu, dass sich die Patienten so viel wie möglich in der frischen Luft aufhalten. Führt mit ihnen heitere und aufmunternde Gespräche in den Aufenthaltsräumen. Lest ihnen einfache Lektüre vor. Gebt ihnen leicht verständliche Bibelstunden, die die Seele erquicken. Sprecht über eine gesunde Lebensweise.

Und du, lieber Bruder, bürde dir nicht zu viele Lasten auf, damit dir nicht die Zeit fehlt, einfachen Unterricht in Fragen der Gesundheit zu erteilen. Wer die Einrichtung verlässt, sollte so weit unterrichtet sein, dass er auch andere lehren kann, wie man seine Familienangehörigen bei Krankheit behandelt. Es besteht die Gefahr, dass man viel zu viel Geld für Geräte und Apparate ausgibt, die die Patienten zu Hause nie verwenden können. Man sollte ihnen eher sagen, wie sie ihre Ernährung entsprechend umstellen können, damit der ganze Organismus und seine Lebensfunktionen harmonisch arbeiten. *Letter 204; 1906*

Unterricht in Mäßigkeit

769 In unseren medizinischen Einrichtungen sollte man klare Unterweisungen über Mäßigkeit erteilen. Zeigt den Patienten die üblen Folgen des Alkohols und weist sie darauf hin, wie segensreich totale Enthaltsamkeit ist. Bittet sie darum, alles aufzugeben, was ihre Gesundheit zerstört hat. Fordert sie auf, statt dessen die Vielfalt der Früchte zu verwenden. Sie sollten sich Orangen, Zitronen, Pflaumen, Pfirsiche und anderes Obst kaufen. Die Erde liefert eine große Ernte, wenn Mühe und Anstrengung nicht gescheut werden. *Letter 145; 1904*

770 Alle, die mit der Macht der Esslust zu kämpfen haben, sollten über die Grundsätze einer gesunden Lebensweise unterwiesen werden. Man muss ihnen bewusst machen, dass die Übertretung der Gesundheitsgesetze und die dadurch hervorgerufenen krankhaften Zustände und unnatürlichen Gelüste den Grund zum Alkoholismus legen.

Nur durch Beachtung dieser Grundsätze dürfen die Menschen hoffen, vom Verlangen nach unnatürlichen Aufputschmitteln frei zu werden. Sie müssen sich ganz auf die göttliche Kraft verlassen, um die Fesseln der Esslust abwerfen zu können. Sie sollen sich mit Gott verbünden, indem sie sich den Gesetzen der Moral und des Körpers gehorsam unterordnen. *MH 176.177; 1905*

Die Reform muss umfassend sein

771 Worin besteht denn die besondere Arbeit, die wir in unseren medizinischen Einrichtungen leisten sollen? Statt durch Belehrung und Beispiel zur Genusssucht zu erziehen, müsst ihr die Menschen entwöhnen! Legt überall einen hohen Maßstab an! Der Apostel Paulus erhebt seine Stimme und sagt: *„Ich ermahne euch nun, ihr Brüder, angesichts der Barmherzigkeit Gottes, dass ihr eure Leiber darbringt als ein lebendiges, heiliges, Gott wohlgefälliges Opfer: das sei euer vernünftiger Gottesdienst! Und passt euch nicht diesem Weltlauf an, sondern lasst euch [in eurem Wesen] verwandeln durch die Erneuerung eures Sinnes, damit ihr prüfen könnt, was der gute und wohlgefällige und vollkommene Wille Gottes ist."* Römer 12,1.2

Unsere medizinischen Einrichtungen, die im Dienst der Gesundheit stehen, wurden errichtet, um die lebendigen Grundsätze einer gesunden, hygienischen und einfachen Ernährung weiterzugeben. Zeigt den Menschen, was Verzicht und Selbstbeherrschung bedeuten. Allen, die in unsere Einrichtungen kommen, muss Jesus, der Schöpfer und Erlöser der Menschen, vor Augen gehalten werden. Punkt für Punkt sollt ihr die Menschen über die Zusammenhänge des Lebens unterweisen und ihnen sagen, wie man Herzensfrieden und Gesundheit erhalten kann, damit Männer und Frauen die Notwendigkeit einer Reform einsehen. Sie müssen dahin geführt werden, die erniedrigenden Sitten und Bräuche aufzugeben, die schon in Sodom und vor der Sintflut geherrscht haben. Gott hat die Menschen damals wegen ihrer Bosheit vernichtet. Matthäus 24,37-39

Alle, die unsere Heileinrichtungen aufsuchen, sollen unterwiesen werden. Der Erlösungsplan sollte jedem – hoch und niedrig, arm und reich – bekannt gemacht werden. Eine sorgfältige Unterweisung ist nötig, damit die gegenwärtige Unmäßigkeit im Essen und Trinken als Grund von Krankheit und Leid und von all den Übeln, die damit verbunden sind, erkannt wird. Ms 1; 1888

Blätter vom Baum des Lebens

772 Ich bin unterrichtet worden, dass wir mit dem Werk, das auf dem Gebiet der Gesundheitsreform geschehen muss, nicht zögern sollen. Dadurch können wir überall Menschen erreichen. Mir wurde besonders gezeigt, dass viele Patienten in unseren Heileinrichtungen die gegenwärtige Wahrheit annehmen und ihr folgen werden. Dort soll man Männern und Frauen zeigen, wie sie für sich sorgen und gleichzeitig einen gesunden Glauben entwickeln können. Sie sollen unterrichtet werden, was es bedeutet, das Fleisch des Sohnes Gottes zu essen und sein Blut zu trinken. Christus sagt: *„Die Worte, die ich zu euch rede, sind Geist und sind Leben!"* Johannes 6,63

Unsere Heileinrichtungen sollen Schulen sein, in denen man auf dem Gebiet der ärztlichen Mission Unterricht erteilt. Sie sollen den sündenkranken Menschen die Blätter vom Lebensbaum reichen, die ihnen Frieden, Hoffnung und Glauben an Jesus vermitteln. 9T 168; 1909

Vorbereitung auf das Gebet um Heilung

773 Es ist verlorene Zeit, die Menschen zu lehren, auf Gott als den Arzt ihrer Gebrechen zu blicken, solange ihnen nicht gezeigt wird, wie sie ungesunde Gewohnheiten ablegen können. Um gesegnet zu werden als Antwort auf ihre Gebete, müssen sie das Böse lassen und lernen, Gutes zu tun. Ihre Lebensverhältnisse müssen hygienischen Anforderungen entsprechen, ihre Gewohnheiten richtig sein. Sie müssen in Übereinstimmung mit den Gesetzen Gottes leben – mit den Gesetzen der Natur ebenso, wie mit denen des Geistes. MH 227.228; 1905

Die Verantwortung des Arztes, seine Patienten aufzuklären

774 Die medizinischen Einrichtungen sind der geeignetste Ort, wo leidende Menschen dazu erzogen werden können, in Übereinstimmung mit den Naturgesetzen zu leben und ihre falschen und die Gesundheit schädigenden Gewohnheiten hinsichtlich Ernährung und Kleidung aufzugeben. Diese Gewohnheiten sind den Sitten und Bräuchen der Welt angepasst und ganz und gar nicht im Sinne Gottes. Durch eine solche Aufklärungsarbeit leisten die medizinischen Einrichtungen der Menschheit einen großen Dienst. ...

Es ist jetzt unbedingt notwendig, dass die Ärzte – die Reformer auf dem Gebiet der Krankenbehandlung – noch größere und ernsthaftere Anstrengungen unternehmen, um einerseits an sich selbst zu arbeiten und andererseits jene Menschen sorgfältig zu unterweisen, die sich ihrem ärztlichen Können anvertrauen, um die Ursachen ihrer Leiden zu erfahren. Die Ärzte sollten ganz besonders jene Gesetze beachten, die Gott festgelegt hat und die nicht ungestraft übertreten werden dürfen. Normalerweise beschäftigen sie sich viel mit dem Verlauf einer Krankheit, machen aber nicht auf die Gesetze aufmerksam, deren heilige und vernünftige Befolgung Krankheiten verhindern würde. Manche Ärzte haben selbst falsche Ernährungsgewohnheiten. Sie zügeln ihre Esslust nicht und beschränken sich nicht auf eine einfache, gesunde Kost unter weitgehendem Verzicht auf das Fleisch toter Tiere. Sie essen Fleisch sogar besonders gern und haben ihren Geschmackssinn an den Genuss ungesunder Speisen gewöhnt. Solche Ärzte haben sehr begrenzte Vorstellungen. Wenn sie ihren Patienten von den vernünftigen Gesundheitsgrundsätzen erzählen, beeinflussen sie sie dadurch, sich von ihrem Geschmackssinn leiten zu lassen und das zu essen, wonach auch ihre eigene Gaumenlust verlangt. Sie verordnen kranken Menschen Fleisch, obwohl gerade das in solchen Fällen die denkbar schlechteste Ernährung darstellt. Denn es putscht auf, schenkt aber keine Kraft. Die Menschen legen sich keine Rechenschaft über ihre früheren Ess- und Trinkgewohnheiten ab. Vielmehr schenken sie diesen falschen Gewohnheiten, die seit vielen Jahren den Grundstein für ihre Krankheit gelegt haben, noch ganz besondere Aufmerksamkeit. Gewissenhafte Ärzte sollten in der Lage sein, unwissende Menschen aufzuklären und mit Weisheit und Verstand ihre Rezepte verschreiben und in der Ernährung alle Speisen verbieten, von denen sie wissen, dass sie ungesund sind. Sie sollten klar und deutlich die Dinge benennen, die den Gesetzen der Gesundheit zuwiderlaufen. Sie sollten es leidenden Menschen selbst überlassen, in gewissenhafter Weise für sich das zu tun, was sie tun können, um so eine richtige Beziehung zu den Gesetzen des Lebens und der Gesundheit herzustellen. *Ms 22; 1887*

Eine fettreiche, auf tierischen Produkten basierte Diät ist die bedeutsamste Todesursache von Herzkrankheiten.
Ernährung in den 90^{ern}: Gegenwärtige Kontroversen und Analysen, ed. Frank Kotsonis und Maureen A. Mackey; New York: Marcel Dekker, Inc. 1994

Eine vegetarische Ernährung reduziert das Risiko für Krebs. Weltkrebsforschungsfond und Amerikanisches Institut für Krebs, "Nahrungsmittel, Ernährung und die Verhütung von Krebs: eine globale Perspektive", 1997, 456-57

Die Verabreichung von subtherapeutischen Dosen von Antiobiotika an Tieren bewirkt einen selektiven Drang, der zur Verbreitung von resistenten Bakterien führen kann. Die gegenwärtigen Entdeckungen zeigen klar, dass antibiotika-resistente Bakterien in Kuhfleisch und Milch ein ernst zu nehmendes Problem darstellen. Zeitschrift für Nahrungsmittelprotein, Juni 1999, 62:6

Vegetarier tendieren zu einem niedrigen Cholesterinspiegel, zu Schlankheit, kleinerer Gestalt, späterem Einsetzen der Pubertät und verringertem Risiko für einige ausgeprägt westliche Krebsarten. Eine klinische Wirksamkeit bei rheumatischer Arthritis durch eine vegane Diät wird belegt. Eine fettarme vegane Diät kann speziellen Schutz bieten gegen Krebsarten die mit Insulinresistenz zu tun haben - vor allem Brustkrebs und Darmkrebs wie auch Prostatakrebs; dahingegen könnte die hohe IGF-I Aktivität, welche mit schwieriger Verdauung von tierischen Produkten einhergeht, größtenteils verantwortlich zeichnen für die Epidemie der „westlichen" Krebsarten in Wohlstandsländern. Eine vermehrte Einnahme von Phytochemikalien scheint ebenfalls zu einer Reduktion von Krebsrisiken bei Veganern zu führen. Medizinische Hypothesen, Dezember 1999; 53(6): 459-85

Ein feierlicher Auftrag

775 Stellt der Arzt fest, dass ein Patient an einer Krankheit leidet, die auf falsche Ernährungsgewohnheiten zurückgeht, und er es dennoch versäumt, den Patienten davon zu unterrichten und ihn auf die Notwendigkeit einer Reform hinzuweisen, schadet er einem Mitmenschen. Trinker, Geisteskranke und der Ausschweifung ergebene Menschen sind für den Arzt ein Mahnruf, unmissverständlich zu erklären, dass Krankheiten eine Folge der Sünde sind. Wir haben in Bezug auf die Gesundheitsreform großes Licht erhalten. Warum versuchen wir denn nicht ernsthafter und mit noch mehr Entschlossenheit, die Ursachen der Krankheit zu bekämpfen? Wie können unsere Ärzte angesichts des ständigen Kampfes gegen den Schmerz und des ständigen Bemühens, ihn zu lindern, ihren Seelenfrieden bewahren? Wie können sie es unterlassen, ihre warnende Stimme zu erheben? Sind sie wirklich gütig und barmherzig, wenn sie es versäumen, strenge Mäßigkeit als Heilmittel gegen Krankheiten zu verordnen? *7T 74.75; 1902*

Ernährungsreformer müssen mutig sein

776 Viel Gutes könnte getan werden, wenn wir die Menschen, mit denen wir in Kontakt sind, über die besten Heil- und Vorbeugungsmaßnahmen informierten. Der Arzt, der seine Patienten über die Art und die Ursachen ihrer Krankheiten aufklärt, und ihnen versucht beizubringen, wie man Krankheiten vermeidet, mag vielleicht gegen den Strom schwimmen. Ist er aber ein gewissenhafter Gesundheitsreformer, wird er ungeschminkt über die schädlichen Auswirkungen sprechen, die auf hemmungsloses Essen und Trinken und eine falsche Kleidung zurückgehen. Ebenso wird er auf die Überbeanspruchung der Lebenskräfte hinweisen, denn sie hat die Menschen dorthin gebracht, wo sie heute sind. Er wird das Problem nicht noch dadurch vergrößern, dass er Medikamente verschreibt, bis die erschöpfte Natur den Kampf aufgibt. Dagegen wird er den Patienten sagen, wie sie richtige Gewohnheiten entwickeln und die Natur beim Wiederaufbau durch weisen Gebrauch ihrer eigenen, einfachen Heilmittel unterstützen können.

In allen unseren medizinischen Einrichtungen sollte es ein Herzen anliegen sein, Unterricht in Gesundheitslehre zu erteilen. Den Patienten wie auch dem Pflegepersonal sollten die Grundregeln der Gesundheitsreform genau und gründlich erklärt werden.

Eine solche Arbeit erfordert sittlichen Mut. Denn wenn auch viele daraus einen Nutzen ziehen werden, wird es andere geben, die sich abgestoßen fühlen. Aber der wahre Jünger Christi, dessen Geist mit dem Geist Gottes eins ist und der beständig selbst lernt, wird die Menschen unterweisen und nach oben führen – weg von den herrschenden Irrtümern der Welt. CH 451,452; 1890

Zusammenarbeit zwischen Heileinrichtung und Schulen

777 Mir ist klares Licht darüber gegeben geworden, dass unsere Erziehungseinrichtungen – wo immer nur möglich – mit unseren Heileinrichtungen zusammenarbeiten sollten. Die Arbeit dieser zwei Institutionen muss ineinander greifen. Ich bin dankbar, dass wir in Loma Linda eine Schule besitzen. Die erzieherischen Fähigkeiten leitender Ärzte sind für Schulen, die ärztliche Missionare zum Dienst ausbilden, einfach nötig. Die Studenten sollten zu strengen Gesundheitsreformern erzogen werden. Der Unterricht über Krankheiten und ihre Ursachen, über Vorbeugungsmaßnahmen und Behandlungsmethoden wird sich als unschätzbar für ihre Ausbildung erweisen. Die Studenten all unserer Schulen sollten daran teilnehmen.

Die enge Zusammenarbeit zwischen den Schulen und den Heileinrichtungen wird sich in vielerlei Hinsicht als vorteilhaft erweisen. Durch den Unterricht, den sie dort erhalten, lernen die Studenten, wie man die Bildung nachlässiger und unmäßiger Essgewohnheiten vermeidet. Letter 82; 1908

Bei der Evangelisationsarbeit und in der Stadtmission

778 Als Gemeinde ist uns die Aufgabe übertragen worden, die Grundsätze der Gesundheitsreform zu verkünden. Manche sind der Meinung, dass das Thema Ernährung nicht bedeutend genug ist, um Teil der Evangelisationsarbeit zu sein. Aber darin irren sie sich sehr. Das Wort Gottes erklärt: *„Ob ihr nun esst oder trinkt oder sonst etwas tut – tut alles zur Ehre Gottes!"* 1.Korinther 10,31

Mit ihrer ganzen Tragweite nimmt die Frage der Mäßigkeit im Rahmen des Erlösungsplanes einen wichtigen Platz ein. Im Zusammenhang mit unserer Stadtmission sollten geeignete Räumlichkeiten vorhanden sein, wo man den Menschen, bei denen Interesse geweckt worden ist, Unterricht erteilen kann. Diese notwendige Arbeit darf nicht so armselig durchgeführt werden, dass sie bei den Menschen einen schlechten Eindruck hinterlässt. Alle unsere Unternehmungen sollten ein lebendiges Zeugnis sein für den „Urheber der Wahrheit"; und es sollte die Heiligkeit und Wichtigkeit der dritten Engelsbotschaft widerstrahlen. 9T 112; 1909

779 Bei allen unseren Missionsunternehmungen sollten verständige Frauen die Verantwortung für häusliche Veranstaltungen übernehmen – Frauen, die es verstehen, gesunde Speisen auf eine gute Art zuzubereiten. Sie sollten einen reich gedeckten Tisch mit den hochwertigsten Speisen anbieten. Verlangen einige Teilnehmer aufgrund eines verdorbenen Geschmacks nach schwarzem Tee, Bohnenkaffee, scharfen Gewürzen oder ungesunden Speisen, dann klärt sie auf. Versucht das Gewissen zu wecken. Macht sie mit den biblischen Gesundheitsgesetzen vertraut. *CH 449.450; 1890*

Prediger sollen die Gesundheitsreform verkündigen

780 Wir sollten uns darauf vorbereiten, nicht nur selbst nach den Gesundheitsgesetzen zu leben, sondern versuchen, auch andere von der Richtigkeit unseres Weges zu überzeugen. Viele Menschen, darunter auch solche, die sich zu den besonderen Wahrheiten für diese Zeit bekennen, leben in Bezug auf Gesundheit und Mäßigkeit beklagenswert unwissend. Punkt für Punkt müssen sie darüber informiert werden. Dieser Punkt darf nicht vergessen und als unwesentlich abgetan werden. Denn beinahe jede Familie hat es nötig, dass man sie auf diese Zusammenhänge aufmerksam macht. Das Gewissen muss erwachen. Die Verwirklichung wahrer Gesundheitsreform muss als Verpflichtung betrachtet werden. Gott verlangt von seinem Volk, dass es in allen Dingen Mäßigkeit übt. Solange es das versäumt, wird und kann es für den heiligenden Einfluss der Wahrheit nicht empfänglich sein.

Unsere Prediger sollten diese Frage im rechten Licht sehen. Sie sollten sie weder beiseite schieben noch sich von denen mundtot machen lassen, die sie als extrem bezeichnen. Sie sollten erkennen, worin echte Gesundheitsreform besteht.

Diese Grundsätze sollten durch Belehrung und ein stilles, beharrliches Vorbild verkündigt werden. Bei unseren großen Zusammenkünften sollte man Unterricht in Gesundheit und Mäßigkeit erteilen. Versucht den Verstand anzusprechen und das Gewissen zu wecken. Bedient euch dabei aller zur Verfügung stehenden Möglichkeiten und ergänzt eure Bemühungen durch entsprechendes Schrifttum. „Wirkt erzieherisch! Wirkt erzieherisch! Wirkt erzieherisch!" lautet die Botschaft, die mir nachdrücklich aufgetragen worden ist. *CH 449; 1890*

781 Je mehr wir uns dem Ende der Zeit nähern, desto größere Fortschritte müssen wir in der Gesundheitsreform und in der christlichen Mäßigkeit machen. Wir sollen sie noch bewusster und entschlossener verkündigen. Es muss unser ständiges Bestreben sein, die Menschen durch Wort und Tat zu erziehen. Wenn Theorie und Praxis übereinstimmen, übt das einen bezwingenden Einfluss aus. *6T 112; 1900*

Aufruf an Prediger, Vorsteher und andere leitende Brüder
782 Unsere Prediger müssen sich viel Verständnis über die Gesundheitsreform aneignen und sich mit Physiologie und Hygiene befassen. Sie sollten die Gesetze des Körpers verstehen und erkennen, wie sich diese auf die Gesundheit des Geistes und der Seele auswirken. Tausende und Abertausende wissen wenig über den wunderbaren Körper, den ihnen Gott geschenkt hat. Sie wissen auch nicht, wie man ihn gesund erhält. Sie halten es für wichtiger, sich mit weniger wichtigen Dingen zu beschäftigen. Für die Prediger eröffnet sich hier ein Arbeitsfeld. Wenn sie selbst einen richtigen Standpunkt einnehmen, können sie viel erreichen. Im eigenen Leben und in der Familie sollten sie den Gesetzen des Lebens gehorsam sein, indem sie nach richtigen Grundsätzen handeln und gesund leben. Dann werden sie in der Lage sein, kompetent darüber zu sprechen und die Menschen auf dem Weg der Reform immer weiter und höher zu führen. Leben sie selbst entsprechend, dann können sie allen, die ein solches Zeugnis besonders benötigen, eine Botschaft von unschätzbarem Wert verkündigen. Aus der Verbindung der Gesundheitsreform mit anderer Arbeit für die Gemeinde erwachsen dem Prediger wertvolle Segnungen und eine reiche Erfahrung. Die Menschen brauchen das Licht der Gesundheitsreform, aber diese Arbeit ist vernachlässigt worden.

Viele sind in Gefahr zu sterben, weil ihnen die Erkenntnis fehlt, die sie haben sollten. Sie ist nötig, sonst können sie nicht von ihrer Genusssucht ablassen. Die Vorsteher unserer Vereinigungen müssen erkennen, dass es höchste Zeit ist, zu diesem Thema die richtige Haltung einzunehmen. Prediger und Lehrer müssen das Licht weitergeben, das sie empfangen haben. Ihre Arbeit ist auf allen Gebieten nötig. Gott wird ihnen beistehen. Er wird seine Diener stärken, die nicht wanken und sich nicht von der Wahrheit und der Gerechtigkeit abbringen lassen, um der Genusssucht das Wort zu reden.

Die Erziehungsarbeit auf dem Gebiet der ärztlichen Mission ist ein sehr bedeutender Schritt vorwärts, um die Menschen aufzurütteln und ihnen ihre moralische Verantwortung bewusst zu machen. Hätten die Prediger diese Arbeit nach dem von Gott geschenkten Licht in allen Bereichen getan, hätte im Essen, Trinken und in der Kleidung eine ganz einschneidende Umstellung stattgefunden. Manche haben sich jedoch dem Fortschritt der Gesundheitsreform geradezu in den Weg gestellt. Durch Gleichgültigkeit und abfällige Bemerkungen, durch Späße und Witze haben sie die Leute davon abgehalten. Sie selbst und eine große Anzahl anderer Menschen haben bis zum Äußersten leiden müssen. Dennoch sind nicht alle klug geworden. Nur durch ernste Anstrengungen konnten Fortschritte erzielt werden. Die Menschen sind nicht gern bereit, ihr *Ich* aufzugeben. Sie wollen ihren eigenen Willen und ihren Verstand nicht dem Willen Gottes unterwerfen. Durch eigenes Leid und den Einfluss, den es auf andere ausübte, haben sie erkennen müssen, wohin eine solche Handlungsweise unweigerlich führt. Die Gemeinde schreibt Geschichte.

Jeder Tag ist eine Schlacht und ein Marsch. Überall greift uns ein unsichtbarer Feind an. Wir siegen entweder durch Gottes Gnade oder wir werden besiegt. Alle, die in der Gesundheitsreform eine neutrale Haltung einnehmen, bitte ich dringend, sich zu bekehren. Die Erkenntnis darüber ist kostbar. Der Herr fordert durch meine Botschaft alle auf, die in irgendeinem Zweig des Werkes Verantwortung tragen, der Wahrheit in ihrem Herzen und in ihrem Leben einen immer breiteren Raum zu geben. Nur so können sie den Versuchungen begegnen, die in der Welt mit Sicherheit auf sie eindringen werden.

Ohne Gesundheitsreform nicht zum Predigtamt tauglich
Warum bekunden einige unserer Prediger so wenig Interesse an der Gesundheitsreform? Der Grund ist, dass die Genusssucht, der sie nachgeben, dem Gebot einer umfassenden Mäßigkeit entgegensteht. An manchen Orten hat sich das als großes Hindernis erwiesen, um die Menschen zu veranlassen, die Gesundheitsreform zu prüfen, praktisch anzuwenden und an andere weiterzugeben. Niemand sollte zum Lehrer der Menschen berufen werden, dessen eigene Lehre und eigenes Beispiel dem Zeugnis widerspricht, das die Diener Gottes hinsichtlich der Ernährung ablegen sollen. Das würde nur Verwirrung stiften. Die Missachtung der Gesundheitsreform macht einen Prediger als Botschafter des Herrn untauglich. Die Erkenntnis, die der Herr darüber in seinem Wort gegeben hat, ist klar. Die Menschen werden manche Prüfungen und Versuchungen durchzumachen haben, damit sichtbar wird, ob sie diese Erkenntnis auch beherzigen. Jede Gemeinde und jede Familie benötigt eine Unterweisung in christlicher Mäßigkeit. Alle sollten wissen, wie man richtig isst und trinkt, um sich gesund zu erhalten. Wir leben in den Schlussphasen der Weltgeschichte. In den Reihen der Sabbathalter sollte Einigkeit im Vorgehen herrschen.

Wer in diesem großen Werk, das der gesundheitlichen Unterweisung der Menschen dient, abseits steht, wandelt nicht auf dem Weg, den der große Arzt weist. Christus sagte: *„Wenn jemand mir nachkommen will, so verleugne er sich selbst und nehme sein Kreuz auf sich und folge mir nach!"* Matthäus 16,24; 6T 376-378; 1900

Gesundheitserziehung in der Familie

783 Eltern sollten mehr für ihre Kinder da sein und weniger für die Gesellschaft. Befasst euch mit Fragen der Gesundheit und wendet euer Wissen praktisch an. Lehrt eure Kinder, von der Wirkung auf die Ursache zu schließen und dass sie den Naturgesetzen gehorchen müssen, wenn sie gesund und glücklich sein wollen. Lasst euch nicht entmutigen, wenn ihr keine raschen Fortschritte feststellt, sondern setzt geduldig und ausdauernd eure Arbeit fort. Unterweist eure Kinder von der Wiege an, Selbstverleugnung und Selbstbeherrschung zu üben. Zeigt ihnen, sich an den Schönheiten der Natur zu erfreuen und in nützlicher Beschäftigung alle Kräfte des Körpers und des Geistes planmäßig einzusetzen. Zieht sie so auf, dass sie über körperliche Gesundheit und einen hohen sittlichen Wertmaßstab verfügen und ein sonniges und sanftes Gemüt besitzen.

Prägt ihrem zarten Gemüt die Wahrheit ein, dass Gott nicht will, dass wir nur für den Augenblick leben, sondern für unser ewiges Wohl. Macht ihnen klar, dass es von Schwäche und schlechtem Charakter zeugt, der Versuchung nachzugeben, dass es aber edel und männlich ist, ihr zu widerstehen. Diese Lehren lassen sich mit den Samenkörnern vergleichen, die auf guten Boden fielen. Sie werden Früchte hervorbringen, die eure Herzen erfreuen. MH 386; 1905

Durch Genusssucht wird Gottes Werk behindert

784 Die Botschaft der Gesundheitsreform muss in jeder Gemeinde verkündigt werden, ebenso in jeder Schule. Keinem Direktor und keinem Lehrer sollte die Erziehung der Jugend anvertraut werden, wenn er nicht praktische Erfahrung in der Gesundheitsreform gesammelt hat. Einige haben sich die Freiheit herausgenommen, die Grundsätze dieser Reform, von der sie aufgrund eigener Erfahrungen nur wenig verstehen, zu kritisieren und in Frage zu stellen. Sie sollten lieber Schulter an Schulter und einmütig mit jenen kämpfen, die bereits eine gute Arbeit leisten.

Den Gemeinden ist die Gesundheitsreform gepredigt worden. Aber sie haben das Licht nicht von ganzem Herzen angenommen. Die selbstsüchtigen und für die Gesundheit so schädlichen Genüsse von Männern und Frauen standen dieser Botschaft entgegen, die ein Volk für den großen Tag Gottes vorbereiten soll. Wollen die Gemeinden stark sein, müssen sie die von Gott geschenkte Wahrheit ausleben. Wenn aber unsere Geschwister dieses Licht nicht beachten, werden sie sicher geistlichen und körperlichen Verfall ernten. Der Einfluss der älteren Gemeindeglieder wird wie ein Sauerteig die verderben, die erst vor kurzem zum Glauben gefunden haben. Der Herr führt jetzt deshalb nicht viele Menschen zur Wahrheit, weil die Geschwister nicht bekehrt sind und jene, die es einmal waren, wieder zurückfielen. Welchen Einfluss würden diese ungeheiligten Mitglieder auf die Neubekehrten ausüben? Würden sie nicht die Botschaft Gottes, die er seinem Volk übertragen hat, unwirksam machen? *6T 370.371; 1900*

Jedes Gemeindeglied, ein Verkünder der Wahrheit

785 Wir haben eine Zeit erreicht, da jedes Gemeindeglied ärztliche Missionsarbeit treiben sollte. Die Welt ist ein Krankenhaus voller körperlich und seelisch Kranker. Überall gehen Menschen zugrunde, weil sie die Wahrheiten nicht kennen, die uns anvertraut wurden. Den Gemeindegliedern tut eine Erweckung not, damit sie ihre Verantwortung erkennen und diese Wahrheiten verbreiten.

Wen die Wahrheit erleuchtet hat, der soll der Welt ein Lichtträger sein. Unser Licht in dieser Zeit verbergen, hieße einen schrecklichen Fehler begehen. Heute lautet der Ruf an Gottes Volk: „*Mache dich auf, werde Licht! Denn dein Licht kommt, und die Herrlichkeit des Herrn geht auf über dir!*" *Jesaja 60,1* Überall sehen wir Menschen, die viel Licht und Erkenntnis hatten, aber bewusst das Schlechte wählen. Da sie die Gesundheitsreform nicht annehmen, wird es immer schlimmer mit ihnen. Die Kinder Gottes sollen aber nicht im Finstern, sondern im Licht wandeln, denn sie sind Gesundheitsreformer. *6T 370.371; 1900*

Errichtet neue Wirkungsstätten

786 Es ist die ausdrückliche Pflicht des Volkes Gottes, auch in neuen Gebieten zu arbeiten. Schafft die Voraussetzung, um Neuland vorzubereiten und überall dort, wo es möglich ist, neue Wirkungsstätten zu errichten. Sucht Mitarbeiter, die echten Missionseifer besitzen, und schickt sie hinaus, um nah und fern Licht und Erkenntnis zu verbreiten. Sie sollen die lebendigen Grundsätze der Gesundheitsreform in Gegenden tragen, die größtenteils nichts davon wissen. Bildet Klassen und erteilt Unterricht in Krankenbehandlung. *8T 148; 1904*

787 Für Frauen gibt es ebenso wie für Männer viel zu tun. Die Hilfe der tüchtigen Köchin, Näherin und Pflegerin ist nötig. Die Mitglieder armer Familien müssen belehrt werden, wie sie richtig kochen, Kleidungsstücke herstellen und ausbessern, Kranke pflegen und den Hausstand richtig versorgen können. Selbst die Kinder sollten dazu angehalten werden, kleine Liebesdienste zu tun und denen Barmherzigkeit zu erweisen, die es nicht so gut haben wie sie selbst. *9T 36.37; 1909*

Reformer, geht voran!
788 Das Werk der Gesundheitsreform ist in der Hand des Herrn ein Mittel, das Leid in der Welt zu lindern und seine Gemeinde zu reinigen. Lehrt die Leute, dass sie Gottes Werkzeug sein können, wenn sie mit dem Meister zusammenarbeiten, um die körperliche und geistliche Gesundheit wiederherzustellen. Diese Arbeit trägt den Stempel des Himmels und wird kostbaren Wahrheiten die Türen öffnen. Es gibt für alle, die diese Arbeit verständnisvoll beginnen wollen, ein großes Betätigungsfeld.

„Haltet das Werk der Gesundheitsreform hoch!" lautet die Botschaft, die ich an euch richten soll. Erklärt ihren Wert so klar und deutlich, dass ein großes Bedürfnis danach geweckt wird.

Der Verzicht auf alle schädlichen Nahrungsmittel und Getränke ist die Frucht wahrer Frömmigkeit. Wer wirklich bekehrt ist, wird alle schädlichen Gewohnheiten und Lüste aufgeben. Durch vollständige Enthaltsamkeit wird er das Verlangen nach allem überwinden, was die Gesundheit zerstört.

Mir ist aufgetragen worden, den Verkündigern der Gesundheitsreform zuzurufen: „Geht voran!" Die Welt hat jede kleine Anstrengung nötig, die darauf ausgerichtet ist, die Flut der Unmoral einzudämmen. Alle, die die Botschaft des dritten Engels verkündigen, müssen treu zu ihrer Fahne stehen. *9T 112.113; 1909*

2. DIE GESUNDHEITSREFORM VERKÜNDIGEN

Haltet euch das große Ziel der Reform vor Augen
789 Eine gründliche Unterweisung in der Ernährungsreform ist dringend nötig. Falsche Essgewohnheiten und die Verwendung ungesunder Nahrungsmittel sind nicht unerheblich für die Unmäßigkeit, das Verbrechen und das Elend, die ein Fluch in dieser Welt sind. Wenn ihr

die Gesundheitsgesetze erklärt, dann haltet euch das große Ziel der Reform vor Augen. Ihr Zweck besteht darin, die höchste Entfaltung von Körper, Seele und Geist zu gewährleisten. Weist darauf hin, dass uns die Naturgesetze, die auch Gesetze Gottes sind, zum Besten dienen; dass Gehorsam ihnen gegenüber unser irdisches Glück fördert und dazu beiträgt, uns auf das künftige Leben vorzubereiten.

Ermutigt die Menschen, die Offenbarungen der Liebe und Weisheit Gottes in den Werken der Natur zu studieren und den wunderbaren Organismus, den menschlichen Körper, und die Gesetze zu erforschen, von denen er beherrscht wird.

Wer die Beweise der Liebe Gottes erlebt, etwas von der Weisheit und dem Segen seiner Gesetze versteht und die Folgen des Gehorsams erkennt, wird lernen, seine Pflichten und Verantwortlichkeiten von einem ganz anderen Standpunkt aus zu betrachten. Anstatt in der Beachtung der Gesundheitsgesetze ein Opfer oder eine Selbsteinschränkung zu sehen, wird er diese Gebote als das empfinden, was sie wirklich sind – ein unschätzbarer Segen. Jedem Evangeliumsarbeiter sollte bewusst sein, dass es zu seinem Aufgabenbereich gehört, die Grundsätze einer gesunden Lebensweise zu lehren. Für diese Arbeit besteht ein großes Bedürfnis. Die Welt hat dafür ein offenes Ohr. *MH 146.147; 1905*

790 Die Forderungen Gottes müssen dem Gewissen eingeschärft werden. Männer und Frauen sollen sich der Pflicht zur Selbstbeherrschung bewusst werden, die Notwendigkeit erkennen, rein zu werden, und einsehen lernen, dass sie von jeder unreinen Gewohnheit und einer verdorbenen Esslust frei werden müssen.

Es muss ihnen die Tatsache eingeprägt werden, dass alle ihre Körper- und Geisteskräfte eine Gabe Gottes sind und bestmöglichst für seinen Dienst erhalten werden müssen. *MH 130; 1905*

Ahmt die Methoden des Heilands nach!

791 Nur die Methode Christi ist wirklich erfolgreich in dem Bemühen, die Menschen zu erreichen. Der Heiland verkehrte mit den Menschen als einer, der ihr Bestes wünschte. Er erwies ihnen Mitgefühl, diente ihren Bedürfnissen und gewann ihr Vertrauen. Dann gebot er ihnen: *„Folgt mir nach!"*

Wir müssen den Menschen durch persönliche Bemühungen nahe kommen. Wenn wir weniger Zeit fürs Predigen aufwendeten und mehr Zeit dem persönlichen Dienst widmeten, könnten wir mehr Erfolg haben. Wir sollten Armen helfen, Kranke betreuen, Traurige und

Betrübte trösten, Unwissende unterweisen und Unerfahrene beraten. Wir sollten mit den Weinenden weinen und uns mit den Fröhlichen freuen. Getragen von unserer Überzeugungskraft, der Macht des Gebets und der Macht der Liebe Gottes kann und wird dieses Werk nicht ohne Frucht bleiben.

Wir sollten stets daran denken, dass es das Ziel der ärztlichen Missionsarbeit ist, sündenkranke Männer und Frauen auf den Mann von Golgatha hinzuweisen, der die Sünden der Welt wegnimmt. Wenn sie ihren Blick auf ihn richten, werden sie in sein Bild verwandelt werden. Unsere Aufgabe ist es, die Kranken und Leidenden zu ermutigen, auf Jesus zu blicken und durch ihn zu leben. Unsere Mitarbeiter müssen den Menschen, die durch körperliche und seelische Krankheiten mutlos geworden sind, ständig Christus, den großen Arzt, vor Augen halten. Weist sie auf den einen hin, der körperliche und seelische Leiden heilen kann. Erzählt ihnen von dem, der mit ihren Schwachheiten Mitleid empfindet. Ermutigt sie, sich dem anzuvertrauen, der sein Leben hingab, um uns das ewige Leben zu ermöglichen. Sprecht von seiner Liebe. Erzählt von seiner rettenden Macht. *MH 143.144; 1905*

Seid taktvoll und höflich

792 Bedenkt bei all eurer Arbeit, dass ihr mit Christus verbunden seid. Ihr seid ein Teil des großen Erlösungsplanes. Die Liebe Christi muss wie ein heilender, lebensspendender Strom durch euer Leben fließen. Wenn ihr versucht, andere in den Bann seiner Liebe zu ziehen, soll die Reinheit eurer Sprache, die Selbstlosigkeit eures Dienstes und euer freudiges Benehmen Zeugnis für die Macht seiner Gnade ablegen. Stellt ihn der Welt gegenüber so rein und gerecht dar, dass die Menschen ihn in seiner Schönheit sehen können. Es hat wenig Sinn, andere dadurch zu einer Reform zu bewegen, dass wir das angreifen, was wir als verkehrte Gewohnheit betrachten. Ein solches Bemühen richtet oft mehr Schaden an, als es nützt. In seinem Gespräch mit der Samariterin wies Christus auf etwas Besseres hin, statt den Jakobsbrunnen zu kritisieren. *„Wenn du die Gabe Gottes erkennen würdest und wer der ist, der zu dir spricht: Gib mir zu trinken!, so würdest du ihn bitten, und er gäbe dir lebendiges Wasser."* Johannes 4,10

Er lenkte die Unterhaltung auf den Schatz, den er zu vergeben hatte, und bot der Frau etwas Besseres an, als sie besaß, nämlich lebendiges Wasser – die Freude und Hoffnung des Evangeliums. Das ist ein Beispiel dafür, wie wir arbeiten sollen. Wir sollen den Menschen etwas Besseres anbieten, als sie besitzen – den Frieden Christi, der alle Erkenntnis übersteigt. Wir müssen ihnen von Gottes heiligem Gesetz erzählen, dem Spiegelbild seines Charakters und Ausdruck dessen, was sie nach Gottes Wunsch werden sollten. ...

Von allen Menschen in der Welt sollten Reformer die selbstlosesten, freundlichsten und höflichsten Leute sein. In ihrem Leben sollte der wahre Wert selbstloser Taten erkennbar werden. Der Arbeiter, der einen Mangel an Höflichkeit offenbart, sich über die Unwissenheit oder Widerspenstigkeit anderer ungeduldig zeigt, unüberlegt spricht oder gedankenlos handelt, kann sich die Tür zu den Herzen der Menschen für immer verschließen. *MH 156.157; 1905*

Weiterführende Ernährungsreform
793 Schon zu Beginn der Gesundheitsreform haben wir die Notwendigkeit erkannt, auszubilden und zu lehren. Gott wünscht, dass wir diese Ausbildungstätigkeit unter der Bevölkerung fortsetzen. ...

Beim Unterweisen in der Gesundheitsreform müssen wir, wie in aller anderen Evangeliumsarbeit, die Situation der Menschen berücksichtigen. Ehe wir nicht in der Lage sind, ihnen zu zeigen, wie sie eine wohlschmeckende, nahrhafte und doch nicht kostspielige Reformkost zubereiten können, sollten wir hinsichtlich gesunder Reformnahrung nicht die höchsten Forderungen an sie stellen.

Die Ernährungsreform muss stufenweise erfolgen. Lehrt die Menschen, Speisen zuzubereiten, ohne Milch und Butter zu verwenden. Sagt ihnen, dass bald die Zeit kommt, da der Genuss von Eiern, Milch, Sahne oder Butter nicht mehr unbedenklich ist, da die Krankheiten unter den Tieren so zunehmen wie die Bosheit unter den Menschen. Die Zeit ist nahe, da alle Tiere der Schöpfung wegen der Bosheit des gefallenen Menschengeschlechts unter Krankheiten – dem Fluch unserer Erde – seufzen werden. Gott wird seinen Kindern Fähigkeiten und Geschick verleihen, gesunde Nahrung ohne diese Dinge zuzubereiten. Unsere Geschwister sollten alle ungesunden Rezepte weglassen und sich eine gesunde Lebensweise aneignen und anderen weitergeben, was sie selbst gelernt haben. Sie sollten diese Kenntnisse genauso wie die Bibelwahrheit weitergeben. Sie können die Menschen unterweisen, die Gesundheit dadurch zu erhalten und ihre Kräfte zu mehren, dass sie viel Gekochtes vermeiden, das die Welt nur mit chronischen Krankheiten überschwemmt hat. Durch Belehrung und Beispiel können sie zeigen, dass die Nahrung, die Gott Adam in seinem sündlosen Zustand gab, die beste Nahrung für alle ist, die diesen Zustand wieder erreichen möchten. Wer die Grundsätze der Gesundheitsreform lehrt, sollte etwas von Krankheiten und ihren Ursachen verstehen. Er muss wissen, dass jede Handlungsweise des Menschen mit den Gesundheitsgesetzen völlig übereinstimmen sollte. Das Licht, das uns Gott in der Gesundheitsreform geschenkt hat, dient sowohl uns als auch der Welt zum Besten. Männer und Frauen müssen über den menschlichen Körper Bescheid wissen, den sich der Schöpfer als Wohnort eingerichtet hat und über den wir nach seinem Willen treu wachen sollen. *„Wie stimmt der Tempel Gottes mit Götzenbildern überein? Denn ihr seid ein Tempel des lebendigen Gottes, wie Gott gesagt hat: ‚Ich will in ihnen wohnen und unter ihnen wandeln und will ihr Gott sein, und sie sollen mein Volk sein'."* 2.Korinther 6,16 Haltet die Gesundheitsgrundsätze hoch! Der Herr möchte alle führen, die aufrichtigen Herzens sind. Verkündet die Grundsätze der Mäßigkeit so anziehend wie möglich und verbreitet Bücher über gesunde Lebensweise.

Die Wirkung unseres Gesundheitsschrifttums
Die Menschen benötigen dringend das Licht, das von unseren Gesundheitsbüchern und -zeitschriften ausgeht. Gott möchte, dass wir dieses Schrifttum verwenden, um durch dessen Lichtstrahlen die Aufmerksamkeit der Menschen zu gewinnen und sie dazu bewegen, die Warnungsbotschaft des dritten Engels zu beachten. Unsere Gesundheitsliteratur ist ein Mittel, eine besondere Missionsarbeit zu tun, um das Licht zu verbreiten, das die Bewohner dieser Welt in dieser göttlichen Vorbereitungszeit empfangen müssen. Auf dem Gebiet der Gesundheit und Mäßigkeit sowie zugunsten sozialer Reformen üben sie einen bedeutenden Einfluss aus. Sie wird erfolgreich dazu beitragen, den Menschen dieses Anliegen in der rechten Art und im richtigen Licht bekanntzumachen. *7T 132-136; 1902*

Traktate über die Gesundheitsreform
794 Es sollten ernsthaftere Anstrengungen unternommen werden, die Menschen über das große Anliegen der Gesundheitsreform aufzuklären. Traktate von vier, acht, zwölf, sechzehn oder mehr Seiten Umfang mit gut geschriebenen und sachkundigen Artikeln sollten wie die Blätter im Herbst ausgestreut werden. *RH 4.11.1875*

Die Frage des Fleischessens erfordert Bedachtsamkeit
795 In diesem Land (Australien) gibt es einen organisierten Verein von Vegetariern, allerdings mit verhältnismäßig wenig Mitgliedern. Üblicherweise ist das Fleischessen in allen Bevölkerungsschichten

weit verbreitet. Fleisch ist das günstigste Nahrungsmittel. Und sogar bei den ganz Armen steht gewöhnlich Fleisch auf dem Tisch. Deshalb braucht es in der Fleischfrage um so größere Klugheit. Wir dürfen deswegen nicht unüberlegt vorgehen und müssen die Verhältnisse der Menschen und die Macht lebenslanger Gewohnheiten und Gepflogenheiten berücksichtigen.

Wir sollten uns davor hüten, anderen unsere Vorstellungen aufzudrängen, so als ob diese Frage ein Prüfstein wäre und alle, die viel Fleisch essen, die schlimmste Sünde begingen. Alle sollten deswegen informiert werden. Aber es muss mit Bedacht geschehen. Gewohnheiten, die man ein Leben lang als richtig betrachtet hat, lassen sich nicht durch übereilte oder harte Maßnahmen ändern.

Wir sollten bei unseren Zeltversammlungen und anderen großen Zusammenkünften auf die Menschen erzieherisch einwirken. Bei der Unterweisung in der Gesundheitsreform muss die Theorie durch das Beispiel bekräftigt werden.

In unseren Restaurants und Speisezelten darf kein Fleisch serviert werden, aber dafür Früchte, Getreide und Gemüse. Wir müssen das, was wir lehren, auch tun. Sind wir irgendwo zu Gast, wo Fleisch serviert wird, dürfen wir diejenigen, die Fleisch essen, nicht mit Vorwürfen überfallen. Wir selbst sollten es nicht anrühren. Wenn wir nach dem Grund unserer Handlungsweise gefragt werden, sollten wir freundlich erklären, warum wir kein Fleisch essen. *Letter 102; 1896*

Manchmal müssen wir auch schweigen
796 Ich habe es nie als meine Aufgabe angesehen, den Menschen zu sagen, dass sie unter keinen Umständen Fleisch essen dürfen. Eine solche Aussage würde angesichts der Tatsache, dass die Menschen in so großem Umfang zum Fleischgenuss erzogen worden sind, die Sache auf die Spitze treiben. Ich habe mich nie dazu gedrängt gefühlt, derart radikale Aussagen zu machen. Was ich gesagt habe, das habe ich aus einem Pflichtgefühl heraus gesagt. Ich war in meinen Aussagen vorsichtig, weil ich niemandem Gelegenheit geben wollte, sich zum Gewissen für andere zu machen. ... Ich habe in diesem Land ähnliche Erfahrungen gemacht wie in neu erschlossenen Gebieten in Amerika. Ich habe Familien angetroffen, deren Verhältnisse es ihnen nicht gestatten würden, den Tisch mit gesunden Speisen zu decken. Ungläubige Nachbarn hatten ihnen Fleisch von frisch geschlachteten Tieren zukommen lassen. Daraus bereiteten sie eine Fleischsuppe und versorgten ihre große Kinderschar mit Brot und Suppe. Es war weder

meine Pflicht, noch glaube ich, ist es die Pflicht irgendeines anderen Menschen, solche Familien über die üblen Folgen des Fleischessens aufzuklären. Ich empfinde aufrichtiges Mitleid für Familien, die jung im Glauben sind und in so erdrückender Armut leben, dass sie nicht wissen, mit was sie ihre nächste Mahlzeit zubereiten sollen. Es ist nicht meine Pflicht, mit ihnen über gesunde Ernährung zu sprechen. Wir müssen zur rechten Zeit reden und zur rechten Zeit schweigen. Die Gelegenheit, die sich durch derartige Umstände bietet, erfordert Worte der Ermutigung und Freude und nicht Worte des Tadels und der Verurteilung. Wer sich sein ganzes Leben lang von Fleisch ernährt hat, findet nichts Schlimmes daran, diese Gepflogenheit fortzusetzen. Wir müssen solchen Menschen verständnisvoll begegnen. *Letter 76; 1895*

797 Wenn wir auch gegen Schlemmerei und Unmäßigkeit sind, müssen wir doch die Situation berücksichtigen, in dem die menschliche Familie steckt. Gott hat für alle Vorsorge getroffen, die in den verschiedenen Ländern der Erde leben. Alle, die Mitarbeiter Gottes sein möchten, müssen sorgfältig überlegen, ehe sie genau sagen, was man essen und was man nicht essen soll. Wir sollen mit den Menschen Kontakt aufnehmen. Lehrte man die Gesundheitsreform in ihrer extremsten Form denen, die es nicht umsetzen können, so würde man dadurch mehr schaden als nützen. Predige ich den Armen das Evangelium, so soll ich ihnen nach den mir gegebenen Anweisungen sagen, sie sollten die Nahrung genießen, die am nahrhaftesten ist. Ich kann ihnen aber nicht sagen: *„Ihr dürft keine Eier essen, keine Milch trinken und keine Sahne verwenden; und ihr dürft auch keine Butter zur Zubereitung der Mahlzeiten verwenden!"* Das Evangelium muss den Armen gepredigt werden. Die Zeit aber ist noch nicht gekommen, die strengsten Regeln hinsichtlich der Ernährung vorzuschreiben. *9T 163; 1909*

Eine falsche Arbeitsmethode

798 Habt keine unrealistischen Vorstellungen. Macht sie auch nicht zum Prüfstein, indem ihr andere kritisiert, deren Handlungsweise mit euren Ansichten nicht übereinstimmt. Studiert die Sache eingehend und gründlich und seht zu, dass eure eigenen Vorstellungen und Handlungen mit den Grundsätzen wahrer christlicher Mäßigkeit völlig übereinstimmen. Es gibt viele, die die Lebensweise anderer Menschen korrigieren wollen, indem sie Gewohnheiten verurteilen, die ihrer Meinung nach falsch sind. Sie suchen die auf, die ihrer Ansicht im Irrtum sind, und zeigen ihnen ihre Fehler. Aber sie versuchen nicht, die

Aufmerksamkeit auf die richtigen Grundsätze zu lenken. Eine solche Vorgehensweise verfehlt oft weit das gesteckte Ziel. Wenn wir unsere Absicht kundtun, dass wir andere bessern möchten, erregen wir häufig deren Widerstand und richten mehr Schaden an, als wir nützen. Auch der, der den Tadel ausspricht, ist dann dabei in Gefahr. Denn wenn jemand versucht, andere zu korrigieren, verfällt er leicht in die Kritiksucht. Bald konzentriert sich sein ganzes Interesse darauf, bei anderen Fehler zu entdecken und Mängel aufzuzeigen. Wacht nicht über andere, um ihre schwachen Punkte aufzuspüren und ihre Irrtümer zu offenbaren. Erzieht ihnen vielmehr durch die Macht eures eigenen Beispiels bessere Gewohnheiten an. Denkt stets daran, dass das große Ziel der Gesundheitsreform darin besteht, die höchstmögliche Entfaltung von Körper, Seele und Geist zu gewährleisten. Alle Naturgesetze, die auch Gesetze Gottes sind, dienen zu unserem Besten. Gehorsam ihnen gegenüber fördert unser irdisches Glück und trägt dazu bei, uns für das zukünftige Leben vorzubereiten. Es gibt besseren Gesprächsstoff als die Fehler und Schwächen der Mitmenschen. Sprecht von Gott und seinen wunderbaren Werken. Vertieft euch in die Offenbarungen seiner Liebe und erforscht die Weisheit, die in den Werken der Natur zum Ausdruck kommt. CTBH 119.120; 1890

Lehrt durch euer Vorbild

799 Gestattet es nicht, wenn ihr mit Ungläubigen zu tun habt, dass man euch von den rechten Grundsätzen ablenkt. Esst ihr mit ihnen, so seid mäßig und nehmt nur von den Speisen, die euren Geist nicht verwirren. Vermeidet Unmäßigkeit. Ihr könnt es euch nicht leisten, eure geistigen und körperlichen Kräfte zu schwächen, sonst werdet ihr am Ende unfähig, geistliche Dinge zu beurteilen. Erhaltet euren Geist in einem solchen Zustand, dass Gott ihm die kostbaren Wahrheiten seines Wortes einprägen kann. ...

Beobachtet die anderen nicht, um ihre Fehler oder Irrtümer aufzudecken. Lehrt durch euer Vorbild. Eure Selbstverleugnung und euer Sieg über die Begierden sollen ein Beispiel des Gehorsams für richtige Grundsätzen sein. Euer Leben soll den heiligenden und veredelnden Einfluss der Wahrheit bezeugen. 6T 336; 1900

Predigt Mäßigkeit auf eine eindrucksvolle Art

800 Der Herr erwartet von jedem Prediger, jedem Arzt und jedem Gemeindeglied behutsames Vorgehen. Menschen, die unseren Glauben nicht kennen, dürfen nicht zu einer plötzlichen Umstellung in der Ernährung überredet werden. Auf diese Weise würde man sie einer frühzeitigen Bewährungsprobe unterziehen. Haltet ihnen die Grundsätze der Gesundheitsreform vor Augen. Der Herr wird diejenigen führen, die aufrichtigen Herzens sind. Sie werden hören und glauben.

Der Herr will nicht, dass seine Boten die herrlichen Wahrheiten der Gesundheitsreform so verkünden, dass andere Menschen Vorurteile aufbauen. Niemand darf denen, die auf dem dunklen Pfad der Unwissenheit wandeln, Hindernisse in den Weg legen. Selbst wenn wir eine gute Sache loben, ist es angebracht, die Begeisterung zu dämpfen, damit wir unsere Zuhörer nicht abstoßen. Predigt die Grundsätze der Mäßigkeit eindrucksvoll.

Wir dürfen auch nicht vermessen handeln. Die Arbeiter, die neue Gebiete betreten, um Gemeinden zu gründen, dürfen nicht dadurch Schwierigkeiten heraufbeschwören, dass sie versuchen, dem Thema Ernährung die höchste Bedeutung beizumessen. Sie sollten sich davor hüten, die Grenzen zu eng abzustecken. Man würde auf diese Weise den Menschen nur Steine vor die Füße werfen. Treibt die Leute nicht, sondern führt sie. Predigt das Wort, wie es in Jesus Christus ist. ...

Unsere Arbeiter müssen entschlossen und beharrlich kämpfen und dürfen dabei nicht vergessen, dass man nicht alles auf einmal erlernen kann. Sie müssen sich von dem festen Entschluss leiten lassen, die Menschen in aller Geduld zu unterweisen. *Letter 135; 1902*

801 Weißt du nicht, dass jeder Mensch für sich selbst verantwortlich ist? Wir machen einzelne Nahrungsmittel nicht zum Prüfstein, sondern versuchen, den Verstand anzusprechen und das sittliche Empfinden für die Gesundheitsreform in derselben vernünftigen Weise zu wecken, wie es Paulus tat. *Siehe Römer 13,8-14; 1.Korinther 9,24-27; 1.Timotheus 3,8-12; Ms 1a; 1890*

Wir müssen den Menschen auf ihrer Stufe begegnen
802 Sara (Mc Enterfer) wurde einmal nach Dora Creek zu einer Familie gerufen, in der sämtliche Familienmitglieder krank waren. Der Vater stammte aus einer hochangesehenen Familie, war aber Alkoholiker. Seine Frau und seine Kinder litten große Not. Zum Zeitpunkt der Erkrankung war im ganzen Haus nichts Essbares zu finden. Dennoch lehnten sie alles ab, was wir ihnen brachten. Sie waren gewohnt, Fleisch zu essen. Es wurde uns klar, dass wir etwas unternehmen mussten. Ich trug Sara auf, einige unserer Hühner zu schlachten und daraus eine Fleischbrühe zuzubereiten. Sara behandelte die Familie während der

Zeit ihrer Krankheit und ernährte sie mit dieser Brühe. Bald darauf waren alle wieder gesund.

Das war also der Weg, den wir beschritten haben. Wir sagten den Leuten nicht: „*Ihr dürft kein Fleisch essen.*" Obwohl wir es selbst nicht aßen, gaben wir der Familie das zu essen, was wir während ihrer Krankheit für angebracht hielten. Es gibt Situationen, in denen wir den Menschen auf ihrer Stufe begegnen müssen.

Der Vater der Familie war ein intelligenter Mann. Als die Familie wieder gesund war, machten wir sie mit der Heiligen Schrift bekannt. Der Mann bekehrte sich und nahm die Wahrheit an. Er warf seine Pfeife weg und gab das Trinken auf. Von da an rauchte und trank er nicht mehr, solange er lebte.

Sobald es die Umstände erlaubten, brachten wir ihn auf unseren Hof und beschäftigten ihn als Landarbeiter. Während wir in Newcastle Versammlungen besuchten, starb er. Trotz sorgfältiger Behandlung durch einige unserer Mitarbeiter hat der lange missbrauchte Körper darauf nicht mehr angesprochen. Aber der Mann starb als Christ und im Gehorsam gegenüber den Geboten. *Letter 363; 1907*

Abwehr extremer Anschauungen – eine historische Feststellung

➤ *Ergänzendes von James White – siehe Anhang 2*

803 Als wir im Herbst 1870 aus Kansas zurückkehrten, war Brd. B... zu Hause. Er hatte Fieber. ... Sein Zustand war kritisch. ... Wir gönnten uns keine Ruhepause, obwohl wir das sehr nötigt gehabt hätten. Die Zeitschriften „*The Review and Herald*", „*The Health Reformer*" und „*The Youth's Instructor*" mussten druckfertig gemacht werden. *[Alle Redakteure waren damals krank]* ... Mein Mann begann mit der Arbeit und ich half ihm dabei, so gut ich konnte. ...

Die Zeitschrift „*The Health Reformer*" stand vor dem Zusammenbruch. Brd. B... hatte die extremen Ansichten von Dr. Trall verfochten. Das hatte den Arzt ermuntert, in dieser Zeitschrift „*The Health Reformer*" noch weiter zu gehen, als er es sonst getan hätte, und die Verwendung von Milch, Zucker und Salz zu verwerfen. Dieser Standpunkt – nämlich der völlige Verzicht auf diese Dinge – mag an sich richtig sein. Aber die Zeit ist noch nicht gekommen, um diesbezüglich eine verbindliche Haltung einzunehmen. Doch wer das tut und für die Streichung von Milch, Butter und Zucker eintritt, sollte diese Dinge auch selbst nicht verwenden. Brd. B... hielt sich nicht an das, was er lehrte, obwohl er sich zur selben Zeit gemeinsam mit Dr. Trall in „*The*

Health Reformer" gegen die schädliche Wirkung von Salz, Milch und Zucker aussprach. Bei ihm zuhause standen diese Dinge aber täglich auf dem Tisch.

Viele unserer Geschwister hatten das Interesse an der Zeitschrift *„The Health Reformer"* verloren. Täglich erreichten uns Briefe mit der entmutigenden Aufforderung: *„Bitte, schickt mir den ‚Reformer' nicht mehr!"* Nirgendwo im Westen gelang es uns, für den *„Gesundheitsreformer"* Interesse zu wecken und Abonnenten zu gewinnen. Wir mussten erkennen, dass sich die Schreiber im *„Reformer"* von den Menschen entfernten und im Begriff standen, den Kontakt zu verlieren.

Wenn wir Ansichten vertreten, die gewissenhafte Christen, die wirklich Reformer sind, nicht teilen können, dürfen wir von denen, die wir nur über den Weg der Gesundheit erreichen können, nicht erwarten, dass ihnen das weiter hilft.

Geduld, Vorsicht und Beharrlichkeit in Fragen der Reform
Wir dürfen nicht so schnell voran eilen, dass wir diejenigen nicht mitziehen können, deren Gewissen und Verstand von den Wahrheiten überzeugt sind, die wir vertreten. Wir müssen den Leuten auf ihrer Stufe begegnen. Manche von uns haben viele Jahre gebraucht, um den momentanen Stand in der Gesundheitsreform zu erreichen. Es bedeutet viel Arbeit, um eine Ernährungsreform umzusetzen. Wir haben dabei eine mächtige Esslust zu überwinden. Denn die Welt ist der Schlemmerei verfallen.

Wenn wir den Menschen genauso viel Zeit einräumten, wie wir benötigen, um den derzeitig aktuellen Stand in der Reform zu erreichen, würden wir für sie viel Geduld aufbringen. Wir würden ihnen dann auch erlauben, Schritt für Schritt voranzugehen – so wie wir es getan haben –, bis sie in der Gesundheitsreform fest gegründet sind. Wir sollten sehr behutsam sein, um nicht zu schnell voranzugehen, und dann gezwungen sind, wieder rückwärts zu gehen. Bei Reformen ist es besser, das Ziel um einen Schritt zu verfehlen, als darüber hinauszuschießen. Und wenn wir schon irren, soll dieser Irrtum nicht zu weit entfernt vom Standpunkt der Menschen liegen. Vor allen Dingen dürfen wir nicht schriftlich Anschauungen vertreten, die wir in unseren eigenen Familien, an unseren eigenen Tischen nicht ausleben. Das wäre Verstellung, eine Form von Heuchelei. In Michigan kann man eher ohne Salz, Zucker und Milch auskommen. Im äußersten Westen oder Osten, wo ein Mangel an Obst herrscht, ist das vielen Menschen nicht möglich. ... Wir wissen, dass eine freizügige Verwendung dieser

Nahrungsmittel der Gesundheit ohne Zweifel schadet; wir sind auch der Meinung, dass man sich in vielen Fällen einer weit besseren Gesundheit erfreuen würde, wenn man auf alle diese Dinge verzichtete. Aber zum jetzigen Zeitpunkt sollten wir uns damit nicht belasten. Die Menschen hinken so weit hinterher, dass wir uns damit begnügen müssen, eine Trennlinie gegenüber ihren schädlichen Lüsten und aufputschenden Suchtmitteln zu ziehen. Mehr können sie noch nicht vertragen. Wir sind eindeutig gegen Tabak, Alkohol, Schnupftabak, schwarzen Tee, Bohnenkaffee, Fleisch, Butter, Gewürze, kalorienreiche Torten, Fleischpasteten, übermäßig viel Salz und alle erregenden Substanzen, die als Nahrungsmittel Verwendung finden.

Kommen wir zu Menschen, die zum Thema Gesundheitsreform keine Erkenntnis haben, und legen wir ihnen gleich unsere strengsten Standpunkte vor, besteht die Gefahr, dass sie entmutigt werden, wenn sie sehen, was sie alles aufgeben müssen. Sie würden sich erst gar nicht anstrengen, eine Umstellung vorzunehmen. Wir müssen die Menschen geduldig und schrittweise anleiten und dabei an die Tiefe des Abgrundes denken, aus dem wir gekommen sind. *3T 18-21; 1870*

3. KOCHKURSE

Eine Aufgabe von äußerster Wichtigkeit
804 Überall, wo wir in unseren Großstädten ärztliche Missionsarbeit betreiben, sollten wir auch Kochkurse anbieten. Wo die Missionsarbeit in der Gründung eines großen Schulwerkes besteht, sollte man auch ein vegetarisches Restaurant eröffnen, das dann in der richtigen Auswahl und Zubereitung der Speisen praktischen Anschauungsunterricht erteilt. *7T 55; 1902*

805 Haltet Kochkurse ab! Lehrt die Leute, wie man gesunde Nahrung zubereitet! Führt ihnen die Notwendigkeit vor Augen, auf ungesunde Speisen zu verzichten. Befürwortet aber keineswegs eine Mangelernährung. Eine gesunde, nahrhafte Kost ohne die Verwendung von schwarzem Tee, Bohnenkaffee und Fleisch ist durchaus möglich. Es ist sehr wichtig, die Menschen zu unterweisen, wie sie gesunde, schmackhafte Speisen zubereiten können. *9T 112; 1909*

806 Einige sind wieder zur Fleischnahrung zurückgekehrt, nachdem sie vegetarisch gelebt hatten. Das ist töricht und zeigt eine mangelnde Kenntnis, wie man statt Fleisch geeignete Nahrung zubereitet. In Amerika und in anderen Ländern sollten von erfahrenen Lehrern geleitete Kochkurse abgehalten werden. Wir müssen alles tun, um den Menschen den Wert der Reformkost zu zeigen. *7T 126; 1902*

807 Die Ernährungsreform muss stufenweise erfolgen. Mit der Ausbreitung von Tierkrankheiten wird die Verwendung von Milch und Eier immer bedenklicher. Wir sollten sie durch anderes ersetzen, das gesund und preiswert ist. Überall zeige man den Menschen, wie sie möglichst ohne Milch und Eier kochen und trotzdem gesunde und schmackhafte Speisen zubereiten können. *MH 320.321; 1905*

808 Wer die Vorteile richtig geführter Vollwert-Kochkurse nutzt, das wird sowohl für die eigene Küche als auch zur Unterweisung seiner Mitmenschen nützlich sein. *CTBH 119; 1890*

In jeder Gemeinde, an jeder Schule und im Missionsfeld

809 Jede Gemeinde sollte eine Ausbildungsstätte für christliche Arbeiter sein. Ihre Glieder sollten gelehrt werden, wie man Bibellesungen hält, eine Sabbatschule leitet und eine Klasse unterrichtet, wie man am besten den Armen hilft, für Kranke sorgt und für Unbekehrte arbeitet. Veranstaltet Gesundheits- und Kochkurse und unterrichtet in den verschiedenen Zweigen christlicher Helferarbeit. Es sollte aber nicht nur in Theorie unterrichtet werden, sondern auch durch praktische Arbeit unter der Anleitung erfahrener Lehrer. *MH 149; 1905*

810 Jedes vegetarische Restaurant sollte seinen Mitarbeitern als Schulungsstätte dienen. In den Städten kann dieser Bereich des Werkes in viel größerem Rahmen durchgeführt werden als in kleineren Orten. Aber überall, wo eine Gemeinde und eine Gemeindeschule existiert, sollte denen, die nach den Grundsätzen der Gesundheitsreform leben möchten, Unterricht in der Zubereitung einfacher und gesunder Speisen angeboten werden. In allen Missionsfeldern kann man eine ähnliche Arbeit tun. Die Zusammenstellung von Früchten, Samen, Getreide und Wurzeln zu gesunder Nahrung ist des Herrn Werk. An jedem Ort, wo eine Gemeinde gegründet wurde, sollen die Geschwister in Demut vor dem Herrn tätig sein und sich darum bemühen, die Menschen mit den Gesundheitsgrundsätzen bekannt zu machen. *Ms 79; 1900*

Am richtigen Ort

811 Soweit möglich, sollte unsere Zeltversammlung ausschließlich geistlichen Angelegenheiten gewidmet sein. ...

Mit geschäftlichen Dingen sollen sich die befassen, die dafür besonders beauftragt worden sind. Geschäftsangelegenheiten lege man den Geschwistern nach Möglichkeit zu einem anderen Zeitpunkt vor, nicht während der Zeltversammlung. Anleitungen für die Buchevangelisation, für die Arbeit in der Sabbatschule und für einzelne Fragen der Missionsarbeit sollten in den Heimatgemeinden oder in gesondert einberufenen Versammlungen erteilt werden.

Derselbe Grundsatz gilt für Kochkurse. Am richtigen Ort abgehalten haben sie ihre Berechtigung, sie sollten aber nicht die Zeit unserer Zeltversammlungen in Anspruch nehmen. 6T 44.45; 1900

Ein Mittel zur Reform

812 Kochkurse sollten an vielen Orten durchgeführt werden. Diese Arbeit mag einfach beginnen, aber wenn kluge Köchinnen ihr Bestes geben, um andere zu unterweisen, wird ihnen der Herr Geschicklichkeit und Verstand verleihen. Das Wort des Herrn lautet: *„Wehre ihnen nicht; denn ich will mich als ihr Lehrer offenbaren!"*

Er wird durch jene wirken, die seine Vorhaben ausführen und die Menschen lehren, wie sie sich durch die Zubereitung gesunder und preiswerter Speisen in ihrer Ernährung umstellen können. Auf diese Weise werden die Armen ermutigt, die Grundsätze der Gesundheitsreform anzunehmen. Man hilft ihnen dadurch, sich Arbeitseifer und Selbstvertrauen anzueignen.

Es ist mir gezeigt worden, dass Gott fähige Männer und Frauen lehrte, gesunde und schmackhafte Speisen auf hübsche Art zuzubereiten. Viele von ihnen waren jung, einige aber auch älter. Ich bin angewiesen worden, zur Abhaltung von Kochkursen an allen Orten zu ermutigen, wo ärztliche Missionsarbeit getan wird. Wir müssen den Menschen jeden Anreiz zu einer Reform vor Augen halten. Klärt sie möglichst umfangreich auf. Lehrt sie, in der Zubereitung der Nahrung mögliche Verbesserungen vorzunehmen. Ermutigt sie, ihr Wissen an andere weiterzugeben. Sollten wir nicht alles in unserer Macht Stehende tun, um das Werk in unseren Großstädten voranzubringen?

Tausende und Abertausende, die um uns leben, brauchen in verschiedener Hinsicht unsere Hilfe. Die Prediger des Evangeliums sollten bedenken, was der Herr Jesus Christus zu seinen Jüngern sagte: *„Ihr seid das Licht der Welt. Es kann die Stadt, die auf einem Berge liegt,* *nicht verborgen sein." „Ihr seid das Salz der Erde. Wenn nun das Salz nicht mehr salzt, womit soll man salzen?"* Matthäus 5,14.13; 7T 113.114; 1902

Unterweisung in den Heimen (von Haus zu Haus)
813 Weil ein blindes Vorurteil die Zugänge zu den Herzen der Menschen verschlossen hat, wissen viele nichts über die Grundsätze einer gesunden Lebensweise. Eine gute Arbeit könnte getan werden, wenn man den Menschen zeigte, wie sie sich gesunde Nahrung zubereiten können. Dieser Bereich des Werkes ist genauso bedeutungsvoll wie irgendein anderer, in dem wir tätig sind.

Führt mehr Kochkurse durch, arbeitet von Haus zu Haus und unterrichtet die Menschen in der Kunst, gesund zu kochen. Sehr, sehr viele Menschen werden durch die Auswirkungen der Gesundheitsreform vor körperlichem, geistigem und sittlichem Verfall bewahrt bleiben. Diese Grundsätze werden sich denen, die Erkenntnis suchen, von selbst empfehlen. Solche Menschen werden weiterforschen und zur vollen Erkenntnis der gegenwärtigen Wahrheit kommen.

Gott möchte, dass sein Volk empfängt, um das dann an andere weiterzureichen. Als unvoreingenommene und uneigennützige Zeugen sollt ihr mit anderen Menschen das teilen, was der Herr euch geschenkt hat. Wenn ihr diese Arbeit anpackt und im Rahmen eurer Möglichkeiten die Herzen zu erreichen versucht, müsst ihr darauf achten, so zu arbeiten, dass ihr nicht Vorurteile aufbaut, sondern sie beseitigt. Macht das Leben Christi zum Thema eures ständigen Studiums und arbeitet so wie er, indem ihr seinem Beispiel folgt. *RH 6.6.1912*

Unterweisung in moderner Ernährung bei Veranstaltungen
814 Am Anfang der Gesundheitsreform, als die Erkenntnis noch neu war, stellten wir dort Kochherde auf, wo Feste gefeiert wurden – auf dem Gelände, wo sich die Menschen versammelten, und backten dort ungesäuertes Brot, Brötchen und Fladen. Ich glaube, unsere Bemühungen waren erfolgreich, obwohl uns natürlich Gesundkostwaren, wie wir sie heute besitzen, nicht zur Verfügung standen. Damals mussten wir erst lernen, ohne Fleisch zu leben.

Manchmal luden wir zu einer geselligen Tafel ein, und gaben uns viel Mühe, dass alles, was auf den Tisch kam, gut schmeckte und nett aussah. Zur Beerenzeit sammelten wir frische Heidelbeeren, Himbeeren und Erdbeeren. Wir machten die Tafel zum Lehrbeispiel. Sie sollte allen Anwesenden zeigen, dass unsere Ernährung weit davon entfernt war, kärglich zu sein, obwohl sie nach den Grundsätzen der

Gesundheitsreform bereitet wurde. Manchmal hielten wir bei diesen Zusammenkünften einen kurzen Vortrag über Mäßigkeit. So lernten die Menschen unsere Gesundheitsgrundsätze kennen. Soweit uns bekannt ist, waren alle sehr zufrieden und haben zudem neue Erkenntnisse gewonnen. Wir sprachen über die Notwendigkeit, gesund und einfach zu kochen und gleichzeitig die Speisen so schmackhaft und appetitanregend zuzubereiten, dass sie allen auch schmecken.

In der Welt lauert überall die Versuchung, der Esslust nachzugeben. Ernste und deutliche Worte der Warnung haben bei Familien und Einzelnen wunderbare Veränderungen bewirkt. *Letter 166; 1903*

Möglichkeiten und Gefahren unserer Restaurants
815 Es wurde mir auch gezeigt, dass in den Städten die Möglichkeit besteht, eine ähnliche Arbeit zu tun wie auf dem Festgelände von Battle Creek. In Übereinstimmung mit dieser Erkenntnis sind vegetarische Restaurants eröffnet worden. Es besteht aber durchaus die Gefahr, dass sich die Angestellten dieser Restaurants so vom Geschäftsgeist treiben lassen, dass sie es versäumen, den Menschen die Erkenntnis zu vermitteln, die sie benötigen. Durch unsere Restaurants kommen wir mit vielen Menschen in Kontakt. Wenn wir es aber zulassen, dass unsere Gedanken von finanziellem Gewinn gelenkt sind, können wir die Absichten Gottes nicht erfüllen. Er möchte, dass wir jede Gelegenheit nutzen, um die Wahrheit zu verkünden, die Männer und Frauen vor dem ewigen Tod bewahrt.

Ich habe versucht, herauszufinden, wie viele Menschen durch die Arbeit des Restaurants hier in ... zur Wahrheit bekehrt wurden. Einige mögen gerettet worden sein, aber viel mehr könnten zu Gott bekehrt werden, wenn mehr unternommen würde, um die Arbeit nach dem Willen Gottes zu tun und den Weg anderer Menschen zu erhellen. Ich möchte allen Angestellten des Restaurants sagen: *Arbeitet nicht so weiter wie bisher. Sucht Mittel und Wege, um über das Restaurant Menschen das Licht der gegenwärtigen Wahrheit zu bringen. Nur zu diesem Zweck sind unsere Restaurants gegründet worden. ...*

Die Angestellten des Restaurants in ... und die Geschwister der Gemeinde in ... benötigen eine gründliche Bekehrung.

Jeder hat die Gabe des Verstandes bekommen. Habt ihr schon die Kraft empfangen, mit der Hilfe Gottes zu siegen? *„Wie viele ihn aber aufnahmen, denen gab er Macht, Gottes Kinder zu werden, denen, die an seinen Namen glauben!"* *Johannes 1,12; Ms 27; 1906*

Weisheit und Umsicht sind erforderlich

816 Es muss noch mehr dafür getan werden, unsere Geschwister in den Gesetzen der Gesundheitsreform zu unterweisen. Kochkurse sollten eingerichtet und von Haus zu Haus Belehrung erteilt werden, wie man gesunde Speisen zubereitet. Alt und jung sollten lernen, wie man einfacher kocht. Wo immer die Wahrheit verkündigt wird, sollt ihr den Menschen auch zeigen, wie man die Speisen einfach und doch schmackhaft zubereiten und ohne Fleisch vollwertig kochen kann. ... Viel Weisheit und Umsicht ist nötig, um nahrhafte Speisen zuzubereiten, die anstelle der früheren Kost angehender Gesundheitsreformer gegessen wurde. Glaubt an Gott. Zielstrebigkeit und die Bereitschaft, anderen zu helfen, sind nötig. Eine Kost, die nicht die erforderlichen Nährstoffe enthält, schadet der Gesundheitsreform nur. Wir sind sterblich und müssen uns daher so ernähren, dass der Körper die notwendigen Nährstoffe erhält. *9T 161; 1909*

Kochunterricht an unseren Schulen

817 An unseren Schulen sollte es geeignete Lehrkräfte für den Kochunterricht geben, damit dieses Fach unterrichtet werden kann. Wer sich auf den Dienst für Gott vorbereitet, der verliert viel, wenn er nicht weiß, wie man die Nahrung so zubereitet, dass sie gesund ist und auch schmeckt.

Die Kunst des Kochens ist nicht unwichtig. Die geschickte Zubereitung der Nahrung ist eine der wichtigsten Fertigkeiten. Es sollte zu dem wertvollsten Wissen gerechnet werden, weil es so eng mit dem Leben verknüpft ist.

Zum größten Teil hängen die körperlichen wie auch die geistigen Kräfte von der Nahrung ab, die wir zu uns nehmen. Deshalb nimmt derjenige, der die Nahrung zubereitet, eine wichtige Position ein.

Junge Männer und auch junge Frauen sollten lernen, sparsam zu kochen und auf alles Fleisch zu verzichten. Ermutigt nicht zur Zubereitung von Gerichten, die sich irgendwie aus Fleisch zusammensetzen. Denn das hieße, auf die Finsternis und Unwissenheit Ägyptens zu verweisen und nicht auf die Reinheit der Gesundheitsreform.

Vor allem Frauen sollten kochen lernen. Welcher Bereich der Ausbildung ist für ein Mädchen so wichtig wie dieser? Wie immer sich ihre Lebensumstände gestalten mögen, ist dies ein Wissen, das sie praktisch immer anwenden kann. Dieser Zweig der Ausbildung beeinflusst unmittelbar die Gesundheit und das Glück. In jedem Laib guten Brotes steckt praktische Frömmigkeit. *CT 312.313; 1913*

818 Viele junge Leute werden zur Schule kommen, die eine Ausbildung in gewerblichen Fächern wünschen. Der Gewerbeunterricht sollte Buchhaltung, Zimmermannsarbeiten und die gesamte Landwirtschaft einschließen. Man sollte auch den Unterricht im Schmiedehandwerk, als Maler, in der Schuhmacherei, im Kochen und Backen, das Wäschewaschen, Nähen, Maschineschreiben und Drucken planen. Wir sollten alle verfügbaren Kräfte für das Erziehungswerk einsetzen, damit die Schüler, wenn sie die Schule verlassen, für die Pflichten des praktischen Lebens gerüstet sind. *6T 182; 1900*

819 Gemeinsam mit unseren Heileinrichtungen und Schulen sollten Kochkurse abgehalten werden, in denen praktisch gezeigt wird, wie man Speisen zubereitet. An allen unseren Schulen sollten Lehrer angestellt sein, die in der Lage sind, die Schüler – männliche und weibliche – in der Kunst des Kochens zu unterweisen. Besonders Frauen sollten Kochen lernen. *Ms 95; 1901*

820 Erteilt den Schülern an unseren Schulen Kochunterricht. Geht in diesem Bereich der Erziehung mit Weisheit und Geschick voran. Satan arbeitet mit aller List und Ungerechtigkeit, um die Jugendlichen auf den Pfad der Versuchung zu locken, der ins Verderben führt. Wir müssen sie stärken und ihnen helfen, den Versuchungen zu widerstehen, die sie auf dem Gebiet der Esslust überall anfechten. Sie auf dem Gebiet der gesunden Lebensweise aufzuklären, bedeutet Missionsarbeit für den Herrn zu tun. *7T 113; 1902*

821 Die Ausbildung der Handfertigkeit sollte viel mehr beachtet werden als bisher. Man sollte Bildungseinrichtungen gründen, die mit der höchsten geistig-sittlichen Bildung die bestmöglichen Voraussetzungen zu körperlicher Fitness und gewerblicher Schulung bieten. Es sollte Unterricht im Ackerbau erteilt werden, in handwerklichen Berufen – wobei möglichst viele nützliche Gewerbe berücksichtigt werden müssten –, ebenso in Haushaltsführung, in gesundheitsgemäßem Kochen, im Nähen, im Anfertigen praktischer Kleidung, in der Krankenpflege und ähnlichem. *Ed 218; 1903*

Treue in den gewöhnlichen Pflichten

822 Viele Lehrfächer, die kostbare Zeit des Schülers verschlingen, tragen weder zu seinem Erfolg noch zu seinem Glück wesentlich bei. Wichtig für jeden Jugendlichen ist es aber, mit den Pflichten des Alltags gründlich vertraut zu sein. Zur Not kann ein junges Mädchen ohne Kenntnis in Französisch und Algebra, ja selbst ohne Klavierspiel auskommen; unerlässlich ist es jedoch, dass es lernt, gutes Brot zu backen, gut sitzende Kleidung anzufertigen und die vielen Pflichten, die ein Haushalt mit sich bringt, zuverlässig zu erfüllen.

Nichts ist für die Gesundheit und das Glück der ganzen Familie wichtiger als Klugheit und Geschick der Köchin. Durch schlecht zubereitete, ungesunde Nahrung wird die Leistungsfähigkeit der Erwachsenen und die Entwicklung der Kinder beeinträchtigt oder gar völlig untergraben. Sie kann aber auch, indem sie für Speisen sorgt, die den Bedürfnissen des Körpers entsprechen und dabei einladend und schmackhaft sind, ebenso positiv wirken wie vorher in der falschen Richtung. So hängt das Lebensglück in vielfältiger Weise mit der Treue in alltäglichen Pflichten zusammen.

Da sich Mann und Frau an der Gestaltung des Heimes beteiligen, sollten Jungs ebenso gut wie Mädchen häusliche Pflichten übernehmen. Ein Bett machen, ein Zimmer in Ordnung bringen, Geschirr spülen, eine Mahlzeit zubereiten, die eigene Kleidung waschen und ausbessern – das sind Arbeiten, die keinem Jungen in seiner Männlichkeit Abbruch tun. Sie machen ihn dagegen nur glücklicher und brauchbarer. Ed 216; 1903

ANHANG 1: ELLEN G. WHITES PERSÖNLICHE ERFAHRUNGEN

Beim Studium der Aussagen von Ellen G. White bezüglich ihrem eigenen Vorgehen in Fragen der Ernährung wird der aufmerksame Leser folgende drei Grundsätze erkennen:

1. Die Ernährungsreform sollte stufenweise erfolgen. Die Erkenntnis wurde nicht gleich in vollem Umfang geschenkt. Von Zeit zu Zeit wurde sie mit wachsendem Nachdruck vermittelt, in dem Maß, in dem die Menschen bereit waren, sie zu verstehen und danach zu handeln. Sie war den herrschenden Verhältnissen und den Essgewohnheiten der Zeit angepasst. *MH 320*

2. In Fragen der Ernährung erteilen wir keine genau umrissenen und verbindlichen Anweisungen. *9T 159*
Wiederholt wurde vor bestimmten schädlichen Nahrungsmitteln gewarnt. Hauptsächlich wurden aber allgemeine Grundsätze aufgestellt. Manchmal muss man erst durch Versuche und möglichst exakte wissenschaftliche Erkenntnisse herausfinden, wie diese weit gefassten Richtlinien im Einzelnen praktisch anzuwenden sind.

3. Ich mache mich nicht zum Maßstab für andere. *Letter 45, 1903* Ellen G. White hat nach sorgfältigen Versuchen gewisse Richtlinien für sich selbst erstellt. Manchmal schreibt sie über die Ernährungsweise ihrer Familie. Sie tut das aber nicht, um für andere eine strenge Regel aufzustellen, die befolgt werden muss.

Die erste Vision über die Gesundheitsreform

1 Es war im Haus von Bruder A. Hilliard in Otsego, Michigan, am 6. Juni 1863, als mir das große Thema der Gesundheitsreform in einer Vision offenbart wurde. *RH 8.10.1867*

Offenbarung eines fortschreitenden Werkes

2 In einer Vision, die ich vor so langer Zeit hatte *(1863)*, wurde mir gezeigt, dass sich die Unmäßigkeit in der Welt in bestürzendem Ausmaß verbreiten wird und dass jeder Angehörige des Volkes Gottes bezüglich einer Änderung seiner Gewohnheiten und Handlungen einen strengen Maßstab anlegen muss. ... Der Herr unterbreitete mir einen grob umrissenen Plan. Es wurde mir gezeigt, dass Gott für sein gesetzestreues Volk eine Ernährungsreform vorsah und dass sich bei Annahme dieser Reform Krankheiten und Leid bedeutend verringern würden. Ich sah, dass dieses Werk gut wachsen würde. *CH 531; 1901*

Eine persönliche Annahme der Botschaft

3 Ich nahm das Licht der Gesundheitsreform an, als es mir offenbart wurde. Es hat sich für mich als großer Segen erwiesen. Trotz meiner 76 Jahre erfreue ich mich heute besserer Gesundheit als in meinen jüngeren Jahren. Ich bin Gott für die Gesundheitsreform dankbar. *Ms 50; 1904*

Nach 1-jährigem Versuch die Segnungen empfangen

4 Jahrelang war ich der Meinung, dass ich zur Erhaltung meiner Kraft Fleisch essen müsse. Ich aß bis vor wenigen Monaten dreimal am Tag. Es war für mich sehr schwierig, die Zeit bis zur nächsten Mahlzeit ohne Schwächegefühl im Magen und ohne Schwindelgefühl im Kopf zu überstehen. Wenn ich aß, waren diese Gefühle weg. Ich erlaubte mir selten die Freiheit, zwischen den regelmäßigen Mahlzeiten etwas zu essen, und habe es mir zur Gewohnheit gemacht, oft ohne Abendessen zu Bett zu gehen. Aber ich habe zwischen dem Frühstück und dem Mittagessen viel gelitten, weil ich nichts aß. Ich bin öfter ohnmächtig geworden. Wenn ich Fleisch aß, schwanden diese Schwächegefühle sofort. Ich kam daher zur Erkenntnis, dass in meinem Fall Fleisch unentbehrlich sei.

Als mir aber der Herr im Juni 1863 zeigte, in welcher Beziehung das Fleischessen zur Gesundheit steht, habe ich es aufgegeben. Eine Zeitlang fiel es mir schwer, den Appetit an Brot zu gewöhnen, das ich vorher nicht besonders gern aß. Aber durch beharrliches Bemühen ist es mir gelungen. Jetzt lebe ich schon fast ein Jahr lang ohne Fleisch. Seit etwa sechs Monaten besteht das Brot, das wir essen, hauptsächlich aus ungesäuertem Teig, den wir aus Vollkorn-Weizenmehl, Wasser und ein klein wenig Salz zubereiten. Wir essen viel Obst und Gemüse. Seit acht Monaten esse ich nur zwei Mahlzeiten am Tag.

Seit über einem Jahr ist Schreiben meine Hauptbeschäftigung. Seit acht Monaten schreibe ich fast ausschließlich. Mein Gehirn ist ständig angestrengt. Ich habe auch sehr wenig Bewegung. Und dennoch fühlte ich mich noch nie so gesund wie in den vergangenen sechs Monaten. Meine früheren Schwäche- und Schwindelgefühle sind verschwunden. Im Frühling litt ich immer unter Appetitlosigkeit. Letzten Frühling hatte ich in dieser Hinsicht keinerlei Schwierigkeiten.

Unsere einfache Kost, die wir zweimal am Tag aßen, schmeckt mir außerordentlich. Wir essen kein Fleisch, keine Torten und keinerlei fette Speisen. Wir verwenden kein Schweineschmalz, statt dessen aber Milch, Sahne und etwas Butter. Wir salzen unsere Speisen ein wenig, verzichten aber auf alle Gewürze. Wir essen Frühstück um 7 Uhr und das Mittagessen um 13 Uhr. Es kommt selten vor, dass ich mich schwach fühle. Mein Appetit ist befriedigt. Das Essen schmeckt mir besser als je zuvor. *4SG 153.154; 1864*

Der Kampf um den Sieg

[5] Seit der Annahme der Gesundheitsreform habe ich meine Handlungsweise nicht geändert. Ich habe nicht die geringsten Abstriche gemacht, seit mich das himmlische Licht in dieser Sache zum ersten Mal erleuchtete. Ich habe mich unverzüglich von allem getrennt, vom Fleisch, von der Butter, von den drei Mahlzeiten. Und das zu einer Zeit, als ich mich geistig bis zur Erschöpfung anstrengte, da ich vom frühen Morgen bis zum Sonnenuntergang schrieb. Ich schränkte meine Mahlzeiten auf zwei pro Tag ein, ohne meine Arbeitsweise zu ändern.

Ich habe sehr unter Krankheiten gelitten und war fünfmal gelähmt. Ich trug meinen linken Arm monatelang in der Schlinge, weil ich so große Herzschmerzen hatte. Als ich mich in meiner Ernährung umstellte, lehnte ich es ab, mich von meinem Geschmack leiten zu lassen. Sollte der Geschmack mir hinderlich sein, zu größerer Kraft zu gelangen, durch die ich meinen Herrn verherrlichen konnte? Sollte dieser mir auch nur einen Augenblick im Weg stehen? Nie und nimmer!

Ich litt unter quälendem Hunger. Ich war ein großer Fleischesser. Wenn ich mich schwach fühlte, legte ich meine Hände auf den Bauch und sagte mir: *„Ich werde keinen Bissen anrühren. Ich werde entweder einfache Speisen essen oder eben gar nichts!"* Brot war mir zuwider.

Ich brachte kaum ein Stück hinunter, das größer war als ein Dollarschein. In einigen Punkten der Ernährungsreform hatte ich keine Schwierigkeiten. Aber gegen Brot empfand ich eine ausgeprägte Abneigung. Als ich mich umstellte, hatte ich einen besonderen Kampf auszufechten. Während der ersten zwei oder drei Mahlzeiten konnte ich nichts essen. Ich sagte zu meinem Magen: *„Du musst warten, bis ich Brot essen kann!"* Nach kurzer Zeit konnte ich Brot essen, sogar Vollkornbrot, das ich vorher nicht hinunterbrachte. Heute schmeckt es mir sogar, und ich leide auch nicht an Appetitlosigkeit

Nach Grundsätzen handeln
Als ich die Bände III + IV von *„Spiritual Gifts"* [Geistliche Gaben] schrieb (1863-64), war ich infolge Überarbeitung oft erschöpft. Ich erkannte, dass ich meine Lebensweise ändern musste. Nach ein paar Tagen Ruhepause fühlte ich mich wieder gestärkt. Ich gab die ungesunden Speisen aus grundsätzlichen Erwägungen auf. Aus demselben Grund nahm ich die Gesundheitsreform an. Seit dieser Zeit habt ihr, liebe Brüder, nie gehört, dass ich in der Gesundheitsreform einen extremen Standpunkt vertreten habe und ihn dann wieder zurücknehmen musste. Ich habe nie etwas verfochten, wozu ich nicht heute noch stehe. Was ich euch empfehle, ist eine gesunde und nahrhafte Ernährung.

Ich betrachte es nicht als eine besondere Entbehrung, wenn man auf Dinge verzichtet, die einen schlechten Atem und einen schlechten Mundgeruch erzeugen. Ist das Selbstverleugnung, wenn man so etwas aufgibt und dafür einen Zustand eintauscht, in dem alles so süß wie Honig schmeckt; wenn man nicht mehr unter schlechtem Mundgeruch leidet und in der Magengegend kein Gefühl der Schwäche mehr verspürt? Darunter habe ich sehr gelitten. Immer wieder bin ich mit meinem Kind im Arm in Ohnmacht gefallen. Jetzt ist das alles weg. Oder soll ich es als Entbehrung bezeichnen, wenn ich so wie heute noch vor euch stehe?

Unter hundert gibt es nicht eine Frau, die soviel Arbeit bewältigen könnte, die ich leiste. Ich handelte nach Grundsätzen, nicht einer plötzlichen Eingebung folgend. Ich handelte, weil ich glaubte, dass der Himmel den Weg, den ich einschlug, gut findet. Ich wollte die bestmögliche Gesundheit erlangen, um Gott in meinem Leib und in meinem Geist, die ihm gehören, zu verherrlichen. 2T 371.372; 1870

Der Kampf gegen die Vorliebe für Essig

6 Ich habe soeben deinen Brief gelesen. Du scheinst ernsthaft den Wunsch zu haben, *„mit Furcht und Zittern"* selig zu werden. Dazu ermutige ich dich, weiterzumachen. Ich rate dir, alles aufzugeben, was dich dazu verleiten könnte, auf der Suche nach dem Reich Gottes und seiner Gerechtigkeit nur halbe Arbeit zu leisten. Verzichte auf jeden Genuss, der dir beim Überwinden hinderlich ist. Bitte um die Gebete derer, die für deine Hilfsbedürftigkeit Verständnis haben. Ich befand mich einmal in einer Lage, die in mancher Hinsicht der deinen ähnelt. Ich hegte eine Vorliebe für Essigsaures. Aber ich nahm mir vor, diese Begierde mit der Hilfe Gottes zu überwinden. Ich kämpfte gegen die Versuchung an und war entschlossen, mich von dieser Leidenschaft nicht weiter beherrschen zu lassen.

Wochenlang fühlte ich mich sehr krank. Aber immer wieder sagte ich mir: *„Der Herr weiß, warum. Wenn ich sterbe, dann sterbe ich eben. Ich will dieser Versuchung nicht nachgeben!"* Der Kampf ging weiter und viele Wochen lang war ich sehr niedergeschlagen. Alle glaubten, ich könnte unmöglich mehr weiterleben. Ich kann dir versichern, dass wir den Herrn sehr ernstlich suchten. Inbrünstig wurde für meine Genesung gebetet. Ich widerstand weiterhin dem Verlangen nach Essig. Schließlich überwand ich. Heute gelüstet mich nicht mehr danach. Diese Erfahrung ist mir in vieler Hinsicht wertvoll geworden. Ich errang damals einen vollständigen Sieg.

Ich berichte dir diese Erfahrung, um dir zu helfen und dich zu ermutigen. Ich habe den festen Glauben, liebe Schwester, dass du diese Prüfung bestehen kannst und dadurch offenbar wird, dass Gott seinen Kindern in jeder Notlage hilft. Wenn du entschlossen bist, diese Leidenschaft zu besiegen, und du mit Ausdauer ringst, kannst du eine höchst wertvolle Erfahrung machen. Wenn du ernsthaft mit dieser Gewohnheit brechen willst, wird dir die Hilfe Gottes zuteil werden. Versuch es doch, liebe Schwester. Solange du diese Gewohnheit ausübst, indem du ihr nachgibst, wird Satan deinen Willen beherrschen und ihn sich untertan machen. Entschließt du dich aber zu überwinden, wird der Herr dein Arzt sein und dir Kraft verleihen, um der Versuchung zu trotzen. Denke immer daran, dass Christus dein Erretter und Bewahrer ist. *Letter 70; 1911*

Eine sparsame, doch ausreichende Kost

7 Ich esse ausreichend, damit die Bedürfnisse der Natur gestillt werden. Wenn ich mich vom Tisch erhebe, empfinde ich noch genauso

Appetit wie vor dem Essen. Bei der nächsten Mahlzeit gestatte ich mir wieder meinen Anteil, aber nicht mehr. Sollte ich mir denn ab und zu eine doppelte Portion gönnen, nur weil es mir schmeckt? Wie könnte ich meine Knie beugen und Gott bitten, mir beim Schreiben der Bücher beizustehen, wenn ich infolge meiner Schlemmerei keinen Gedanken zu fassen imstande bin?

Könnte ich Gott bitten, sich der unvernünftigen Ladung, die ich meinem Magen zugemutet habe, anzunehmen? Das würde ihn entehren. Das hieße ihn bitten, meine Esslust zu befriedigen. Ich esse jetzt gerade das, was ich für richtig erachte, und dann kann ich Gott bitten, mir Kraft zu schenken, um die Arbeit zu tun, die er mir aufgetragen hat. Ich habe erfahren, dass der Himmel mein Gebet hört und erhört, wenn ich diese Bitte vorbringe. *2T 373.374; 1870*

Ein reich gedeckter Tisch

[8] Bei allen Anlässen ist unser Tisch reich gedeckt. Ich mache es nicht anders, wenn wir Besucher haben, seien es Gläubige oder Ungläubige. Ich lasse mich nie überraschen und bin darauf gefasst, bis zu einem halben Dutzend unangemeldete Besucher an meinem Tisch willkommen zu heißen. Ich habe einfache und gesunde Nahrungsmittel in ausreichender Menge auf Vorrat, die sowohl den Hunger stillen als auch den Körper aufbauen. Wenn jemand mehr als das will, steht es ihm frei, woanders hinzugehen. Weder Butter noch irgendwelche Fleischspeisen werden serviert; Kuchen nur selten. Im Allgemeinen stehen Früchte, gutes Brot und Gemüse ausreichend zur Verfügung. An unserem Tisch sitzen immer viele Leute. Alle, die davon essen, denen geht es gut und sie erfreuen sich zunehmender Gesundheit. Sie setzen sich nicht mit Schlemmerfreuden an den Tisch, essen aber mit Appetit die Gaben, die der Schöpfer bereitstellte. *2T 487; 1870*

Im Zug

[9] Während Eltern und Kinder ihre Leckerbissen naschten, nahmen mein Mann und ich zur gewohnten Stunde, um 13 Uhr, unsere einfache Mahlzeit ein, die aus Vollkornbrot ohne Butter und einer größeren Menge Früchte bestand. Wir aßen mit großem Appetit und dankbarem Herzen, dass wir nicht gezwungen waren, einen ganzen Lebenmittelladen mit uns zu schleppen, um eine verwöhnte Esslust zu befriedigen. Wir aßen mit Herzenslust und verspürten bis zum nächsten Morgen keinen Hunger. Der Mann, der Apfelsinen, Nüsse, Popcorn und Süßigkeiten anbot, machte mit uns ein schlechtes Geschäft. *HR Dez.1870*

Wie man Schwierigkeiten und daraus folgenden Kompromissen begegnet (1901)

10 Vor über 30 Jahren fühlte ich mich oft sehr schwach. Es wurde viel für mich gebetet. Man meinte, Fleischnahrung würde meine Kräfte stärken, worauf ich Fleisch zu meinem Hauptnahrungsmittel machte. Statt aber Kräfte zu sammeln, wurde ich immer schwächer. Oft fiel ich vor Erschöpfung in Ohnmacht. Dann erhielt ich Licht.

Es wurde mir gezeigt, welchen Schaden Männer und Frauen ihren geistigen, sittlichen und körperlichen Anlagen durch den Genuss von Fleisch zufügen; dass ferner der gesamte menschliche Organismus von einer solchen Ernährung beeinflusst wird und der Mensch dadurch die niederen Neigungen und das Verlangen nach Alkohol stärkt. Ich strich das Fleisch unverzüglich von meiner Speisekarte. Später geriet ich manchmal in eine Lage, in der ich gezwungen war, ein wenig Fleisch zu essen. *Letter 83; 1901*

➤ *Siehe auch: 699*

Der Ruf nach einer Köchin (1892)

11 Ich leide jetzt sehr darunter, weil ich keine erfahrene Köchin habe, die Speisen zubereiten kann, die ich vertrage. ...

Die Art der Zubereitung ist nicht appetitanregend; sie vertreibt vielmehr den Appetit. Für meine Köchin würde ich mehr bezahlen als für jede andere Arbeitskraft, die ich anstelle. *Letter 19c; 1892*

Endgültiger Entschluss zu einer ganz fleischlosen Ernährung

12 Seit der Zeltversammlung in Brighton *Januar 1894* habe ich das Fleisch ganz von meiner Speisekarte gestrichen.

Beachte:
Schon seit ihrer Jugend lastete auf Ellen G. White die Verantwortung des öffentlichen Dienstes und die Aufgabe, Bücher zu schreiben. Sie war deshalb gezwungen, einen Großteil ihrer häuslichen Pflichten Haushälterinnen und Köchinnen zu übertragen. Nicht immer konnte sie sich dabei auf die Dienste solcher Angestellter verlassen, die in der Zubereitung gesunder Nahrung erfahren waren. Daher gab es in ihrem Haushalt Zeiten, während derer verschiedene Kompromisse zwischen der Idealform einerseits und den Kenntnissen, der Erfahrung und den Maßstäben einer neuen Köchin andererseits gemacht werden mussten.

Auch auf ihren Reisen war sie in ihrer Ernährung meistens von denen abhängig, die sie besuchte. Obwohl sie auch mit einer kärglichen Kost auskommen konnte, schien es manchmal unvermeidlich, etwas Fleisch zu essen, das sie aber nicht für das beste Nahrungsmittel hielt und das sie auch nicht selbst wünschte. Die Herausgeber; Letter 83; 1901

In meiner Familie sind wir einig darüber, dass nichts derartiges verwendet oder serviert wird, ob ich zu Hause bin oder während meiner Abwesenheit. Ich bin in dieser Frage in einer Nachtvision eingehend unterrichtet worden. *Letter 76; 1895*

13 Wir trinken viel gute Milch und essen reichlich Obst und Brot. Ich habe für meinen Tisch bereits eine Entscheidung getroffen; er ist frei von allen Fleischspeisen. Für die körperliche und geistige Gesundheit ist es vorteilhafter, wenn man kein Fleisch isst. Soweit möglich, sollten wir zum ursprünglichen Plan Gottes zurückkehren. Von nun an soll das Fleisch toter Tiere nicht mehr auf meinen Tisch gelangen. Dasselbe gilt für die Zutaten beim Nachtisch, deren Zubereitung viel Zeit und Kraft in Anspruch nimmt. Wir können freizügig und in verschiedener Form Obst essen. Dabei laufen wir nicht Gefahr, uns die Krankheiten zuzuziehen, die durch den Genuss von Fleisch verursacht werden, das von kranken Tieren stammt.

Wir müssen unsere Esslust zügeln, sodass uns einfache und gesunde Kost schmeckt. Davon sollten wir allerdings ausreichend essen, damit wir nicht hungern müssen. *Ms 25; 1894*

Ein Jahr nach dieser Entscheidung

14 Unsere Familie ist sehr groß. Außerdem haben wir viele Gäste. Aber weder Fleisch noch Butter kommen auf den Tisch. Wir verwenden Sahne, die wir aus der Milch unserer eigenen Kühe gewinnen. Bei Bauern, deren Kühe gesund sind und auf guten Weiden grasen, kaufen wir Butter zu Kochzwecken. *Letter 76; 1895*

Zwei Jahre nach dieser Entscheidung

15 Ich habe eine große Familie, die oft sechzehn Personen umfasst. Darunter sind Männer, die mit dem Pflug arbeiten oder Bäume fällen. Sie müssen körperlich sehr schwer arbeiten. Dennoch servieren wir kein Fleisch. Seit der Zeltversammlung in Brighton haben wir so etwas nicht mehr gegessen. Ich wollte es eigentlich nie servieren, doch wurde der dringende Einwand vorgebracht, dass der eine oder andere dies oder jenes nicht essen könne und der Magen Fleisch besser vertrage als sonst eine Speise. So ließ ich mich dazu verleiten, Fleisch auf den Tisch zu stellen. ...

Alle, die sich an unseren Tisch setzen, sind willkommen. Aber sie erhalten kein Fleisch. Unser Speisezettel enthält Gemüse, Getreide sowie frische und eingemachte Früchten. Zur Zeit gibt es eine Fülle von Apfelsinen bester Qualität und eine Menge Zitronen. Das ist das einzige Frischobst, das zu dieser Jahreszeit erhältlich ist. ...

Ich schreibe dir das, damit du dir eine Vorstellung von unserer Lebensweise machst. Ich habe mich noch nie gesundheitlich besser gefühlt als jetzt und habe noch nie soviel geschrieben. Um 3 Uhr morgens stehe ich auf. Trotzdem schlafe ich während des Tages nicht. Oft bin ich schon um 1 Uhr auf. Wenn mich eine besondere Last drückt, stehe ich um Mitternacht auf, um das niederzuschreiben, was mir aufgetragen worden ist. Ich lobe den Herrn in meinem Herzen, mit meiner Seele und meiner Stimme, weil er mir so viel Barmherzigkeit erwiesen hat. *Letter 73a; 1896*

Mäßiger Gebrauch von Nusswaren

16 Wir essen weder Fleisch noch Butter und verwenden beim Kochen sehr wenig Milch. Derzeit gibt es kein Frischobst. Unsere Tomatenernte ist zwar gut, aber in unserer Familie werden Nüsse besonders geschätzt. Man kann sie auf manche Art zubereiten. Wir verwenden ein Fünftel der Menge, die im Rezept angegeben ist. *Letter 73; 1899*

Eine vollwertige Ernährung – aber ohne Fleisch

17 Als ich in Cooranbong war, kamen viele Menschen zu uns, die viel Fleisch aßen. Wir servierten kein Fleisch. Dennoch sagten sie bei Tisch: *„Wenn ihr solche Speisen auf den Tisch stellt, kann ich auf das Fleisch verzichten!"* Ich glaube, dass meine Familie mit unserer Kost zufrieden ist. Ich rate meiner Familie: *„Was immer ihr tut, ernährt euch nicht von einer kärglichen Kost. Esst auch genug, um den Körper aufzubauen. Ihr müsst das tun und auch erfinderisch sein, ständig nach neuen Wegen suchen und die bestmöglichen Gerichte zu bereiten, so dass ihr nicht von einer dürftigen Ernährung leben müsst!"* *Ms 82; 1901*

Schwarzer Tee und Bohnenkaffee

18 Seit Jahren habe ich keinen Cent für Tee ausgegeben. Da ich seine Wirkung kenne, würde ich es nicht wagen, ihn zu trinken – außer bei starkem Erbrechen. Dann nehme ich ihn als Arznei und nicht als Getränk. ...

Ich habe mich des Teetrinkens *[Schwarz- oder Grüntee]* nicht schuldig gemacht. Ich habe nur Rotkleeblütentee getrunken. Wenn ich ein Freund von Wein, schwarzem Tee und Bohnenkaffee wäre, würde ich dennoch diese Suchtmittel, die die Gesundheit zerstören, nicht trinken, weil mir die Gesundheit mehr wert ist. Außerdem weiß ich um die Wirkung eines guten Vorbilds in allen Dingen. Ich will anderen ein gutes Beispiel an Mäßigkeit und guten Werken geben. *Letter 12; 1888*

Eine einfache Ernährung

19 Mein Gesundheitszustand ist gut und mein Appetit ausgezeichnet. Ich merke, dass ich um so kräftiger bin, je einfacher meine Ernährung ist und je weniger vielfältig die Auswahl. *Letter 150; 1903*

Auch im Jahr 1903 leben wir gemäß unserer Erkenntnis

20 Unsere Familie frühstückt um halb sieben Uhr und isst um halb zwei zu Mittag. Es gibt kein Abendessen. Wären nicht für einige Familienmitglieder die gegenwärtigen Essenszeiten am günstigsten, würden wir sie ein wenig ändern. Ich esse nur zweimal am Tag. Ich folge damit immer noch der Erkenntnis, die mir vor 35 Jahren geschenkt worden ist. Ich esse kein Fleisch. Die Frage der Verwendung von Butter habe ich, was meine Person betrifft, geregelt. Ich verwende sie nicht. Diese Frage sollte überall dort leicht zu lösen sein, wo hochwertige Butter nicht zur Verfügung steht. Wir besitzen zwei Milchkühe, eine von der Holsteiner- und eine von der Jersey-Rasse. Wir verwenden Sahne, womit alle zufrieden sind. *Letter 45; 1903*

21 Ich bin 75 Jahre alt. *(1903)* Aber ich schreibe noch immer so viel wie früher. Ich habe eine gute Verdauung und mein Geist ist klar.

Unsere Ernährung ist einfach, aber gesund. Auf unserem Speisezettel fehlen Butter, Fleisch, Hartkäse und alle fettreichen Zusammensetzungen. Einige Monate lang war ein junger, ungläubiger Mann, der sein ganzes Leben Fleisch gegessen hatte, bei uns zum Essen. Wir hatten seinetwegen keine Umstellung in unserer Ernährung vorgenommen. Während er bei uns war, hat er rund 10 kg zugenommen. Das Essen, das wir ihm vorsetzten, ist ihm weit besser bekommen als das, was er vorher gewohnt war. Alle, die bei uns essen, sind sehr zufrieden mit dem Essen. *Letter 62; 1903*

Die Familie ist nicht an starre Regeln gebunden

22 Ich esse sehr einfache Speisen, die auf die einfachste Art zubereitet werden. Seit Monaten besteht meine hauptsächliche Ernährung aus Fadennudeln und eingemachten Tomaten, die zusammen zubereitet werden. Dazu esse ich Zwieback.

Außerdem gibt es irgendein geschmortes Obst und manchmal einen Zitronenkuchen amerikanischer Art. Ein anderes Gericht, das ich manchmal esse, besteht aus getrocknetem Mais, der mit Milch oder etwas Sahne zubereitet wird

Die anderen Familienmitglieder essen aber nicht dasselbe wie ich. Ich mache mich auch nicht zum Maßstab für sie. Ich lasse ihnen in der Auswahl der für sie am besten geeigneten Speisen freie Hand. Ich binde niemandes Gewissen. In Essensfragen kann niemand für einen anderen Richtschnur sein. Eine allgemein gültige Regel aufzustellen, ist nicht möglich.

Manche in unserer Familie essen sehr gerne Bohnen, während sie für mich unverträglich sind. Butter kommt nie auf den Tisch. Wenn aber der eine oder andere ein wenig Butter zusätzlich verwenden will, steht ihm das frei. Unser Tisch wird zweimal täglich gedeckt. Will jemand auch am Abend essen, gibt es kein Gebot, das ihm das verwehren würde. Niemand klagt, niemand verlässt unzufrieden den Tisch. Es gibt immer eine Vielfalt von einfachen, gesunden und wohlschmeckenden Speisen. *Letter 127; 1904*

Einige Worte an die Zweifler von Ellen G. Whites Ernährungsgewohnheiten

23 Manche verbreiten die Nachricht, dass ich nicht nach den Grundsätzen der Gesundheitsreform lebe, wie ich sie schriftlich vertreten habe. Aber soweit ich mich erinnern kann, bin ich von diesen Grundsätzen nicht abgewichen. Diejenigen, die bei uns gegessen haben, können bestätigen, dass ich ihnen kein Fleisch serviert habe. ... Es ist schon viele Jahre her, seit wir zu Hause Fleisch gegessen haben. Wir trinken auch nie schwarzen Tee oder Bohnenkaffee. Gelegentlich habe ich warmen Rotkleeblütentee getrunken. Nur wenige in unserer Familie trinken zu den Mahlzeiten überhaupt etwas. Statt Butter steht Sahne auf dem Tisch, auch dann, wenn wir Gäste haben. Ich habe seit vielen Jahren keine Butter mehr gegessen.

Dennoch ernähren wir uns nicht von kärglicher Kost. Wir verfügen über einen großen Vorrat an getrockneten und eingemachten Früchten. Wenn die eigene Obsternte nicht ausreicht, kaufen wir Obst auf dem Markt. Schw. Gray schickt mir kernlose Weintrauben, die geschmort ein ganz köstliches Gericht ergeben. Unsere Loganbeeren *(Kreuzung zwischen Brombeeren und Himbeeren)* ziehen wir selbst. Wir essen sie sehr oft. Erdbeeren gedeihen in dieser Gegend nicht gut. Von unseren Nachbarn kaufen wir Brombeeren, Himbeeren, Äpfel und Birnen. Auch Tomaten gibt es in Hülle und Fülle. Wir bauen auch eine sehr gute Sorte Zuckermais an, wovon wir einen großen Teil für den Winter trocknen. In der Nähe liegt eine Nahrungsmittelfabrik, dort können wir uns mit Getreideprodukten eindecken.

Wir geben uns viel Mühe, um herauszufinden, welche Zusammensetzungen für uns am besten sind. Es ist unsere Pflicht, über unsere Ernährungsgewohnheiten zu wachen, mäßig zu sein und zu lernen, von der Ursache auf die Wirkung zu schließen. Wenn wir unseren Teil beitragen, wird der Herr das seine tun, um die Nervenkraft unseres Gehirns zu erhalten.

Seit mehr als 40 Jahren esse ich nur zweimal am Tag. Muss ich eine besonders wichtige Arbeit erledigen, esse ich weniger. Ich sehe es als meine Pflicht an, meinem Magen nichts zuzuführen, von dem ich annehmen muss, dass es eine Magenverstimmung hervorruft. Mein Geist muss Gott geweiht sein, daher muss ich mich vor jeder Gewohnheit hüten, die meine Verstandeskraft mindern könnte.

Ich bin jetzt im 81. Lebensjahr und kann bezeugen, dass wir uns als Familie nicht nach den Fleischtöpfen Ägyptens sehnen. Ich habe etwas von den Segnungen verspürt, die man erhält, wenn man gemäß der Gesundheitsreform lebt. Gesundheitsreformer zu sein, betrachte ich als Vorrecht wie auch als Verpflichtung. Genauso bin ich traurig darüber, dass es unter unserem Volk viele gibt, die nicht streng nach der Erkenntnis der Gesundheitsreform leben. Wer durch seine Lebensgewohnheiten die Gesundheitsgrundsätze übertritt und das Licht nicht beachtet, das der Herr ihm geschenkt hat, wird gewiss die Folgen zu tragen haben. Ich schreibe dir diese Einzelheiten, damit du weißt, was du denen antworten sollst, die meine Essgewohnheiten bezweifeln. ...

Ich glaube, dass es einen Grund dafür gibt, dass ich mündlich und schriftlich eine so umfangreiche Arbeit leisten konnte und noch kann, weil ich beim Essen strenge Mäßigkeit übe. Werden mehrere Speisen aufgetragen, nehme ich nur die, von denen ich weiß, dass ich sie vertrage. Auf diese Weise bleibt mir die klare Verstandeskraft erhalten. Ich vermeide es, wissentlich etwas zu essen, was Gärung erzeugt. Das ist die Pflicht aller Gesundheitsreformer. Wir müssen von der Ursache auf die Wirkung schließen. Es ist auch unsere Pflicht, uns in allen Dingen mäßig zu verhalten. *Letter 50; 1908*

Allgemeine Gesundheitsgrundsätze

24 Ich habe vom Herrn in der Frage der Gesundheitsreform viel Licht erhalten. Ich habe dieses Licht nicht gesucht. Ich habe auch nicht danach gestrebt, es zu empfangen. Es wurde mir vielmehr vom Herrn geschenkt, um es an andere weiterzugeben. Ich mache die Menschen mit diesem Anliegen bekannt, indem ich über allgemeine Grundsätze spreche. Manchmal antworte ich wahrheitsgemäß auf Fragen, die mir bei Tisch gestellt werden, wenn ich eingeladen bin. Ich habe niemand wegen der servierten Speisen Vorwürfe gemacht. In meinen Augen wäre das sehr unhöflich und unanständig. *Ms 29; 1897*

Toleranz gegenüber anderen
25 Ich mache mich selbst nicht zum Maßstab für andere. Es gibt Dinge, die ich nicht essen kann, ohne große Schmerzen zu leiden. Ich versuche herauszufinden, was ich am besten vertrage. Dann greife ich zu und nehme stillschweigend von den Speisen, die ich essen kann. Oft sind es nur zwei oder drei und nur solche, die den Magen nicht verstimmen. *Letter 45; 1903*

26 Die Menschen sind vom Körperbau und Temperament sehr verschieden. Ebenso unterschiedlich sind die Bedürfnisse des Organismus. Was dem einen in der Ernährung gut bekommt, ist für den anderen Gift. Daher lassen sich keine genau umrissenen, allgemein gültigen Regeln festlegen. Ich vertrage keine Bohnen, weil sie für mich Gift bedeuten. Deshalb aber zu sagen, niemand soll Bohnen essen, wäre einfach lächerlich.

Ich kann auch keinen Esslöffel Sahnetunke oder Milchtoast essen, ohne nachher Schmerzen zu leiden. Andere in unserer Familie können diese Dinge essen, ohne dass sich eine solche Wirkung einstellt. Daher esse ich das, was mein Magen am besten verträgt, und die anderen halten es auch so. Wir verlieren darüber keine Worte, es gibt keinen Streit. In meiner großen Familie verläuft alles harmonisch, weil ich nicht den Versuch unternehme, anderen zu befehlen, was sie essen sollen und was nicht. *Letter 19a; 1891*

Ich bin stets ein treuer Gesundheitsreformer gewesen
27 Als ich die Botschaft der Gesundheitsreform zum ersten Mal vernahm, fühlte ich mich schwach und entkräftet. Ich litt unter häufigen Ohnmachtsanfällen. Ich flehte zu Gott um Hilfe, worauf er mir das große Thema der Gesundheitsreform offenbarte. Er unterwies mich, dass diejenigen, die seine Gebote halten, in eine heilige Beziehung zu ihm treten und durch Mäßigkeit im Essen und Trinken Geist und Körper in bestmöglicher Gesundheit erhalten müssen, um für den Dienst bereit zu sein. Diese Erkenntnis hat sich für mich als großer Segen erwiesen. Ich wurde ein überzeugter Gesundheitsreformer und wusste,

dass der Herr mir Kraft schenken würde. Trotz meines Alters ist mein Gesundheitszustand besser als in jüngeren Jahren.

Von manchen wird die Nachricht in Umlauf gesetzt, dass ich nicht nach den Gesundheitsgrundsätzen lebe, wie ich sie schriftlich vertreten habe. Ich kann nur sagen, dass ich immer ein treuer Gesundheitsreformer gewesen bin. Meine Familienangehörigen können das auch bestätigen. *9T 158.158; 1909*

ANHANG 2: JAMES WHITE UND DIE GESUNDHEITSREFORM

Ellen G. White hat über Fragen der Gesundheit so gesprochen, dass sie niemanden vor den Kopf stieß. Ihre Aussagen waren klar, eindringlich, aber auch behutsam, so dass sie alle Versammlungsteilnehmer zu gewinnen wusste. In dieser Sache vermeidet sie immer extreme Standpunkte und ist stets bemüht, eine Haltung einzunehmen, die mit Sicherheit keine Vorurteile aufbauen.

An der Frage der Gesundheitsreform erhitzen sich leicht die Gemüter. Schnell entstehen Vorurteile, wenn die Verkünder der Gesundheitsreform in der Wahl des Zeitpunktes oder in der Art der Darlegung eine unglückliche Hand beweisen. Das gilt besonders dann, wenn sie von den Menschen als Extremisten betrachtet werden. Einige heikle Fragen, wie zum Beispiel das *„heimliche Laster"*, sollten selten, wenn überhaupt, erörtert werden und dann nur in Veröffentlichungen, die für solche Themen geeignet sind. Nicht einer von zehn Predigern ist ausreichend unterrichtet und behutsam genug, um den Menschen die verschiedenen Gesichtspunkte der Gesundheitsreform zu erklären. Man kann den Schaden kaum ermessen, der der Sache der gegenwär-

In seinem Bericht über die Zeltversammlung von Kansas im Jahre 1870 sprach Brd. James White über die zunehmende Erkenntnis auf dem Gebiet der Gesundheitsreform, über die Gefahren unklugen Vorgehens bei deren Verkündigung und über Ellen G. Whites Standpunkt gegenüber bestimmten extremen Ansichten, die damals von einigen Menschen vertreten wurden. Als historische Erklärungen machen seine Aussagen klar, wie Ellen G. Whites Lehren damals gemeint waren. Die Herausgeber

tigen Wahrheit durch das unkluge Vorgehen derer zugefügt wurde, die zur falschen Zeit, am falschen Ort und in der falschen Weise Themen der Gesundheitsreform anschnitten.

Jesus sagte: *„Noch vieles hätte ich euch zu sagen; aber ihr könnt es jetzt nicht ertragen!"* Johannes 16,12 Jesus wusste, wie er den Geist seiner Jünger lenken musste. Der Herr wusste auch, wie er sein wartendes Volk mit dem großen Anliegen der Gesundheitsreform bekannt machen konnte, nämlich schrittweise, damit sie es tragen können und weisen Gebrauch davon machen, ohne Vorbehalte der öffentlichen Meinung zu provozieren. Diesen Herbst ist es 22 Jahre her, dass durch das Zeugnis von Ellen G. White unsere Aufmerksamkeit auf die schädlichen Folgen von Tabak, schwarzem Tee und Bohnenkaffee gelenkt wurde. Gott hat die Anstrengungen, diese Dinge abzulegen, wunderbar gesegnet, so dass wir als Gemeinschaft, von sehr wenigen Ausnahmen abgesehen, einen Sieg über diese zerstörerischen Genüsse des Gaumens errungen haben. ...

Nachdem wir diesen schönen Sieg erkämpft hatten und der Herr sah, dass wir den nächsten Schritt tun können, wurde uns Erkenntnis über Kleidung und Ernährung geschenkt. Die Gesundheitsreform verbreitete sich unter unserem Volk immer mehr. Teilweise wurden große Umstellungen vorgenommen, vor allem, was das Schweinefleisch betrifft. Dann hörte Ellen G. White infolge unserer Erkrankung auf, über die Gesundheitsreform zu sprechen und zu schreiben. Das mag der Beginn unseres Missgeschicks und unserer Fehler gewesen sein, deren wir uns als Volk in dieser Sache schuldig machten.

Seit wir den Dienst wieder aufgenommen haben, hat sich Ellen G. White öfter veranlasst gesehen, über die Gesundheitsreform zu sprechen, und zwar wegen der Übertreibungen, die unter Gesundheitsreformern vorkamen, weniger aus anderen Gründen. Die Tatsache, dass alle oder beinahe alle extremen Standpunkte, die in der Gesundheitsfrage unter unserem Volk vertreten werden, von Ellen G. White angeblich uneingeschränkt gebilligt werden, ist der Grund, warum sie sich gedrängt fühlt, ihre tatsächliche Meinung zum Ausdruck zu bringen. Die Menschen müssen und werden zur gegebenen Zeit ihre Ansichten in dieser Frage kennenlernen.

Was die Verwendung von Tabak, schwarzem Tee, Bohnenkaffee, Fleisch und auch die Kleidung anbelangt, herrscht allgemeine Übereinstimmung. Ellen G. White kann aber zur Zeit nicht die extremen Anschauungen in Bezug auf Salz, Zucker und Milch teilen. Gäbe es sonst keinen Grund, wegen diesen Lebensmitteln besonnen vorzugehen, die so allgemein und in solcher Menge verwendet werden, so ist die Tatsache, dass viele Menschen nicht einmal bereit sind, die Wahrheit über diese Dinge zu erfahren, Grund genug zur Behutsamkeit. Der vollständige Zusammenbruch einiger Geschwister und die beinahe vollständige Auflösung einiger Gemeinden sind eindeutig auf Übertreibungen in der Ernährung zurückzuführen. Unklugerweise wurden das im „*Review*" eine Zeitlang veröffentlicht. Die Folgen waren bedauerlich. Manche verwarfen die Gesundheitsreform, weil sie ihnen mangelhaft erklärt wurde, während andere, die willig und gewissenhaft waren, äußerst extreme Standpunkte bezogen, die ihrer Gesundheit und folglich auch der Sache der Gesundheitsreform sehr schadeten.

Ellen G. White fühlt sich unter diesen Umständen, so entmutigend sie auch sind, verpflichtet, ihre Arbeit auf diesem Gebiet wieder aufzunehmen. Sie wird dadurch ihre Ansichten umfassend erläutern können. Es mag aber jetzt schon die Feststellung angebracht sein, dass sie zwar Milch, in großen Mengen und gewöhnlich mit Brot gegessen, nicht für das beste Nahrungsmittel hält, sie aber bis jetzt nur auf die Wichtigkeit hingewiesen wurde, dass die Kühe, deren Milch als Nahrungsmittel verwendet wird, möglichst gesund sind und sich in bester körperlicher Verfassung befinden. Sie kann sich aber beim Stand der gegenwärtigen Erkenntnis nicht dafür einsetzen, dass Literatur verbreitet wird, die in der so wichtigen Milchfrage eine übertriebene Haltung einnimmt.

Solche Zeitschriften und Bücher mögen bei Gesundheitsreformern, die ausreichend unterrichtet sind, recht am Platz sein. Ebenso können sie in der Küche unseres Krankenhauses in Battle Creek hilfreich sein, wenn man dort die gewohnheitsmäßige Verwendung von Milch unterbinden wollte. Unter unseren Geschwistern könnten solche Veröffentlichungen einen größeren Einfluss ausüben, wenn unsere Prediger, die eifrige Gesundheitsreformer sind, die freizügige Verwendung von Kuhmilch einschränkten.

Darin liegt in dieser Sache unsere Schwäche. Unsere Literatur, die unter denen verbreitet werden, die unwissend und für Vorurteile sehr empfänglich sind, sind in diesen Punkten den Gepflogenheiten derer voraus, die bei uns die Gesundheitsreform vertreten. Ellen G. White bittet dringend, diesen Kurs zu ändern, so dass nur solche Ansichten veröffentlicht werden, über die bei den leitenden Brüdern der Reform Übereinstimmung herrscht. Das sollte zudem in einer Weise erfolgen, dass keine Vorurteile geweckt werden und wir nicht den Einfluss in aufrichtige Männer und Frauen verlieren.

Die Gesundheitsreformer sollten gemeinsam handeln und vorangehen, dann mögen unsere Bücher und Zeitschriften nachziehen und ausgereifte Ansichten veröffentlichen, die auch die Ungelehrten verkraften können.

Ellen G. White ist der Meinung, dass man nichts gewonnen hat, wenn man statt ganz einfacher Fleischgerichte übermäßig viel Zucker verzehrt. Sie empfiehlt eine sehr sparsame Verwendung von Zucker und Salz. Der Gaumen kann und soll an einen nur mäßigen Gebrauch dieser Dinge gewöhnt werden. Was das Salz betrifft, so schmecken Speisen, die wenig gesalzen werden, so dass sie dem schal vorkommen, der an reichliches Salzen gewöhnt ist, nach einigen Wochen sehr mäßigen Gebrauchs äußerst salzig.

Können Tabak, schwarzer Tee und Bohnenkaffee vielleicht sofort, wenn auch eins nach dem anderen, von denen aufgegeben werden, die in der unglücklichen Lage sind, Sklaven aller drei zu sein, so sollten Umstellungen in der Ernährung behutsam und ebenfalls schrittweise vorgenommen werden. Diesen Rat möchte Ellen G. White denen geben, die in Gefahr stehen, vorschnell zu handeln. Denen, die hinterher hinken, möchte sie sagen: *„Vergesst die Reform nicht!"* Schon die einfachsten Erkenntnisse erfordern eine Abkehr von herkömmlichen Lebensgewohnheiten. Aber übereilt nichts, damit es eurer Gesundheit und eurem körperlichen Befinden nicht schadet. RH 8.11.1870

ANHANG 3 BEGRIFFS-ERKLÄRUNGEN

■ **Fette:** die englische Bezeichnung „*grease*" bedeutet ganz allgemein Fett oder Schmiere. Damit sind Fette tierischer wie auch pflanzlicher Herkunft gemeint; Fette wie Butter, Schmalz (Auslassfette), Margarine, Bratfette, Öle u. a.

Eine technische Bearbeitung, wie sie heute üblich ist, gab es damals noch nicht (Raffination, Härtung, Extraktion, Klärung, Desodorierung), es sind neue Techniken und Begriffe. Fett wurde damals allein durch Wärme und/oder Pressen gewonnen.

■ **Tierische Fette** (außer Butter) wurden in der Küche verwendet, aber darüber hinaus hauptsächlich für Schmiere technischer Geräte usw.

■ **Pflanzliche Fette** (Olivenöl, u. a.) wurden in der Ernährung und für kosmetische Zwecke eingesetzt. Pflanzliche Fette und Öle standen den Menschen nicht in so großen Mengen zur Verfügung wie heute. Es war wesentlich kostbarer, es wurde sparsam zum Kochen und Backen verwendet. Die Energie zum Arbeiten gewannen die Menschen aus einer kohlenhydratreiche Nahrung, nicht aus dem Fett.

■ **„Freie Fette"** sind solche Fette, die losgelöst, isoliert von dem eigentlichen Umfeld der Pflanze (Samen, Nuss, usw.) gebraucht werden.

Dr. J.H. Kellog, einer der Pionier-Ärzte der STA, schrieb vor ca. 130 Jahren in der Zeitschrift „*Health Reformer*", vom Mai 1877, dazu: „Der Einwand betrifft nicht Fett an sich, aber Fett, wenn es im freien Zustand genommen wird. Wenn Fette in der Form genommen werden, in welcher die Natur sie anbietet, eingeschlossen in Pflanzennahrung wie

Mais, Hafermehl, Nüssen und einigen Früchten, sind Fette gesund und ein nahrhafter Bestandteil des Essens. Nur wenn sie getrennt sind von anderen Bestandteilen und in freiem Zustand genossen werden, dann werden sie ungesund. Wenn sie vom Magen aufgenommen werden in der Form, in der die Natur sie liefert, bieten sie der Verdauung kein Hindernis. Nur wenn als freie Fette genossen, werden sie eine Ursache von gestörter Verdauungsfunktion. Es macht kaum einen Unterschied, oder gar keinen, was die Störung der Verdauung anbetrifft, ob die Fette tierischer oder pflanzlicher Herkunft sind. ...

Das ausdauernde Bemühen einiger Personen, ein billiges, pflanzliches Ersatzmittel für Butter und Schweinefett zu finden ist schmerzlich absurd. Nichts würde gewonnen, fände man einen solchen Ersatz, denn er würde den gleichen Bedenken begegnen müssen, wie die Produkte, die ersetzt werden sollten... Wie dem auch sei, wir empfehlen keine Verwendung irgend eines freien Fettes."

➤ *Siehe auch: 320, 380, 487, 488, 517, 593, 595, 596, 598, 601*

■ **Olivenöl:** Eine Sonderstellung hat das Öl der Olive, am besten unverändert als Olive verwendet.
➤ *Siehe auch: 582*

■ **Käse:** Gemeint ist hier *„reifer"* Käse wie Harzer, Romadur, Camembert, Blauschimmelkäse, Kochkäse, Hartkäse u. a.
Als Zwischenlösung ist zu empfehlen, auf Frischkäsesorten oder Quark auszuweichen.

■ **Drogen:** Anstatt Tabletten und Medikamente, lieber natürliche Heilmittel verwenden
➤ *Siehe auch: 743*

■ **Sanitarium:** Dieses engl. Wort wird heute Sanatorium genannt, wohl wissend, dass der Ausdruck nicht korrekt das Anliegen trifft, das Adventisten mit dem (angeblich von Dr. Kellog erfundenen Wort) umschreiben wollten: Eine verhältnismäßig kleine Einrichtung, in der Menschen ganzheitlich mit natürlichen Heilmethoden und geistlicher Betreuung behandelt werden.
Andere Begriffe wie *„Health Institut"* oder *„Medical Institut"* wurden mit *„medizinischer Einrichtung"* oder *„Heileinrichtung"* umschrieben.

ANHANG 4 ALTERNATIVER LEBENSSTIL

*Gesundheit erflehen
die Menschen von den Göttern,
dass es aber in ihrer eigenen Hand liegt,
sie zu erhalten, daran denken sie nicht!*
Demokrit

460-370 v. Chr.,
griechischer Naturphilosoph

Wir können nicht oft genug daran erinnert werden, dass unsere Gesundheit nicht von einem Zufallsprinzip abhängig ist, sondern eine Folge dessen, ob wir den Naturgesetzen folgen, die uns von Gott gegeben wurden.

Die Ernährung gehört wie die Luft, das Wasser und die Sonne, zu den Grundelementen des Lebens. Das ganze Leben muss der Mensch essen und trinken, um seinen Organismus mit den Energien zu versorgen, die er zur Aufrechterhaltung seiner Lebensfunktionen und Leistungsfähigkeit benötigt. Er lebt also nicht, um zu essen oder den Gaumenfreuden zu huldigen, sondern die Nahrungsaufnahme soll ihn gesund erhalten und in die Lage versetzen, den physischen und psychischen Anforderungen des Lebens gerecht werden zu können. Jede Ernährung ist deshalb fehlerhaft und folgenschwer, die nicht zur Erreichung dieser grundsätzlichen Ziele beiträgt.

Seit jeher stellen Nahrungssuche und Essenszubereitung eine der bedeutendsten und zeitraubenden Tätigkeiten im menschlichen Leben dar, und der direkte Zusammenhang zwischen Ernährung, Leistung und Gesundheit war schon immer bekannt. Es erfordert Nachdenken und Sorgfalt, um eine einfache, wohlschmeckende und gesunde Speise herzustellen. Um sich jedoch gesund zu ernähren, benötigen Menschen kein Fleisch, das haben diverse wissenschaftliche Studien im In- und Ausland bewiesen. Eine Vollvegetarische Ernährung ist für den menschlichen Körper am gesündesten. Vegetarier haben im Durchschnitt eine 5-7 Jahre höhere Lebenserwartung als die restliche Bevölkerung. Dies liegt sicherlich nicht nur an der Art der Ernährung, sondern auch an der gesunden Lebensweise, deren die meisten Vegetarier nach streben. Körpergewicht, Blutdruck, Blutfett und Cholesterinwerte, Nierenfunktion sowie Gesundheitsstatus allgemein liegen häufiger im Normalbereich. Im Allgemeinen findet man, dass Vegetarier leistungsfähiger und belastbarer sind und weniger an den üblichen Zivilisationskrankheiten leiden. Wussten Sie, dass 70-75% der gesamten Weltbevölkerung eine vegetarische Lebensweise praktiziert? In der Bundesrepublik Deutschland leben derzeit mehr als 6 Millionen Vegetarier und die Zahl steigt stetig an.

Ein Vegetarier – was ist das überhaupt?
Der Begriff *„Vegetarier"* leitet sich aus dem englischen Wort *„vegetarian"* ab. Dies wiederum kommt von dem lateinischen *„vegetus"*, das *„ganz gesund, frisch und lebendig"* bedeutet. Der alte lateinische Begriff *„homo vegetus"* bezeichnet einen körperlich und geistig starken Menschen. Früher war die Bezeichnung *„Pythagoräer"*, für Menschen die sich fleischfrei ernährten, gebräuchlich.
Vegetarier *(Kurzform: Veggie)* essen nichts vom getöteten Tier – das ist der einfachste gemeinsame Nenner. Es gibt jedoch unterschiedliche Arten, sich vegetarisch zu ernähren:

- **Ovo-Lacto-Vegetarier** essen kein Fleisch/Fisch, aber Eier und Milchprodukte
- **Lacto-Vegetarier** essen kein Fleisch/Fisch und keine Eier
- **Veganer** ernähren sich ausschließlich von pflanzlichen Produkten (häufig auch *„Strikter Vegetarier"* genannt)
- **Roh Veganer** ernähren sich ausschließlich von *roher* pflanzlicher Kost und lehnen alle tierischen Produkte ab *(Rohköstler)*
- **Fischesser** *(sog. „Pesci-Vegetarier")* sind keine Vegetarier lt. Definition der Internationalen Vegetarier Union.

Ernährung gehört zu den wichtigsten Bestandteilen eines gesunden Lebensstils. Ein altes Sprichwort sagt: *"Du bist, was du isst!"* Unser Körper wird von der Speise aufgebaut, die wir genießen. Die Gewebe des Körpers werden beständig verbraucht und jede Bewegung jeglichen Organs verursacht Verbrauch und diese Abnutzung wird von unsrer Nahrung wieder ersetzt. Jedes Organ des Körpers fordert seinen Teil an der Ernährung. Das Gehirn muss mit seinem Teil versehen werden; die Knochen, Muskeln und Nerven verlangen den ihren. Es ist ein wunderbarer Vorgang, der die Nahrung in Blut verwandelt und dieses Blut dazu gebraucht, die verschiedenen Teile des Körpers aufzubauen; aber dieses Verfahren geht beständig vor sich und versieht jeden Nerv, alle Muskeln und Gewebe mit Leben und Kraft.

Pfarrer Sebastian Kneipp *(17.05.1821 - 17.06.1897)* schrieb: „In der Natur ist uns alles gegeben, was wir zum Schutz und zur Erhaltung der Gesundheit brauchen. Es liegt an uns Menschen, zu diesen Schätzen der Natur Sorge zu tragen. ... Doch soll der Mensch nicht bloß zu seinem Schöpfer flehen um Gesundheit und langes Leben, sondern er soll auch seinen Geist gebrauchen, um die Schätze zu finden und zu heben, welche der allgütige Vater in die Natur hineingelegt hat."

Ernährung allein ist nicht alles – gesundes Leben hängt von mehreren Faktoren ab. Kennen Sie schon die 8 Heilmittel der Natur? Reine Luft, Sonnenschein, Mäßigkeit, Ruhe und Entspannung, Bewegung, richtige Ernährung, die Anwendung von Wasser, Vertrauen in die göttliche Kraft – das sind die wahren Heilmittel. Ein jeder sollte die Heilkräfte der Natur kennen und wissen wie sie anzuwenden sind. Es ist wesentlich, die Grundsätze zu verstehen.

ANHANG 5: REZEPT IDEEN

Bei der nachfolgenden Rezeptsammlung handelt es sich nicht um ein Koch- oder Backbuch als solches, sondern um eine Zusammenstellung einiger weniger grundsätzlicher Vorschläge und Rezepte, um den Leser dieses wertvollen Buches mit einem gesünderen Kochstil vertraut zu machen. Die meisten Rezepte sind schnell und einfach zuzubereiten, besonders dann, wenn man sich einmal an diesen Lebens- und Kochstil gewöhnt hat.

Um einige Nahrungsmittel zuzubereiten, ist eine Grundausstattung an guten Geräten (z.B. Thermomix oder leistungsstarker Mixer mit mind. 400-600 Watt, Teflonpfanne, Waffeleisen, Moulinette, Getreidemühle oder gute Kaffeemühle) sicherlich von Vorteil.

Nicht jeder kann sich alle Haushaltsgeräte leisten, noch sind alle in der Lage, die Kosten für gewisse Nahrungsmittel (z.B. Nüsse) aufzubringen. Bedenken Sie jedoch, dass Sie durch die Änderung Ihres Lebensstils die Kosten Ihrer Gaumenfreuden einsparen (Süßigkeiten, Snack-Food, Fleisch, Wurst, Käse, Softdrinks, etc.) und durch jene gesunden Nahrungsmittel ersetzen.

Probleme mit der Einkaufsliste? Kein Grund zum verzweifeln, wenn Sie in Ihrem gewohnten Supermarkt nicht alle im Rezept erforderlichen Zutaten finden können. Nehmen Sie sich Zeit und besuchen Sie Asiatische, Türkische oder Indische Läden. Die Verkäuferinnen aus mittel- oder fernöstlichen Ländern werden Ihnen sicherlich bei der Suche nach den benötigen Dingen Hilfe leisten und Ihnen wertvolle Tipps geben. Zudem sind die meisten Nahrungsmittel (z.B. Tofu, Sojapulver, Saaten/Sonnenblumenkerne/Sesam, Nüsse, Trockenfrüchte, Gewürze usw.) in solchen Einkaufsläden wesentlich günstiger erhältlich.

Frühstück & Desserts

KNUSPERMÜSLI GRANOLA

1 kg	Haferflocken
½ T	Mandeln, grob gemahlen
½ T	Sonnenblumenkerne
½ T	Cashewnüsse, grob gemahlen
½ T	Sesamsamen, fein gemahlen
2 T	Datteln, klein geschnitten
1 T	Kokosraspeln
½ T	Haselnusskerne, grob gemahlen
½ T	Weizenkeime (evtl.)
½ TL	echte Vanille
½ TL	Meersalz
1½ T	Wasser
1-2	Bananen
	Rosinen
	Bananenchips
	Kokoschips

Haferflocken mit Nüssen, Saaten und Kokosraspeln, der Vanille und dem Meersalz in eine Schüssel geben und mischen. Datteln klein schneiden und zu der Mischung dazugeben. Das Wasser mit den Bananen pürieren und unter die Masse mengen und gut mit den Händen durchkneten.

Die Masse soll gut durchfeuchtet, aber nicht nass sein. Die Granolamischung ca. 2-3 cm dick (in Form von Streuseln) auf ein Backblech verteilen und bei 140-150°C etwa eine Stunde im Backofen trocknen. Es soll nicht zu heiß werden. Zwischendurch immer wieder umwenden. Wenn alles goldgelb und ganz trocken ist, herausnehmen. Nach Belieben mit Rosinen, Bananenchips und Kokoschips mischen.

Hinweis: Granola ist mehrere Wochen haltbar und muss luftdicht aufbewahrt werden.

Da unsere Leber rohe, ungegarte Stärke aus Getreideflocken nur sehr schlecht verarbeiten kann, können die im Lebensmittelhandel üblichen Müslisorten Allergien hervorrufen. Besonders beim Genuss von Milch, Zucker und „rohem" Müsli kann es zur Verschleimung der Lunge und der Bronchien kommen. In Granola ist die Stärke durch die Hitze schon aufgeschlossen und daher sehr gut verdaulich. Granola ist, egal in welcher Zusammensetzung, ein sehr feiner Ersatz für Müsli. Mit frischem Obst und Orangensaft oder Sojamilch ist Granola ein wohlschmeckendes, gesundes und vollwertiges Frühstück.

200–300 ml	Wasser (nG Sojamilch, Reismilch)
75–100 g	Haferflocken, fein
1 Pr	Meersalz
30 g	Trockenfrüchte
1	Apfel, geraspelt
nG	Vanillepulver
nG	Kardamom
1 EL	Melasse (Zuckerrübensirup)

HAFERBREI

Alle Zutaten in einem Topf mischen und aufkochen. Immer wieder umrühren, damit es nicht anbrennt. Der Haferbrei ist sehr lecker und leicht verdaulich.

FRUCHTSALAT EXOTISCH

Das Obst kleinschneiden und die restlichen Zutaten zugeben danach ca. 1 Stunde durchziehen lassen. Frisch servieren.

Der Salat schmeckt auch am nächsten Tag noch vorzüglich, sofern es über Nacht luftdicht und kühl aufbewahrt wurde. Dieser Fruchtsalat gleicht einer Vitaminspritze.

2 Sch.	Ananas
1	Apfel
1	Orange
1–2	Bananen
2	Kiwis (gelb oder grün)
1	Birne
1	Sharonfrucht (Kakifrucht)
½	Papaya
½	Mango
½	Granatapfelkerne
10	Walnusshälften
2 EL	Kokosraspeln
3–4 EL	Rosinen
1	Zitrone, Saft
nG	etwas Honig

100 g	Mandeln, feingemahlen
12	Datteln
nG	Vanille
nG	Lebkuchengewürz
1½ EL	Carobpulver
nG	Rumaroma
	Kokosflocken

PRALINEN

Alle Zutaten (außer die Kokosflocken) in einen Mixer geben und auf höchster Stufe zu einer glatten, aber festen Masse mixen. Evtl. mit einem Spatel nachhelfen. Die Masse aus dem Mixer nehmen und kleine Bällchen formen, diese in Kokosflocken wälzen und Pralinen kühl stellen.

GETRÄNKE

MANDELMILCH

4-6 EL	Mandelmus
500 ml	Wasser
nG	Honig

Das Mandelmus in einen Mixer geben und nach und nach das Wasser während des Mixens zufügen. Es entsteht eine milchige Masse und je nach Intensität des Geschmacks kann man mehr oder weniger Mandelmus nehmen. Möchte man eine gesüßte Mandelmilch haben, kann man etwas Honig hinzufügen.
Variante: Anstatt Mandeln kann jede andere Nussart verwendet werden!

GETREIDEMILCH

1 T	Hirse oder Naturreis, gekocht
6 EL	Mandelmus
1-2 EL	Honig
600-800 ml	Wasser

Alle Zutaten bis auf das Wasser in einem Mixer zu einer glatten Masse mixen und nach und nach das Wasser zugeben bis es eine milchige Konsistenz erhält.

SOJAMILCH

500 g	Sojabohnen
	Wasser

Sojabohnen über Nacht in genügend Wasser einweichen. Einweichwasser abschütten und die Bohnen in reichlich frischem Wasser kurz aufkochen. Anschließend sofort mit kaltem Wasser abschrecken. Nun werden jeweils 2 Tassen eingeweichte, erhitze Sojabohnen mit 2½ Tassen heißem Wasser und etwas Salz im Mixer fein gemixt (ca. 1 Minute).

Das Gemixte wird langsam in einen Entsafter gegossen und man erhält Sojamilchkonzentrat. Der Rückstand (Trester) sammelt sich dabei im Auffangbehälter. Das Sojamilchkonzentrat unter Rühren zum Kochen bringen und 10 Minuten köcheln lassen (Achtung: Milch brennt leicht an und kocht schnell über!).

Zur Herstellung von Sojamilch wird 1 Teil Sojamilchkonzentrat mit 1 Teil Wasser, Salz und anderen Geschmackszutaten (z.B. Vanille, Carobpulver) gemixt. Der Rückstand kann zum Kochen und Backen verwendet werden.

Hinweis: 500 g rohe Sojabohnen ergeben 6 Tassen eingeweichte Bohnen. Davon erhält man 2 Liter Konzentrat = 4 Liter Sojamilch.

WEIZEN- ODER DINKELBROT

800 g	**Weizen / Dinkel,** frisch gemahlen
50-100 g	**Saatenmix** (z.B. Leinsaat, Sesam, Sonnenblumenkerne, Kürbiskerne)
1 TL	**Salz**
1 TL	**Brotgewürz** (z.B. Kümmel, Koriander, Kardamom)
1-1½ P	**Trockenhefe**
550-600 ml	**warmes Wasser**

Alle Zutaten zu einem glatten Teig verarbeiten. Teig ca. 1 Stunde an einem warmen Ort ruhen lassen. Dann in eine längliche Form einfüllen und im Backofen für ca. 30-45 Min. bei 50 Grad erneut gehen lassen, bis er eine schöne Brotform angenommen hat. Die Temperatur auf 180-200°C erhöhen und das Brot bei mittlerer Schiene ca. 50-60 Min. gut durchbacken.

ZWIEBELBAGUETTE

200 g	Dinkelvollkornmehl
150 g	Weizenmehl Typ 405
½ Würfel	Hefe
½ TL	brauner Zucker
½ TL	Salz
200 g	warmes Wasser
100 g	Röstzwiebeln

Aus den ersten 6 Zutaten eine geschmeidigen Brotteig herstellen und zum Schluss die Röstzwiebeln untermengen und zu einer Rolle formen. Den Teig in eine spezielle „Baguette-Form" legen und an einem warmen Ort ca. 25–40 Min. gehen lassen und anschließend bei 170°C Umluft 30–35 Min. backen. Das Zwiebelbaguette aus der Form entnehmen und auf einem Auskühldraht mehrere Stunden auskühlen lassen.

KNÄCKEBROT

250 g	**Haferflocken,** sehr feingemahlen
150 g	**Mandeln,** sehr feingemahlen
1 EL	**Tahin** (Sesammuss)
250 ml	**Wasser**
1 TL	**Salz**
1 TL	**Sojasoße** nG
nG	**Sesamsaat**

Alle Zutaten – bis auf die Sesamsaat – in eine Schüssel geben und zu einem Teig verarbeiten, 15 Min. zugedeckt ruhen lassen. Die Hälfte des Teiges auf einem Backpapier (zuvor Blechgerecht zuschneiden) mittels einer Folie dünn auswellen (je dünner, je besser). Sesamsaat drüberstreuen, nochmals mit dem Wellholz darüberrollen. Mit einem Teigrädchen Markierungen ziehen, je nach Wunschgröße und im vorgeheizten Backofen bei 180°C ca. 15-20 Min. backen. Die Markierungen am Knäckebrot erleichtern das in Stückebrechen.

FRÜCHTEBROT

500 g	**Dinkelvollkornmehl**
300-350 ml	**warmes Wasser**
1 TL	**Meersalz**
1-1½ P	**Trockenhefe**
nG	**Bourbone Vanille**
nG	**Orangenpulver**
nG	**Kardamom**
75 g	**große Rosinen**
75 g	**Trockenaprikosen,** kleingeschnitten
50 g	**Feigen,** kleingeschnitten
50 g	**Datteln,** kleingeschnitten
100 g	**Walnüsse,** grob gehackt
	Sojacuisine zum Bestreichen

Aus den ersten 6 Zutaten einen geschmeidigen Hefeteig kneten, mindestens 5 – 10 Minuten. Alle weiteren Zutaten vorsichtig untermengen und den Teig zugedeckt an einem warmen Ort gehen lassen, bis er doppelt so groß ist. Den Teig nochmals gut durchkneten und in eine mit Backpapier ausgelegte Form hineinlegen, mit Sojacuisine bestreichen und erneut an einem warmen Ort gehen lassen, bis er eine schöne, hohe Form angenommen hat. Im vorgeheizten Backofen bei 180°C ca. 50 – 70 Minuten goldgelb backen.

NAPF-NATUR-APFELKUCHEN

150 g	Naturreis, feingemahlen
70 g	Hirse, feingemahlen
1 Pr	Meersalz
125 g	Cashewnüsse, feingemahlen
nG	Zitronenschale
nG	Vanillepulver
1-2 EL	Honig
200 ml	heißes Wasser

Die Cashewnüsse mit dem Wasser und dem Honig im Mixer zu einer feinen Creme mixen. Naturreis, Hirse, Salz, Zitronenschale und Vanillepulver in eine Schüssel geben und mit der Nusscreme verrühren. Den Teig ca. 30 Min. ruhen lassen und dann in eine mit Backpapier ausgelegte runde Kuchenform (Durchmesser ca. 23 cm) geben und einen Rand von ca. 2-3 cm bilden. Die Kuchenform in den vorgeheizten Backofen (ca. 180°C) ca. 10 Min. vorbacken.

750 g	Äpfel, geraspelt
100 ml	Wasser
50 ml	Orangensaft
100 g	Rosinen
½	Zitronen, Saft
1 TL	Zitronenschale
nG	etwas Honig
2 geh. EL	Maizena
50 ml.	Wasser

Die Äpfel mit der größeren Wassermenge, dem Orangensaft in einem Kochtopf kurz andünsten. Rosinen, Zitronensaft und Zitronenschale sowie evtl. etwas Honig zugeben und weiter dünsten. Das Maizena mit dem Wasser verrühren und zu der Apfelmasse zugeben und solange rühren, bis die Masse eingedickt ist. Jetzt auf den Kuchenboden verteilen und ca. 25-30 Min. bei vorheriger Temperatur backen.

Brotaufstriche

1	reife Avocado
1-2	Knoblauchzehen
1 TL	Kräutermeersalz
¼-½	Zitrone, Saft
nG	Kräuter (z.B. Koriander, Petersilie, kleingeschnitten)
¼	Frühlingszwiebel, kleingeschnitten

GUACAMOLE

Die Avocado schälen und den Kern entfernen, mit einer Gabel das weiche Mark zerdrücken. Den Knoblauch pressen und zusammen mit dem Kräutersalz und dem Zitronensaft unter die Avocado mengen. Die Masse in einen luftdichten Behälter füllen. Selbstverständlich können Kräuter, wie z.B. Petersilie, Schnittlauch, frischer Basilikum oder Liebstöckel untergemengt oder auch kleingehackte Zwiebeln beigemengt werden. Besonders fein schmeckt er mit frisch gehacktem Dill.

CASHEW-PAPRIKA-KÄSE

100 g	Cashewnüsse, sehr feingemahlen
300 ml	heißes Wasser
½ TL	Meersalz
1 TL	Kräutermeersalz
2 TL	Zwiebelpulver
3 TL	Knoblauchgranulat
1 EL	Gemüsepulver
150 g	rote / gelbe Paprika, fein püriert
3 TL	Agar-Agar *
1 EL	Zitronensaft

Alle Zutaten – bis auf das Agar-Agar und die gemahlenen Cashwenüsse – aufkochen und anschließend in einem Mixer cremig fein mixen. Die Cashewnüsse zugeben und solange mixen, bis eine feine Creme entsteht. Die Creme erneut in einen Topf füllen, aufkochen und mit einem Schneebesen das Agar-Agar unterrühren und weiter köcheln lassen. Die Masse in Formen füllen, die zuvor mir kalten Wasser ausgespült wurden. Den erkalteten Käse aus der Form stürzen und schneiden. Besonders schön sieht es aus, wenn man den Paprikakäse in einen ausgehöhlten Paprika füllt (Paprika nicht auswaschen! – sonst löst sich beim Schneiden der Paprikakäse). Am besten gelingt dieses Rezept mit einem Thermomix, dieser rührt, püriert und kocht zur gleichen Zeit.

*Agar-Agar ist eine Alge, die wie Gelatine Verwendung findet.

VEGETARISCHE LEBERWURST

200 g	Sonnenblumenkerne, gemahlen
1	kleine Zwiebel, sehr feingeschnitten
1	Knoblauchzehe, feingeschnitten
1 TL	Gemüsebrühe
1 TL	Kräutersalz
1 EL	Majoran
30-60 ml	Wasser
50-100 g	Nussmuss

Alles gut miteinander vermengen und kühl stellen. Der Aufstrich schmeckt am 2. Tag besser.

TROCKENFRUCHT-MARMELADE

250 g	Trockenfrüchte (Äpfel, Birnen, Pflaumen, Aprikosen, Feigen, Datteln, Rosinen, Ananas etc)
1	Orange, Saft
Ms	Kardamom oder Piment
Ms	echte Vanille

Die getrockneten Früchte über Nacht mit abgekochtem Wasser bedeckt einweichen. Die Masse samt der Flüssigkeit in einen Mixer füllen (evtl. etwas Wasser abgießen) und mit Orangensaft, Kardamom und Vanille abschmecken. Der Aufstrich hält sich sehr lange.

NOUGAT-AUFSTRICH

250 g	Haselnussmuss
250 g	Mandelmuss
6 EL	Rohrohrzuckerpuder
6 EL	Carobpulver nG
2 EL	Getreidekaffee
nG	Lebkuchengewürz, Vanillezucker

Alle Zutaten in einen Mixer füllen und auf höchster Stufe mixen, und je nach Geschmack mehr oder weniger Carobpulver zugeben. Der Aufstrich ist mehrere Monate im Kühlschrank haltbar.

Sossen & Dressings

AVOCADO-DRESSING

½	Avocado
50 ml	Wasser
½	Zitrone, Saft
nG	Kräutersalz
1	Knoblauchzehe, gepresst
	frische Kräuter (z.B. Dill, Petersilie, Basilikum, Koriander)

Die ersten 4 Zutaten in ein hohes Gefäß füllen und mit einem Stabmixer zu einer glatten Masse pürieren. Knoblauch und frische Kräuter mit einem Löffel unterrühren. Das Dressing darf nicht zu fade schmecken! Wie gewohnt über den Salat gießen und durchmengen.

JOGHURT-DRESSING

175 ml	Sojamilch
25 ml	Zitronensaft
2-3 EL	frische Kräuter (Dill, Petersilie, Basilikum, Schnittlauch)
1	Knoblauchzehe, gepresst
nG	Kräutersalz
	Wasser

Die Sojamilch in ein hohes Gefäß füllen und den Zitronensaft unter Rühren eingießen. Die Sojamilch dickt an, weil sie durch die Fruchtsäure gerinnt. Evtl. mehr oder weniger Zitronensaft verwenden. Wie gewohnt die weiteren Zutaten beimengen und evtl. mit etwas flüssigem Honig ausbalancieren. Anstatt der Sojamilch kann man auch Yofu (Sojajoghurt) verwenden.

MAYONNAISE

150 g	Cashewnüsse, sehr fein gemahlen
150 g	Sonnenblumenkerne, fein gemahlen
500 ml	heißes Wasser
1½ TL	Gemüsepulver
1	Knoblauchzehe, gepresst

Alle Zutaten sehr fein zu einer creme mixen und aufkochen, bis es eine Mayonnaiseähnliche Masse ist. Am besten gelingt sie mit einem Thermomix! Wer es etwas würziger möchte, kann noch ein wenig italienische Kräuter (getrocknet) hinzugeben. Die Mayonnaise ist mehrere Tage im Kühlschrank haltbar und kann aber auch zum andicken von Suppen und Soßen verwendet werden.

SALATE

GURKENSALAT

Gurke, Zwiebeln, Kräuter, Meersalz, Zitronensaft in eine Schüssel geben. Aus Yofu und Sojacuisine eine cremige Masse rühren und ebenfalls in die Schüssel geben und wie gewohnt Salat anmachen – die Soße sollte in Verbindung mit den Gurken schön schaumig werden.

1	**Gurke,** geschält und grob geraspelt oder dünn in Scheiben geschnitten
1	**Zwiebel,** sehr feingeschnitten
½ Bund	**Dill,** sehr feingeschnitten
nG	**glattblättrige Petersilie**
nG	**Salz**
nG	**brauner Zucker**
½ - 1	**Zitrone,** gepresst
150 g	**Yofu** (Sojajoghurt)
70 ml	**Sojacuisine**
nG	**etwas Knoblauch,** gepresst

ROTE-BEETE-SALAT

Alle Zutaten in eine Schüssel geben und vermengen. Um einen milden Geschmack zu erhalten, einfach ein wenig süßen – ca. 1 Stunde durchziehen lassen.

500 g	**Rote Beete,** gekocht, fein gerieben
½ - 1	**Zitrone,** gepresst
½ Bund	**Petersilie,** kleingeschnitten
nG	**Kräutersalz**
nG	**Kümmelpulver**
nG	**brauner Zucker oder**
¼ TL	**Honig**
½	**Zwiebel,** kleingeschnitten

HAUPTGERICHTE

LINSENSUPPE

150 g	Linsen
1	Zwiebel, kleingeschnitten
1	Knochlauchzehe, gepresst
1	Tomate, gewürfelt
2	Möhren, fein geschnitten
2	Stangensellerie, fein geschnitten
	Kräuter (Thymian, Oregano, Bohnenkraut, Petersilie)
1 EL	Zitronensaft

Linsen über Nacht in 1 Liter Wasser einweichen. Das Wasser abschütten, Linsen nochmals waschen und in Wasser bei schwacher Hitze 1 Stunde kochen. Alle weiteren Zutaten ohne Kräuter und Zitronensaft in Wasser andünsten und zu den Linsen geben und mit den Kräutern noch etwa 15 Minuten kochen. Mit Zitronensaft abschmecken.

GAZPACHOSUPPE

3 T	Tomaten, püriert
1	Gurke, gewürfelt
2	Stangensellerie, gewürfelt
⅓	grüne Paprikaschote, gewürfelt
1 T	frische Tomaten, gewürfelt
2 EL	Zwiebelpulver
1 EL	Petersilie, gehackt
1 T	Wasser
nG	Meersalz

Alle Zutaten miteinander vermischen und vor dem Servieren mehrere Stunden kühl stellen und die Suppe auch im Kühlschrank aufbewahren. Wichtig: Die Suppe nicht erhitzen. Vor dem Servieren mit wenig Petersilie bestreuen.

EINTOPF EXQUISIT

¼ T	Sellerie, kleingeschnitten
1	Knoblauchzehe, gepresst
450 g	Tomaten
2 T	Wasser
1 T	Karotten, in Scheiben geschnitten
⅔ T	grüne Paprikaschoten, gewürfelt
1	Zwiebel, gehackt
2 TL	Meersalz
½ TL	Oregano
¼-½ TL	Basilikum
1 T	Zucchini, in Scheiben geschnitten
1½ T	Vollkornmakkaroni, gekochte
1½ T	Kichererbsen, gekochte
⅓ T	Petersilie, gehackt

Die ersten Zutaten ca. 20 Minuten dünsten und die Zucchinischeiben, Makkaroni und Kichererbsen dazugeben und das Gericht weitere 5 – 10 Minuten gar dünsten. Zum Schluss die Petersilie unterrühren.

PIZZA

	Teig:
250 g	Vollkornmehl
½-1 P	Trockenhefe
½ TL	Meersalz
125 ml	warmes Wasser
2 EL	Olivenöl, kaltgepresst

Alle Zutaten zu einem geschmeidigen Pizzateig verarbeiten und den Teig 30 Min. an einem warmen Ort (z.B. im vorgeheizten Backofen bei 50°C – dann abschalten) gehen lassen. Entweder in große oder kleine runde Kreise oder passend für ein großes Backblech auswellen.

	Tomatensoße:
1½ Dosen	Pizzatomaten
½ TL	Zwiebelpulver
4 EL	Tomatenmark
1 TL	Gemüsepulver
je 1 TL	Oregano, Basilikum, Thymian, Majoran (frische Kräuter)
2	Knoblauchzehen, gepresst
1 EL	Olivenöl, kaltgepresst

Alles in einem Mixer gut pürieren, nicht kochen und auf den Pizzateig streichen.

Belag:
Oliven, grün / schwarz entsteint
Mais
Paprika, rot / grün in dünne Streifen geschnitten
frische Champignons, geviertelt oder in dünne Scheiben geschnitten
Zwiebeln in dünne Streifen geschnitten

Den Belag in gewünschter Menge schneiden und liebevoll auf dem Pizzaboden verteilen.

	Pizzakäse:
1 T	Wasser
¾ T	Sonnenblumenkerne, gemahlen
3 EL	Sesam, gemahlen
4 EL	Hefeflocken
1 TL	Meersalz
1 Pr	Knoblauchpulver oder frischen Knoblauch
1	große rote Paprika
60 ml	Zitronensaft

Alle Zutaten im Mixer gut mixen (die Konsistenz sollte einem dickflüssigen Brei ähneln) und über das Gemüse gießen.

Die Pizza im vorgeheizten Backofen bei 200–220°C ca. 30–45 Min. backen. Sie schmeckt auch ohne Pizzakäse vorzüglich.

BANDNUDELN MIT SPINAT-SAHNE

500 g	frischer Blattspinat, waschen, entstielen und fein rupfen
1	kleine Zwiebel, kleingeschnitten
1	Knoblauchzehe, kleingeschnitten
400 g	Bandnudeln, bissfest gekocht
1 EL	Olivenöl
1 EL	Pinienkerne oder Walnusskerne, kleingehackt
200 ml	Sojacuisine
nG	Meersalz
2 EL	Gomasio (siehe Rezept)
nG	etwas Räuchertofu, in Streifen geschnitten

Die Zwiebel in wenig Wasser und Olivenöl glasig dünsten. Spinat, Knoblauch und Pinienkerne zugeben und kurz abraten bis der Spinat zusammenfällt. Die Sojacuisine zugießen, salzen und unter Rühren cremig einkochen lassen. Die abgekochten Bandnudeln zugeben und mit Gomasio bestreuen.

GEMÜSEBURGER

500 ml	Wasser
1 T	Bulgur
1 EL	Gemüsepulver
2	Zwiebeln, sehr kleingeschnitten
1	Karotte, feinraspeln
½ Bund	Petersilie, feingehackt
	frische Kräuter (Oregano, Basilikum), kleingeschnitten
2	Knoblauchzehen, gepresst
2 EL	Mandelmuss, hell
50 g	Haferflocken, feingemahlen
2 EL	Sojasoße
1-2 EL	Tomatenmark

Bulgur mit Wasser und Gemüsepulver ca. 20-30 Min. kochen und danach die Herdplatte ausschalten und weitere 30 Min. ausquellen lassen (Bulgur muss sehr weich sein, etwas teigig). Die Zwiebeln mit der Petersilie in etwas Wasser andünsten und diese Masse samt den restlichen Zutaten zum Bulgur geben und mit den Händen durchmischen und etwas kneten. Die Masse weitere 15 Min. quellen lassen. Sofern die Konsistenz der Masse etwas fester ist, mit einem Esslöffel kleine Burger (Buletten) formen und auf ein mit Backpapier ausgelegtes Backblech so setzen, dass es wie ein rundes Küchlein aussieht. Im vorgeheizten Backofen bei 180-200°C ca. 15 Min. backen, dann wenn sie sich vom Backpapier gut lösen wenden und weitere 10-15 Min. braun backen.

POLENTA-SCHNITTEN

3	**Zwiebeln,** kleingeschnitten
1	**Karotte,** geraspelt
3	**Knoblauchzehen,** gepresst
1	**Tomate,** kleingeschnitten
2 EL	**Mais** aus der Dose
1	**grüne Paprikaschote,** in kleine Würfel geschnitten
3 EL	**Porree** (Lauch), in Scheiben geschnitten
2 EL	**Gemüsepulver**
½ Bund	**Petersilie,** kleingeschnitten
¾ T	**Polenta** (Maisgries, fein)
500 ml	**Wasser**

Die Zwiebel in wenig Wasser andünsten und das restliche Gemüse, die Petersilie und das Gemüseinstantpulver dazugeben und weiter andünsten. Die Polenta und das Wasser dazugeben und ca. 5-10 Min. aufkochen. Danach die fertige Polenta in eine mit kaltem Wasser ausgespülte Form füllen und im vorgeheizten Backofen bei 180–200°C ca. 15–20 Min. backen. Die Polenta müsste jetzt schnittfest sein.

GOMASIO

1 T	**Sesam,** fein gemahlen
nG	**Salz**

Den gemahlenen Sesam mit dem Meersalz in einer Teflonpfanne ohne Fett rösten und beides gut miteinander vermischen (das Verhältnis sollte 10:1 zehn Teile Sesam und ein Teil Salz sein).

ABKÜRZUNGEN

1 EL	1 Esslöffel
1 TL	1 Teelöffel
1 Pr	1 Priese
1 P	1 Päckchen
T	Tasse
Ms	Messerspitze
l	Liter
ml	Milliliter
kg	Kilogramm
g	Gramm
Salz	Meersalz
nG	nach Geschmack

DER WEG ZUR GESUNDHEIT
E. G. White

Frische Luft, Bewegung, Sonnenlicht, Wasser, Mäßigkeit & Ruhe sowie Vertrauen … das sind die wahren Heilmittel der unendlichen Liebe Gottes zu uns, die jedem zugänglich sind. Die Zunahme von Krankheiten in unserer modernen Welt machen das Wissen über die Gesundheit notwendiger denn je zuvor! Das Buch wird Ihnen wertvolle Einsichten über das Gesundbleiben und Gesundwerden vermitteln.

DIE NEUE WELT IN GLEICHNISSEN
E. G. White

Jesus Christus, der große Meisterlehrer, nahm Beispiele aus der Natur, um geistliche Wahrheiten verständlich zu machen. Er war in diese Welt gekommen, um den Schleier zu entfernen, den die Sünde über die Natur gezogen hatte.

Gottes Herrlichkeit sollte wieder sichtbar werden zur Freude seiner Geschöpfe. Die Gleichnisse aus der Natur helfen allen Lesern zum besseren Verstehen der Bibel.

EIN GESCHENK FÜR DICH
H.-J. Muschong

8 Schritte zur Gesundheit, biblisch fundiert, werden kurz erläutert und mit veganen Rezepten ergänzt. Auch als praktische Geschenk-Idee gut einsetzbar.

REZEPTE
FÜR DIE ERNÄHRUNG AUS ERSTER HAND
Gihon Publishing

101 vegane Rezepte, die auch gelingen.

ISBN: 978-3-939979-68-5